LE LUMINEUX DESTIN
D'ALEXANDRA DAVID-NÉEL

DU MÊME AUTEUR

LE MAUVAIS GENRE, Le Seuil.

LES PLAISIRS INFINIS, Le Seuil.

L'HONNEUR DE PLAIRE, Le Seuil.

LES AMOURS IMAGINAIRES, Gallimard.

LES COUPLES INVOLONTAIRES, Flammarion.

LES BONHEURS DÉFENDUS, Flammarion.

UN ÉTERNEL AMOUR DE TROIS SEMAINES, Fayard.

UNE JEUNE FEMME DE SOIXANTE ANS, Fayard.

OUVRIR UNE MAISON DE RENDEZ-VOUS, Julliard.

PORTRAIT D'UNE SÉDUCTRICE, Stock et Livre de poche.

L'AVENIR EST À CEUX QUI S'AIMENT ou L'ALPHABET DES SENTI-
MENTS, Stock.

L'ÉCOLE DES ARBRES, Mercure de France.

ZIZOU ARTICHAUT COQUELICOT OISEAU, Grasset-Jeunesse (en collaboration avec Alain Gauthier).

LA MAISON DE MIROIRS, Pierre André Benoit, éditeur.

LES PETITES SOLITUDES, Marc Pessin, éditeur.

UN AMOUR D'ARBRE, Plon.

LES PARADIS PROVISOIRES, Fayard

JEAN CHALON

LE LUMINEUX DESTIN D'ALEXANDRA DAVID-NÉEL

Librairie Académique Perrin
8, rue Garancière
Paris

Depuis ma petite enfance, d'instinct, je penche vers l'opinion opposée : ne pas souffrir, c'est là, me semble-t-il, la grande, l'importante affaire [...] pratiquant ce que je qualifierai « un ascétisme épicurien ».

Alexandra DAVID-NÉEL.
(Journal de voyage.)

*A la mémoire de ma chère Claude
Jausion
qui, à sa façon, était un
Hymalaya de lumière.*

Ce texte est entièrement dû à Jean Chalon, avec la collaboration de Marie-Madeleine Peyronnet — dont on ne célébrera jamais assez la compétence et le dévouement — pour la communication des innombrables inédits qui se trouvent à la fondation Alexandra David-Néel, à Digne. Dans le texte de Jean Chalon, on trouvera en retrait et en petits caractères ces textes inédits. Ceux qui ne le sont pas, porteront, évidemment, les références d'éditeur et de pagination.

Une fille des bois

> *Le nouveau bienheureux n'a point d'enfance, il
> est, d'emblée, pourvu de toutes les facultés qu'il
> possédera pendant le cours de sa longue existence.
> Près de lui est un arbre et un petit lac : son lac,
> son arbre auxquels sa vie est liée.*
>
> Alexandra DAVID-NÉEL & Lama YONGDEN.
> *(La Connaissance transcendante.)*

Louise Eugénie Alexandrine Marie David naquit dans les
environs de Paris, à Saint-Mandé, le 24 octobre 1868, à
5 heures du matin. Une nuit d'orage et de tempête s'achevait,
présageant, peut-être, les orages et les tempêtes qui traverse-
raient sa vie. En effet, si ses parents avaient songé à interroger les planètes qui présidaient à cet avènement, ils auraient
appris qu'Uranus promettait à leur fille une destinée extraordinaire qu'elle accomplirait grâce à une inaltérable endu-

rance forgée par Mars. Jupiter et Neptune s'étaient unis pour doter Louise Eugénie Alexandrine Marie d'un sixième sens, le plus important, le sens du mysticisme.

Si M. et Mme David avaient continué à interroger les astres, ils auraient obtenu les fatales précisions suivantes[1] qui n'auraient pas manqué d'épouvanter les bons bourgeois qu'ils étaient :

> Personnalité énigmatique qui se refuse à mener la vie de tout le monde et qui s'intéresse à des sujets hors du commun. Ame de chercheur fascinée par les mystères et les mondes inconnus. Capable des plus violentes passions comme du détachement le plus complet. Un caractère entier, orgueilleux, presque farouche, n'acceptant aucun compromis. Esprit puissant et indépendant qui se crée une philosophie personnelle.

Oui, décidément, il vaut mieux que Louis et Alexandrine David, ces canards, n'aient pas su qu'ils avaient enfanté un cygne qu'ils baptisèrent, à leur usage personnel et au gré de leurs humeurs, « Nini » ou « Alexandra ». Les David s'appliquaient à mener « la vie de tout le monde » et à suivre le principe que l'une de mes grand-mères, contemporaine de Nini-Alexandra, me répétait souvent :

« On ne doit faire parler de soi que trois fois dans sa vie, quand on naît, quand on se marie et quand on meurt. »

Louis et Alexandrine incarnaient parfaitement ce principe que leur fille piétinerait allégrement, et piétinait déjà par le seul fait de sa naissance tellement tardive qu'elle constitua un véritable scandale. Louis avait cinquante-trois ans. Alexandrine, trente-six. Ils étaient mariés depuis quatorze ans et le « ciel », comme on disait à leur époque, n'avait pas encore consenti à « bénir leur union »...

La catholique Alexandrine espérait un garçon qui, elle n'en doutait pas, serait évêque. En attendant, elle distrayait sa grossesse en lisant des romans de Fenimore Cooper :

« [...] Ma mère [...] aimait les aventures à condition de ne pas les vivre. Mais les lire la passionnait, ainsi, tandis que je me formais dans son sein, courait-elle, en pensée, les savanes et les forêts en compagnie des trappeurs, Bas de Cuir et Œil de Faucon... »

Alexandrine Borghmans était née à Bruxelles le 30 janvier

---

1. Données à l'auteur par l'astrologue Olenka de Veer.

1832. Dans ses veines coulaient des sangs néerlandais, norvégien et sibérien. Ces mélanges n'inquiétaient guère la placide Alexandrine dont les seules préoccupations étaient de faire fructifier ses capitaux placés chez des marchands de tissus qu'elle commanditait. Si Alexandra n'hérita pas de cet amour immodéré de l'argent, elle se soucia toujours de bons placements, surveilla ses intérêts bancaires et évita les dépenses inutiles. Effets certains d'une éducation qui érigeait l'économie en vertu. Comme une sainte Thérèse d'Avila, Alexandra sut très tôt la valeur de cet or considéré comme un moyen d'acquérir des couvents en Espagne, ou des retraites dans les Hymalayas.

Pour Alexandra, sa mère était « une inconsciente, une triste cervelle, mal équilibrée, qui a fait son propre malheur en faisant celui des autres ». A ce portrait sans complaisance, elle apporte la précision suivante :

> Ma mère avait voulu un enfant pour s'en servir comme d'un jouet, c'était tout.

Un jouet qui sera sevré très tard :

> [...] car j'ai tété jusqu'à l'âge de deux ans, alors que je parlais déjà et que, paraît-il, je demandais à ma mère : « Encore une gougoutte, maman David. » Les premiers mots que j'ai prononcés comme la plupart des enfants, « Papa », « Maman ». Et « attends » qui assez malheureusement pour moi a été ma devise pendant ma vie entière.

Et c'est vrai qu'Alexandra, avant d'atteindre le soleil de ses Hymalayas intérieurs et la lumière des cimes tibétaines, devra beaucoup attendre. Elle y accédera en même temps, mettant ainsi les bouchées doubles, bouchées de lumière, les seules capables de rassasier.

Après avoir été sevré, le jouet Alexandra se révéla absolument inutilisable. Et Mme David ne tarda pas à s'en désintéresser.

> Je ne songeais guère à m'affliger de l'indifférence que me témoignait ma mère [...], rapportera plus tard Alexandra à son mari. Toi, tu as eu une vie d'enfant, tu as joué, tu as été heureux selon ton âge ; [...] Moi, je n'ai rien eu qu'un orgueil qui était mon refuge, qui me tenait lieu de tout [1].

1. *Journal de voyage*, t. I, p. 20, éd. Plon, Paris, 1975.

Alexandra rapportera une anecdote illustrant ce précoce orgueil. Elle avait alors cinq ou six ans :

> J'avais commis je ne sais quelle méchanceté et, pour me punir, il fut décidé que je serais privée de sortir avec eux qui se rendaient au Bois. J'avais déjà à cette époque désappris à pleurer. [...] Je ne dis rien et tout en moi-même, déjà experte et avisée, je pensai que mes parents ne manqueraient pas de revenir sur leurs pas pour me prendre. Je me vois, devant une armoire à glace, m'amusant avec des pompons de rubans bleus et rouges dont on m'ornait les cheveux, quand mes parents revinrent. [...] Huit jours après, je découvrais dans un buisson, au Bois, un obus encore chargé et, ravie de la rencontre de cette belle bouteille, je dansais dessus à cœur joie lorsque, ne me voyant pas, on vint à ma recherche et interrompit mon exercice.

Délectable cette vision d'Alexandra enfant dansant sur un obus, comme plus tard elle dansera sur d'autres dangers. Vision qui dut d'ailleurs, et légitimement, horrifier ses parents, et, particulièrement, Mme David. Tout en Alexandra déplaît à Alexandrine :

> Tout en moi lui déplaît, comme tout lui déplaisait en mon père. Je lui ressemble tant[1] !

Plus tard, Alexandra avouera à Philippe Néel, son époux :

> Mon pauvre papa qui est la seule personne que j'ai le plus aimée au monde. [...] Un homme charmant, un causeur brillant, érudit, de la bonne race des vieux normaliens. [...] Je suis tellement sa fille, sa fille à lui tout seul, et je hais si fort en moi, tout ce qui peut m'avoir été transmis par l'hérédité maternelle...

Quel est donc ce père qui trouve grâce aux yeux d'Alexandra ? Louis David était né à Tours le 5 juillet 1815. Ce professeur, ce huguenot passionné de politique, quitta l'enseignement pour le journalisme et collabora au *Courrier de l'Indre-et-Loire,* dont il devint le directeur. Il se signala par une opposition farouche au régime de Louis-Philippe. Socialiste, franc-maçon, Louis David participa à la révolution de 1848 et ne tarda pas à s'opposer aux ambitions du futur Napoléon III. Après le coup d'État du 2 décembre 1851, il partit en exil en Belgique, en compagnie de son ami, Victor Hugo. C'est à Louvain qu'il rencontra Alexandrine Borghmans qu'il épousa en 1854.

---

1. *Journal de voyage,* t. I, p. 32.

En 1859, Louis David profita de l'amnistie accordée aux proscrits pour entrer en France et s'installer à Saint-Mandé pour y attendre la disparition du régime impérial. Louis David écrit alors à Alexandrine :

> J'avais raison de te dire hier que la journée compterait parmi les plus glorieuses. Le despotisme, ce gouvernement issu du sang des femmes et des enfants, le 2 décembre 1851, vient de disparaître ! [...] L'enthousiasme était immense, toute la population était debout, armée en partie — elle aurait fait son devoir si c'eût été nécessaire. A trois heures et demie, ton mari avait l'extrême honneur de faire son entrée aux Tuileries et de serrer la main des braves militaires honteux d'avoir si longtemps défendu une dynastie infâme. [...] Chère femme, dis à notre Nini que son père, ce proscrit de décembre 1851, a enfin retrouvé une patrie et qu'il a déjà cloué au pilori les imbéciles qui n'avaient pas assez d'injures et de bave pour salir les hommes de 48. Chère Nini, n'oublie pas le nom de ton père, un jour viendra que tu seras fière de lui devoir le jour !

La chère Nini sera aussi fière d'avoir sauté sur les genoux de l'un des amis de son père, Victor Hugo, quand elle avait trois ou quatre ans. Elle quittera ces illustres genoux pour se livrer à son exercice favori : la fugue. Elle « fugue », comme les autres petites filles jouent à la poupée. Et, comme la plupart des enfants ne se plaisent, ne s'épanouissent que dans la proximité des jupes maternelles, Nini, elle, s'applique à les fuir. Elle sait, avec le fabuleux instinct de son âge, qu'elle n'est pas aimée, et, pire encore, que ses parents ne s'aiment pas :

> Ils s'étaient mariés sans amour et ont vécu cinquante-deux ans ensemble sans qu'à défaut d'amour il leur vienne une amitié réciproque. Ménage correct, triste ménage, ai-je souvent pensé... après tout, pas plus triste que beaucoup d'autres. [...] Mes parents m'ont contrecarrée de toutes les façons imaginables depuis mon enfance où il m'était interdit de jouer et d'avoir des petites amies de mon âge.

Comment ne pas avoir envie de fuir un tel foyer, de tels parents ? « J'ai su courir avant de savoir marcher », voilà l'une des boutades qu'aimait lancer Alexandra en son grand âge, pour expliquer ses courses à travers le vaste monde, limitées, en son enfance, à un jardin, celui de sa grand-mère tourangelle chez qui elle passait des vacances. Jardin fermé par une grille devant laquelle passait cette chose magique pour Nini : la route. Essayer de franchir cette grille et de faire quelques pas sur cette route était une entreprise sans cesse recommencée et sans cesse interrompue par les réprimandes et les punitions. Jusqu'où allait cette route ? Pouvait-on en atteindre la fin ? Toucher cette ligne que les grandes personnes appelaient horizon et qui exerçait sur l'enfant un effet hypnotique ? Autant de questions, pour le moment, insolubles.

C'est à cinq ans que Nini accomplit sa première vraie grande fugue, au bois de Vincennes, et sa première exploration qui dura tout un après-midi. Elle est aidée dans son entreprise par ses amis les arbres. Toute sa vie, elle aimera les arbres, et la nature :

> Les vrais compagnons, ce sont les arbres, les brins d'herbes, les rayons du soleil, les nuages qui courent dans le ciel crépusculaire ou matinal, la mer, les montagnes. C'est dans tout cela que coule la vie, la vraie vie, et l'on n'est jamais seule quand on sait la voir et la sentir[1],

écrira Alexandra à l'âge de quarante-quatre ans. Et cela sera comme un écho à ces deux questions posées par Nini à son père : « Est-ce qu'on fait mal aux brins d'herbes en marchant sur la pelouse ? » et « Comme cet arbre est beau, il est tellement beau que ce doit être le Bon Dieu ! » On ignore, hélas, les réponses de M. David à ces questions. Il faut espérer qu'il y répondit par l'affirmative...

Les arbres sont généralement les compagnons chéris des enfants qui y grimpent à la recherche d'aventures. Nini cherche l'aventure à travers les arbres, ses amis, ses complices qui protègent sa première fuite. On croit que Nini s'est cachée derrière un tronc. Elle a déjà disparu, s'éloignant à toute allure. N'a-t-elle pas su courir avant de marcher ? Maintenant, elle est seule dans le bois de Vincennes. Elle n'a pas peur. Elle est intrépide comme on croit que seuls les garçons le sont, généralement. Elle n'est pas d'ailleurs sans penser que les grandes personnes se trompent parfois et qu'elle est un garçon. Elle joue donc au garçon des bois. Elle est loin du monde, seule au monde. Elle en ressent une griserie dont

---

1. *Journal de voyage*, t. I, p. 207.

l'intensité est telle qu'elle ne cessera pas de vouloir la répéter, tout au long de sa longue vie.

Au bois de Vincennes, cette petite bienheureuse est, peut-être, partie à la recherche de son arbre et de vivre une expérience qu'elle expliquera ainsi :

> Le nouveau bienheureux n'a point d'enfance, il est d'emblée pourvu de toutes les facultés qu'il possédera pendant le cours de sa longue existence. Près de lui est un arbre et un petit lac : *son* lac, *son* arbre auxquels sa vie est liée[1].

Alexandra accompagnera ces lignes de la note suivante :

> Les Tibétains croient à l'existence de pareilles associations sur la terre. Tel arbre, telle montagne, etc. sont dits être *la vie* d'un individu particulier ou parfois d'une collectivité. [...] Le dépérissement de l'arbre, sa mort amèneront la maladie, la mort de l'individu[1] [...].

Si, au cours de cette première fugue, Alexandra a rencontré son arbre, ils auront scellé leur accord de vie commune et l'arbre sera devenu centenaire, ce qui est un beau destin pour un arbre du bois de Vincennes...

Cette première escapade alexandrine me fait irrésistiblement songer à celle de la chèvre de M. Seguin. Comme la chèvre, Nini gambade. Et, quand l'après-midi approche de sa fin, comme dans le conte d'Alphonse Daudet, retentissent les appels, les « reviens, reviens ». L'aventure pour Nini se termine moins tragiquement que pour la chèvre. Ce n'est pas le loup qu'elle rencontre, mais l'un des gardes du bois de Vincennes. La disparition de l'enfant a déjà été signalée au poste de police le plus proche où elle est ramenée. Elle refuse de dire ses nom et prénoms. Elle est déjà indomptable. Elle a cinq ans. Cela promet...

Pour faire oublier à Nini ses tentatives de fugue, elle est conduite à Paris, aux Champs-Élysées, voir le Guignol. Tout commence le mieux du monde. Pour une fois, Nini cesse d'être différente, d'être l'autre, pour s'intégrer aux autres. En chœur, elle crie de joie et de terreur, elle applaudit aux exploits de Polichinelle, de Gnafron et surtout de l'ami Pierrot, dont elle s'éprend, comme on s'éprend, à son âge, d'un ours en peluche ou d'une poupée en chiffon, avec passion. Passion qui la portera à défendre celui qu'elle appelle « l'ami

---

1. *La Connaissance transcendante*, éd. Adyar, p. 109.

Pelot » qu'elle voit battre par Guignol avec la constance que l'on sait. Pendant une représentation, elle se lèvera, se précipitera vers la scène, s'agrippera aux rideaux, et arrachera son ami chéri aux mains de la brute. L'intrépide Nini n'a pas prévu que sa conduite serait imitée par les petits spectateurs. En quelques instants, le théâtre est pris d'assaut. Guignol est mis en pièces. Décidément, Nini n'est vraiment pas comme les autres !

Il est grand temps de conduire cette indomptable à l'école. Elle y apprend à lire dans l'*Alphabet de Mademoiselle Lily* :

> J'ai appris à lire très rapidement, mais, pour écrire, il n'en a pas été de même. J'ai eu de très grandes difficultés à former mes lettres. J'étais si mauvaise en dessin, n'est-ce pas, confiera-t-elle à celle qui fut l'ange gardien de ses dernières années, Marie-Madeleine Peyronnet.

Le 21 janvier 1873, Alexandrine met au monde un garçon qui ne sera pas évêque, comme elle l'espérait, puisqu'il ne vivra que six mois. Nini assistera à sa toilette et notera qu'il possède quelque chose qu'elle n'a pas. Quelque chose que, d'instinct, elle prend en horreur. Elle aurait pu dire à son petit frère ce que cette Anglaise déclarait à son mari qu'elle contemplait alors qu'il prenait son bain : « Chéri, comme vous seriez parfaitement beau sans cette chose entre les jambes. » La répugnance d'Alexandra pour le sexe masculin aurait-elle commencé là ? En tout cas, cette répugnance pour l'homme et pour son sexe, ne prendra fin qu'avec sa vie même. Quand, centenaire, elle recevait la visite d'un monsieur, elle demandait, immédiatement après son départ, à Marie-Madeleine Peyronnet d'ouvrir les fenêtres et de faire disparaître cette affreuse odeur de bête. Pour l'Alexandra de cinq ans, ou de cent, « l'homme sent le fauve ». Ce sont ses propres paroles.

Cette répulsion innée n'allait pas sans poser de problèmes. Par exemple, M. et Mme David durent renoncer à faire poser leur fille devant un photographe mâle dont la seule présence transformait leur petit ange en furie. Il fallut trouver une dame photographe devant laquelle Nini consentit à sourire et à poser pour son premier portrait.

On ne s'étonnera donc pas si Alexandra, avec de telles dispositions, trouva refuge, dès qu'elle sut lire, dans les livres. Les livres, avec les arbres, seront ses plus chers compagnons ! Avec, momentanément, un autre, le piano. A cinq ans et demi, Nini révèle des dons musicaux qui enchantent son père. M. David n'hésite pas à dépenser la forte somme de 900 francs pour l'acquisition d'un piano.

A la fin de sa deuxième année scolaire, Nini remporte de nombreux prix et reçoit, en récompense, un peu d'argent de poche avec lequel elle achètera un plumier venu de Chine. Nini a pour l'Asie une attirance aussi innée que sa répugnance au sexe masculin. Pour son sixième anniversaire, elle reçoit, offert par sa mère, un encrier en porcelaine de Chine que l'on peut voir encore aujourd'hui, à Digne, dans les vitrines de la Fondation Alexandra David-Néel.

Nini considère son plumier et son encrier comme autant de trésors. Troisième cadeau, offert, cette fois, par M. David, un atlas. La fillette regarde les cartes comme des portraits — fascinants —, ces « visages » de ces pays lointains. Elle ne cache pas sa préférence pour la carte de Chine. Louis David s'en amuse et constate : « Ma fille a la peau blanche, mais son âme est jaune. »

Il ne croit pas si bien dire ! Entre le père et la fille, une complicité s'est établie, précoce puisque née, vraisemblablement, au mur des Fédérés, le 28 mai 1871. Alexandra avait alors deux ans et demi. Elle n'oubliera pas le spectacle des cadavres amoncelés, comme elle le racontera à son mari, dans une lettre du 19 mars 1913 :

> T'ai-je jamais dit que j'y avais été, au mur des Fédérés, après la fusillade, alors que hâtivement on entassait les cadavres dans les tranchées creusées à cette intention... Une sorte de vague vision m'est restée de cela. J'avais deux ans à cette époque. Si c'est la première fois que tu entends ce détail, tu te demanderas qui m'avait menée là. C'était mon père qui voulait que, si possible, je gardasse un souvenir impressionnant de la férocité humaine [1].

Étrange spectacle pour une étrange fillette. Tant d'étrangeté ennuie Mme David qui, d'ailleurs, s'ennuie de tout. Pour trouver un remède à cet ennui massif, pesant, et qui constitue l'une des caractéristiques du XIXe siècle, Mme David sou-

---

1. *Journal de voyage*, t. I, pp. 232 et 233.

haite retourner dans sa Belgique natale, auprès de sa famille. Louis et Nini s'inclinent devant une telle volonté. Il ne reste plus à Nini qu'à ouvrir son atlas pour y chercher cette Belgique tant vantée par sa mère. Comme elle semble ridiculement minuscule cette Belgique comparée aux immensités de l'Asie. Et ces Belges qui disent septante pour soixante-dix et nonante pour quatre-vingt-dix. En plus, ils absorbent un liquide amer nommé bière dont Mme David raffole et dont sa fille ne peut absorber une seule gorgée. Voyant Nini boire de grands verres d'eau, Mme David ne peut s'empêcher d'exprimer son dégoût, et sa crainte devant de tels excès : « Boire de l'eau, vous voulez vous faire mourir, ma fille. »

Quand elle rapportait cette anecdote à Marie-Madeleine Peyronnet, Alexandra riait aux éclats.

Cette sixième année, si fertile en découvertes diverses, les livres, le piano, la Chine, se termine par un déménagement et un changement. On quitte la France pour la Belgique où Nini fêtera son septième anniversaire. Sa première enfance est terminée. Celle qui, un jour, régnera, à sa façon, sur les Hymalayas et leurs lumières, vient d'entrer dans l'âge de raison.

Une protestante au couvent

> *J'ai grandi, mais je n'ai pas été petite. Je n'ai*
> *jamais changé. [...] Le même cœur obscur et pudi-*
> *que, le même goût passionné pour tout ce qui res-*
> *pire à l'air libre et loin de l'homme. [...] Tout cela,*
> *c'est moi l'enfant et moi à présent...*
>
> COLETTE.
> *(Les Vrilles de la vigne.)*

En 1875, Alexandra a donc sept ans. A la fin de sa vie, elle affirmera avoir eu, dès cet âge-là, le sentiment de la mort et du temps qui passe, inexorablement. Pourquoi pas ? Que sait-on de l'enfance, et de ce qui se passe dans la tête des enfants ? J'en connais qui, pour leur septième anniversaire, quand ils ont entendu la phrase fatidique, « tu as l'âge de raison », se sont senti soudainement vieillir et n'ont pas cessé depuis d'être des vieillards précoces... Alors, pourquoi cette

Alexandra David n'aurait-elle pas le sentiment de la mort, du temps qui passe et des religions qui demeurent, inusables, et dont on peut changer comme d'un vêtement ? C'est probablement, à cette époque, qu'Alexandra, catholique comme sa mère, devient protestante comme son père.

Ce choix constitue une déclaration de guerre contre l'autorité maternelle. A sept ans, on se bat comme on peut, avec les armes dont on dispose. Secrètes batailles de la septième année : Alexandra en tire une conclusion en forme d'interrogation : « Pourquoi a-t-on des parents ? Comme l'on serait heureux si l'on n'en avait pas. » Elle aurait pu aussi répéter en écho ces paroles que Colette tenait de sa mère, Sido, « la famille, ces amis que l'on n'a pas choisis ». Et depuis que les David sont installés à Bruxelles, au 105 rue Faider, Alexandra ne quitte sa pension que pour subir les servitudes familiales, les interminables repas de fête, les visites obligatoires et toutes les histoires du clan Borghmans dans lequel sa mère s'est replongée avec délices. Y brille particulièrement un frère d'Alexandrine, Ludolphe, qui avait le talent de raconter des histoires extraordinaires dont sa nièce se souviendra, un demi-siècle plus tard :

> L'une de ces histoires que l'on ne pouvait oublier dans la famille est celle dans laquelle Ludolphe racontait comme quoi, étant en garnison (il s'était engagé dans sa jeunesse) dans une petite ville des Ardennes et s'étant engagé à la chasse, il avait fait, au crépuscule, la rencontre d'un sanglier qu'il avait surpris en lui sautant sur le dos et, ainsi, dirigeant cette monture originale, avait fait son entrée au quartier au moment où les clairons sonnaient l'appel du soir. Belle prouesse de cavalier dont le régiment fut fier.

Alexandra qui ne savait pas encore que, lancée à la poursuite de la lumière, elle chevaucherait des yacks dans les Hymalayas, ne devait pas être peu fière des exploits de son oncle dont elle poursuit le portrait :

> Un point tout à son honneur est l'attention qu'il apporta à l'éducation de ses enfants. Aucun sacrifice, aucune démarche ne lui semblèrent trop difficiles à accomplir pour eux. Il se remua, dépensa sans souci de se réserver à lui-même quelque chose pour sa vieillesse. Sortis des écoles, mes cousins furent poussés par leur père, pourvus d'autant d'argent qu'il leur a fallu pour faire figure dans le monde. Ils n'ont pas été ingrats et mon oncle a bien amplement récolté la récompense de ce qu'il avait semé.

Quelle nostalgie dans ces lignes écrites en janvier 1920 ! Décidément, les blessures de l'enfance sont vraiment inguérissables ! Comme la petite Alexandra devait envier l'entente régnant dans la famille de son oncle Ludolphe, elle, la fille de ce Louis et de cette Alexandrine que tout désunissait, y compris, et surtout, cette fille unique, tardivement venue, cette enfant du miracle, cette fille de l'air qui ne pensait qu'à s'enfuir pour rejoindre les airs dont elle semblait issue, incarnant ainsi l'une des croyances chères aux campagnards hindous qui expliquent ce genre de naissance comme un don des fées, un enfant des fées que les parents présumés regardent avec étonnement, cherchant vainement quelque ressemblance...

Ces incursions familiales et hebdomadaires terminées, la petite Alexandra revient à la maison de la rue Faider, à sa solitude et à ses lectures. A son tour, elle lit les livres de Jules Verne dont sa mère se délectait pendant sa grossesse. Jamais la pensée d'imiter Philéas Fogg et son Passepartout n'effleura Alexandrine alors qu'Alexandra, de son propre aveu, dès sa septième année, ne rêva que de parcourir le vaste monde et de fuir sa famille belge :

> Tous ces gens-là font partie de ce que j'appelle « ma vie belge ». [...] Après tout, je l'oublie parfois, mais je suis à moitié belge et j'ai passé toute la première partie de ma vie à Bruxelles... C'est égal, il ne me déplaît pas de m'y retrouver de temps en temps, mais s'il m'y fallait demeurer, cela me serait pénible... Au fait, je crois que cela m'a toujours été et me serait, plus que jamais, pénible de demeurer quelque part. Drôle et inconcevable idée qu'ont les gens de s'attacher à un endroit comme des huîtres à leur banc, quand il y a tant à voir de par le vaste monde et tant d'horizons à savourer.

A chaque page lue, à chaque horizon découvert, la petite Alexandra se jure d'échapper à ce destin d'huître. Elle sera libre, comme la lumière souveraine qui ignore les obstacles. En attendant, elle aborde l'horizon belge, « toute hérissée de méfiance et de dédain ». Fière de sa qualité de Parisienne, elle boude ce qu'elle appelle « une capitale infime ». Elle regrette le Guignol des Champs-Élysées, l'ami Pierrot, la place de la Concorde avec son obélisque qu'elle compare « à un arbre mort débranché ». A sept ans, elle découvre la nostalgie. Et puis, peu à peu, elle se laissera aller au charme de sa nouvelle patrie. Parvenue au seuil de la vieillesse, elle entonnera ce bref cantique de gratitude :

> Cher vieux Bruxelles de mon enfance ! Chacun de tes modestes édifices, chacune de tes rues paisibles évoque, devant mes pas, le fantôme de mon moi juvénile qui te reste fidèle en dépit de tant d'années écoulées et me ramène obstinément vers toï pour d'émouvants pèlerinages [1] !

A sept ans, Alexandra ne découvre pas grand-chose de Bruxelles. Peu après sa conversion, elle est aussitôt mise dans un pensionnat, calviniste comme il se doit. Son accent parisien y fait sensation, et aussi sa prétention à imiter le Génie de la Bastille, en se tenant le pied droit posé sur une boule de jeu de quilles et la jambe gauche étendue derrière elle. Suit une chute qui, elle aussi, fait sensation. Après quoi, tout rentre dans l'ordre d'un pensionnat calviniste.

Les parents David peuvent enfin respirer tranquillement et cesser de craindre pour leur fille les mauvaises fréquentations ou le possible accident dû à des jeux trop brutaux. Ils étouffent de recommandations et d'interdictions Alexandra qui s'anémie. On appelle le médecin de la famille qui diagnostique : « Sortez Alexandra de son isolement, elle retrouvera l'appétit par l'émulation, en mangeant à table avec des petites filles de son âge. »

Il a raison. Et Alexandra quitte l'austère pensionnat calviniste pour un aimable couvent, le couvent de « Bois Fleuri », où l'on gave consciencieusement les fillettes sept fois par jour.

Alexandra gardera un bon souvenir de cet établissement « douillet et désuet » qu'elle considère comme son véritable foyer et dont elle conservera « ancrés et indéracinables » les principes et « l'amour, le besoin devrais-je dire, de la tenue en paroles et en gestes [2] ». Là, elle reçoit une excellente éducation et les indispensables bonnes manières qui feront d'elle une demoiselle, puis une dame, toujours à son aise avec les grands, et les petits, de ce monde.

Dans son couvent du Bois Fleuri, Alexandra fait pourtant figure d'hérétique, en compagnie de quatre autres compagnes, deux Anglaises, une Américaine et une Allemande.

---

1. *Sous des nuées d'orage*, Plon, p. 16.
2. *Journal de voyage*, p. 180.

Ces cinq protestantes sont dispensées d'assister aux offices et, pendant l'heure de la messe quotidienne, elles se promènent dans le jardin en écoutant les flots d'harmonie qui s'échappent de la chapelle et en discutant, gravement, des choses de la religion. « J'ai eu, tout enfant, la curiosité des croyances religieuses. » Une curiosité qu'elle exercera jusqu'à son dernier soupir et qu'elle commence, à douze ans, dans les jardins du couvent, en expliquant à une « grande », à une Américaine de quatorze ans, le mystère de la Sainte-Trinité : « Quand Dieu parle, il est le Verbe et le Saint-Esprit c'est quand Dieu pense[1]. » A cette explication, l'Américaine répond par un « possible » et s'en va rejoindre ses compagnes. Alexandra reste seule, à douze ans, pour résoudre, à sa façon, le problème de la Sainte-Trinité... Elle a, quand même, des distractions plus frivoles. Au couvent, elle joue la comédie, interprétant le rôle d'un empereur romain. Et, quand elle retourne dans sa famille, elle accompagne son père dans de longues promenades au bois de la Cambre qui est aux Bruxellois ce que le bois de Boulogne est aux Parisiens. Brefs intermèdes d'une enfance toute exaltée de gravités diverses :

> Fillette, je m'étais éprise du mot de Pierre Valdo : « Le monde est une charogne et ceux qui s'y attachent sont des chiens. » Je l'avais inscrit sur un carton et pendu au mur de ma chambre.

Et comme si cela ne suffisait pas, la gouvernante qui régit la maison David emmène Alexandra, quand elle est en vacances, en visite au Carmel. A force d'aller au Carmel, la gouvernante finit par y prendre le voile et disparaît derrière cette clôture constituée par de sombres grilles que l'imagination d'Alexandra pare de tous les mystères. Autorisée une fois à franchir cette clôture, Mlle David sera déçue. Elle s'attendait aux sortilèges d'une nuit impénétrable. Elle se trouve face à la banalité de « vulgaires draps de coton ». Elle cessera ses visites au Carmel mais n'en continuera pas moins à rêver à une vocation religieuse :

> Je t'ai dit souvent qu'à treize ans j'avais résolu d'être missionnaire et de donner toute ma vie à une œuvre religieuse. Des tendances si profondément ancrées sont puissantes,

1. *Le Sortilège du mystère*, Plon, pp. 16 et 17.

écrira-t-elle à son mari alors qu'elle est à Bénarès, en 1913.

A treize ans, Alexandra ne peut pas prévoir qu'elle sera missionnaire du Bouddha et donnera toute sa vie au bouddhisme. Ce qui aurait fait frémir les bonnes religieuses du couvent du Bois Fleuri... Du Bouddha, pour le moment, Alexandra ne connaît qu'une légende, celle du suprême sacrifice. Le futur Bienheureux, alors jeune prince, aperçoit dans une forêt une tigresse presque morte de faim et qu'il rend à la vie en lui offrant volontairement son corps en pâture. Pour Alexandra, cette histoire est « la plus belle du monde ».

Ainsi, de clôture du Carmel en légende du Bouddha, Alexandra s'achemine vers sa quinzième année et sa première grande fugue qu'elle accomplira en songeant à un verset de la Bible dont elle fera sa devise : « Marche comme ton cœur te mène et selon le regard de tes yeux. »

L'art de la fugue

*J'étais heureux, très libre. J'ouvris les mains
vers le soleil. Ma vie si pure devinait la vie éternelle...*

François AUGIÉRAS.
(Le Voyage des morts.)

L ouis, Alexandrine et Alexandra David séjournaient en été,
à la campagne, à une dizaine de kilomètres de Bruxelles
où ils revenaient souvent pour quelques heures sous prétexte
d'achats, ou de visites à faire. Ces fréquents déplacements en
disent long sur l'instabilité d'humeur qui devait régner sur
ce singulier trio enfin réuni pour les vacances, et incapable
de se supporter longtemps. A l'aide de ces brefs voyages
improvisés, on tue le temps et Alexandra déplore l'inutilité
d'un tel massacre :

> J'ai pleuré plus d'une fois amèrement, ayant la sensation profonde de la vie qui s'écoulait, de mes jours de jeunesse qui passaient vides, sans intérêt, sans joie. Je comprenais que je gâchais un temps qui ne reviendrait jamais, que je perdais des heures qui auraient pu être belles. Mes parents, comme la plupart des parents-poules qui ont couvé, sinon un aigle de grande taille, du moins un diminutif d'aiglon épris de libre vol à travers l'espace, ne comprenaient rien à cela et, quoique pas plus méchants que d'autres, ils m'ont causé plus de mal que ne l'aurait pu un ennemi acharné.

Alexandra sèche ses larmes et se console quand, en gare de Bruxelles, elle contemple les trains prêts à emmener les voyageurs vers l'Allemagne, la Pologne ou la Russie, espérant que son tour viendra et que, bientôt, elle prendra l'un de ces trains. « Quelle soif de départ me possédait. » Il s'agit bien là d'un cas de possession. Alexandra est possédée par l'esprit du voyage comme d'autres le sont par le dieu de l'amour. Elle veut voyager comme on veut aimer. Passion que ses parents, sédentaires comme leurs semblables, bourgeois et rentiers, ne partagent absolument pas. Pour ces gens qui vivent dans le strict accomplissement de leurs habitudes, le voyage c'est l'enfer. Il n'y a qu'à se souvenir dans quels abîmes d'émois le départ plonge un M. Perrichon ! Pour Alexandra, au contraire, le voyage c'est le paradis, la terre promise, la matérialisation de ses rêves d'enfant soucieuse de rivaliser, voire de surpasser, un Philéas Fogg ou un capitaine Grant.

Un jour de l'été 1883, cette « soif de départ » est plus forte que tout. Pour une fois, les David ont abandonné la campagne belge pour la mer du Nord. Les sirènes du voyage semblent chanter entre les vagues. C'est irrésistible et Alexandra ne résiste plus.

> Je profitai, pour m'esquiver, de la liberté plus grande dont je jouissais pendant une villégiature au bord de la mer du Nord et, durant quelques jours, je parcourus à pied la côte belge, passai en Hollande et m'y embarquai pour l'Angleterre. Je ne rentrais qu'après avoir épuisé le contenu de ma bourse de fillette[1].

Voilà comment Alexandra résume, dans toute son œuvre, en un seul et unique paragraphe, ce qu'elle compte pour sa

---

1. *Sous des nuées d'orage*, p. 14.

deuxième fugue, la première étant celle qu'elle a accomplie, enfant, au bois de Vincennes. Paragraphe révélateur. Point de détails inutiles. Où a-t-elle couché? Comment s'est-elle nourrie? A quoi pensait-elle? Qui a-t-elle rencontré cette jeune fille qui, dans l'éclat de ses quinze ans et du haut de ses cent cinquante-six centimètres, toise le monde et les gens? On n'en saura jamais rien. Seul compte l'exploit accompli, qu'elle rapporte, avec une sévérité mathématique, comme elle le fera d'ailleurs pour la plupart de ses autres exploits. N'y sont donnés que les thèmes essentiels qui seront exactement ceux des voyages qu'elle accomplira en Asie et qui la rendront célèbre : le sentiment de liberté qui engendre le désir de fuite, la marche à pied comme le parfait moyen de connaître véritablement un pays et l'obligation de prendre le plus long chemin pour prolonger ce sentiment de liberté, cette sensation de fuite exquise. Et le manque d'argent qui, seul, provoque le retour. Si Alexandra avait été riche, elle ne serait jamais revenue et se serait mise à tourner inlassablement avec la terre... La fugue est son élément, sa vraie patrie, son oxygène. Partir, fuir, verbes qu'elle confond et conjugue en même temps. Elle pratique l'art de la fugue en virtuose innée, et fait, en ce domaine, figure de précurseur.

En notre fin de vingtième siècle, l'art de la fugue a été assimilé à un art de vivre. Chaque été, des milliers de jeunes gens et de jeunes filles désertent leur foyer et s'en vont à l'aventure. Parfois l'aventure tourne au fait divers, mais qu'importe? On part, on revient, on part encore, on se donne l'illusion du mouvement.

A la fin du xixᵉ siècle, jeunes gens et jeunes filles sont étroitement cantonnés dans le cercle familial qu'ils ne quittent que pour effectuer un seul voyage, le voyage de noces. Une fugue, telle que la pratique Alexandra, est impensable. A la rigueur, on aurait pu admettre que Mlle David s'en aille accompagnée de l'indispensable chaperon, en général une dame dont l'âge certain et la bonne réputation sont autant de garants pour ce que l'on nommait, au couvent de Bois Fleuri, « la belle vertu ». Mais voyager seule, quelle excentricité inouïe, et qui équivaut au déshonneur, à la mort sociale. Choses dont se moque Alexandra. Une fille qui voyage seule doit renoncer à tout espoir de mariage. Pareil renoncement comble Alexandra qui se voue au célibat, à l'ascèse, et qu'il est impossible de punir :

> Me punir eût été difficile ; je n'offrais guère de prise. Les privations, quelles qu'elles fussent, me laissaient insensible. J'étais, jusqu'à un point extrême qui scandalisait et irritait ma famille, dénuée de coquetterie quant aux vêtements et aux parures et je méprisais le confort. Bien avant d'avoir atteint ma quinzième année, je m'étais aussi exercée, secrètement, à un bon nombre d'austérités extravagantes : jeûnes et tortures corporelles dont j'avais puisé les recettes dans certaines bibliographies de saints ascètes trouvées dans la bibliothèque de l'une de mes parentes. [...] L'esprit, pensais-je, devait mater le corps et s'en faire un instrument robuste et docile propre à servir ses desseins, sans faillir. De ces excentricités enfantines, j'ai gardé diverses habitudes étranges, entre autres, celle que j'ai empruntée aux stoïciens — les maîtres révérés de ma jeunesse — de coucher sur un lit de planches [1].

De quoi peut-on priver quelqu'un qui pratique le jeûne comme un jeu et qui s'entraîne à dormir à la dure ? Voilà qui dépasse les parents David qui comprennent de moins en moins leur étrange fille qui s'est fabriqué une armure à l'âge même où l'on n'est que vulnérabilité et où l'on ignore jusqu'à l'existence de ce genre d'armure...

Louis « le libre penseur » et Alexandrine « la bigote », c'est ainsi qu'Alexandra définit ses parents, sont unis, pour une fois, dans une consternation mutuelle. Le démon qui s'était emparé autrefois de leur fille pour l'entraîner dans le bois de Vincennes a de nouveau surgi pour l'emporter une seconde fois. Louis et Alexandrine songent à l'infaillible dicton de la sagesse populaire, « jamais deux sans trois ». Ils attendent cette troisième fois. Leur attente ne sera pas déçue.

Après cette deuxième fugue en Hollande et en Angleterre,

> deux années s'écoulèrent encore. Devenue une jeune fille avisée, je préparai longuement et avec soin le plan de ma troisième fugue. Un train m'amena en Suisse, je traversai le Saint-Gothard, à pied, et gagnai l'Italie [2] [...].

Quand elle se décrit comme « une jeune fille avisée », Alexandra ne se flatte pas. Elle est même en dessous de la vérité. Elle pourrait écrire « jeune fille rusée et experte en l'art de la fugue ». Comme elle se déguisera en mendiante

---

1. *Sous des nuées d'orage*, pp. 14-15.
2. *Ibid.*, p. 14.

pour pénétrer dans Lhassa, Alexandra, pour découvrir l'Italie, se déguise en dame : chapeau à voilette et alliance au doigt. Et pour décourager complètement les questions de ses voisins de compartiment, à peine le train a-t-il quitté la gare de Bruxelles en direction de la Suisse, Alexandra tire de son réticule, non pas le dernier roman à la mode, mais les *Maximes* d'Épictète qu'elle se met à lire. A l'arrivée, ses compagnons de voyage sont à peine remis de leur stupéfaction que la « petite dame » disparaît avec, pour seul bagage, ses *Maximes* et son imperméable.

Frétillante et pimpante, Alexandra s'en va traverser le Saint-Gothard à pied et visiter les lacs italiens. Une fois de plus, le manque d'argent met un terme à la fugue et Alexandra envoie à ses parents le télégramme suivant : « Venez me chercher, suis sans argent. »

C'est Alexandrine qui répond à cet appel et ramène la rebelle au bercail. On peut imaginer la pesanteur du retour qu'Alexandra essaie de rompre par l'esquisse de ses projets d'avenir :

> Maman, les sciences me passionnent tout autant que les philosophies et les religions. A la sortie du couvent, je souhaite faire des études de médecine. Qu'en pensez-vous ? Réponse de Mme David à qui, décidément, rien n'est épargné : « Vous êtes folle, ma fille. Vous ne pensez pas ce que vous dites. Être médecin ? Déjà, les hommes n'y comprennent rien, alors une femme... »

On aura remarqué que la mère et la fille, pour bien marquer les infinis qui les séparent, se vouvoient.

Alexandra reprend le chemin du couvent pour y parfaire son éducation et y perdre ses désirs de fugue et son envie d'être médecin. Alexandrine prie quotidiennement pour cela.

En 1886, Alexandra quitte définitivement le couvent du Bois Fleuri pour accomplir son entrée dans le monde et être présentée à la cour. Devant le roi et la reine de Belgique, elle exécute une révérence impeccable. Une photo immortalise l'événement et permet de juger combien Alexandra était jolie dans sa blanche robe de cour, avec son diadème de cheveux mousseux et son éventail à la main. Elle a l'air d'un personnage de roman de Gyp, *le Mariage de Chiffon*, par exemple.

Mais c'est une Chiffon que le mariage n'intéresse pas. Alexandra voudrait épouser la philosophie et le voyage... Et pourtant, Mlle David a de quoi attirer les épouseurs, les vrais. Elle est mieux que jolie : elle a du charme, du piquant, un rire dont elle gardera les harmonies jusqu'à la fin de ses jours, une taille fine, une démarche dont la souplesse semble pleine de promesses.

Au bal qui suit la présentation à la cour, Alexandra refuse les danseurs et s'enfuit, oh! pas loin, dans le parc. Elle s'assoit au pied d'un arbre, avec sur ses genoux un petit chat gris qui errait, perdu, et qu'elle a recueilli, caressé. Le petit chat gris ne tarde pas à s'endormir. Alexandra l'imite.

Après avoir réclamé l'aide d'un intendant et vainement cherché sa fille dans le palais, Mme David finit par retrouver Alexandra endormie en compagnie d'un chat et d'un arbre. Mme David n'en croit pas ses yeux et se croit l'héroïne de ces mélodrames à la mode qui avaient généralement pour thème le calvaire d'une mère. Calvaire auquel elle essaie, vainement, d'associer son époux. M. David a d'autres préoccupations que ce qu'il considère comme des « enfantillages » d'Alexandra. Ce rentier a fait de mauvais placements et sa fortune est en train de diminuer. Mlle David va cesser d'être une riche héritière et va devoir, peut-être, gagner sa vie.

Une anarchiste
de dix-huit ans

*Tiraillé entre la violence et le désabusement, je
me fais l'effet d'un terroriste qui, sorti avec l'idée
de perpétrer quelque attentat, se serait arrêté en
chemin pour consulter l'Ecclésiaste ou Épictète.*

CIORAN.
(De l'inconvénient d'être né.)

L a présentation et le bal à la cour de Belgique constituent
l'un des derniers actes de la splendeur sociale des David
qui auraient été bien étonnés s'ils avaient appris que, vers le
milieu du XXᵉ siècle, une reine de Belgique viendrait rendre
visite à leur fille...

Leur situation financière est moins dramatique que ne
l'estime M. David. Leur capital, le saint capital, est, certes,
entamé. Il faudra donc se restreindre. Cette nécessité ne fera

que renforcer certaines tendances d'Alexandrine qu'Alexandra n'a pas cessé de dénoncer, et de rappeler, dans sa correspondance, « son animosité sans fondement contre moi, son égoïsme, son avarice, sa bigoterie ». Sinistre portrait auquel Alexandra craint de ressembler.

Fière, sauvage, secrète, éprise de lumière, Alexandra ne songe qu'à s'évader de ces ténèbres familiales, à fuir ses parents. Quand Alexandra a dix-huit ans, sa mère en a cinquante-quatre. A cinquante-quatre ans, en ce temps-là, la vie se termine et on ne pense plus qu'à gagner le ciel à force de prières et d'actes de piété. Quant à Louis David, il atteint, en 1886, sa soixante et onzième année. Il fait figure de patriarche, il en a la barbe et le détachement. Entre une mère douairière et un père patriarche, la jeune Alexandra suffoque et incarne, sans le savoir, ce « famille, je vous hais » qu'un André Gide ne va pas tarder à proclamer, en 1897, dans ses *Nourritures terrestres*.

Elle se compose une famille avec des philosophes, les Épictète, les Sénèque dont elle recopie les pensées sur des petits carnets de moleskine noire. Son amour des stoïciens ne l'empêche pas d'admirer Épicure dont elle souligne deux maximes qu'elle a dû ressasser pendant les heures de désespoir de ce qu'elle nomme « ma misérable jeunesse » : « Sois plus que jamais seul avec toi-même, quand tu seras forcé d'être avec la foule » et « Il est dur de vivre sous le joug de la nécessité, mais il n'y a nulle nécessité d'y vivre. »

Autre refuge pour Alexandra : la musique. Le piano offert par son père est toujours là et n'a pas cessé de retentir sous ses doigts. Elle aime chanter :

> Où est le temps où je mêlais ma voix à la sauvage chanson du temps déchaîné ! où je courais les bois, ivre de liberté, ivre d'espoir, ayant au cœur, pour seule tristesse, la pensée du retour au logis paternel, à cette maison triste et maussade que je haïssais de tout mon être !

Alexandra connaît les chansons à la mode, comme ces *Chansons touraniennes* de Jean Richepin qu'elle fredonne souvent :

> *Au pas lent des chevaux*
> *Par les monts, par les vaux*
> *La caravane passe !*

Où va-t-elle en rêvant ?
Où s'en va la poudre au vent ?
Mais toujours en avant
Et vers l'espace !

Et celle qui ne rêve que de suivre les caravanes et de parcourir des espaces sans fin, se retrouve, un jour de sa dix-huitième année, par la volonté de sa mère, encagée, emprisonnée dans une boutique. C'est l'anéantissement de tous ses espoirs, ou plutôt, leur réduction à un seul, dérisoire, qu'elle évoquera, pour n'y plus revenir, dans son *Journal de voyage,* « j'aurais pu être une commerçante enrichie[1] ».

Mme David avait réussi à placer sa fille chez l'un de ces marchands de tissus qu'elle commanditait. Voilà Alexandra boutiquière. On ignore combien de temps dura cette épreuve, vraisemblablement très peu, Mlle David ne manifestant aucun don particulier pour la vente des étoffes, comme le révèle cet aveu :

> [...] un orgue de Barbarie, sous ma fenêtre, me faisait oublier tout travail, mettait à néant les résolutions, cent fois prises, de lutter contre mes folies pour devenir une marchande pratique et laborieuse [...].

Alexandra ne deviendra pas une « commerçante enrichie ». C'est la dernière tentative accomplie par Mme David pour caser l'incasable Alexandra. Car il ne saurait plus être question de mariage pour une fille « déshonorée » par ses fugues, chastes s'il en fut, en Angleterre et en Italie, et, pire encore, que l'on voit sans cesse un livre à la main. Selon l'un des préceptes de l'époque, « une femme qui lit un roman cesse d'être une honnête femme ». Enfin, on n'épouse pas quelqu'un qui préfère la compagnie des arbres à celle du roi, de la reine et des valseurs de la cour de Belgique. Le Tout-Bruxelles en jase encore... Comme Natalie Barney répétait volontiers, « j'ai toujours été sauvée par mes plaisirs », Alexandra David pourrait dire « j'ai toujours été sauvée par ce que l'on considérait comme des extravagances ». Entre ces plaisirs et ces extravagances, quel dieu verrait la différence ? Ce qui importe, c'est d'être sauvé !

1. T. I, p. 143.

L'épreuve de la boutique terminée, Alexandra peut retourner à ses études et à sa musique. Elle vit de peu. Cela, Mme David est bien forcée de l'admettre. Sa fille se nourrit de rien, s'abreuve d'eau claire et porte, sans rechigner, la même robe. Louis et Alexandrine peuvent donc, sans que leur budget en soit trop affecté, subvenir aux faibles besoins d'Alexandra. Si M. David persistait en ses mauvais placements, si Mme David s'estimait ruinée, alors, on aviserait. Pour le moment, Alexandra n'a plus à gagner sa vie comme boutiquière. C'est pour oublier ce cauchemar qu'elle fréquente avec une assiduité accrue l'un des plus vieux amis de son père et dont elle allait, à son tour, devenir la jeune amie : Élisée Reclus.

On a un peu oublié de nos jours ce qu'a été la gloire d'un Élisée Reclus au XIXᵉ siècle. Jean-Jacques Élisée Reclus, écrivain et géographe, est né à Sainte-Foy-la-Grande en Gironde, le 15 mars 1830. Fils d'un pasteur protestant, il aime la liberté et les idées républicaines. Forcé de quitter la France après le coup d'État du 2 décembre 1851, il visite successivement les îles britanniques, les États-Unis, et l'Amérique du Sud. De retour à Paris, en 1857, il débute à la *Revue des deux mondes* où il donne des articles de géographie, de géologie, de littérature, de politique étrangère et d'économie sociale qui sont très remarqués.

Il sert dans la garde nationale pendant le siège de Paris et reste dans ses rangs pendant la Commune. Fait prisonnier en avril 1871, il est traduit devant un conseil de guerre qui le condamne à la déportation. L'opinion publique s'émeut, des savants, dont Darwin, interviennent et la peine de déportation est commuée en bannissement. Élisée Reclus quitte la France pour l'Italie, puis la Belgique. En 1875, il publie son ouvrage le plus important, celui qui établit la géographie sur des bases scientifiques, *la Nouvelle Géographie universelle*, qui « par l'étendue et l'harmonie de ses proportions, l'exactitude de ses renseignements, la clarté de sa rédaction, a excité dans le monde entier une sincère admiration ». Avec Élisée Reclus, le futur auteur d'ouvrages comme le *Voyage d'une Parisienne à Lhassa* ou *Au pays des brigands gentilhommes* est à bonne école, et s'appliquera à imiter cette exactitude des renseignements et cette clarté dans la rédaction...

Ce que ses contemporains admirent moins chez Reclus, c'est son indépendance d'esprit, sa haine des toutes-puissantes contraintes religieuses et sociales. En octobre 1882, cet anarchiste dont les seules bombes sont la douceur et la charité, marie, lui-même, et le même jour, ses deux filles, à l'exclusion du maire et du curé. En guise de bénédiction, il prononce un discours que Maurice Donnay et Lucien Descaves placeront, presque intégralement, dans la bouche de l'agitateur Gregoriev, l'un des personnages de leur pièce, *les Oiseaux de passage* :

« Aimez-vous au-dessus des lois. Vivez libres, justes et bons ; que votre tendresse l'un pour l'autre soit le foyer d'une affection qui se répande sur tous les êtres, car votre famille est partout où quelqu'un appelle au secours. »

Alexandra entendra, et appliquera, à sa façon, cet appel à l'union libre qui trouvera son accomplissement, un siècle plus tard, quand, de plus en plus, les jeunes décideront de vivre ensemble, sans l'aide de M. le maire ni de M. le curé. Mais, en 1882, le discours de Reclus faisant l'apologie de l'union libre, quand il fut imprimé, publié, causa un immense scandale et donna naissance à des polémiques retentissantes. Le géographe Reclus est porté aux nues. L'homme Élisée est voué aux gémonies. Ce qui n'est pas pour déplaire à Alexandra qui se révèle une anarchiste de dix-huit ans et qui trouve, chez l'ami de son père, la confirmation de ses propres tendances, voire leur exaltation.

Louis David et Élisée Reclus se sont connus sur les barricades de la Commune, et, depuis, leur amitié ne s'est pas démentie. Tous deux sont protestants et pratiquent un socialisme idéaliste.

De cette pratique, Louis David ne souffle pas un mot à son épouse, mais il en entretient sa fille pendant les longues promenades qu'ils continuent à faire ensemble. Entre ces deux solides marcheurs, s'établit une liberté de propos qui épouvanterait Alexandrine. Rentrés à la maison, par un accord tacite, le père et la fille se taisent et les rideaux de fer du silence tombent sur la famille David. Et on ne parle pas, surtout pas, des visites à Élisée Reclus...

Entre l'anarchiste de cinquante-six ans et la jeune fille de dix-huit ans, une amitié se noue qui ne prendra fin qu'à la mort du premier, en 1905. Élisée Reclus n'habite pas très loin des David, à Ixelles où il occupe une maison entourée d'un petit jardin. Son épouse, ménagère parfaite, traque la poussière et veille à la netteté de la bibliothèque dans laquelle Alexandra peut puiser à sa guise. Elle ne s'en prive pas.

Au contact du savant Élisée, Alexandra découvre qu'elle est, avant tout, un cerveau. Le cœur, le sexe, s'ils existent en elle, et certains de ses proches en douteront, n'ont plus qu'à se taire et à obéir. De cette période de sa vie, elle confiera à son époux :

> Toute la vie sentimentale m'était si parfaitement indiffé-rente autrefois. Je ne songeais guère à m'affliger de l'indiffé-rence que me témoignait ma mère, je ne cherchais pas d'autres affections, je ne me prodiguais pas en petites sentimentalités, en petites sensibleries, mais j'aurais pu aimer grandement qui m'en aurait paru digne, qui m'aurait aimée de même [1].

On ne saurait être plus clair. On ne fréquente pas impuné-ment les sommets sans se prendre pour une déesse inacces-sible aux passions communes aux mortels. Pour l'orgueil-leuse Alexandra, l'amour signifie la déchéance. Elle se refuse absolument à admettre que l'ange et la bête coexistent, comme ils peuvent, chez les pauvres humains. Refus qui fait entrer Alexandra dans ces multitudes d'intellectuelles éthé-rées qui pullulent en cette fin de siècle. Pour échapper à la formidable domination masculine qui a réussi à transformer le mariage en un viol légal, ces demoiselles trop angéliques n'ont que deux échappatoires : Lesbos ou les études. Trop consciente d'être unique pour rechercher la consolation de ses semblables, Alexandra choisit l'étude. A partir de sa dix-huitième année et jusqu'aux veilles de sa mort, elle restera cette jeune anarchiste de dix-huit ans qui est née à Ixelles, chez Élisée Reclus. En Élisée, en cet être de lumière, elle croit contempler son reflet et son modèle. L'avenir appar-tient à Alexandra.

1. *Journal de voyage*, t. I, pp. 20 et 32.

Alexandra 1888

Une âme libre, méprisant la joie et la douleur,
inaccessible à toute convoitise terrestre.

Alexandra DAVID-NÉEL.
(Carnets inédits.)

Après avoir dévoré les œuvres d'Élisée Reclus, Alexandra s'attaque à celles des frères d'Élisée, et principalement, de Michel-Élie qui, pendant la Commune, a dirigé la Bibliothèque nationale de Paris, et qui a publié en 1885 *les Primitifs, étude d'ethnologie comparée.* Frère des précédents, Onésime, qui a composé une *Géographie, Europe, Asie, Océanie, Afrique, Amérique, France et ses colonies* parue en 1873. Alexandra en fait ses délices, lisant et relisant les chapitres consacrés à l'Asie. Et Armand, qui est officier de marine et qui a produit des *Rapports sur les études internationales d'exploration de l'isthme américain.* Et Jean-Jacques Paul, chirurgien, et auteur de divers mémoires dont les *Affections mammaires* et ces *Affections des testicules* dont la pudique, l'ombrageuse Alexandra a dû se détourner...

Celui qui écrirait l'histoire des cinq frères Reclus, et surtout des quatre premiers, Élisée, Michel-Élie, Onésime et Armand, retracerait l'épopée de ces grands découvreurs de pays et d'idées qui, à la fin du siècle dernier, posèrent le pied dans des contrées qui semblaient plus éloignées et plus dangereuses pour l'homme que ne l'est la Lune maintenant. Combien de vocations d'explorateurs, de voyageurs, sont nées à la lecture des livres des Reclus ? Celle d'Alexandra certainement qui doit se sentir fraternellement unie en ces hommes en qui elle voit l'incarnation des héros de son enfance, les Philéas Fogg et les capitaine Grant...

En plus, le bon Élisée, bonté que ses contemporains sont unanimes à reconnaître et à célébrer, est l'ami du genre humain en général et de Tolstoï en particulier. On rêve ensemble d'abolir les frontières, de renverser le despotisme et d'établir des lendemains qui chantent harmonieusement. Alexandra se réjouit de chanter avec ce chœur qui ignore les barrières des conventions.

Chez Élisée Reclus, dans sa maison d'Ixelles, se réunissent les États-Unis d'Europe de l'anarchie, de la libre pensée et de l'idéalisme. Y passent et repassent les exilés, les proscrits, les chasseurs de chimères, les marchands de songes, les amoureux du vent, les poètes, les penseurs, les errants, les chevelus, les barbus, toute une cohorte que l'on pourrait qualifier de céleste si son dénuement n'exhalait parfois une odeur de crasse qui répugne à Alexandra. Au moral comme au physique, Alexandra sera toujours d'une propreté méticuleuse, presque maniaque.

Devant le spectacle incessant qui fait de la maison d'Élisée un théâtre permanent, Alexandra perd les derniers préjugés de sa classe et apprend à considérer les autres comme un spectacle que l'on essaie d'immortaliser en posant devant cet appareil qui connaît une vogue inouïe, l'appareil photographique. Ah ! comme on se sent à la fois « moderne » et « fin de siècle » en posant devant l'objectif, dans le jardin d'Élisée !

Ainsi, de séances de photos en promenades dans les bois, de discussions avec sa mère en conversations avec son père, de hauts propos avec Élisée en considérations élevées avec les amis d'Élisée, de lectures tard dans la nuit en chansons lancées pour accueillir l'aurore, Alexandra atteint sa vingtième année.

Dans la famille David, on jouit d'un semblant de paix. Alexandrine croit, ou fait semblant de croire, que sa fille ne va chez Élisée Reclus que pour y prendre des leçons de géographie. Louis, franc-maçon et libre penseur, se réjouit de voir Alexandra suivre ses traces. Et Mlle David, le jour de ses vingt ans, pense que, dans un an, elle sera légalement majeure. Enfin libre. En attendant, elle se considère comme émancipée, organisant à son gré son temps et ses études. Elle lit, elle prend des notes. Et, démarche classique de l'écrivain naissant, à force de prendre des notes sur les autres, elle finit par en prendre sur elle-même, comme en témoignent ces pensées inspirées par la lecture des stoïciens :

> Tu veux te dire stoïcienne, tu portes sur toi le *Manuel* d'Épictète : prends garde, tu prends là un titre bien lourd. Sais-tu bien que c'est une sorte de défi à tes contemporains de vouloir remettre en pratique cet héroïsme antique ? Nul ne te demandait cela. C'est toi seule qui l'as voulu. Apprends donc, puisque tu veux citer comme tes Maîtres les noms les plus illustres du monde antique, apprends donc à ne pas laisser croire que leurs noms sont tout au plus bons à être cités en passant dans l'histoire ; mais montre une âme fortifiée par leur méditation. Une âme insensible aux choses extérieures, victorieuse de ses passions. Une âme libre, méprisant la joie et la douleur, inaccessible à toute convoitise terrestre.

Avec cette dernière phrase, tracée avec une plume trempée dans l'encrier en porcelaine de Chine, Alexandra, comme M. Jourdain faisait de la prose sans le savoir, ne sait pas qu'elle vient d'exprimer là le but suprême des adeptes de ce bouddhisme auquel elle va, dans quelques années, se convertir. Les Bienheureux dont elle déchiffrera les œuvres ou qu'elle rencontrera à Ceylan, en Inde, ou au Tibet, auront, ou s'efforceront d'avoir, « une âme insensible aux choses extérieures, victorieuse de ses passions. Une âme libre, méprisant la joie et la douleur, inaccessible à toute convoitise terrestre ».

Alexandra aurait dû méditer davantage sur les lignes

qu'elle a tracées et prolonger cette brève illumination qu'elle vient de recevoir comme un cadeau. Mais elle est loin encore d'avoir « une âme insensible ». Au contraire. Elle ne cesse de frémir, de vibrer aux possibilités qu'offre la vie, à ses injustices, aux façons d'y remédier. Elle veut changer le monde. Elle a vingt ans. C'est dans cet état d'esprit qu'elle commence à composer son premier ouvrage, un essai, *Pour la vie*, qui paraîtra dix ans plus tard, en 1898, avec une préface d'Élisée Reclus, essai qu'elle aura sans doute repris et remanié pendant ces dix années, mais l'essentiel y est déjà. L'année même de sa mort, en 1969, Alexandra demandait à son éditeur la réimpression de ce texte écrit « aux environs de sa vingtième année » et qui constitue « la première confession intellectuelle » de son auteur. Elle y voyait même, à cent ans passés, son « testament ». Bel exemple de fidélité à soi-même que ce « testament » qui traverse, inaltérable, toute une vie !

Pour la vie n'échappe pas à la fatalité du premier ouvrage, qu'il s'agisse d'un roman ou d'un essai, l'auteur y trace d'abord son autoportrait. On comprend que, effrayée par l'audace de ses propres pensées, par cette mise à nu, Alexandra ait tenu à garder ces pages secrètes pendant dix ans. D'abord, elle n'y fait pas mystère de son anarchisme et répète ce qu'elle doit entendre à longueur de visite chez Élisée Reclus : « L'obéissance, c'est la mort » ou ce « Tout est à tout le monde » qu'elle formule de la façon suivante : « Produit de tous, tout est au service de tous sur la terre. »

En 1888, la propriété est encore sacrée, et les Jean Valjean continuent à être envoyés au bagne pour le vol d'un pain. A partir de là, Alexandra trace un terrible réquisitoire contre la société de son temps, contre les puissants, les nantis, les bourgeois. On peut espérer que Mme David n'a jamais lu des passages comme :

> Ce ne sont pas les travailleurs qui construisent à leur gré les ateliers ou les usines dans lesquels ils passent leur existence. Les Maîtres n'y venant que rarement, et pour de courts instants, [...] mesurent l'espace, l'air, la lumière, discutent les perfectionnements, non au point de vue de la salubrité, mais à celui de leur bénéfice. Limiter la dépense, accroître les dividendes : tout est là. Quant aux pauvres, s'ils meurent avant l'âge, qu'importe ! Pareils aux animaux domestiques, ils se reproduisent en assez grand nombre pour que la société n'ait

rien à craindre. Les pauvres, c'est-à-dire la chair à travail, ne manqueront pas de sitôt[1].

Sa défense des « damnés de la terre » l'entraîne à condamner le christianisme qui, « en persuadant aux hommes de tirer vanité de leur prétendue liberté n'a fait qu'ajouter un esclavage, que rien ne justifie[2] », puis l'Église romaine, « — celle qui s'intitule improprement catholique — n'a jamais eu son égale pour fausser les esprits[3] [...] ».

Alexandra rejette en bloc les religions, les Églises, la société, l'armée et, surtout, les souffrances inutiles qu'elles imposent :

> Rien n'est plus faux et plus funeste que de croire que la résignation, l'abnégation de soi-même, pratiquée par chacun, puisse avoir une vertu pour la collectivité. Comment de la douleur de chaque homme voulez-vous constituer le bonheur de l'humanité[4] ?

Le bonheur, voilà le grand mot, le maître-mot lâché. Pour Alexandra,

> la recherche continue du bonheur est une habitude à prendre ; c'est une éducation à faire, une révolution intime devant transformer individuellement les individus accoutumés à la passivité et à la résignation[5].

On est encore loin d'avoir pris une telle habitude, estime Alexandra qui conclut tristement son essai d'un « Nous ne sommes que des barbares ». Barbarie qu'Alexandra ne supporte pas, à vingt ans comme à cent. Dans *Pour la vie*, elle appelle à la révolte. Son appel sera entendu en mai 1968 dont elle suivra les événements à la radio, en jubilant.

Toujours en avance sur son temps, Alexandra 1888 annonce ses sœurs de 1968 qui arrachèrent allégrement pavés et préjugés. Alexandra 1888 dresse, comme autant de futures barricades, les pages de son *Pour la vie*. Et la vie est là, qui attend, ni simple ni tranquille, la vie qu'il faut prendre à bras-le-corps. Pour mener à bien cette lutte, et accomplir les randonnées qu'elle rêve de faire en ces terres où naît la

---

1. *En Chine*, Plon, p. 378.
2. *Ibid.*, p. 378.
3. *Ibid.*, p. 355.
4. *Ibid.*, p. 352.
5. *Ibid.*, p. 359.

lumière, Alexandra sait qu'elle doit acquérir un atout majeur : la parfaite connaissance de la langue anglaise. L'anglais est la langue des voyageurs en Extrême-Orient, la clé qui ouvre les portes de l'Asie. Si elle a la tête dans les nuées, Alexandra n'en garde pas moins les pieds sur terre. De ses ascendances bourgeoises tant reniées, elle a tiré un solide bon sens. Mlle David perfectionnera son anglais, dont elle possède quelques rudiments appris au couvent du Bois Fleuri. Et, où pourrait-elle mieux en étudier les subtilités qu'en Angleterre ? Tout l'invite d'ailleurs à découvrir ce pays traversé trop rapidement pendant sa deuxième fugue.

La demoiselle de Londres

> Mon voyage à Londres fut une exaltation. [...]
> Ces distractions, ces hommes célèbres, ces nou-
> veautés, cette grande ville à la rumeur si distin-
> guée, voilà bien de quoi tourner la tête d'une
> petite écolière française.
>
> Élisabeth DE GRAMONT.
> (Mémoires.)

Chez Élisée Reclus, Alexandra ne s'est pas contentée d'écouter et de prendre des notes. Elle a fait des connaissances, entamé des correspondances. Comme la plupart des jeunes filles en cette fin de siècle, elle vit par correspondance, avant de vivre vraiment. Elle a la plume féconde et pourrait aisément devenir une Sévigné de Bruxelles. De lettre en lettre, elle accomplit un patient travail de fourmi, cette future fourmi des Hymalayas, changeant les simples relations en bonnes, et durables, amitiés qui auront leurs rôles à jouer, dans ce destin alexandrin. Justement, l'une de ses correspondantes se trouve en Angleterre. Elle envoie à Alexandra une revue à la couverture bleu pâle, ornée de dessins bizarres, et accompagnée du commentaire suivant : « Puisque tu t'intéresses aux questions religieuses, tu pourras prendre plaisir à parcourir la *Gnose suprême*, organe d'une secte orientale, paraît-il. Mrs. Morgan que tu as rencontrée chez moi, la connaît également. »

Alexandra feuillette cette *Gnose suprême* qui, effectivement, est une revue éditée par la Société du même nom et dont le but est « la formation d'une confraternité de personnes s'adonnant à l'étude des différentes religions et philosophies, plus spécialement celles de l'Orient ». Alexandra ne peut qu'adhérer à une telle société dont fait partie Mrs. Morgan. Ce qui séduit encore davantage la pratique Mlle David, c'est que la Gnose suprême possède à Londres « une sorte de club » qui comprend

> outre des salles de réunion, de conférences et de bibliothèques, des chambres réservées aux membres de la Société. Ils pouvaient prendre s'ils le désiraient leurs repas sur place, le prix de la pension était modique [1].

Ce dernier détail a dû plaire particulièrement à Alexandra dont les ressources sont plus que modestes et qui, financièrement, dépend entièrement de ses parents. Louis et Alexandrine David ont consenti à ce séjour en Angleterre. A quoi cela servirait-il de l'interdire ? Leur fille n'en fait qu'à sa tête. Leur unique fille ne sera pas « le bâton de vieillesse » qu'ils escomptaient. Ils se résignent à l'évidence et la Gnose suprême leur semble un moindre mal.

Élisée Reclus ne peut que féliciter sa disciple pour sa sage décision d'aller à Londres perfectionner son anglais. Tout est donc pour le mieux et Alexandra quitte la Belgique, sans tambour ni trompette. Les fanfares auraient pu retentir pour ce départ dont on ignore la date exacte, on sait seulement qu'il a eu lieu en 1888, et qui constitue le *vrai départ* d'Alexandra. Elle ne reviendra plus à Bruxelles que pour de brefs séjours. Elle tourne de dos à son passé et se livre entièrement à la joie de l'embarquement à Flessingue, en Hol-

---

1. *Le Sortilège du mystère*, Plon, p. 21.

lande. Elle a choisi ce port pour « allonger » son voyage. Elle se promène le long des quais, à la nuit tombante. Elle éprouve « une paix ineffable » à se sentir « merveilleusement seule ».

Cet isolement qui pèserait à tout autre, Alexandra le savoure. C'est une solitaire née, farouche et que sa solitude galvanise :

> Cette solitude que j'imaginais absolue, répandait en moi des vagues de félicité. Les transports les plus exaltés des mystiques peuvent-ils égaler cet état de calme infini dans lequel toute agitation physique ou mentale a disparu et où la vie coule sans heurts, sans se fragmenter en sensations ou en idées, sans autre goût que celui de l'existence[1] ?

A vingt ans, Alexandra considère la solitude comme la seule béatitude possible. Elle est seule avec elle-même et cela suffit à ce Narcisse féminin. Au fond, ce qu'elle a le plus aimé dans ses précédentes fugues et ce qu'elle aimera le plus dans ses voyages futurs, c'est cette accession à la solitude. « Enfin seule », soupire-t-elle, avec un ravissement que l'on partage généralement avec une autre personne. A se demander si elle n'est pas allée dans les déserts tibétains uniquement pour y fuir les foules... Elle consentira parfois à se laisser accompagner, sans renoncer pour autant aux bienfaits de l'isolement. Elle aurait pu faire sa devise avec ce vers d'Anna de Noailles, « Solitaire, nomade et toujours étonnée ».

A la gare de Londres, Alexandra est attendue, à sa grande surprise, par un envoyé de la Gnose suprême. Mrs. Morgan, qui a joué les marraines pour obtenir l'admission de la jeune fille dans cette société, a bien fait les choses. Et c'est la vice-présidente de la Gnose suprême, Mrs. Grant, en personne, qui accueille « Miss David » par quelques paroles aimables, « je vous souhaite une bonne nuit. Le petit déjeuner, demain matin, est à 8 heures ».

Souhait exaucé : Alexandra passe une bonne nuit et répond, avec empressement, à l'appel du gong qui, à 8 heures précises, appelle une dizaine d'hôtes à la salle à manger. Mrs. Grant indique à la nouvelle venue sa place à la table commune. Chacun se munit d'un petit plateau et se sert à un

---

1. *Le Sortilège du mystère*, p. 20.

buffet. Alexandra se sert « copieusement », à la stupéfaction de l'assemblée qui, composée de purs esprits, affecte de se nourrir de peu. (On se souvient qu'Alexandra se nourrissait de « rien ». Elle se nourrissait de rien quand il n'y avait rien à manger. Elle savait dompter sa fringale et nourrir son estomac de vide quand la nécessité l'exigeait. Mais si elle trouvait de quoi manger, elle faisait preuve d'une « boulimie[1] » qu'elle était la première à tourner en dérision.)

Nantie de toutes les solidités que peut offrir le *breakfast* anglais, Alexandra va maintenant se repaître plus sérieusement dans la bibliothèque qui contient « de nombreuses traductions d'ouvrages philosophiques de l'Inde et de la Chine ». Elle a peine à s'y arracher et ne quitte la bibliothèque de la Gnose suprême que pour celle du British Museum. Alexandra, rat de librairie, grignote inlassablement le savoir. Elle poursuit aussi la pratique de la langue anglaise qu'elle désire parler, et écrire, couramment. Elle y parvient en quelques mois. Elle a reçu le don des langues, inestimable, quand on a choisi de vivre comme elle s'apprête à le faire.

En quelques mois aussi, Alexandra a su s'acclimater. Ce ne sera jamais un problème pour elle de se plier aux usages des pays qu'elle explore. Elle joue consciencieusement son rôle de demoiselle de Londres qui visite le Cristal Palace, et absorbe des litres de thé. Elle s'est habituée aux brouillards de la Tamise comme aux brumes qui envahissent certaines pièces du quartier général de la Gnose suprême et qui sont dues aux fumées des bâtonnets d'encens mélangées à celles des cigarettes turques ou égyptiennes, le tout engendrant une pénombre propice aux apparitions de l'au-delà. Alexandra en rapporte quelques-unes, ou plutôt le récit qu'on lui en fait, dans *le Sortilège du mystère*, avec une ironie voltairienne. Elle tire, par exemple, un grand effet comique du passage des Instructeurs, venus de quelques lointaines planètes, se reposer dans les fauteuils du salon. Ils sont invisibles aux non-initiés qui s'installent dans ces fauteuils supposés vides, et qui en sont promptement chassés par les initiés qui poussent des cris d'horreur et ordonnent, « levez-vous, vous êtes assis sur un Instructeur ». Alexandra ne précise pas si elle a commis un tel impair.

---

1. Selon sa propre expression.

A la Gnose suprême, Alexandra commence sa collection de gens originaux et de personnages bizarres, collection qu'elle ne cessera pas d'enrichir et qui sera l'une des plus belles de notre temps. L'un des premiers à y figurer est un hôte de la Gnose, Jacques Villemain, artiste parisien et peintre spirite qui mêle « de vagues figures humaines ou animales aux arbres et aux rochers de sa peinture ». Cela étonne Alexandra pour qui l'« esprit d'un arbre » n'est pas nécessairement une forme animale ou humaine, mais « peut être d'une autre essence inimaginable pour nous : il est peut-être l'arbre lui-même ». Réponse d'une admiratrice de Jacques Villemain : « Toute existence humaine, animale, végétale ou même minérale a un double astral que perçoivent les seuls initiés. »

Ces discussions sur le sexe des arbres, ou des anges, faites en anglais, passionnent et amusent à la fois Alexandra. Cependant, elle déplore de n'avoir pas le temps, études obligent, de découvrir les sectes qui foisonnent dans le Londres d'alors. Si Bruxelles était le refuge des communards déçus, des *carbonari* sur le retour, des nihilistes moscovites maniant avec une égale dextérité le samovar et l'explosif, Londres est le royaume des prêtres se réclamant d'Isis, des habitués de la Kabbale, des amis du Sphinx ou des émules des derviches valseurs. Tout cela tenterait, à titre de curiosité, Miss David. Heureusement, elle trouve en Mrs. Morgan un concentré de toutes ces sectes. Car, non seulement Mrs. Morgan appartient à la Gnose suprême, mais aussi à de nombreuses autres associations parmi lesquelles la naissante, et déjà importante, Société théosophique, fondée à New York le 17 novembre 1875 par un Américain, Henry Steele Olcott et une Russe, Hélène Petrovna Blavatsky. Sur l'un de leurs prospectus publicitaires, datant de cette époque, on lit que « les fondateurs croyaient agir au mieux dans un intérêt de religion et de science, en mettant en évidence la littérature sanskrite, pali, zen et autres anciens écrits, dans lesquels les sages ont préservé, pour le bien de l'humanité, des vérités de la plus haute valeur concernant l'homme et la nature ».

La Société théosophique est une organisation internationale qui a pour but, explique méthodiquement Mrs. Morgan, de :

1o Former un noyau de la fraternité universelle de l'humanité sans distinction de race, sexe ou couleur.

2o Encourager l'étude comparée des religions, des philosophies et des sciences.

3o Étudier les lois inexpliquées de la nature et les pouvoirs latents de l'homme.

« La théosophie », poursuit Mrs. Morgan, qui connaît son sujet par cœur et le récite sans permettre à Alexandra, médusée, une seule interruption, « est la somme des vérités qui forment la base de toutes les religions et qu'aucune d'elles ne peut réclamer comme son bien exclusif... ». Quand elle a, enfin, droit à la parole, Alexandra affirme qu'elle n'a pas besoin d'encouragements pour se livrer à l'étude comparée des religions, des philosophies, des sciences et qu'elle n'est pas indifférente au credo de la fraternité universelle. Si « Paris vaut bien une messe », Londres vaut bien aussi une déclaration de foi en la théosophie. Alexandra est prête à tout, plutôt que de retourner à Bruxelles. La demoiselle de Londres n'a plus grand-chose à voir avec la demoiselle d'Ixelles. A la bibliothèque de la Société théosophique de Londres, elle trouve des livres qui la changent agréablement de ces brûlots anarchistes qui se veulent incendiaires et qui ne consument que leurs propres auteurs. Elle va se brûler à d'autres feux, ceux de l'occultisme et de la réincarnation, de l'ésotérisme et de la méditation, et de tout ce que Hélène Blavastky exposait, en gros, dans sa *Doctrine secrète* publiée en 1888.

A la mort d'Hélène Blavatsky en 1891, c'est Annie Besant qui reprendra le flambeau des doctrines secrètes dans des ouvrages comme *le Sentier du disciple* ou *Vers le temple*. Ces dames affirment tenir leurs enseignements de maîtres rencontrés dans les Hymalayas ou au Tibet. Elles jonglent avec des mots que les yeux et les oreilles d'Alexandra voient et entendent pour la première fois, des mots qui vont marquer sa vie entière, comme nirvana, karma, darma...

Plus tard, beaucoup plus tard, Alexandra affectera de prendre ses distances avec cette Société théosophique qui aura joué dans ses voyages le rôle de fil d'Ariane, ou de relais. A Paris comme à Bénarès, elle en utilisera les centres comme elle utilise à Londres le club de la Gnose suprême et en vantera les agréments de pension « à prix modique ». Mais, en 1889, c'est bien un monde qu'Alexandra découvre en la Société théosophique, un océan dans lequel elle se meut comme poisson dans l'eau et comme le prouve cette note prise à cette époque, dans ses carnets intimes :

> Comme un mot dit en passant peut avoir d'étranges conséquences, comme une relation nouvelle peut apporter de changement dans la vie. Un jour, au courant de la plume, Élisabeth[1] laissa tomber le mot de théosophie avec le nom de Blavatsky. Un autre jour, je passai par une rue où je ne vais jamais et dans une vitrine je vis une revue. Et c'est peut-être de cette réunion de deux faits si simples que sortira peut-être une nouvelle phase de ma vie.

Alexandra ne s'y trompe pas. Avec la découverte, à Londres, de la Société théosophique, c'est une nouvelle période de sa vie qui commence et qui va se manifester par un accroissement d'études. A la bibliothèque de la société, la débutante en ésotérisme a lu les traités de Raja-Yoga, les *Upanishads*, ou la *Bhagavad Gita* qui sont traduits, ou en cours de traduction. Comme ils sont écrits en sanskrit, l'impétueuse Alexandra qui ne fait rien à moitié décide, naturellement, d'apprendre cette langue et de quitter Londres pour Paris afin d'y suivre les cours de deux éminents professeurs, Silvain Lévi et Édouard Foucaux.

---

1. Je n'ai pas réussi à identifier qui était cette « Élisabeth ». Ce prénom pourrait être celui de Mrs. Morgan ? Ou celui de la correspondante qui a envoyé la revue de la Gnose suprême ?

La crise de 1889

> *Il est écrit que je dois faire moi-même mon propre malheur. Jadis, c'étaient les seuls accidents de la vie qui m'affligeaient. Maintenant, je porte un juge terrible en moi qui ne me laisse nul repos.*
>
> Alexandra DAVID-NÉEL.
> *(Carnets inédits à la date du 19 mai 1889.)*

C'est Mrs. Morgan qui a suggéré à Alexandra de descendre, à Paris, à la Société théosophique qui siège alors au 30, boulevard Saint-Michel. Fâcheuse suggestion et modeste siège! On y est loin des raffinements de la Gnose suprême. Cela ne sent plus l'encens et le tabac blond mais la poussière moisie et le choux récemment brûlé.

Alexandra y est accueillie par un étrange couple, formé par une naine et un illuminé. Le soir de son arrivée, elle reçoit, pour tout dîner, un brouet de pommes de terre, un morceau de fromage et une poire. La Naine et l'Illuminé sont végétariens. Ce qui ne serait pas pour déplaire à Alexandra s'il ne manquait à cette Société théosophique parisienne l'essentiel : une salle de bains. Supplée à cette fâcheuse absence un établissement de bains, à deux pas de là, distance que la Naine et l'Illuminé n'ont pas l'air de franchir souvent. Fanatique d'hydrothérapie, Alexandra se promet d'y courir le lendemain.

Enfin, à la frugalité des repas et à l'inconfort, la chambre offerte à Alexandra est complètement dépourvue de literie, il faut ajouter les invraisemblables propos que l'Illuminé tient sur les « entités transcendantes qui habitaient la Lune » et dont il laisse entendre qu'il est le descendant. La preuve ? Sa lunaire calvitie dont l'absolu est propice, paraît-il, aux vibrations intellectuelles. Cet enfant de Séléné et du boulevard Saint-Michel passe ses soirées à étudier la *Bhagavad Gita* en compagnie de quelques ouailles avec lesquelles il pratique des « communions en esprit », tard dans la nuit. Pour maintenir cet esprit en éveil, on boit du café très fort vers 3 ou 4 heures du matin et on discute jusqu'à l'aube.

C'est un intermède de vie de bohème que s'offre Alexandra pour sa majorité. Elle aura vingt et un ans le 24 octobre 1889. La vie est courte, profitons-en. Mlle David en profite surtout pour augmenter singulièrement sa collection d'originaux et de bizarres, commencée à Londres avec Jacques Villemain et poursuivie à Paris avec l'Illuminé, puis, avec une duchesse de Pomars qui se dit la légataire universelle de Marie Stuart (dont elle reçoit des messages), et, enfin, avec quelques pythagoriciens aux longues robes blanches qui vivent en communauté, en cultivant leur esprit et leur jardin de banlieue. Alexandra se grise de café noir et de noirs secrets :

> Cette bohème m'amusa pendant quelque temps puis finit par me lasser, raconte-t-elle dans *le Sortilège du mystère*[1]. Les nuits sans sommeil s'accordent mal avec les études et je suivais alors les cours de sanskrit du Pr Édouard Foucaux. Le Pr Foucaux était aussi tibétisant ; il avait traduit la version tibétaine du *Lalita vistara (le Gyatcher rolpa)*. C'est lui qui, le premier, me parla du Tibet, et je ne me doutais guère, à cette époque, du rôle que ce pays devait plus tard jouer dans ma vie.

1. Pp. 83 et 84.

L'absence de sommeil, la légèreté de la nourriture, le surmenage intellectuel dû à l'étude intensive du sanskrit et à la lecture de la traduction du *Lalita vistara*, la découverte, en si peu de temps, de la théosophie, de l'occultisme, de l'ésotérisme et autres, ne vont pas sans perturber gravement Alexandra. On ne fréquente pas impunément de pareils mondes sans en être fortement troublé, ni de pareilles gens :

> Des athées organisés comme des salutistes, des incrédules parlant de sorcellerie, des gens sans foi parlant un langage de fanatique, cela vaut, je crois, la peine d'être vu de près,

plaide Alexandra. Mais que de crises cela provoque! Crise religieuse, crise de conscience, crise d'existence, crise d'identité. Alexandra se cherche et ne se trouve pas. Sa vingt et unième année qu'elle souhaitait réussir tourne au désastre. Cette affamée de lumière est plongée dans l'ombre la plus épaisse. On peut suivre sa descente aux enfers dans une cinquantaine de feuillets dactylographiés[1] que jamais Alexandra ne songea à publier, comme si elle voulait laisser aux ténèbres ce qui appartenait aux ténèbres. Sa crise culmine en mai 1889, le 19 exactement, et se termine le 31 décembre de cette même année, dans une chapelle de carmélites :

> Regarde-les ces grilles du Carmel et songe que tu voulais chercher un abri derrière elles. Tu ne discutais pas jadis avec le devoir, mais tu allais droit devant toi, le cœur rempli d'amour, où tu croyais que la vertu, la sainteté t'appelaient. N'as-tu donc plus la même foi et ton enthousiasme s'est-il évanoui avec ta superstition? As-tu moins d'amour pour Dieu parce qu'il s'est révélé plus grand à tes yeux? [...] Qui donc te retient encore? Oh! je le sais, le vain désir d'occuper l'esprit des hommes, d'être l'objet de leurs éloges. Y songeais-tu, à l'opinion du monde, quand tu voulais t'ensevelir au Carmel où l'on n'arrive, comme au tombeau, qu'en passant sous un drap mortuaire? Tu te demandes ce que dira le monde, songes-tu à ce que dira Dieu? Il fut un temps où ton amour n'aurait pas laissé de place à ces raisonnements, pourquoi es-tu tiède maintenant?

Alexandra carmélite, on croit rêver. Dieu seul sait ce qu'il en serait advenu. Peut-être que les religieuses auraient déserté le couvent, comme elles le firent, quand, au temps de sainte Thérèse d'Avila, l'excentrique et autoritaire dona Ana

---

1. A Digne, aux archives de la fondation Alexandra David-Néel.

Mendoza de la Cerda décida, à la mort de son mari, le prince d'Eboli, favori de Philippe II, d'y entrer... Les voies de la Providence sont impénétrables. Dans son *Pour la vie*, qu'elle continue à composer, elle n'en croit pas moins en un Dieu unique, ce qu'elle note, à plusieurs reprises, dans ses carnets. Elle assiste encore aux offices du temple et fréquente la société protestante. C'est ce qui est à l'origine de ce drame intime :

> J'avais parlé assez librement, l'autre jour, du peu de logique de ces gens qui se disent disciples de Jésus et sont les pires adversaires de sa manière de voir. J'avais avoué que cela avait été pour moi une pierre d'achoppement de voir la mondanité de ceux qui se prétendent religieux. J'avais dit entre autres que quand j'allais chez un pasteur ou chez un mondain, je n'y voyais pas de différence. C'était partout le même luxe, le même superflu. On a malheureusement, par étourderie, répété ces paroles à un pasteur qui me connaît. [...]
> — Mlle David voit les choses en artiste, a-t-il dit, elle en demande trop.
> J'en demande trop ! Est-ce donc trop exiger que de vouloir que l'on mette en pratique ce que l'on prêche ? [...] Et maintenant j'ai l'air d'accuser. Non, je ne juge pas. Peut-être n'ont-ils pas vu les choses du monde à la lumière de cette divine clarté qui nous fait voir comme de la boue toutes les vanités humaines ? Mais moi qui suis montée sur la montagne, qui, des hauteurs sereines, ai vu le néant des choses pour lesquelles on lutte dans la vallée, je redescends pourtant me mêler à cette agitation de fourmis.

Du haut de ses Hymalayas, l'Alexandra 1915 n'écrira pas autrement, usant des mêmes expressions. Combien de fois n'évoquera-t-elle pas cette « divine clarté » et cette « agitation de fourmis » ? Combien de fois aussi devra-t-elle répondre à l'accusation d'en demander trop ? Ces interrogations frénétiques d'une âme fière, cette crise s'accompagnent d'un examen de conscience comme la protestante Alexandra sait le pratiquer :

> Lorsqu'on est enfant, on rêve volontiers, on fait mille châteaux en Espagne, on arrange sa vie d'avance. L'enthousiasme de la jeunesse ne conçoit rien que de grand et de beau, et plein d'un zèle généreux, on élève des autels à mille idoles diverses. Cependant arrive bientôt le moment fatal où tout ce brillant chaos se trouve en face de la jeune raison. Hélas ! la vie ne l'a pas attendue pour réduire en poussière les plus caressés des rêves d'avenir ; voici maintenant l'esprit découvrant les ruses,

les pièges qu'il n'avait pas soupçonnés. Sous la tunique d'or des idoles on ne trouve que le vide ou un affreux squelette que dévorent les vers. Sans réfléchir, ne voyant que sa confiance trahie, la jeune intelligence a vite fait de renverser jusqu'aux derniers vestiges d'un passé qu'on répudie. [...] Oh! c'est bien alors qu'on croit sa vie à jamais brisée; mais non, ce n'est pas à vingt ans que l'on peut rester inactif, enfoui dans les souvenirs. Les uns se jettent à cœur perdu dans le tourbillon mondain, les autres deviennent des sages.

Alexandra, qui a choisi la sagesse, s'en sent indigne. Elle est terrassée par le néant de sa vie : « Parcours les années envolées. Qu'en as-tu fait ?... Rien. » Cette excessive pense avoir, à vingt et un ans, raté sa vie! On sourirait de cette pensée si la souffrance qu'elle provoque n'était telle qu'Alexandra songe au suicide, et y renonce :

> Mourir... à quoi bon ? Pour revivre peut-être et souffrir encore. Mourir comme le Werther de Gœthe pour retrouver le Père, mais je ne crois pas que ce soit là la route... S'il était vrai qu'on peut avec une de ces balles qui sont dans mon tiroir disperser les atomes dont mon corps est formé, anéantir l'esprit. [...] Mais quitter son poste comme le déserteur et puis être jugé, et puis être puni. Quelle avance en effet.

Toutes les portes se ferment devant Alexandra, y compris celle du suicide. Elle touche alors le fond de son abîme personnel, elle abandonne toute fierté et se fait humble :

> Rends grâce à l'Éternel de t'avoir supportée ingrate et rebelle comme tu l'étais, toi qui trouvais tes frères indignes de toi.

Il faudra, un jour, se décider à publier l'intégralité de cette confession — admirable, même dans ses excès —, de cette mystique à qui manque la grâce. Ce n'est pourtant pas faute de l'avoir cherchée partout :

> A quoi sert donc une Église si ce n'est pas pour y puiser la force dans les heures difficiles. La mienne ne me sert à rien maintenant. A ma place, un catholique irait à confesse, un protestant chez son pasteur, un musulman invoquerait Mahomet. [...] Et moi, catholique de naissance, protestante de nom, j'ai lu Al'Koran et Platon, j'ai rêvé avec l'Inde les mythes du Ramayanah et les douces prières des Righi Vedas sont parfois montées à mes lèvres devant la flamme du foyer ou celle de la lampe : « Merci pour Agni, Agni le bienfaisant, le doux ami du foyer... » Zoroastre m'a presque enrôlée sous l'étendard d'Ormuz contre Ariman le ténébreux et tant d'autres. [...] Que de voyages j'ai

faits en des mondes divers. Et puis par là-dessus comme je suis parisienne, j'ai souri... Un sourire navré, plus triste qu'un sanglot.

Au milieu des pires tourmentes intérieures, comme parmi les pires tourmentes de neige tibétaine, Alexandra n'oublie pas sa qualité de Parisienne de Saint-Mandé, une Parisienne stoïcienne qui sait braver, et nier, les tourments d'un sourire qui devient celui de la Sceptique et de la Désabusée. Cette Joconde 1889 est d'une lucidité à faire peur. Elle sait qu'elle n'a plus rien à attendre :

> Les choses religieuses, assemblées, lectures, prédications, sont comme des liqueurs violentes qui nous bouleversent tout entier quand nous commençons à en faire usage ; peu à peu l'on s'y habitue et elles ne produisent pas plus d'effet qu'un verre d'eau. [...] Je ne sais rien de plus triste que les dévots sceptiques qui ont usé les choses saintes jusqu'à la trame. Qui leur ont ôté toute saveur par l'habitude ; qui seraient fort peinés de manquer le sermon dont l'esprit raille tout le temps qu'il dure.

Comme elle se connaît bien elle-même, Alexandra, et comme elle sait se définir : dévote-sceptique, voilà ce qu'elle est. Et de soupirer ingénuement, pitoyablement :

> Que ne donnerais-je pas pour avoir la foi des enfants !

Alexandra possède de nombreuses vertus, la lucidité, la droiture, l'endurance pour ne citer que celles-là, mais elle n'a jamais eu et n'aura jamais la vertu d'enfance. Elle est née adulte, rachetant ainsi, à sa façon, ceux et celles qui restent des enfants toute leur vie. Alexandra n'a pas la foi des enfants, et pourtant, en 1889, elle croit encore :

> Oui, je crois, c'est ce qui me torture, si je ne croyais pas, je suivrais ma route, comme tant d'autres ; mais j'ai vu le néant des jouissances humaines, j'en connais de plus hautes, mais la force me manque pour y atteindre.

De cette crise de 1889, de cette terrible tempête dans un cerveau, une autre Alexandra naîtra qui trouvera cette force au musée Guimet, devant le Bouddha géant que l'on peut encore y voir de nos jours, ce Bouddha devant lequel Alexandra se prosterne et dans lequel elle reconnaît le Maître qui enseigne l'abolition de toute souffrance, et de tous les dieux.

Les ravissements
du musée Guimet

Soyez à vous-même votre propre lumière.

(Dhammapada.)

De 1888 à 1891, et cela même pendant les pires moments de la crise de 1889, Alexandra ne cesse pas d'étudier l'anglais, le sanskrit, le chant. Fidèlement, elle correspond avec Élisée Reclus, avec Mrs. Morgan, avec ses amis de Bruxelles et ses relations de Londres, avec ses parents à qui dans sa *Confession* elle reconnaît quelques mérites, quelques excuses :

> Ce sont de bonnes gens, s'ils ont mal rempli leur tâche, c'est par ignorance et par tendresse. Ils ont fait leur devoir. Toi plus éclairée qu'eux, tu ne fais point le tien.

Alexandra est trop lucide pour ne pas savoir combien sa conduite doit contrarier ses parents. La vie qu'elle mène, son indépendance profonde sont en contradiction totale avec les habitudes de soumission féminine alors en usage. Que doivent penser les bonnes gens de Bruxelles de cette jeune excentrique qui fait des études à Paris ? Et elle en fait, avec une constance qu'elle se refuse à admettre :

> Que l'on saurait de choses si l'on était constant dans ses idées ! Qu'est-ce qu'apprendre tous les jours une page de 20 mots écrits en quatre langues différentes ? Cependant, cet exercice fait tous les jours équivaut au bout de l'année à 7 300 mots sus dans chacune de ces langues. C'est-à-dire, en choisissant ces mots parmi les plus usuels, à la possibilité de se faire comprendre en quatre langues différentes. Comme la science est près de nous et combien devons-nous avoir honte de notre ignorance.

Alexandra va devenir savante et ses professeurs de sanskrit, Silvain Lévi et Édouard Foucaux, ne peuvent que se féliciter d'avoir une élève aussi douée et aussi zélée. Ils louent cette soif de savoir qu'ils encouragent en indiquant des livres à lire comme cette *Introduction à l'histoire du bouddhisme* d'Eugène Burnouf, parue en 1844, et en montrant les chemins à suivre pour gagner cette Asie dont la vogue commence.

Comme au temps du Roi-Soleil, Paris découvrait la Perse et s'étonnait que l'on pût être Persan, le Paris « fin de siècle » découvre l'Asie à la suite des frères Goncourt qui, les premiers, ont donné le signal de la course aux estampes japonaises, aux Bouddhas de jade, aux éventails de soie où sont brodés de mélancoliques couchers de soleil traversés de branches de pruniers en fleur. La mode est ensuite intervenue et il n'est pas de garçonnière digne de ce nom qui n'abrite sa collection d'estampes, plus ou moins authentiques, et qui justifie la proposition classique que le séducteur fera à sa proie, « venez donc chez moi voir ma collection de... », ce qui est l'équivalent de notre actuel « viens chez moi prendre un verre, j'ai un whisky irlandais qui... ». Pierre Loti répand ses enchantements exotiques : *Madame Chrysan-*

thème, Fantômes d'Orient, Fleurs d'ennui ont déjà paru avec le succès que l'on sait. Et l'Asie à Paris a son temple : le musée Guimet.

Dans l'introduction de *l'Inde où j'ai vécu,* Alexandra David-Néel évoque, non sans émotion, la naissance, en cet endroit, de sa vocation d'orientaliste et de bouddhiste :

> En ce temps-là, le musée Guimet était un temple. [...] Dans la petite chambre, des appels muets s'échappent des pages que l'on feuillette. L'Inde, la Chine, le Japon, tous les points de ce monde qui commence au-delà de Suez sollicitent les lecteurs... Des vocations naissent... La mienne y est née[1].

Ce musée a été fondé en 1879 par Émile Guimet, industriel et érudit lyonnais. Ce temple s'ouvre par un grand escalier de pierre dont les murs sont couverts de fresques, effacées depuis, qui représentent, entre autres, un brahmane offrant un sacrifice au feu sacré, des moines bouddhistes en quête de leur nourriture quotidienne, un temple japonais. L'Asie est peinte sur ces murs et ses figures, comme ses paysages, sont pour Alexandra, autant de présages : elle rencontrera ce brahmane, elle portera la toge jaune des moines bouddhistes et logera dans ce temple japonais.

A la bibliothèque du musée Guimet, Alexandra s'initie à la littérature et à la philosophie de l'Inde et de la Chine, « avec ravissement », ce sont ses propres termes. Dans ses carnets, elle note triomphalement, « j'ai déjà lu le *Rig Veda* » dont elle cite quelques vers :

J'ai été le serpent tacheté sur la montagne
J'ai été le bœuf qui laboure dans la plaine
Bien des années se sont écoulées avant que je ne fusse Brahma.

Chercheuse impénitente, Alexandra ne se contente pas des cours de Foucaux et de Lévi. Elle va au-delà des cours, au-delà des livres. A quoi cela servirait-il d'être majeure si ce n'était pour accéder aux lumières de la sagesse ?

> La loi me donne dès demain la libre disposition de ma personne et de ce qui m'appartient. Il y aurait honte à moi de ne pas m'émanciper et de rester sous la tutelle de mes passions et de mes habitudes.

1. *L'Inde où j'ai vécu,* p. 12.

Plus tard, dans les Hymalayas, les lamas, en donnant à Alexandra le nom de « Lampe de Sagesse », reconnaîtront cette émancipation des passions et des habitudes qui commence là, au temple Guimet, à la lecture du livre sacré des bouddhistes, le *Dhammapada*, qu'elle recopie avec enthousiasme. Elle en reproduira des passages dans son *Bouddhisme du Bouddha* en 1911. Elle est séduite par l'essentiel de cette doctrine qui semble contenue dans ces deux versets qu'elle ne cessera plus dès lors de citer et de répéter :

> *Soyez à vous-même votre propre lumière*
> *Soyez à vous-même votre propre refuge.*

Après la crise de 1889, comment Alexandra n'obéirait-elle pas à de tels commandements ? Avec les mots arrachés aux textes qu'elle étudie, elle se bâtit déjà une forteresse de la méditation[1], une asiatique tour d'ivoire qu'elle veut inaccessible. Le bouddhisme pour Alexandra n'est pas une religion mais une philosophie. Elle en aime la sévérité, le détachement, son renoncement dédaigneux aux paradis de l'avenir offerts par les hommes ou par les dieux. Et puis, dans le bouddhisme, chacun doit se délivrer soi-même. Comme le farouche individualisme alexandrin doit trouver son compte dans cet enseignement du *Dhammapada* : « C'est à vous-même de faire l'effort, les Bouddhas ne peuvent qu'enseigner. » Et quand, dans son *Bouddhisme du Bouddha*, elle décrira l'illumination surgie de la pitié qui marque « ceux qui sont aptes à devenir les disciples du Gotama », c'est sa propre illumination qu'elle dépeint :

> Un jour, la détresse lamentable de tout ce qui vit leur est apparue. Ils ont vu, de sang-froid, la mêlée des foules se ruant vers la jouissance, tendant les bras à l'ironique mirage du bonheur fuyant sans cesse vers les lointains de l'avenir d'où ne doit surgir que le spectre hideux de la mort. [...] Devant cette misère, cet abandon, cette douleur râlant, depuis l'aurore des âges, sous le ciel impassible, une immense pitié les a envahis[2].

Et quand, toujours dans son *Bouddhisme du Bouddha*, elle écrira :

---

1. *Samten Dzong* : la « forteresse de la méditation », le nom de sa demeure de Digne.
2. *Bouddhisme du Bouddha*, édition du Rocher, p. 105.

A l'examen, les édifices les plus imposants de la pensée humaine lui sont apparus d'illusoires façades dressées devant le vide, mis à l'épreuve, les fondements les plus fermes ont chancelé sous son pied[1] [...],

elle ne peut que songer au rêve qu'elle rapporte dans sa confession de 1889 :

Je rêvais, et tout à coup, je fus transportée dans l'antique patrie des dieux : en Grèce. Au sommet d'une montagne, se découpant sur l'azur d'un ciel d'Orient, les ruines d'un temple à demi enseveli sous les fleurs et la verdure. Et peu à peu la poésie de ce paganisme tant ridiculisé et si peu compris me montait au cœur. Quelle abondance de vie sur cette terre de la Grèce. Et quand les portes de ce temple, aujourd'hui perdu sous les ronces, s'ouvraient pour quelques sacrifices n'était-ce pas un beau spectacle que celui de ces foules triomphantes dont les dieux vivaient dans la lumière. Et maintenant dans ce même pays qui renie son passé, d'autres temples s'élèvent où le peuple prosterné devant les icônes resplendissant à la clarté des cierges adore les dieux tristes et pâles. Vierges, martyrs, suppliciés, nouveau Panthéon se complaisant dans l'ombre, redoutant le soleil. Un jour viendra où leurs autels délaissés tomberont en ruine, où la ronce envahira le temple et où les peuples élevant d'autres autels riront d'eux comme ils rient des nymphes et des déesses. Les siècles passent, dieux joyeux, dieux en larmes, vous passez avec eux. Jamais l'homme ne se lassera de dresser des autels et de créer des dieux pour les y faire asseoir.

Pour Alexandra, cette illusion s'enfuit, enfin. Les dieux, et la souffrance qu'ils engendrent, disparaissent de sa vie. Reste une certitude, celle d'échapper à ce cycle infernal en suivant strictement la doctrine indiquée dans le *Dhammapada*. Chacun peut devenir un Bienheureux, c'est le grand espoir apporté par le Bouddha qui désespéra, lui aussi, de tout, sauf de lui-même. Et c'est ce qui est en train d'arriver à Alexandra dans le sanctuaire Guimet. Avec quel acharnement, elle poursuit sa conquête d'un savoir où elle puise sa rédemption ! Avec quels ravissements multiples, elle découvre, entre les pages du *Dhammapada*, du *Mahaparinibbana*, du *Mahatanshasamkhaya*, ou du *Sutta Nipata*, la lumière à laquelle elle aspire, sa véritable patrie ! Elle ne quitte les livres que pour contempler les statues, les vases sacrés, les tablettes, les peintures du musée Guimet qui

1. *Bouddhisme du Bouddha*, p. 103.

renfermait entre ses murs plus de mystère, d'ésotérisme et de hauts secrets que toutes les sectes dispensatrices d'initiations imaginaires et puériles qui attirent et dupent tant de naïfs [1].

Elle se prosterne devant le Grand Bouddha, en respectant l'usage en Extrême-Orient : paumes élevées à la hauteur du front. C'est dans cette posture que la surprend une habituée de la bibliothèque Guimet, Mme de Bréant, une savante comtesse qui, après s'être intéressée à Maimonide, à Avicenne et à Averroès, étudie maintenant le Vedanta.

« La bénédiction du Bouddha soit sur vous, mademoiselle, dit, avec une certaine raillerie dans la voix, Mme de Bréant. »

Piquée, Alexandra répond que c'est la doctrine que cette statue représente qu'elle salue, et non la statue. Charmée par cet éclaircissement, la comtesse poursuit :

« C'est le bouddhisme que vous étudiez ici, mademoiselle ?

— Principalement, mais, pour s'en faire une idée correcte, il me semble que l'on doit étudier le milieu philosophique dans lequel il a pris naissance. Cela oblige à étudier toutes les autres doctrines indiennes... Je crois aussi aux influences du milieu physique sur la pensée et j'espère bien aller un jour voir le pays natal du Bouddha.

— J'ai déjà été aux Indes et je compte y retourner l'année prochaine. Voulez-vous venir prendre une tasse de thé avec moi dans une pâtisserie ? Ma voiture m'attend à la porte. »

Alexandra est déjà, dans le secret de son cœur, bouddhiste, donc, détachée des souffrances — et des délices — de ce monde. Mais elle ne refuse pas, elle ne refusera jamais, un gâteau et une tasse de thé. Elle accepte l'invitation de Mme de Bréant et recueille sur l'Inde ces détails pratiques que l'on trouve aujourd'hui dans n'importe quel magazine ou dans n'importe quelle agence de voyages, et qui, à la fin du siècle dernier, étaient seulement détenus par quelques privilégiés.

Alexandra boit son thé, et boit également les paroles de Mme de Bréant. Telle est Mlle David : elle sait tirer parti de tout. Tout ce qu'elle obtiendra désormais, ce sera à force d'obstination et de travail incessant. Ne croyant plus aux dieux, elle sait qu'il n'y a plus de miracles possibles. Et pourtant c'est le miracle qui survient, apporté par une lettre de

1. *Le Sortilège du mystère*, p. 85.

son père dans laquelle elle apprend que sa marraine est morte en lui laissant une importante somme d'argent. Elle peut immédiatement en disposer puisqu'elle est majeure.

Son père, et surtout sa mère, conseillent à Alexandra de retourner à la maison, et de faire fructifier ce petit capital qui, ajouté au leur, assurerait au trio une aisance accrue. Pourquoi pas ? Grande est la tentation de vivre de ses rentes. Grande aussi est la tentation d'employer cette somme à satisfaire sa passion des voyages et à suivre un autre exemple, celui de Mme de Bréant s'en allant en Inde. Entre ces deux tentations, Alexandra hésite. Elle essaie de combattre cette indécision en fumant, pour la première et la dernière fois de sa vie, une cigarette de haschisch qu'elle se procure sans peine chez les dévots des sectes qu'elle fréquente et dans lesquelles les fumées entourant les statues d'Isis, de Pythagore ou de Shiva ne sont pas toujours celles de l'encens ou du tabac blond...

Alexandra raconta cette expérience unique à Marie-Madeleine Peyronnet, en indiquant qu'elle l'avait relatée, dans *le Sortilège du mystère*, à la troisième personne du masculin singulier. C'est, en effet, un jeune homme, anonyme, qui, dans la même situation qu'Alexandra, fume une cigarette de haschisch, en a un songe révélateur et prend la décision de fuir la maison de ses parents. L'épisode se termine ainsi :

> Eut-il tort, eut-il raison de céder à une impression probablement due à un accroissement, produit par la drogue, de l'aversion que lui inspirait le genre de vie auquel on voulait l'assujettir ? On ne peut discuter ce point. Le héros de cette histoire n'était point libre de choisir sa voie, l'impulsion à laquelle il avait obéi était irrésistible[1].

Avec ou sans l'aide de la cigarette de haschisch, Alexandra serait, de toute façon, partie. L'appel de l'Asie était, en effet, « irrésistible ». M. David ne s'y trompait pas quand il disait : « ma fille a la peau blanche, mais elle a l'âme jaune ». Ce n'est pas en Chine qu'ira d'abord Alexandra, mais à Ceylan, l'actuelle Sri Lanka, où, chaque mois, à la pleine lune, les fidèles de Bouddha célèbrent leur culte. Aux ravissements du musée Guimet vont succéder les enchantements tant espérés de la féerie cinghalaise.

---

1. *Le Sortilège du mystère*, p. 250.

Ceylan au ripolin

> *Je portai sur ce pays des regards avides ; car Ceylan est dépeint comme un Éden, comme un paradis...*
>
> Ida PFEIFFER.
> *(Voyage d'une femme autour du monde.)*

En 1891, Alexandra, selon ses vœux les plus chers, s'apprête à découvrir le vaste monde qui se limitait pour elle à Bruxelles, Londres, Paris et quelques villes italiennes, ce qui n'était déjà pas mal !

Prisonnière de ses études, pendant ces trois dernières années, elle ne s'est accordée que de rapides incursions en Belgique, de brèves vacances au bord de la mer du Nord, à Ostende, où, en mai 1890, elle notait :

[...] c'est une pensée bien cruelle et cependant bien vraie que celle qui m'est venue l'autre jour au bord de la mer : l'humanité souille la terre.

Elle n'est plus très gaie, Mlle David. Et c'est la même, et sur le même ton, qui note en février 1891 :

[...] quand j'étais en pension, je fixais ma mort à vingt-trois ans et voici que j'en ai vingt-deux ans et demi. Je crois que je mourrai jeune.

Toujours jeune, oui, mais centenaire !

En 1891, Alexandra abandonne donc ses livres, ses partitions de musique, ses cours au Collège de France et à la Sorbonne, ses studieuses stations au musée Guimet. Elle quitte un Paris qui est la capitale du luxe et de la luxure, choses qu'elle ignore sereinement, un Paris universellement dénoncé comme la « nouvelle Babylone ». Cette salamandre en traverse les feux, sans en ressentir la moindre sensation de brûlure. Elle s'en va, suivant ce que l'astrologue Olenka de Veer nomme, dans son horoscope, de « brusques changements d'orientation ». Si elle avait eu connaissance de cette prédiction, Alexandra en aurait reconnu la justesse, « mes départs ont toujours été subits, déterminés par des circonstances inopinées[1] ». Il est vrai que, toujours pour citer Olenka de Veer, Alexandra jouit d'une « audace qui la pousse à l'action par esprit d'aventure ».

De l'audace, et de l'esprit d'aventure, il en faut encore, de nos jours, pour s'en aller dans ces pays où fleurit la lumière et où, même pendant les voyages rigoureusement organisés par de très sérieuses agences, la fantaisie multiplie ses imprévisibles, et parfois fâcheuses, interventions. Que dire alors d'un tel voyage accompli en 1891 par une jeune fille de vingt-trois ans ? Cela tient du prodige. A quoi Alexandra répliquerait qu'elle ne voyage pas, mais qu'elle accomplit « un acte religieux », selon sa propre expression. Quand elle embarque à Marseille, elle commence ce qu'elle qualifie de « pèlerinage mystique » par une soirée de jeûne. Elle ne dîne pas, et se retire dans sa cabine qui ne comporte qu'une seule couchette. Alexandra déteste la promiscuité. Elle se met à réciter des passages des *Upanishads*, elle imagine qu'elle est

---

1. *L'Inde où j'ai vécu*, p. 18.

dans une forêt et qu'elle participe à la conversation des arbres et des anachorètes. Elle s'élève, puis elle est ramenée à terre par une femme de chambre qui s'inquiète : pourquoi Mlle David ne répond-elle pas à l'appel du dîner ?

« Je ne dînerai pas.

— Mademoiselle n'est pas malade ?

— Non, pas du tout. J'ai mangé avant de m'embarquer. »

En rapportant cette réponse, dans *l'Inde où j'ai vécu*, Alexandra précise : « C'était vrai, je n'avais pas faim. » Comme elle déteste la promiscuité, Mlle David a une viscérale horreur du mensonge. On ne ment pas, même à une femme de chambre. Une telle intransigeance va singulièrement compliquer le destin d'Alexandra, et surtout, comme on le verra, sa vie conjugale qui sera dévastée par cette incapacité à supporter un mensonge.

Après avoir renvoyé la femme de chambre, Alexandra attend que le pont soit désert pour s'y installer et passer là sa première nuit à regarder les étoiles, « plongée dans une sorte d'extase » qui dure jusqu'à l'aurore née dans cet Orient vers lequel elle s'en va.

Aucun événement ne marque cette traversée : le mutisme de Mlle David décourage les passagers et les passagères. Leurs questions n'obtiennent pour réponse que des « oui » ou des « non » qui lassent la curiosité. Enfin, quand on apprend que cette singulière jeune personne s'en va en Inde pour y étudier le sanskrit, c'est la fuite éperdue et générale. Dès lors, Alexandra pourra, sans être dérangée, consacrer son temps à la lecture des textes hindouistes et bouddhistes. Sans être importunée, elle descend aux trois escales successives : Alexandrie, Port-Saïd, Aden. Elle en profite pour errer à sa guise, loin des tapages et des commérages qui transforment le paquebot en basse-cour. Seule. Cygne parmi les oies et les coqs.

Cygne qui aurait pu, à Aden, apercevoir un aigle. En 1891, Arthur Rimbaud quitte Aden pour rentrer en France. On peut rêver un instant que la voyageuse a côtoyé le poète au café de la Paix où il avait ses habitudes... Deux destins qui se croisent, l'un qui va se terminer à l'hôpital de Marseille, l'autre qui commence dans les splendeurs de la lumière cinghalaise.

Il règne à Ceylan une qualité de lumière à laquelle tous les voyageurs sont sensibles et Victor Segalen qui y séjourna en 1904 écrit ce mot avec un L majuscule quand il l'évoque, faisant partie intégrante de ses entretiens avec un moine du collège bouddhiste de Kandy, « [...] il semble que tout s'envole, que la case blanchie de chaux, basse et sombre, vole en éclats, qu'une grande percée découvre, que la Lumière éclabousse ». (Curieusement, Victor et Alexandra noteront, presque avec les mêmes mots, devant les fresques représentant l'enfer bouddhiste, sa ressemblance avec celui que les chrétiens réservent aux suppôts de Satan.)

Vers la même époque, dans ses lettres à Marguerite Moreno, Marcel Schwob qui visite Ceylan évoque aussi la luxuriance de sa lumière qui, jointe à celle de sa végétation, font de cette île un paradis. Et n'est-ce pas là, selon la légende, qu'Adam s'est réfugié, après avoir été chassé de l'Éden ? En abordant au sommet du pic qui depuis porte son nom et où l'on montre encore l'empreinte de ses pieds, Adam a cru découvrir un autre paradis, avec d'autres arbres portant des fruits également savoureux, quoique moins dangereux que les fruits de l'arbre du Bien et du Mal.

Pendant ce premier séjour, Alexandra ne verra pas le pic d'Adam, ni Anhudarapura où se vénère l'arbre Bô, ni les fresques des grottes de Dambulla. De Ceylan, elle ne connaîtra que Colombo et, dans ses environs les plus proches, le temple de Kelaniya. C'est peu. C'est suffisant pour qu'Alexandra n'oublie jamais son passage dans cette île, et que, perdue dans les déserts, aux frontières de la Chine et du Tibet, elle écrive, à son mari, le 14 janvier 1922 :

> Je songe toujours à Ceylan, l'île des cocotiers et du thé, avec le regret très vif que ce ne soit pas une colonie française pouvant t'attirer et te retenir. J'ai toujours aimé Colombo entourée par l'Océan, au milieu de ses forêts de palmes. La [...] ville n'est pas assez grande pour vous donner l'impression d'une étouffante prison comme le font Paris ou Londres ou même Calcutta, elle est cependant d'une importance suffisante pour offrir, dans ses nombreux magasins et marchés, tout ce qui est nécessaire à une vie confortable et même pas mal de superflu. Oui, passer là trois saisons de l'année et émigrer l'été vers les montagnes me semblerait une belle vie pour des gens de notre

âge. Il faut si peu en ce pays jouissant d'un tel climat ! Quoi ?...
un lit de fer avec une toile métallique pour ceux qui aiment les
ressorts et une banquette de bois pour les autres qui, comme
moi, n'aiment pas danser dans leur sommeil, quelques
armoires et quelques tables qu'on peut construire avec l'aide
du premier menuisier venu et ensuite peinturlurer tout seul
avec un « Ripolin » quelconque.

Trente ans plus tard, le mot de Ripolin revient sous la
plume d'Alexandra, car, sa découverte de Ceylan s'est faite
sous le signe de ce Ripolin, de ce jaune canari qui barbouille
la majorité des Bouddhas de l'île. On imagine la déconvenue
de celle qui a fait de son esprit la demeure du Bouddha
devant ces statues ripolinées. A la première, rencontrée dans
un temple campagnard, Mlle David est choquée. A la
deuxième, celle du temple de Kelaniya représentant le Maître couché, à ses derniers moments, elle demande grâce et
refuse de voir une troisième idole en jaune canari. Cette
intransigeante n'admet pas ce Ceylan passé au Ripolin. Cet
abus mis à part, elle aime les couleurs et les odeurs de l'île,
les verts tendres des arbres, les roses suaves des saris, l'entê-
tement du santal à imprégner les temples et leurs alentours.
Pour une fois, Alexandra est joyeuse, et, quand elle monte
dans un « pousse-pousse », elle s'empresse de le débaptiser
pour le nommer « tire-tire » puisque ce véhicule n'est pas
poussé mais tiré par l'homme courant entre ses brancards.
Elle sourit, enfin. Sourire de la fée qui n'a pas besoin de faire
usage de sa baguette pour matérialiser les rêves de cet
Orient qui est là, déferlant dans les rues.

Après s'être installée à l'hôtel le plus proche du débarca-
dère, l'Oriental Hotel, Alexandra s'est précipitée dans la rue,
dans un envol de mousseline blanche. Elle a revêtu, certainement sur les conseils de Mme de Bréant, l'uniforme des
dames des colonies qui se reconnaît à son impeccable blan-
cheur. Blancs sont le casque, les gants, la robe et l'indispensable ombrelle qui protège le teint du soleil.

Dans la rue, Alexandra est vite la proie des vendeurs qui
ne peuvent pas deviner qu'ils ont affaire à une touriste pas
comme les autres. Ils offrent des saphirs, des ivoires, des
pierres de lune, vainement. Pour échapper à ses importuns
et à leurs assiduités, Alexandra se réfugie dans un pavillon
où l'on sert un thé, le fameux thé de Ceylan qu'elle trouve

« excellent ». Préside à cette orgie de thé et de cake la statue de la reine Victoria.

Ceylan, comme l'Inde qu'Alexandra s'apprête à découvrir, appartient aux Anglais. La reine Victoria, couronnée impératrice des Indes le 1er janvier 1877, est là, omniprésente, sous forme de statues, sur toutes les places et à tous les carrefours. Avec son air de grosse grenouille bavant des perles de bronze, Victoria semble faire partie du panthéon des divinités des lieux, entre celui qui a une tête d'éléphant et celui qui a un bec d'aigle. Cette « intégration » n'empêche pas que tout sépare les Anglais des Hindous et des Cinghalais qu'ils traitent comme des domestiques, ou pire encore. Alexandra sera le témoin impuissant, et indigné, de quelques-unes de leurs exactions.

Comme toujours, pendant les périodes de répression, on assiste à un renouveau spirituel. Hindouistes de toutes sectes, bouddhistes du Grand et du Petit Véhicule s'en donnent à cœur joie, et pour l'extrême satisfaction d'Alexandra qui lie étroitement tourisme et mysticisme, ou étude du mysticisme.

A Ceylan, la Société théosophique a implanté une cinquantaine d'écoles dont on peut espérer que la consciencieuse Mlle David ne les aura pas toutes inspectées... Mais elle n'aura pas manqué de rendre visite à l'une de ses filiales, le Maha Bodhi Samaj, la Société de la Grande Sagesse, dont l'un des missionnaires, Dharmapala, comptera parmi ses amis. Néanmoins, la hantise du Ripolin raccourcit considérablement le séjour d'Alexandra à Ceylan. Elle en a conscience et justifie ainsi sa hâte à en finir avec la féerie cinghalaise :

> Porter un jugement sur Ceylan, sur ses religieux et sur sa population laïque, parce que deux vilaines statues jaunes avaient choqué mon sens artistique aurait été absurde de ma part ; je ne commis pas cette erreur. [...] je n'ignorais pas qu'il ne manquait pas à Ceylan de paysages pittoresques, de ruines de cités historiques et de monuments anciens. Je me proposai donc de revenir pour voir, à loisir, gens et choses au cours d'un nouveau et plus long séjour[1].

A travers ces lignes, on sent la gêne d'Alexandra pour justifier la brièveté de son séjour cinghalais. Comment avouer à

1. *L'Inde où j'ai vécu*, p. 24.

la postérité cette haine du Ripolin ? Et pourquoi dissimuler davantage, chère Alexandra, que la proximité de l'Inde vous met dans un état d'excitation dans lequel, si vous aviez été plus expérimentée en ce domaine, vous auriez reconnu tous les symptômes du désir fou. Oui, Ceylan est un paradis, oui, comme elle l'envisagera dans sa lettre du 14 janvier 1922, elle pourrait s'y retirer, oui, oui, mais l'Inde dont elle dira dans ses *Initiations lamaïques* qu'elle est « le pays de tous les prodiges » est là, quasiment à portée de la main, et elle y court, impatiente, comme une amoureuse à son premier rendez-vous.

Les prodiges de l'Inde

L'Inde est le pays de tous les prodiges.

Alexandra DAVID-NEEL.
(Initiations lamaïques.)

L es dieux ripolinés ont-ils voulu se venger de l'aversion d'Alexandra à leur Ripolin? Les moines bouddhistes mendiants, les *bikkhous*, ont-ils eu à se plaindre de la parcimonie des aumônes de cette jeune touriste qui, voulant aller loin, ménage sa bourse? Vengeance des dieux ou des moines? La traversée du golfe de Mannar qui sépare Ceylan de l'Inde dure une nuit qui se change, pour Alexandra, en une interminable nuit de cauchemar. Elle embarque le soir à

Colombo pour Tuticorin où elle doit arriver le lendemain matin.

Dès la sortie du port, la mer devient très houleuse et joue avec le bateau comme avec une coquille de noix. Alexandra et trois missionnaires sont les uniques passagers européens et occupent quatre des six cabines. Le reste du bateau-coquille est livré à une cohue d'indigènes.

Devant la tempête, on doit visser les hublots. On étouffe. Dans la salle à manger désertée par les missionnaires, Mlle David reste seule face à une tasse de thé et à un toast beurré.

L'eau commence à s'infiltrer dans la cale et en chasse une horde de cloportes, de cancrelats et de rats qui ne respecte rien et envahit les couloirs, les cabines, la salle à manger. Un rat grimpe le long du fauteuil où Alexandra est effondrée.

Compatissant, un stewart offre une banane à Alexandra qui refuse. On peut imaginer son état, elle, qui se laisse toujours tenter par une friandise...

En mer, la tempête déchaîne ses vagues et sur le bateau, des vagues de rats continuent à déferler. Peu portée à s'apitoyer sur elle-même, et sur les autres, Alexandra, quand elle rapportera le récit de cette nuit d'apocalypse dans *l'Inde où j'ai vécu*[1], se contentera de conclure sobrement d'un « jamais, au long de ma longue vie de voyageuse, je n'ai vécu un plus dégoûtant cauchemar ».

Au matin, les flots se calment, les rats regagnent leurs trous, les dieux et les moines sont vengés et on jette l'ancre devant Tuticorin. Le bateau vomit une centaine d'indigènes qui, sans plus de façons, s'écroulent sur le sable de la plage en gémissant, et trois missionnaires qui titubent en s'efforçant de ne pas gémir. Alors, comme l'une des héroïnes des films américains que l'on voyait, dans les années cinquante, affronter les plus effroyables tempêtes sans qu'une seule boucle n'en soit dérangée, Mlle David, immaculée et pimpante, ayant conscience de représenter toute la grâce et l'élégance de la Parisienne, fait son apparition et, d'une main ferme, ouvre son ombrelle.

> Dès que j'avais posé les pieds sur un terrain solide, je m'étais sentie de nouveau gaillarde et pleine d'enthousiasme[2].

1. P. 26.
2. *Ibid.*, p. 28.

Sans accorder un regard aux cent indigènes et aux trois missionnaires qui n'en finissent plus d'expier leur nuit d'agonie, Alexandra n'a d'yeux que pour la plage que la lumière du matin transforme en un immense coquillage rose. Elle est en Inde. Ce n'est plus un rêve, c'est une réalité. Alexandra vient d'atteindre sa terre promise. Elle exulte. Son enthousiasme, après une pareille nuit, tient véritablement du prodige. Les prodiges de l'Inde ne font que commencer.

En 1891, un érudit parisien avait le visage atteint par une espèce de lupus que l'on croyait disparue depuis le Moyen Age et qu'il avait certainement contracté en feuilletant de trop près, à la Bibliothèque nationale, des manuscrits de cette époque. On ne saurait prendre trop de précautions en examinant des grimoires maléfiques.

En 1891, à force de s'être penchée sur les vieux textes sanskrits, au musée Guimet, Alexandra a attrapé le virus de l'Inde, affection que l'on peut observer de nos jours chez certains de nos contemporains qui, après un passage sur les bords du Gange, ne jurent plus que par le *lingam*, et chez certaines de nos contemporaines qui, à leur retour de Mahabalipuram, portent le sari avec une modestie ostentatoire.

Plus sérieux, plus intellectuel est le virus attrapé par Alexandra. Elle en a ressenti les premières atteintes en commençant à étudier le Vedanta, cette doctrine brahmanique issue des *Upanishads* à laquelle elle consacrera la majeure partie de son deuxième séjour en Inde, comme elle l'avouera, avec un brin de pédantisme :

> Mon majeur sujet d'intérêt était une enquête tendant à me rendre compte de la manière dont les adeptes contemporains des trois écoles principales de la philosophie Vedanta — l'Advaita Vedanta, stricte monisme ; le Visishadvaita, monisme atténué, et le Dvaita, dualisme — entendaient les doctrines exposées dans les ouvrages des fondateurs de ces écoles[1].

Alexandra a choisi le Vedanta, comme ses compagnons d'études, à la Sorbonne, ont pris comme sujets de diplôme, le personnage de la jeune fille dans le théâtre de Racine ou celui de la duchesse dans les romans de Balzac.

---

1. *L'Inde où j'ai vécu*, p. 274.

Le Vedanta, c'est évidemment plus original. Et on comprendra mieux, que, animée par une aussi noble ambition, Alexandra ne soit nullement affectée par sa nuit de cauchemar et qu'elle quitte vaillamment la plage de Tuticorin pour la gare. Elle s'installe dans un compartiment et là, sous l'œil hagard et stupéfait de l'un des missionnaires rescapés, elle commande un curry sans viande, « je ne mange pas de viande », qu'elle dévore, en absorbant force tartines de pain grillé et force tasses de thé. Le prêtre parvient à articuler un « vous mangez ? » incrédule. Il n'en croit pas ses yeux, quoi, cette passagère qui, comme lui, était malade, la nuit passée et qui maintenant...

> J'ai *été* malade pendant la nuit, répond Alexandra qui insiste sur ce « été » pour bien marquer que le cauchemar *est* terminé, mais maintenant, c'est fini et j'ai faim.

Telle est Alexandra en 1891, telle elle sera dans les années qui suivront. Rien ne pourra amoindrir sa soif de thé et de Vedanta.

De Tuticorin, Mlle David suit l'itinéraire classique qui conduit à Madurai et à son temple, véritable ville dans la ville, dédié à Minakshi, la déesse aux yeux de poisson.

Je mets au défi quelqu'un de sainement constitué de pénétrer dans ce temple, dans le dédale de ses cours, de ses couloirs et de ses sanctuaires multiples, sans y perdre la tête. Alexandra qui est sainement constituée, ô combien, perd donc la tête et se conduit comme la plus banale des touristes : elle achète des boucles d'oreilles, des bracelets de verre, des amulettes dans le hall du temple qui fait office de bazar. Là aussi, je mets au défi quelqu'un de traverser ce saint bazar sans y acheter des images pieuses représentant des Krishnas bleus entourés de bergères roses, des colliers de santal, ou l'un de ces beaux lacets que l'une de mes amies, peu au fait des usages sacrés, noua coquettement autour de son cou, provoquant l'hilarité des marchands et des dévots, puisque ces cordons, généralement placés entre les fesses, servent aux shadous et aux sannyasis, à exprimer leur renoncement aux biens de ce monde. Ils renoncent parfois à ce modeste symbole et se contentent alors d'être simplement « vêtus par le vent ».

Alexandra se garda bien de commettre un tel impair. Elle saura vite distinguer un *sannyasi* d'un *shadou* et expliquer que sannyasi veut dire « renonçant, détaché » et shadou, « homme de bien, saint homme ». Le sannyasi et le shadou se distinguent par des subtilités telles qu'il faut être une Alexandra pour les remarquer. Mais ils ont en commun la même volonté de renoncement. Ce sont des ascètes qui ont rejeté « les trois mondes », celui des hommes, celui des ancêtres et celui des dieux. Ils n'accomplissent pas, en cela, un sacrifice comme leurs homologues chrétiens. Au contraire, ils repoussent ces trois mondes avec la satisfaction qu'on éprouve à se dépouiller d'un vêtement sale et usé. Ils représentent pour Alexandra un idéal qu'elle s'efforcera d'atteindre, dès ce premier voyage qui la conduira, après Madurai, à Bénarès, l'actuelle Varanasi, où sur les quais du Gange, les ghâts, elle observe, comme on peut également le faire de nos jours, des rassemblements de shadous et de sannyasis. Elle y rencontre l'un de leurs maîtres, Bashkarananda, un vieil ascète qui vit nu dans un jardin de roses :

> Swami Bashkarananda n'était peut-être pas très érudit bien qu'il eût composé plusieurs traités concernant la philosophie Vedanta, mais il possédait une compréhension pénétrante de la pensée de l'Inde et c'est à lui que je dois d'y avoir été tout d'abord initiée. [...] Bashkarananda avait deviné la fascination qu'exerçait sur moi l'idéal de sannyasa ; quand je le quittai, il posa sur mes épaules une écharpe de couleur rituelle et murmura à mon oreille quelques mots que j'emportai pieusement dans ma mémoire [...][1].

Alexandra n'oubliera jamais Bashkarananda et gardera son cadeau, son écharpe orange. Bashkarananda est le premier de ces petits dieux tutélaires à visage humain que l'on verra apparaître, puis disparaître, leur mission accomplie, dans le destin asiatique d'Alexandra dont ils assurent le cheminement vers la lumière, comme autant de jalons, de degrés. Et ce n'est pas l'un des moindres prodiges réservés par l'Inde à ses élus que cette permanence de petits dieux accomplissant de grands miracles.

Miracles que nie la raisonnable, la voltairienne Mlle David qui, à la place, présente des lettres d'introduction la dirigeant vers quelque intéressante personnalité. Elle ne va pas

1. *L'Inde où j'ai vécu*, p. 303.

se perdre dans le vaste continent indien, ou elle s'y perdra, volontairement, et à sa façon. Elle a ses points de repères, ses bonnes adresses, parmi lesquelles celle de la Société théosophique en Inde dont le quartier général est à Adyar, au sud de la ville de Madras. Et c'est là, le 7 juin 1892, qu'elle a adhéré à cette société comme en témoigne un diplôme conservé aux archives de Digne et cette précision apportée à son mari :

> [...] la Société théosophique a un nombre énorme de membres (dont je suis, d'ailleurs, par fidélité à de vieux souvenirs datant de 1892[1]...).

Pour mener à bien sa conquête de l'Inde, Alexandra a donc des adresses, et des noms comme celui de Bashkarananda donné, peut-être, par quelque théosophe, ou par Annie Besant elle-même qui, en 1891, à la mort d'Hélène Blavatsky, a joué, dans cette société, un rôle éminent.

Annie Besant s'installe en Inde en 1893, la dernière année du séjour d'Alexandra, celle de sa rencontre avec Bashkarananda. Mlle David est déjà en correspondance avec Mrs. Besant qui, le 17 mars 1893, répond à une demande de conseils sur la pratique de la méditation par ce bref avis : « Les meilleures heures pour la méditation sont l'heure avant le lever du soleil et l'heure de son coucher. »

Alexandra ne se contentera pas de cette indication et cherchera auprès de Bashkarananda et de ses confrères des techniques de méditation plus précises. Car, l'Inde que découvre alors la jeune Parisienne de Saint-Mandé n'est pas celle des Anglais ou des maharadjahs. C'est l'Inde des sages et des ascètes qui méditent dans les forêts et qui, le temps de la mousson venu, se réfugient dans des temples comme celui de Madurai, et dans lesquels, Alexandra, insensible à ce qui n'est pas la poursuite du Vedanta et de son idéal de renoncement, déambule, infatigable.

Sur ce premier séjour en Inde, capital pourtant dans son existence, Alexandra n'est guère prodigue de renseignements. De son itinéraire, elle ne cite que deux noms, Madurai et Bénarès. De ses rencontres, un seul nom, celui de

---

1. *Journal de voyage*, t. I, p. 362.

Bashkarananda. Il est à peu près certain qu'elle a renoncé à atteindre le Népal, comme elle l'avait annoncé à Mme de Bréant, « le pays natal du Bouddha ». Ce n'est que partie remise, elle ira plus tard et en fera le récit dans *Au cœur des Hymalayas*. Ce qui est sûr, c'est qu'elle est allée à l'extrême nord de l'Inde, jusqu'à Darjeeling, jusqu'aux abords du Sikkim dont elle a aperçu le massif montagneux du Kangchenjunga qu'elle orthographie Kintchindjinga, dans un article paru dans *le Mercure de France* de décembre 1904 :

> [...] les mêmes propos étranges que j'entendis tomber, un soir, des lèvres d'un très vieux lama, devant un petit temple campagnard dont l'humble silhouette se détachait sur le fond majestueux du Kintchindjinga.

Cet article, intitulé « Le pouvoir religieux au Tibet », montre déjà d'étonnantes connaissances sur le Pays des Neiges et ses habitants :

> Il semble plutôt qu'à vivre si près du ciel ses habitants s'y soient rapprochés naturellement des hôtes surhumains qu'on lui prête et que, les coudoyant sans cesse, en un perpétuel prodige, ils rééditent cette ère de la fable où les immortels descendaient de l'Olympe pour se mêler aux hommes.

Ce premier séjour en Inde a été très fructueux. Alexandra y a inauguré un principe qui va régir toutes ses prochaines expéditions : en ramener le plus d'enseignements et de renseignements possible, de quoi nourrir son inspiration et produire les articles et les plaquettes qu'elle publiera dans les années qui vont suivre, comme ces *Mantras aux Indes* qui datent du début de notre siècle et contiennent quelques paragraphes très personnels, permettant de reconstituer certaines anecdotes, scènes ou paysages de ce premier séjour :

> Aux Indes, comme dans les pays occidentaux, plus encore peut-être, les masses populaires accomplissent sans rien y comprendre les multiples rites prescrits par les religions. J'ai vu sur les bords du Gange des vieilles apportant gravement une petite boîte de bois sans couvercle divisée en plusieurs cases contenant du jaune d'œuf dur pilé, des fleurettes séparées de leur tige, des graines de couleurs variées et d'autres ingrédients. Accroupies auprès du fleuve, elles jetaient peu à peu dans l'eau, tantôt de l'œuf, tantôt des fleurs ou d'autres choses qu'elles puisaient dans leur boîte avec une petite spatule ; s'interrompant pour faire avec les doigts diversement contournés ce que les Hindous appellent *mudras*. Durant

toutes ces opérations, elles ne cessaient de répéter des *Mantras*, quelquefois un seul, toujours le même, revenant des centaines de fois. Il est certain que ces bonnes femmes ne connaissaient pas, n'avaient jamais cherché à connaître le sens de ce qu'elles faisaient.

Alexandra, elle, a cherché à déchiffrer le sens de ces *mantras* qu'elle expose, explique dans son article publié dans les *Bulletins et Mémoires de la Société d'anthropologie de Paris* :

> *Mantra* signifie formule, cette expression est usitée depuis fort longtemps. Les vers du *Rig Veda* sont souvent appelés de ce nom.

On le voit, Alexandra n'a pas perdu une seule minute de son premier et long séjour (dix-huit mois environ) au pays de tous les prodiges. Mais si elle s'est enrichie de mantras et de multiples rencontres avec des shadous, des gourous, des Bashkarananda, et même avec un lama, le premier, le vieux lama sur fond de « Kintchindjinga », elle n'a plus une roupie en bourse. Aucun prodige de l'Inde ne saurait combler ce vide. Mlle David n'a plus qu'à rentrer en Europe.

L'envers du Grand Art

Le théâtre !... Je voyais là, le moyen de réaliser mes rêves [...]. L'art, pensai-je, me ferait une vie à côté de la vie; une existence aussi belle, aussi grande que l'autre est mesquine et basse...

Alexandra DAVID-NEEL.
(Le Grand Art [inédit].*)*

Toute la période de sa vie qui va de 1893 à 1900, de sa vingt-cinquième à sa trente-deuxième année, c'est-à-dire de son retour des Indes à son arrivée en Tunisie, a été racontée par Alexandra elle-même dans un gros premier roman, encore inédit, *le Grand Art,* qui porte deux sous-titres explicatifs : *Mœurs de théâtre* et *Journal d'une actrice.*

Mlle David termine son *Grand Art* en 1902, l'envoie aux éditeurs en 1903, et, en 1904, devant l'imminence de son mariage avec Philippe Néel, renonce à sa publication, jugeant, dans ses carnets intimes, certains passages « trop autobiographiques ». On ne saurait être plus clair.

Mme Néel, épouse d'un ingénieur, doit oublier, et faire oublier, que Mlle David, sous le pseudonyme de Mlle Myrial[1], a été artiste lyrique, métier, à l'époque, déconsidéré s'il en fut et assimilé souvent à celui de courtisane, ou de « femme entretenue ». Et encore, pour une artiste, se faire entretenir, ne suffit pas, il faut soigner sa « réclame », sa publicité, comme l'explique Alexandra sans son *Grand Art* :

> L'actrice ne peut se contenter, sous peine de perdre sa valeur cotée, de se faire entretenir matériellement. Il lui faut soigner sa réclame : tout d'abord obtenir des rôles avantageux, puis faire parler d'elle, être signalée à l'attention du bon public qui n'admire que ce que d'avance, on dit être admirable.

A son entreteneur, à son ami en titre et qui, généralement, porte un titre de noblesse, comte ou baron, et à son ami de cœur qui, lui, a été choisi dans une classe nettement inférieure, une artiste doit ajouter à son tableau de chasse le directeur du théâtre, le chef d'orchestre, le régisseur et autre menu fretin. En terminant cette liste, Cécile, l'héroïne du *Grand Art*, conclut, avec résignation : « Ah dame ! il faut être douée de patience et d'une constitution permettant d'affronter la fatigue ! »

Tout *le Grand Art* abonde en notations de ce genre qui ont la justesse de la chose vue et entendue, mais non ressentie. Alexandra, vierge farouche et défendant la « belle vertu » enseignée par les religieuses du couvent du Bois Fleuri, refusera de céder à ces facilités communes et obligatoires. N'ayant que sa voix pour faire carrière, elle sera cantonnée aux théâtres de province ou à ceux des colonies. Elle ne parviendra même pas à chanter dans un théâtre de Paris. Telles étaient les *Mœurs de théâtre* à la fin du siècle dernier... Et ce n'est pas la seule vérité que l'on peut puiser dans ce *Grand Art*. La réalité y étant, à peine, transposée, les parents d'Alexandra, rentiers, y sont présentés comme de « bons boutiquiers ». Mlle David n'a pas oublié l'épreuve de la bouti-

---

1. Pseudonyme choisi à partir du nom de l'un des personnages des *Misérables* de Victor Hugo qu'Alexandra admirait beaucoup, M. Myriel. Elle a simplement changé le « Myriel » en « Myrial ».

que où sa mère avait réussi à l'encager pendant quelques mois. Jean Haustont, musicien, qui sera le premier compagnon d'Alexandra, y est présenté sous les traits très reconnaissables de Pierre, pianiste. Le reste est à l'avenant. Les pages consacrées à la période indochinoise du destin alexandrin constituent un excellent reportage sur la société coloniale d'Hanoi et d'Haiphong. Certains paragraphes trop révélateurs ont été barrés mais sont toujours lisibles... On comprend qu'Alexandra ait enseveli dans les secrets de sa maison de Digne son *Grand Art*, exhumé seulement après la mort de son auteur par Marie-Madeleine Peyronnet.

En 1893, Mlle David est donc revenue des Indes, tout auréolée du prestige d'un tel voyage, et qui constitue comme une distinction suprême, une insolite Légion d'honneur. A Bruxelles, Alexandra brille chez Élisée Reclus et dans son cercle en racontant sa féerie cinghalaise, ses prodigieux shadous, l'enseignement d'un Bashkarananda : « L'impermanence est la loi universelle. » A l'écouter, on ne peut que l'encourager à écrire de telles impressions, à décrire ces paysages lointains, ces personnages hors du commun. Alexandra ne demande pas mieux. De son père journaliste, elle tient une facilité de plume qui ne demande qu'à s'épancher et qui s'exprime déjà dans ses lettres.

Dès son retour, Alexandra met de l'ordre dans ses carnets, reprend le manuscrit de *Pour la vie,* où se perçoivent sa connaissance et sa pratique du bouddhisme. « Notes sur le bouddhisme », c'est d'ailleurs le titre, et le sujet, de l'article qu'elle publie dans l'*Étoile socialiste* du 18 avril 1895. Au sommaire de cette revue populaire hebdomadaire du socialisme international, à deux centimes le numéro, figurent une « Société collectiviste » de Jean Jaurès, une « Fantaisie triste » d'Aristide Bruant et un « Océan » de Louise Michel. Alexandra, qui signe Mitra, y est en bonne compagnie. Elle termine son article par des thèmes qui sont ceux, essentiels, de son *Pour la vie,* et qui reflètent parfaitement ses préoccupations intellectuelles du moment :

> Sans entrer dans de plus longues considérations à ce sujet, on peut juger de la différence existant entre l'idée primordiale du bouddhisme et la religion de nos pays. Tandis que l'une dit

au pauvre, au malheureux étreint par la douleur : « Résigne-toi, courbe le front », l'autre lui crie : « Combats la souffrance, cesse d'être la victime de ta propre stupidité. Tes erreurs, tes préjugés sont les divinités des ténèbres sur l'autel de qui tu immoles le meilleur de ta vie. Apprends à connaître la nature des choses qui t'environnent, à te connaître toi-même. Rends-toi intelligent et la connaissance te fera " libre et heureux ". »

Être une étoile socialiste, parmi tant d'autres, quand on a rêvé de briller au plus haut firmament de la philosophie ne saurait satisfaire Alexandra. En plus, ces articles qui paraissent dans de petites revues, ne sont guère payés. Or, Alexandra doit maintenant gagner sa vie, sans tarder. Ce n'est plus, comme au lendemain de sa présentation à la cour de Belgique, une crainte, mais une nécessité. Louis et Alexandrine David qui ont fait de mauvais placements pendant qu'Alexandra s'enrichissait en Vedanta ne sont plus en mesure de subvenir aux besoins, pourtant modestes, de leur fille.

Mlle David renonce vite à gagner son thé quotidien avec des articles qu'elle signe non plus Mitra mais Alexandra Myrial et fait d'un art d'agrément, le chant, son grand art et sa source de revenus. Rien d'extravagant à cela. Elles sont innombrables ces cantatrices qui courent le cachet, comme on dit, c'est-à-dire, chantent des romances et des ariettes pour distraire, dans leurs salons, les messieurs et les dames de la noblesse et de la haute bourgeoisie, les Guermantes et les Verdurin. Tradition qui date des salons romantiques quand des demoiselles, pâles comme la neige et flexibles comme des saules, s'exténuaient à hululer de mornes mélodies et s'est poursuivie avec de joyeuses luronnes scandant des couplets d'Offenbach.

Jeune, jolie, dotée d'une voix de soprano qu'un Massenet appréciera, Alexandra Myrial s'en va rejoindre la cohorte des chanteuses de salon qui espèrent se changer en chanteuses professionnelles. Et pour cela, une fois de plus, pas de miracle et une seule voie : celle de l'étude. Le passe-temps devient occupation principale, et le sanskrit, la philosophie occupent le temps laissé libre par le chant.

Mlle Myrial suit les cours du conservatoire de Bruxelles, puis ceux du conservatoire de Paris, préparant le concours pour le prix de Rome. A Paris, elle connaît la vie industrieuse des étudiantes pauvres et qui savent l'être, sans déchoir, avec le sourire. Elle tourne en dérision ses privations, ses jours de gêne extrême en « jours de harengs » :

> Les « jours de harengs » marquaient [...] les degrés inférieurs du thermomètre de la dèche. Je me réfugiais, alors à Paris, dans mon petit logis. L'épicier voisin me fournissait, à crédit, une douzaine de harengs que je mettais à mariner et dont un morceau, parcimonieusement mesuré, me servait à assaisonner, chaque jour, matin et soir, un plat de pommes de terre bouillies !

Pour oublier ses difficultés matérielles symbolisées par ces harengs, Mlle Myrial partage le souper de Manon et vide la coupe de vin de champagne que Violetta Valeri boit à la santé de ses invités, et à celle d'Alfred Duval... En cette musique, Alexandra retrouve l'une des compagnes de son enfance solitaire :

> A ma passion d'aventures, se liait un amour extrême de la musique. En été, j'accompagnais, parfois, ma mère au Ranelagh où se donnait un concert symphonique. C'étaient mes jours de fête, qui me faisaient vivre une vie toute spéciale, à côté de ma vie, éveillant, en mon âme, mille sentiments divers : joie ou peine, désirs, regrets confus. [...] Le concert terminé, je m'en revenais, à côté de ma mère, silencieuse, toute tremblante. Devant moi, les buissons prenaient des formes étranges : tour à tour, ils étaient les palais de mes rêves, les tentes ou les isbas, et toujours dans le ciel sombre scintillaient très hautes et douces les petites étoiles qui semblaient me dire, « viens ».

Alexandra après avoir assisté à une représentation de Rose Caron dans *Faust*, voudrait être, à son tour, une autre Rose, une autre Marguerite. En dépit des privations et des intrigues, ces années de conservatoire sont « des années de rêves » :

> L'Art magique... l'Art divin... Je ne voyais que par lui... Passant, indifférente, au milieu des intrigues de mes camarades s'adonnant, déjà, presque toutes à la galanterie, je dévorais les partitions, m'y passionnant, comme à des romans vivants dont j'entendais parler les héros en phrases harmonieuses...

Témoins de cette passion, à Digne, à Samten Dzong, dans une armoire, ces partitions sont accumulées, reliées en grisbleu, avec leurs titres en lettres dorées, *Faust, Mireille, les*

Pêcheurs de perles, Rigoletto, Carmen, Sigur, Mignon. Toutes portent les traces du travail accompli par Alexandra. Par exemple, le rôle de Mignon est traduit, de sa main et au crayon, en italien, « quel est ce pauvre enfant qui semble vous maudire », « qual e questo fanciul che sembra detestarvi ». En plus de l'anglais, Alexandra la surdouée parle l'italien avec la même aisance qu'elle mettra à parler le tibétain avec les pèlerins en route vers Lhassa.

Et puis, il faut quitter « le petit logis » et les rêves fous pour présenter des auditions et affronter « monsieur le directeur », toujours pressé, inabordable, déléguant ses pouvoirs à des secrétaires qui en abusent et qui font faire le pied de grue à celles qui, pour avoir un engagement, devront se conduire comme... des « grues », euphémisme pour désigner les femmes entretenues « qui émargent à la caisse pour cinquante francs par mois et qui ont hôtel et équipages », précise Alexandra dans son *Grand Art.*

Stoïquement, Mlle Myrial refuse de se conduire comme l'un de ces volatiles et se contente de faire antichambre, pendant des heures. Elle met à profit ces interminables attentes pour observer, pour exercer son regard qui acquiert là une incomparable acuité comme en témoigne ce portrait des Mères Grues :

> En général, Mesdames les mères connaissent leur devoir. Ce sont elles qui dirigent, conseillent, lisent les déclarations, supputent la valeur des bouquets, des cadeaux, scrutent la mise et l'allure des prétendants et les déclarent dignes ou non de leur enfant chérie.

Voilà des accents dignes de *l'Envers du music-hall* de Colette ou de sa *Gigi,* quand Mme Alvarez, cocotte à la retraite, déclare, « je comprends mieux le rôle d'une mère »...

Si autobiographique que soit *le Grand Art,* il n'est pas question de trouver en ces mères-là la moindre ressemblance avec la mère d'Alexandra... Et pourtant, l'honnête, la bourgeoise, la prude Mme David n'est pas mécontente de voir sa fille faire carrière dans le chant. N'est-ce pas elle, Alexandrine, qui l'a conduite, autrefois, à des soirées musicales ? Ah, si elle avait pu prévoir que, à défaut d'un fils qui serait évêque, elle mettrait au monde une fille qui prétendait être une nouvelle Malibran ! Aussi, elle accueille d'un retentissant « je te salue, grande artiste » Alexandra qui, après de dures saisons d'études, d'efforts, et de quelques tournées d'apprentissage à travers des théâtres de province, décroche, en 1895, un engagement de première chanteuse en Indochine, à l'Opéra de Hanoi.

Mlle Myrial prend congé, à Bruxelles, de ses parents, d'Élisée Reclus, et de ses autres amis. L'étoile socialiste va désormais jouer les étoiles de Hanoi.

L'étoile de Hanoi

> J'ai eu la nostalgie de l'Asie avant d'y avoir
> jamais été et du premier jour où, il y a bien long-
> temps, j'ai débarqué en Indo-Chine, je m'y suis
> sentie chez moi.
>
> Alexandra DAVID-NÉEL.
> (Journal de Voyage.)

> [...] disant que tu occupes aux théâtres d'Hanoi
> et d'Haiphong l'emploi de première chanteuse
> d'opéra-comique, que tu y joues sous le nom de
> Mlle Myrial et que tu y obtiens les plus grands suc-
> cès.
>
> (Louis David à sa fille Alexandra, dans une lettre
> du 24 décembre 1895.)

A l'automne 1895, Mlle Myrial s'embarque à Marseille pour le Tonkin. Marseille, puis Alexandrie, Port-Saïd, Aden, Colombo, Alexandra peut penser un instant que tout recommence, pareil à son premier voyage vers l'Inde. Rien n'est pareil, elle l'apprend, à ses dépens. D'abord, pour des raisons d'économie, elle partage une cabine, avec une consœur, une créole, une divette qui contemple d'un œil dédaigneux les fréquentes ablutions d'Alexandra qu'elle blâme d'un « tu vas t'abîmer la peau ». La divette ne court pas ce risque. Elle se contente de frotter son précieux épiderme, son instrument de travail, avec d'innombrables rondelles de citron. Elle s'inonde ensuite d'opoponax. Voilà comment on soigne une peau qui attire les hommes.

Pendant la traversée, des liaisons se nouent entre les filles de la troupe et les passagers. On rôde, on s'aguiche, on cède à l'ennui, au vertige, à la fièvre d'un moment. Salamandre, pour combien de temps encore, Alexandra échappe « à la poussée croissante et impérieuse du rut », aux « plaisirs égrillards » ou aux « alanguissements voluptueux des nuits tièdes » qui transforment le navire en une immense maison de rendez-vous. Fidèle à son habitude de contempler les étoiles, Alexandra passe ses nuits sur le pont, seule. Comme pour sa première traversée, elle fait figure de phénomène. A ce prix, on la laisse en paix. Habitués à des conquêtes dont la facilité est la règle principale, les Don Juan de croisière renoncent vite à traquer cette proie qui oppose à leurs compliments quelques citations de la *Bhagavad Gita*. L'étude du sanskrit qu'Alexandra poursuit la protège mieux que la plus sévère des duègnes. Et ses compagnes ne sont pas loin de penser qu'il s'agit là d'un truc pour mieux exciter les hommes ! Une maquerelle félicite Mlle Myrial pour sa « sagesse », sous-entendant qu'il est bon de prendre du repos afin de conserver sa fraîcheur pour les colonies. « Toutes les colonies ne se ressemblent pas, vous verrez, ma petite, Hanoi, Saigon, c'est le paradis de la femme », prédit cette Carabosse de la galanterie qui a offert ses services et ne s'est pas offusquée de les voir repousser...

Cette prédiction de « paradis » se réalise. Huit jours après son arrivée en Indochine, la troupe est casée, les femmes comme les hommes. Sauf Alexandra qui joue les reporters impartiaux et note :

> Dans ces diables de colonies, les aventures galantes prennent des allures si inaccoutumées, chacun les accueille avec tant de simplicité, de bonhomie, que l'on ne peut vraiment garder un front sévère et une âme de censeur au milieu d'une société si joviale en son libertinage.

Dans *le Grand Art*, Alexandra laisse parfois tomber le masque et montre ce qu'a été son dégoût face aux séducteurs de Hanoi ou de Haiphong :

[...] des hommes, toujours des hommes, gaiement libertins ou cyniquement brutaux, me dévisageant, me déshabillant des yeux, jaugeant ma chair, supputant ce qu'elle pourra donner de plaisir.

Elle ne cache pas non plus sa lassitude :

[...] va, chante, ris, amuse la foule. Sois belle, parade et tâche de ne pas crever de faim en route. Va, Juliette, Ophélie, Violetta, célèbre l'amour, fais battre le cœur des vierges bourgeoises rêvant de Roméo, trouble le sens des hommes que le désir de ta chair hantera dans le lit conjugal...

Rude épreuve pour cette « débutante » de vingt-sept ans que d'affronter les feux de la rampe, à Hanoi, et les mesquineries de la troupe. Ses compagnes jalousent la finesse de sa taille, ses bonnes manières, ses bonnes mœurs. On ne connaît pas l'ombre d'une liaison à la première chanteuse qui se contente d'aimer, en scène, Don José ou Vincent. Alexandra est prise en grippe par sa directrice. Qu'importent ces escarmouches ? Elle est en Asie, son âme jaune a retrouvé sa patrie et ses temples. Elle chante avec tant de talent, qu'elle remporte à ses débuts dans *la Traviata* un vrai triomphe. Avec quel art, Alexandra-Violetta a dû lancer son *Sempre libera* ou son *Addio del passato*, airs qu'elle peut charger de réminiscences personnelles, de son amour de la liberté et du récent adieu à son proche passé...

Les journaux d'Hanoi se font l'écho de sa réussite qu'à son tour répercute Louis David dans une lettre à sa fille, à la date du 24 décembre 1895 :

[...] Nous souhaitons tous également que tous tes rôles soient aussi chaudement applaudis que celui de *la Traviata*. [...] J'ai copié les coupures que tu nous a envoyées pour les donner à ton parrain à l'occasion du jour de l'an. Enfin, je me suis rendu au *Soir* et au *National*. On a lu les articles louangeurs des journaux d'Hanoi et sous le titre : « Arts, Sciences et Lettres — Nos artistes à l'étranger » a paru dans ces deux journaux un entrefilet disant que tu occupes aux théâtres d'Hanoi et d'Haiphong l'emploi de première chanteuse d'opéra-comique, que tu y joues sous le nom de Mlle Myrial et que tu y obtiens les plus grands succès.

Après *la Traviata*, ce sont *les Noces de Jeannette*, puis *Mireille, Faust, Lakmé*. Alexandra Myrial va de succès en succès et ses compagnes peuvent maintenant jalouser autre chose que la finesse de sa taille ou son absence de vie privée.

Le succès faisant entrer l'argent dans les caisses, la directrice de l'Opéra d'Hanoi s'est adoucie et propose même à Alexandra de chanter au cachet. Alexandra accepte et chante *Carmen* pour 200 francs par soirée. Louis David conseille à sa fille de ne pas se laisser griser par ses triomphes :

> Maintenant que ta réputation d'étoile est un fait acquis, il ne reste plus qu'à conserver par l'étude sérieuse de tous tes rôles cette précieuse réputation dont dépend tout ton avenir d'artiste de premier ordre auquel tu peux, tu dois arriver.

Conseil inutile. Alexandra Myrial apporte à l'étude de ses rôles le zèle, l'attention qu'Alexandra David prodiguait aux textes sacrés du musée Guimet. Elle ne laisse rien au hasard, veille à tout, même à ses costumes. Pour son entrée en scène dans *Thaïs*, elle porte un manteau de soie entièrement chamarrée de perles et d'or qu'elle a fait composer d'après des descriptions de costumes de courtisane de l'époque. A ce détail, on reconnaîtra combien Alexandra est consciencieuse dans l'accomplissement de son métier. Plus tard, elle écrira à Frédéric Mistral pour avoir des détails sur les vêtements qu'elle doit porter dans *Mireille*.

Mistral conseillera, au premier acte, pour la cueillette, « corsage de nankin avec petit fichu de la couleur que vous voudrez, les bras nus jusqu'au coude [...] ». Pour le deuxième acte :

> Coiffure arlésienne de toilette, c'est-à-dire avec ruban large de velours fleuri ou n'importe quelle belle couleur, casaque noire, corsage recouvert de deux fichus plissés, le plus haut de dentelles blanches (celui qui couvre les seins) l'autre (qui couvre les épaules) d'une couleur assortie à celle de la jupe [...].

Pour le troisième acte,

> même toilette qu'au deuxième, avec la mante arlésienne en plus [...].

Mistral accompagne ces précisions de ses souhaits de triomphe et Alexandra triomphe dans *Mireille*. Ah, que la vie est belle au Tonkin, en 1896, et bon marché ! Un poulet coûte de 40 à 50 centimes. En apprenant cela, l'oncle Ludolphe regrette de ne pouvoir venir faire son marché à Hanoi. L'oncle, les cousins, Louis et Alexandrine David se réjouissent des succès d'Alexandra. Toute la famille se rengorge et oublie que son nouvel oiseau bleu a été longtemps la brebis noire de cette même famille. Le succès aide beaucoup à l'oubli. Et Alexandra, de son côté, pour oublier le temps des harengs maigres, fait des repas pantagruéliques. Devant l'énumération des plats ingurgités par sa fille, Louis David s'émerveille : « Un pareil appétit ne peut appartenir qu'à un corps jouissant d'une robuste santé. » M. David qui joue les pères-poules donne des conseils de prudence :

> L'essentiel, c'est que ta santé reste bonne. Aussi fais ton possible pour qu'il en soit ainsi suivant une hygiène éclairée basée surtout sur ce principe formel que « dans les pays humides et chauds, il faut se garder des imprudences, car la fièvre guette ceux qui s'exposent à l'humidité, aux miasmes des terrains inondés ». Fais usage le plus possible de quinquina pendant la période d'acclimatation et tu n'auras pas à t'en repentir.

A ces conseils solennels, dignes d'un M. Homais, et qu'Alexandra suit avec une docilité qui étonne et réjouit M. David, s'ajoutent des souhaits pour

> une belle position dans la profession afin d'arriver à l'indépendance qui assure la tranquillité et le bonheur de la vie.

Indépendance que Mlle Myrial finira par acquérir avec le succès mondial de son *Voyage d'une Parisienne à Lhassa*, en 1927, sans pour autant connaître la tranquillité et le bonheur.

Les relations entre Louis et Alexandra sont au beau fixe. Ils s'écrivent très régulièrement deux fois par mois. Alexandra prend l'habitude de raconter sa vie par lettre et fait là un apprentissage qui nous vaudra plus tard les sublimes lettres à son époux, ce *Journal de voyage*, qui est à ranger parmi les plus grands du genre.

A quatre-vingt-un ans, Louis David s'amuse comme un collégien des aventures et des idées de sa fille :

> Nous avons bien ri de ton projet de ramener avec toi un domestique jaune. Tu n'as sans doute pas songé que ton projet ne sera pas facile à réaliser, car une fois en Europe qu'est-ce que le pauvre petit diable deviendrait, et si loin de son pays, comment pourrait-il y retourner ? L'humanité exige, tu le sais d'ailleurs fort bien, que l'on ne jette pas une créature inexpérimentée dans d'inextricables difficultés en nos contrées européennes.

Cet appel à l'humanité ne sera pas entendu : Alexandra ne renonce jamais à un projet. En 1924, elle reviendra en Europe avec un « bon petit diable » jaune, Yongden, dont elle fera son fils adoptif. Mais Louis David ne sera plus là pour blâmer pareille extravagance. Pour le moment, il se contente de s'indigner des dépenses de sa fille qui vient d'acquérir un nouveau chapeau pour « la somme astronomique » de 18 francs. Alexandra serait-elle en train de céder à la contagion des rôles qu'elle interprète avec tant de succès et deviendrait-elle aussi coquette que la Traviata ?

Hanoi, Haiphong, Hué, Tourane, Saigon accueillent tour à tour et fêtent Mlle Myrial qui gardera un excellent souvenir de son intermède indochinois. Plus tard, le 15 janvier 1917, elle écrira à son mari :

> Cela va me faire revoir Saigon, je n'y pensais guère. Mieux vaut ne jamais revenir sur ses pas, garder les souvenirs jolis sans chercher à les revivre. J'ai passé, ici, une des plus délicieuses heures de ma vie, une nuit, sur une route, arrêtée devant une villa cachée derrière un rideau de gigantesques palmiers éventails. La villa était perchée sur un monticule, ornée de lanternes chinoises qui balançaient dans les ténèbres des dragons lumineux ; à l'intérieur, des musiciens jouaient en sourdine des airs étranges... La nuit était pleine d'étoiles, de parfums. J'ai refait ce matin, à deux reprises, en allant et en revenant du port, le chemin parcouru autrefois : les palmiers ont été rasés, disparue la villa... il y a là des rangées de huttes pour loger les coolies chinois, débardeurs sur les quais et tout un quartier de bâtisses hideuses... La civilisation qui passe et qui conquiert...

Ainsi le Saigon de 1917 ne ressemble déjà plus au Saigon de 1896. Bashkarananda avait bien raison de répéter : « l'impermanence est la loi universelle »...

Plus tard encore, se penchant sur son passé, Alexandra notera dans ses carnets :

> En 1896, j'étais encore en Indochine, des bandes de Pavillons Noirs rôdaient encore. La conquête devait être de date récente.

Elle l'était : le protectorat français sur le Tonkin et l'Annam ne datait que de 1885. Les Pavillons Noirs, en qui l'on pourrait voir les ancêtres des actuels Khmers rouges, continuaient à rôder et à assassiner. Il en fallait d'autres pour effrayer l'intrépide Alexandra dont le père avait défié l'Empire et dont l'oncle avait chevauché un sanglier...

A ces incessants déplacements professionnels à travers une Indochine à peine pacifiée, Alexandra en ajoute d'autres, motivés par sa quête de mystiques. Elle rencontre « des solitaires annamites et chinois ». Elle mentionne aussi « des sages des montagnes coréennes ». Aurait-elle fait, en voisine, une incursion en Chine et en Corée ? Elle en est capable. Indochine, Chine, Corée, la vaste Asie, pour Alexandra, n'est qu'une maison dont elle parcourt les différents étages, comme en se jouant, avec l'aisance et l'aplomb du propriétaire.

Forte de ses succès tonkinois et autres, pourquoi Mlle Myrial ne se lancerait-elle pas à la conquête d'une consécration purement parisienne ? Pourquoi l'Étoile de Hanoi ne brillerait-elle pas parmi les astres de Paris ? Tout l'y invite, même son père :

> Tu dois être bien peinée d'être si mal regardée par les autres artistes de la troupe, mais au surplus pourvu que le public te confirme son estime et sa faveur, moque-toi du reste, l'incapacité des autres chanteurs ou chanteuses ne fera que mieux ressortir ton mérite. Espérons que pour la saison prochaine tu entreras dans une troupe digne de toi.

Une telle troupe ne peut se trouver qu'à Paris. A Paris donc, pour la saison de 1897.

De Monsieur Massenet
à Monsieur Myrial

Nous vivrons à Paris tous les deux.

Jules MASSENET.
(Manon.)

Paris 23 janvier 1897.
Mademoiselle,
Je lisais hier soir à ma femme votre lettre *absolument inté-ressante.*
Je suis toujours tout à vous — mais il serait préférable de convenir d'un rendez-vous, d'une représentation à l'Opéra-Comique lorsque je serai sûrement à Paris. [...] *Bien amicale-ment à vous.*

MASSENET.

Jules Massenet a souligné d'un trait le *absolument intéres-sante* et le *bien amicalement à vous* pour montrer qu'il ne s'agit pas là de simples formules de politesse.

Alexandra pratique admirablement ce que l'on pourrait nommer « la stratégie de Sévigné ». Elle écrit des lettre *abso-lument intéressantes* à son père, à Élisée Reclus, à ses amis, à ceux et à celles qu'elle veut capturer dans les filets de sa correspondance. Massenet est sa dernière conquête épisto-laire.

« M. Massenet répond courrier par courrier, à toutes les lettres », rapporte Michel Georges-Michel dans son *En jardi-nant avec Bergson*[1]. Massenet est aimable de nature. Son affabilité, comme sa ponctualité sont légendaires. Alexandra a trouvé dans l'auteur de *Manon* un correspondant de choix.

C'est justement à propos de *Manon,* quand elle chantait avec succès cet opéra en Indochine, que Mlle Myrial a écrit au compositeur. Dans sa première lettre datée du 14 juin 1896, Jules Massenet recommande à sa lointaine interprète la nouvelle édition de son œuvre « qui contient les indica-tions les plus précises » :

> Je vous en prie, voyez cette édition avec un soin particulier à remarquer les [—] sur certaines notes — ce qui veut dire syl-labe utile à prononcer [...].

Ensuite, de « lettres intéressantes » en « lettres intelli-gentes », la stratégie de Sévigné porte ses fruits et quelques mois plus tard, en novembre, Alexandra approche du but qu'elle s'est fixé : obtenir, par l'intermédiaire de Massenet, une entrevue avec Léon Carvalho qui dirige l'Opéra-Comique depuis 1891.

C'est l'un des directeurs les plus sollicités de Paris. Mais Massenet en fait son affaire et promet à Alexandra d'attirer son attention, son « utile sympathie tellement méritée par votre voix et votre talent ». Malheureusement, Massenet est frileux et fuit les rigueurs de l'hiver parisien pour les dou-ceurs de son « bon Midi ». L'entrevue avec Carvalho qui devait avoir lieu fin 1896 est donc repoussée au commence-ment du printemps de 1897 marqué par l'incendie du Bazar de la Charité, qualifié par Louis David « d'épouvantable

---

1. Albin Michel.

désastre ». Alexandrine (qui n'est pas la mère complètement sans entrailles dépeinte par Alexandra) a craint, un moment, que sa fille n'y ait péri. Mue par l'espèce de télépathie qui accompagne généralement ces désastres, Mlle Myrial a rassuré immédiatement ses parents par lettre : elle n'était pas au Bazar de la Charité. Que serait-elle allée y faire ? Depuis qu'elle est revenue d'Indochine, Alexandra se rend compte que si ses succès de Saigon ont franchi les mers et comblé Bruxelles, ils n'ont pas atteint Paris ! Sa carrière piétine, Alexandra trépigne et Massenet qui prolonge son séjour dans le Midi comprend cette impatience :

> Si, cependant, vous ne voulez attendre emportez cette lettre et voyez M. Carvalho, exprimez-lui vos désirs en lui apprenant tout l'intérêt que je porte à *une artiste aussi convaincue et intelligente que vous l'êtes.*

Et de souligner énergiquement ces derniers mots afin que Carvalho accorde toute son attention à la conviction, à l'intelligence et autres mérites lyriques de Mlle Myrial. Et comme si cette recommandation ne suffisait pas, Louis David s'en mêle et écrit à un ami « des mauvais jours qui suivirent la révolution de 1848 », M. Mioche qui est devenu sénateur :

> [...] je vous ai dit que ma fille unique [...] avait adopté la carrière artistique de chanteuse légère d'opéra-comique. [...] Elle habite Paris, à Passy où elle s'occupe de trouver un engagement pour la saison d'hiver. Elle n'aimerait guère aller en province et serait heureuse de pouvoir entrer à l'Opéra-Comique ou au théâtre lyrique municipal : son talent serait là à sa place et à sa véritable lumière. Pour l'Opéra-Comique, elle est vivement appuyée par des musiciens de renom tels que Massenet, Vincent d'Indy, Bruneau, etc. [...] Mais pour le théâtre lyrique municipal, il lui faudrait l'appui de quelques conseillers municipaux, et, si possible, du ministre des Beaux-Arts.

Toutes ces belles recommandations ne parviendront pas à imposer Mlle Myrial sur une scène parisienne. Ni Mioche ni Massenet ne fléchiront Léon Carvalho qui offre des conditions financières telles qu'Alexandra se voit contrainte de les refuser et de s'en aller chanter à Besançon, à Poitiers, et même, en Auvergne.

Quand il apprend la dérobade de Carvalho, Louis David laisse éclater sa déception et son indignation[1].

1. Lettre du 30 juin 1897.

Ma pauvre Nini, ta lettre a été pour nous une déception des plus douloureuses, nous nous étions habitués à l'idée que tu aurais un engagement pour l'Opéra-Comique et que par conséquent tu serais près de chez nous et que nous aurions la possibilité de te voir, et voilà tout à coup notre espoir envolé. Se voir offrir 300 francs par mois à Paris [1], c'est vraiment incroyable. Tu as sans doute avisé M. Massenet de cet acte de générosité de M. Carvalho. A ce procédé de mécène de l'Opéra-Comique, qu'a pensé M. Massenet ? Pouvait-il s'attendre à pareille offre après sa recommandation ? [...] Dans cette occasion, que vas-tu faire ? As-tu un plan ?

Le « plan » d'Alexandra porte un nom, Haustont, et un prénom, Jean. Et cela, pour l'instant, Louis David l'ignore. Il s'approche pourtant de la vérité en faisant allusion, comme possible « plan », à une œuvre écrite par sa fille :

Tu nous avais parlé d'une opérette que tu pensais pouvoir faire jouer. As-tu trouvé un acquéreur pour ton œuvre, ou bien pourras-tu la faire jouer toi-même ? Où en est donc cette affaire, et penses-tu qu'elle soit en bon chemin ?

Cette « opérette » est, en réalité, un drame lyrique en un acte, *Lidia*, paroles d'Alexandra Myrial et musique de Jean Haustont. Son action se passe à Venise, au Moyen Age, et comprend trois rôles principaux, Guido (ténor), Asoldi (baryton) et Lidia (soprano). Il est certain qu'Alexandra pourrait interpréter cette Lidia qui entre en scène en chantant :

Ah que m'importe mes yeux ils peuvent se fermer
Qu'ai-je besoin de voir, mon cœur lui seul m'avertira.

Lidia est l'œuvre commune d'Alexandra et de Jean, leur enfant, le seul enfant qu'ils auront ensemble...

Il y a, dans chaque destin, si lumineux soit-il, une zone d'ombre, et dans le destin d'Alexandra, cette ombre, c'est Jean Haustont. Tout au long de sa vie, dans ses carnets, Alexandra se souviendra d'anniversaires dont elle seule connaît la signification et qu'elle ponctue simplement d'un *H* ou, plus cérémonieusement, d'un *M.H.* Toujours au hasard de ces carnets, elle précise que M.H.

---

1. On se souvient qu'Alexandra, à Saigon, gagnait 200 francs *par soirée* pour chanter *Carmen*...

est né à Bruxelles le 13 décembre 1867. Fils d'Hyppolite Haustont et d'Élisabeth Bailly conjoints.

Elle note cela, Dieu sait pourquoi, un 28 juillet 1936 ! Une autre fois, cette précision :

> J'avais connu Haustont par l'intermédiaire de la Société théosophique. Un peintre qui en était membre nous avait mis en rapport.

Jusqu'où sont allés ces rapports ? Les témoins ont disparu, et, disparition encore plus déplorable, la correspondance Alexandra-Jean. On en est donc réduit à des suppositions, à des déductions et à une certitude : de 1897 à 1900, ce couple a vécu à Paris, à Passy, au 3, rue Nicolo, sous le nom de M. et Mme Jean Myrial.

Ces rapports n'ont pu être que passionnels si l'on en croit les confidences, à peine transposées, faites dans *le Grand Art*. D'abord le physique du héros, Pierre, correspond exactement à celui de Jean dont Alexandra à conservé la photo :

> De taille moyenne, très mince, les cheveux blond cendré, des yeux bleus, inquiets et doux, il avait une démarche d'ombre, glissant sans bruit, ne faisant jamais un geste, ne parlant que pour répondre, brièvement, à ce qu'on lui demandait, s'esquivant dès son service terminé.

Ce jeune homme blond, inquiet et doux ressemble comme un frère à Rainer Maria Rilke, ou comme à un cousin de Gérard Philipe dans le film tiré du roman de Dostoïevski, *l'Idiot*. Ce Jean Haustont, compositeur, présentera, en 1907, une nouvelle notation musicale appelée *Notation musicale autonome*. Il y classifie les tons d'après leur nombre de vibrations et d'après leurs aspects physiologiques. En 1912, il fonde un conservatoire moderne en Chine, à Nankin. Il a écrit la musique de *Lidia*, un *Hymne national de la République chinoise*, et un *Hymne triomphal et prophétique de la Commune mondiale* qui date de 1922.

Alexandra et Jean ont en commun l'amour de la musique, de la Chine, et, peut-être, d'autres choses encore, et le sentiment d'être différents des autres. Rien n'unit autant que cette différence-là, que l'on perçoit dans le début de leur idylle, telle qu'elle est rapportée dans *le Grand Art* par l'héroïne, Cécile, qui est, rappelons-le, actrice comme Alexandra fut cantatrice :

L'année qui suivit celle de mes débuts, je fus engagée au théâtre de Bayonne : jusque-là les intrigues de mes camarades m'avaient laissée aussi indifférente que celles de mes compagnes de conservatoire. Je restais vierge, non pour obéir à l'idéal mais par répugnance de ces basses orgies où je voyais tomber les autres... Sans troubles intimes, sans désirs, l'amour me paraissait une jolie invention de romanciers, aussi irréelle que les fées des vieux contes...

Dès les premières répétitions, je remarquai le pianiste, un garçon singulier, très différent du type habituel de cet emploi. Le pianiste-accompagnateur, répétiteur, se pose, volontiers, en personnage dans le théâtre ; il est généralement bavard, vantard, parle haut et fait sentir sa présence. Celui de Bayonne était, au contraire, un être effacé jusqu'à l'extrême. [...] Cet effacement, si complet, m'occupa... Dissimulée dans l'ombre des portants, je regardais ces yeux bleus, incertains et tristes, la silhouette grêle de ce corps perdu en des vêtements noirs ; malgré moi, l'énigme de cette vie solitaire et silencieuse me poursuivait invinciblement... Sans base, sans rien qui puisse lui servir de jalons, mon imagination se monta, peu à peu, et partit, à la débandade. Une foule de suppositions, de petits romans dramatiques ou mélancoliques hantèrent mon cerveau... Le pianiste m'absorba bientôt complètement : je ne voyais plus que lui, n'avais de pensées que pour lui, ne m'intéressais plus qu'à lui... Aucun désir ne me vint, cependant, aucune curiosité de son corps d'ascète... Seul me poussait un sentiment très pur, de pitié tendre pour cet isolé, dont nul ne se souciait, que nul n'aimait, qu'aucune parole d'affection ne réconfortait aux heures douloureuses.

Mais, dans *le Grand Art*, ce n'est pas avec le chaste Pierre que la chaste Cécile perdra ce qui était considéré à l'époque, cela a bien changé depuis, comme le trésor le plus précieux de la femme, sa virginité. La scène, très révélatrice, vaut la peine d'être rapportée ici. L'initiateur est un Grec :

Oh, il ne fut pas brutal !... Je crois même que, très sincèrement, me voyant malade, il n'avait eu de prime abord qu'une idée d'affectueuse compassion ; mais quoi... n'était-il pas un homme ?... c'est-à-dire un animal en qui la nature commande impérieusement cet instinct qui pousse le mâle vers la femelle... Il me désirait depuis longtemps, la fantaisie de ses sens presque éteinte sans doute par l'absence, se réveillait au contact de mon corps. Mon cœur battait à coups précipités, projetant violemment le sang dans les artères en chocs réguliers, continus, douloureux qui diminuaient tout en moi... Des visions étranges, incohérentes, me passaient, rapides, devant les yeux : ma tête semblait se diviser, mes pensées flottaient de plus en plus confuses... après plus rien, la nuit.

Le médecin appelé en hâte, dès le matin, conclut à une fièvre cérébrale... Je restai quinze jours, à deux doigts de la mort... Ce fut ainsi que je pris mon premier amant... Je ne puis compter Pierre. Il était, lui, comme un ami qu'on aurait épousé par affection tranquille et douce, n'ayant rien de l'homme de passage que l'on accepte, par intérêt ou par passion.

Il faut faire, dans ces aveux du *Grand Art*, la part de l'exagération romanesque. Il faut espérer que l'initiateur d'Alexandra, que ce soit Jean, Pierre ou Paul, s'est mieux comporté que le Grec de Cécile. Le résultat en est le même. Sous la plume de Cécile, comme dans les propos d'Alexandra, demeure une semblable horreur de l'homme, « cet animal en qui la nature commande impérieuse ». La sueur, les odeurs, les poils du corps masculin soulèvent en Cécile, comme en Alexandra, un incoercible, un durable dégoût...

Entente physique ou non, Jean Haustont et Alexandra Myrial, ont, dès 1897, vécu, travaillé, voyagé ensemble. Ils ont été des compagnons, ils ont, selon l'exemple donné par les filles de leur ami commun Élisée Reclus, pratiqué l'union libre.

Fait inouï pour l'époque, Louis David accepte la liberté d'une telle union et ses lettres abondent, dès qu'il a fait la connaissance de Jean, de « bons souvenirs à Jean » et de « amitiés à Jean », ce Jean qu'Alexandrine, dans les rares mots qu'elle ajoute en *post-scriptum* aux missives de son mari, ignore, résolument.

C'est au printemps 1898 que Louis David a appris que *Lidia* n'était pas dû au seul talent de sa fille. Dans une lettre du 7 mai de cette même année, il formule « pour tous les deux, mes souhaits les plus chaleureux pour votre bonheur ». C'est exactement ce que l'on souhaite à de nouveaux mariés. M. David, toujours soucieux de la santé des siens, ne tardera pas à inclure Jean dans ses préoccupations, et dans ses conseils, recommandant :

> Un bon repas, le bon air du printemps, ces deux excellentes choses ne peuvent que vous être profitables à tous les deux. Si vous retournez à Passy, le Bois et ses beaux aspects vous seront précieux.

Comme Manon et Des Grieux, M. et Mme Jean Myrial peu-

vent chanter « Nous vivrons à Paris tous les deux » en mettant cette phrase au présent. Ils vivent, ils profitent des
charmes du printemps parisien en allant se promener au
bois de Boulogne. Charmes gratuits : le couple n'est pas
riche et se rend compte que la vie quotidienne n'est pas un
opéra, même si la musique y est constamment présente. Elle
fait ses vocalises, il jette les bases de sa *Notation musicale
autonome*. Chacun croit en l'Art, avec un A majuscule.
Alexandra y sacrifie, particulièrement, avec une ferveur que
les années, et les désillusions, ne parviendront pas à atténuer. Le 22 mai 1909, elle écrira à l'un de ses correspondants :

> [...] Ce n'est pas que je ne sache pas goûter l'Art. Comme
> vous vous méprendriez en le croyant. Ce que vous me disiez de
> la science qui vous paraissait éloigner de Dieu — ce qui est une
> erreur à mon avis — je le dirai, moi, de l'Art. L'Art, c'est toute
> la beauté terrestre, toute la magie de la matière se dressant en
> face de l'esprit. C'est Lucifer rayonnant qui s'interpose entre
> l'œil humain et les ténèbres glaciales des espaces intersidéraux
> vers lesquels monte l'esprit en quête d'Absolu et de Divin.
> L'Art ! en lui est toute volupté, toute sensualité de la chair et de
> l'âme.

Jean Haustont était, peut-être, d'accord avec cette conception de la volupté et de la sensualité, que Philippe Néel, qui a
l'amour des réalités, ne partagera jamais.

A Passy, M. et Mme Jean Myrial vivent à l'écart pour éviter
les rebuffades, les humiliations que la machine sociale
d'alors réserve aux couples qui ne sont pas unis par « les
liens sacrés du mariage ». Ils ne peuvent fréquenter que
leurs semblables, ou des originaux comme le Sar Peladan
qu'Alexandra évoquera magistralement dans *le Sortilège du
mystère*, quelques aristocrates libéraux comme le comte
Léonce de Larmandie, membre de la Société des gens de lettres, ou quelques célébrités, et sur recommandation d'Élisée
Reclus, comme Anatole France ou Rachilde, qui affectent de
n'être pas trop sévères sur les questions d'état civil. Les
Myrial forment « un petit couple » que certains admettent
comme preuve de leur largeur d'esprit et de leur modernisme. Alexandra est trop fine pour ne pas comprendre, et

souffrir, des limites de cette tolérance. Artiste, elle sait qu'elle a droit, à ce titre, à une indulgence limitée à son milieu. Quand elle chante en province, ses partenaires ne s'étonnent pas trop de la présence de Jean à ses côtés. C'est « la vie d'artiste » telle que l'imaginent les bons bourgeois. Alexandra est parfois saturée de cette vie-là... Quand, saisie de découragement devant les obstacles que « le petit couple » doit vaincre, Mme Myrial se souvient, dans ces moments d'adversité, d'une lettre d'Élisée Reclus, reçue peu après son arrivée à Hanoi, en septembre 1895, et dans laquelle il écrivait :

> [...] J'ai confiance en vous pourtant, vous l'emporterez et vous reviendrez de là-bas, non seulement en santé, mais heureuse. Heureuse, pourquoi ne le seriez-vous pas ? Vous avez la grande largeur de vue planant sur toutes choses et la grande largeur d'amour, embrassant toute chose.

Heureuse, Alexandra ne le sera vraiment que dans les Hymalayas, et d'une façon qu'un Élisée Reclus ne pouvait prévoir. Fidèle Élisée qui est toujours là pour donner un bon conseil, une adresse utile... ou une belle préface.

Maintenant qu'elle a enfin terminé les remaniements de son essai, *Pour la vie*, c'est à son illustre ami qu'elle songe à envoyer le manuscrit et à demander une préface. Le 29 juillet 1899, Élisée répond qu'il se réjouit de lire cet essai, et qu'il le proposera lui-même à Stock. Une seule réserve quant à la présentation :

> Je vous en prie, vous qui êtes pour la révolte absolue, révoltez-vous contre la tradition des préfaces, si peu anarchiste et si rarement excusable.

La tradition sera néanmoins respectée : *Pour la vie* paraîtra avec une préface d'Élisée Reclus qui commence par « Ceci est un livre fier, écrit par une femme plus fière encore ». Hélas, pas plus que la chaleureuse recommandation de Massenet n'avait réussi à forcer l'entrée à l'Opéra-Comique, cette préface — enthousiaste — ne parvient à provoquer l'acceptation d'un éditeur. Stock et d'autres refusent, reculent, épouvantés par ce livre écrit par une femme tellement fière qu'elle ne supporte aucun des abus de l'État, de l'armée, de l'Église, de la haute finance. Elle abat le Veau d'or, appelle les pauvres à la révolte et réclame pour les opprimés des droits qu'ils n'obtiendront que cent ans plus tard. A sa parution, *Pour la vie*, passera quasiment inaperçu[1], comme c'est l'usage pour les ouvrages en avance sur leur temps. Et Alexandra connaîtra l'isolement réservé aux précurseurs.

Pour suppléer à ces refus, Jean Haustont s'est fait éditeur et a imprimé lui-même cette plaquette aux presses de la Bibliothèque des Temps Nouveaux, 51, rue des Éperonniers, Bruxelles. A ce titre, son nom figure à la dernière page de l'ouvrage, Alexandra Myrial et Jean sont unis dans *Pour la vie* comme ils l'avaient été dans *Lidia*... Cependant Manon Myrial et Jean Des Grieux vont entonner « Ô douleur, l'avenir nous sépare ». A l'automne 1899, Alexandra accepte un engagement à l'Opéra d'Athènes où elle part, seule. C'est la séparation, ce n'est pas la rupture.

La rapidité de son départ n'affecte pas seulement Jean Haustont mais Louis David qui, dans sa lettre du 14 septembre 1899, écrit à sa « chère Nini » :

> Nous avions espéré que tu ne partirais pas si vite et que mère aurait eu le temps d'aller t'embrasser et de te souhaiter un bon voyage [...]. Mère a donc éprouvé une déception en voyant qu'elle ne pouvait réaliser un projet caressé et dont elle se promettait un vif plaisir. Nous espérons bien que nous nous rattraperons amplement au printemps prochain [...].

Louis David qui a alors quatre-vingt-cinq ans et Alexandrine qui en a soixante-sept ne semblent guère gâtés par les visites de leur fille unique. Dans cette même lettre du 14 septembre, L. David s'en console en pensant que :

> [...] tu éprouveras une grande satisfaction de passer l'hiver sous un ciel doux. Après les enrouements que tu as éprouvés, tu avais besoin de cela pour te remettre tout à fait et permettre à ta gorge de se guérir : l'air d'Athènes fera plus pour cela que toute autre médication. Nous pensons bien que tu ne pars pas seule. Jean t'accompagne, du moins, nous le croyons, bien que tu n'aies pas eu le temps de le dire. Ta prochaine lettre nous renseignera à ce sujet.

Dans sa lettre du 3 octobre, Louis David enregistre la réponse, négative, de sa fille : Jean n'accompagne pas Alexandra. « Nous comprenons bien que seule, la vie ne te sera pas

---

1. Ce qui n'empêcha pas cet ouvrage d'être plus tard traduit en cinq langues, dont le russe et l'espagnol.

facile », écrit-il. En plus, la traversée de Marseille au Pirée a été affreuse. Partie avec un soleil éclatant, Alexandra a dû affronter une subite tempête, des flots presque aussi déchaînés que ceux qui l'accompagnèrent de Colombo à Tuticorin... Elle y a gagné un rhume qu'elle combattra en usant d'un remède conseillé par son père :

> On fait une forte décoction composée de figues sèches, de raisins de Corinthe, de chiendent. On laisse fortement bouillir. Puis quand le tout est bien cuit, on ajoute une bonne quantité de miel, de ce fameux miel historique de l'Hymette.

Des enrouements, un rhume, voilà qui ne favorise guère les débuts de la chanteuse à l'Opéra d'Athènes! Sa voix ne serait-elle plus ce qu'elle était au temps des triomphes en Indochine? Mme Myrial s'en console en recueillant les enseignements d'un saint homme qui vit en solitaire sur les pentes du Lycabette. Selon sa coutume, quand elle est à l'étranger, Alexandra parcourt le pays pour y rencontrer les mystiques qui s'y trouvent. Elle aura certainement souhaité avoir accès au mont Athos et n'aura pas manqué de dénoncer l'absurdité de l'interdiction qui en éloigne les femmes. Devant de tels abus, le sang de la féministe Alexandra frémit et s'indigne. Pourquoi tout est-il permis aux hommes et rien aux femmes? L'auteur de *Pour la vie* va consacrer les années qui vont suivre à essayer de résoudre cette interrogation, et bien d'autres encore...

Philippe 1900

*Mon petit, tu as été un monsieur qui « s'est
amusé » pour employer l'expression triviale courante, toi-même m'as souvent parlé de la place
que la volupté devait tenir dans la vie d'un être
bien portant. Veux-tu me laisser te dire une
chose : tu n'as jamais su ce qu'était la sensualité...
la grande... celle des « tout cerveaux »...*

Alexandra DAVID-NÉEL.
(Journal de voyage.)

Après avoir chanté de novembre 1899 à janvier 1900 à
l'Opéra d'Athènes, Alexandra Myrial est de retour, début
février, à Paris où l'a attendu, au 3, rue Nicolo, Jean Haustont, comme l'attendra, plus tard, à Tunis, Philippe Néel.
Elle joue les Ulysse tandis que ses époux restent à la maison
à jouer les Pénélope.

Après *Manon*, Alexandra et Jean Myrial doivent avoir
l'illusion d'interpréter, au naturel, la fin de la fable de La

113

Fontaine, *les Deux Pigeons*. A une différence : Alexandra n'est pas revenue au colombier uniquement pour y roucouler, mais pour y travailler. Dans son agenda, le 17 février 1900, elle note le titre provisoire d'un ouvrage qu'elle n'écrira pas et qui montre bien ses préoccupations féministes du moment : *la Femme dans l'amour et le mariage*. Elle esquisse les grands traits de ce vaste projet et explore ce terrain dans lequel elle voit

> un champ de lutte entre les deux sexes, les expressions familières en font foi. On dit : faire une conquête, être un heureux vainqueur, se laisser vaincre, etc., comme s'il s'agissait d'une bataille dans laquelle le mâle agresseur verrait la femelle lui céder contre son désir.

Après quoi, laissant Jean à Passy, Alexandra fuit Paris et les tumultes de l'Exposition universelle qui s'y déroulent, pour Biarritz, puis l'Espagne. A Irun, elle assiste à des processions, à des danses, et au « saut basque », avec accompagnement de fifres et de tambourins, « devant l'autel et le Saint Sacrement », note-t-elle, scandalisée par un tel saut en un tel lieu !

Alexandra poursuit son périple solitaire jusque dans le sud-est de l'Espagne, à Alameda, d'où elle écrit, le 18 avril 1900, à Miss Mac Leod, l'une de ses amies anglaises : « Les liens se brisent, l'amour meurt, le travail est devenu insipide. » Il faut voir dans ces lignes le début de cette insidieuse dépression qui va durer jusqu'au départ, onze ans plus tard, d'Alexandra pour l'Asie. Pour avoir droit à la lumière, il faut passer par les ténèbres, toutes les ténèbres, et Alexandra paiera chèrement ce droit.

Jean n'est pas à ses côtés. L'avantage de ces unions libres, c'est qu'elles peuvent se briser sans l'aide des tribunaux. Pourquoi ce lien est-il en train de se distendre ? Secrets des cœurs et mystère de la vie sentimentale d'Alexandra, si tant est que les sentiments y aient occupé une place qui, de toute façon, n'a pas été la première. La conquête de la lumière exige une force que le cœur et ses faiblesses ne pourraient qu'entraver... Il y a pire pour Alexandra : cette travailleuse acharnée juge son travail « insipide ». Au milieu de ces abandons divers, ou, nés de ces mêmes abandons, surgissent le calme et la paix :

Oh ! le calme ! Mes pensées semblent provenir d'une distance infinie à l'intérieur de mon cœur. Elles sont lointains chuchotements et la paix est sur toutes choses. La paix, la douce paix, comme celle que l'on goûte quelques moments avant de s'endormir, quand ce qu'on voit, ce qu'on dit est comme des ombres, sans crainte, sans amour, sans émotion... Je viens Seigneur ! Le monde est, ni beau, ni laid. Des sensations sans émotion. Oh ! cette félicité !... Toutes choses sont bonnes et belles car elles ont perdu leur relativité,

constate Alexandra à la fin de sa lettre à Miss Mac Leod.

Ce calme et cette paix ne dureront guère. Alexandra est reprise par les tourbillons de l'existence, par ce qu'elle flétrira tant de fois dans sa *Correspondance* sous l'expression d' « agitations de fourmis ».

Fin juillet 1900, la cigale Myrial s'en va chanter à Tunis, à l'Opéra municipal. Une fois de plus, Louis David ne cache pas sa surprise devant ce « voyage inopiné ». Lui, d'habitude si discret sur ses propres émotions, montre quelque peine de n'avoir pas reçu, avant son brusque départ, la visite de sa fille :

Nous nous faisons vieux, Nini, et puisque tu ne viens pas vers nous, il faut que nous allions vers toi.

Projet sans suite. Le 18 août, M. David constate :

Si j'en juge par le ton de ta lettre, tu es seule en Tunisie et Jean est à Paris : cela doit te sembler drôle, habituée que tu es de l'avoir près de toi et lui accoutumé de ne pas s'éloigner de toi.

Le 14 octobre, affolé par le silence de sa fille dont il a appris « les succès sur le sol africain », M. David s'adresse naturellement à Jean Haustont pour avoir des nouvelles d'Alexandra :

Mon cher Jean
Nous ressentons de l'inquiétude au sujet du silence que garde envers nous Alexandra. [...] Je me demande donc si au cours de ses excursions elle n'aurait pas trouvé une occupation, un engagement qui la retiendrait là-bas, car je ne peux pas supposer qu'elle soit à Passy et ne nous écrive pas.

Et, en effet, Alexandra a trouvé une « occupation » qui n'est pas précisément celle à laquelle pense son père. Elle a rencontré, à Tunis, Philippe Néel et elle en est la maîtresse depuis exactement le 15 septembre 1900. A cette date, dans son agenda, on peut lire, « Hirondelle, *prima volta* ». « Hirondelle, première fois. » L'*Hirondelle* est le nom du voilier de Philippe, une garçonnière flottante où ce séducteur conduisait ses conquêtes dont Alexandra découvrira, un jour, combien elles ont été nombreuses... Philippe Néel est beau, il est célibataire, il a alors trente-neuf ans, on ne voit pas au nom de quoi il se priverait du plaisir de satisfaire sa passion pour les femmes qu'il aime à la folie. C'est un « fou de femmes » comme l'était, par exemple, un Paul Morand.

Philippe Néel est le Don Juan 1900 dans toute sa splendeur, l'œil bleu, la moustache conquérante, de la distinction, du bon chic et du bon genre. On a beau être féministe, on n'en est pas moins femme : Alexandra a cédé devant tant de superbe. Elle en a reçu comme un certificat, une attestation, une carte postale représentant l'*Hirondelle* et accompagnée des vers suivants :

> *L'image d'un doux souvenir*
> *Vient de s'offrir à ta pensée*
> *Sur la trace qu'il a laissée*
> *Pourquoi crains-tu de revenir ?*

Carte postale et vers que Philippe Néel envoie *habituellement* à ses favorites, après leur passage sur l'*Hirondelle*, et comme pour les encourager à ne pas craindre d'y revenir. Elles y reviennent et Alexandra y reviendra jusqu'à ce qu'elle découvre cette pratique qui la plongera dans une fureur noire. Elle ne mettra plus les pieds sur l'*Hirondelle*. Mais on n'en est pas encore là...

Philippe Néel est né le 18 février 1861 à Alès (Gard). Il est le fils d'un Philippe Néel, qui, lui, est né à Jersey en 1807 et s'est installé en France en 1841 comme pasteur missionnaire méthodiste. Il a épousé, en 1844, Fanny Auzière, fille du pasteur réformé d'Anduze. Ils ont dix enfants, six filles et quatre fils dont Philippe qui, après de brillantes études, entre à l'École centrale et en sort ingénieur. Il fait sa carrière en Afrique du Nord, où il devient ingénieur en chef des chemins de fer, construisant la ligne Bône-Guelma qui unit l'Algérie à la Tunisie.

A son prestige personnel, Philippe ajoute celui d'appartenir à une très vieille famille, celle des Neel de Saint-Sauveur, vicomtes du Cotentin, seigneurs des Iles et autres lieux, qui, vers l'an 900, cousinaient avec Rollon, et, en 1066, entraient dans la famille de Guillaume le Conquérant. C'est Peter Neel qui a fondé en 1331, à Jersey, le clan dont les deux Philippe, le père et le fils, sont issus. Le père est mort en 1892. Dans les premiers temps de leur idylle, et à cause de ses cheveux frisés, Alexandra surnommera Philippe Alouch, ce qui veut dire, en arabe, croit-elle, « mouton ». Et puis cette puriste apprendra qu'Alouch ne veut pas dire « mouton » mais « agneau ». Elle en sera horrifiée : « donc, nous pléonasmions horriblement en disant Alouch-Agneau ». Ensuite, Alouch deviendra, et restera, Mouchy. Mais l'agneau peut se changer en loup et montrer ses crocs. Dans les rapports officiels, il a été qualifié de « caractère difficile », comme le lui rappellera Alexandra dans une lettre du 11 janvier 1914 :

> « Caractère difficile », cela a été ta note, elle t'a énormément nui. Je n'oserais pas dire qu'elle n'était pas quelque peu justifiée.

Ces « difficultés » sont compensées par une élégance, une allure qu'Alexandra admire :

> Tu es un monsieur élégant et je me souviens que mes sentiments esthétiques (j'entends de cette esthétique quintessenciée des gens élevés aristocratiquement) m'ont plus d'une fois portée à te regarder de loin avec plaisir, comme un joli objet.

Cet air froid de lord anglais cache un penchant à une certaine neurasthénie et dissimule « un cerveau qu'habitent toutes les indulgences et tous les mépris ». Ce « gnostique fin de siècle », cet « intellectuel-esthète », ce sont les propres termes d'Alexandra, « peut, au milieu des plus grossiers entraînements de la bête, garder un clair sourire sur des lèvres immuablement dédaigneuses[1] ». Autrement dit, Philippe a le détachement des hommes de plaisir face à ce plaisir dont ils ont reconnu l'importance, et le néant.

Entre Monsieur l'Ingénieur et Madame la Chanteuse, un marivaudage a commencé, aux lendemains du 15 septembre 1900. La conquête d'Alexandra, comme la construction de Rome, ou celle de la ligne Bône-Guelma, ne s'est pas faite en un jour, ni en une nuit.

1. *Journal de voyage*, t. I, p. 39.

Philippe et Alexandra ont cru d'abord à une liaison sans importance. Ils ont joué avec le feu, puis se sont pris à ce jeu, comme le rappellera Alexandra :

> Plus fort que notre adresse de joueurs, a été le destin. Il a déjoué nos malices, notre prévoyance, notre prudence réciproque. De quel éclat de rire, tu eusses accueilli celui qui, tandis que tu t'attardais à glisser des billets sous ma porte, à Kherredine[1], en un geste devenu presque machinal chez toi, pour l'avoir tant de fois recommencé devant des portes diverses, t'eût dit : « Ce petit jeu vous mènera cette fois, devant M. Tauchon[2]. » J'aurais haussé les épaules pareillement. Nous avons voulu nous moquer l'un de l'autre et quelque Dieu se sera moqué de nous deux. Du reste, tu y mettais une assurance qui a pu attirer quelque représaille. Je me souviens qu'un soir [...], tu m'as dit cette phrase assez peu courtoise : « Vous me demanderiez, eh bien, quand nous marions-nous ? je vous répondrais, jamais de la vie. » L'avertissement m'a paru ce qu'il était : mal poli et j'ai souri ensuite. Mais voilà, je n'en avais pas envie. Quelqu'un d'autre, quelque personnage du monde invisible aura relevé le défi. Quand on s'embourbe hors du vrai sentier, on risque les pires accidents.

Et parmi ces « pires accidents », le mariage évidemment ! Mais les jeux sont déjà faits qui conduiront à l'union libre, puis légale, d'Alexandra la cérébrale et de Philippe le voluptueux. La première essaiera, vainement, de convertir le second à des joies purement intellectuelles :

> Au commencement de notre union, quand je tentais de te parler philosophie ou sociologie, ou bien tu te fâchais, ou bien, tandis que je parlais, tu me caressais les jambes.

Philippe serait-il aussi obsédé que le prétend Alexandra ? En tout cas, il est comblé par sa nouvelle compagne :

> Un jour, à La Goulette, tu m'avais dit que si tu ne prenais plus de maîtresse, c'était que je les remplaçais toutes.

C'est flatteur pour Alexandra. Cela n'empêche pas Philippe de la confondre, et cela, dès le début de leur liaison, avec toutes ses autres maîtresses. Cela, elle ne le pardonnera pas et en fera à Philippe, pendant des années, un reproche incessant :

---

1. Quartier résidentiel, à l'époque, de l'immédiate banlieue de Tunis où Alexandra a vécu, à son arrivée.
2. Vice-consul de France à Tunis, il célébra le mariage de Philippe et d'Alexandra le 4 août 1904.

Si j'avais quelque chose à te reprocher ce serait, mon bon ami, cette manie de m'assimiler, moi, à certaines personnes à qui d'après mon humble, ou trop vaniteuse opinion, comme tu voudras, je ne me trouve pas assimilable. Mais tu es inguérissable de ce côté [...].

Encore plus tard, quand, du fond de l'Asie, Alexandra évoquera la possibilité d'un retour, elle aura les accents d'une Maintenon vieillissante qui craint d'avoir à supporter les assauts de son Roi-Soleil toujours vert :

[...] et puis il faudra que je te donne ma chair [...], ceci est d'une ironie sombre et les larmes m'en montent aux yeux [...] tenter encore de répéter les gestes d'antan [...].

En 1900, Alexandra n'a rien d'une Maintenon. C'est plutôt une Pompadour qui, elle aussi, s'évertuait à répondre aux ardeurs de Louis XV, en se gavant de plats épicés et de chocolat. Alexandra ne s'abaissera pas à de telles pratiques. Le 15 septembre de cette année-là, à bord de l'*Hirondelle*, elle a cessé d'être une salamandre pour devenir un feu follet qui court partout et dans tous les sens, pour essayer d'échapper à son double, et éphémère, destin de salamandre et de feu follet...

La double vie
d'Alexandra Myrial

> Au lieu de rester au coin de l'âtre familial à remuer les cendres d'une opinion modérée, au lieu de tenir pour des vérités indiscutables ce qui a consolé et apaisé tant de générations avant eux, ils franchissent la barrière qui clôt le champ paternel, et s'en vont, par les chemins audacieux de la critique, où les mène leur indomptable curiosité de douter.
>
> Max STIRNER.
> (L'Unique et sa propriété.)

De 1900 à 1904, Alexandra Myrial va mener une exténuante double vie, maîtresse de Philippe la nuit, et chanteuse ou directrice artistique, le jour, quand elle est à Tunis. Quand elle est à Paris, journaliste et conférencière. Sa conférence, *De l'entraînement physique dans les sectes yoguistes*, prononcée le 4 mars 1903 à la Société d'anthropologie, a été très remarquée et très applaudie.

En plus de ces activités, Alexandra accomplit d'incessants

voyages. On la croit dans le Sud tunisien, à Tozeur, elle est déjà à Barcelone où elle se lie d'amitié avec l'anarchiste catalan Francisco Ferrer. Elle court, elle galope, pendant ces quatre ans, à droite, comme à gauche, chez les rose-croix comme chez les francs-maçons, avec, toujours, sous le bras, son *Dhammapada,* cette Bible des bouddhistes que ne voudra jamais lire Philippe, resté fidèle, à sa façon, à la Bible de ses ancêtres protestants.

Innombrables sont les correspondances qu'Alexandra entretient, les livres qu'elle lit, les textes qu'elle compose et publie sous forme de plaquettes vert céladon, jaune paille ou bleu pâle comme celle, parue en 1900, à la librairie de la Société d'ethnographie sous le titre *De l'importance des influences ambiantes au point de vue philosophique.*

Mme Alexandra Myrial est une femme savante, descendante de celles, ridiculisées à tort par Molière, et qui, comme elles, raffole des « tourbillons d'idées ». Ses *Influences ambiantes* le prouvent où Alexandra mêle le social et le divin, le primitif et le civilisé, n'hésitant pas à remonter jusqu'au déluge, et même avant, pour éclaircir la naissance d'une idée :

> On ne saurait prendre les questions de trop loin lorsqu'on veut se livrer à une étude sérieuse.

Ce qu'elle fait, en allant encore plus loin, quand elle affirme dans ses *Influences ambiantes* :

> En toute étude, j'estime que sous peine de perdre pied et de s'égarer dans des hypothèses, il faut toujours s'appuyer sur les caractères naturels, sur la base physique d'où émane toute manifestation intellectuelle.

Le voilà son inaltérable credo d'éternelle étudiante : l'expérience d'abord. Elle n'hésitera pas à aller sur place pour vérifier ce qu'elle a appris dans les livres. Elle ira au Tibet pour y examiner le lamaïsme et en Chine, pour y découvrir, entre autres, les traces du taoïsme primitif. Elle ne perd jamais de vue le réel et, en cela, elle appartient pleinement à ce XIXe siècle pendant lequel les savants accordèrent à l'expérience une inattaquable suprématie.

A la multiplication des plaquettes, s'ajoute le foisonnement des articles comme celui qui a pour titre « De l'origine des mythes et de leurs influences sur les institutions sociales », publié le 15 juillet 1901, à Bruxelles, dans *l'Idée libre*. Cette revue qui se veut « littéraire, artistique et sociale » compte parmi ses collaborateurs réguliers un Francis Jammes, un Émile Verhaeren, un Francis Viélé-Griffin et un Élisée Reclus qui y a introduit Alexandra.

Cette *Origine des mythes* est un excellent texte qui pourrait paraître aujourd'hui dans une revue qui se voudrait d'avant-garde. Rien n'a vieilli dans ces pages dans lesquelles la terrible Alexandra fait des évêques d'aujourd'hui les descendants des sorciers d'autrefois et dans un même élan, stigmatise le Dieu des juifs et le judéo-christianisme qui en a découlé. Elle veut prouver que les conditions sociales du peuple ont été déterminées par leurs croyances mythologiques. Elle fait preuve d'une érudition sans bornes, retrouvant des textes hébreux, montrant une parfaite connaissance de l'Olympe hindou et des textes shivaites, mais plaçant au-dessus de tout cela le Bouddha qui « révèle une élévation de pensée que nul n'avait atteinte jusque-là et que nul n'a dépassée depuis ». Et de conclure, prophétique : « Abandonner une future révolution aux seules masses populaires, encore malheureusement si peu éclairées, est aboutir à un échec certain. » On ne saurait être plus aristocratique que la socialiste anarchisante Alexandra Myrial... On pourrait multiplier les exemples de ces textes magnifiques dont l'austérité doit rebuter Philippe qui, aux seuls titres de *De l'importance des influences ambiantes au point de vue philosophique* ou de *De l'origine des mythes et de leurs influences sur les institutions sociales*, doit renoncer à leur lecture et préférer caresser les jambes de leur auteur.

C'est en 1901 aussi, que, toujours poussée par son inextinguible soif de connaître les sectes et leurs pratiques, Alexandra adhère, en sa trente-troisième année, aux rose-croix qui connaissent, en ce début de siècle, un regain de vogue[1]. Elle en recopie, sur des feuillets conservés aux archives de Digne, les différentes cérémonies et les dialogues :

— Quel âge avez-vous ?
— Trente-trois ans, maître très puissant et parfait.
— Êtes-vous chevalier rose-croix ?

1. Cf. « Histoire des rose-croix » de Serge Hutin, *le Courrier du livre*, pp. 63 et suivantes.

— J'ai ce bonheur.

Des rose-croix, Alexandra Myrial se tournera un peu plus ard vers la franc-maçonnerie quand celle-ci s'ouvrira aux emmes et créera des loges mixtes. Alexandra accédera au rente-troisième degré du Rite écossais international,

> car pour l'Écossais international qui a le bonheur insigne de me compter parmi les siens, on y reçoit, comme au Grand Orient, un monde pas trop mêlé[1].

Non contente de mener une double vie, Alexandra offre un triple — et secret — visage : adepte des rose-croix, fille de Lumière et disciple militante du Bouddha. A ce rythme-là, elle n'a plus guère le temps d'écrire à son père qui s'en plaint dans une lettre du 27 décembre 1901 : « Nous avons pensé bien des fois avec tristesse à ton long silence. » Il s'en console en lisant, et en relisant, *Pour la vie* qu'il admire. Maigre consolation qui ne parvient pas à faire oublier les trop longs silences d'Alexandra. Le 28 mars 1902, Louis David revient à la charge :

> Je ne puis m'empêcher, chère Nini, de te dire que ce n'est pas gentil de ta part de rester si longtemps sans nous envoyer de tes nouvelles. Songe donc qu'à notre âge, isolés comme nous le sommes, une bonne lettre de toi, c'est un rayon de soleil venant échauffer notre extrême vieillesse. Ce rayon de soleil, tu ne devrais pas nous le faire attendre si longtemps.

Mais, après ces reproches modérés, Louis David, dans sa lettre du 28 mars, ménage un coup de théâtre et avoue avoir des nouvelles d'Alexandra, grâce à... Jean Haustont rencontré par hasard dans une rue de Bruxelles :

> [...] nous avons parlé de toi et j'ai eu la grande satisfaction d'apprendre que ta santé a toujours été bonne là-bas et que tes succès de théâtre sont superbes. [...] Enfin, arrivés à l'avenue, Jean m'a quitté en souhaitant à mère et à moi bonne santé. Nous sous sommes embrassés et je l'ai chargé pour toi de mes plus affectueux embrassements.

On admirera le naturel des relations entre Louis et Jean. On comprendra que si Alexandra n'écrit plus à ses parents, elle poursuit avec Jean des relations épistolaires. De leurs liens passés, une amitié demeure, ce qui est rare pour des

---

1. *Journal de voyage*, t. I, p. 163.

gens ordinaires, mais qui ne saurait l'être pour des gens aussi exceptionnels que la fille du Bouddha et le père de la *Notation musicale autonome*!

Alexandra et Jean ont gardé en commun tant de centres d'intérêt, la musique, la Chine, la littérature, et aussi leur appartement de Passy où Alexandra continue à habiter pendant ses séjours parisiens. En plus d'une double vie et d'un triple visage, celle qui fut Manon aurait-elle aussi un double cœur? En tout cas, Jean viendra, selon le témoignage des lettres de Louis David, rejoindre Alexandra à Tunis, à plusieurs reprises, et une fois pour un assez long séjour, de juin à août 1902. Si Philippe n'a pas pris ombrage de cette présence d'un trimestre, pendant lequel Alexandra prend la décision d'abandonner la scène comme chanteuse et de se consacrer à la direction artistique du casino de Tunis, c'est que Jean n'est plus qu'un ami fidèle, un compagnon idéal, un grand frère, le Paphnuce de celle qui, après avoir été Manon, fut Thaïs. Comme on devait jaser, quand même, dans Tunis la Blanche, sur le trio formé par l'ingénieur, le musicien et la chanteuse...

On aurait jasé davantage si l'on avait appris l'existence d'un troisième homme, Max Stirner, dont Alexandra a fait l'un de ses maîtres à penser. Né à Bayreuth en 1806 et mort à Berlin en 1856, ce philosophe allemand a publié en 1845, *l'Unique et sa propriété*, qui, cinquante ans plus tard, est enfin traduit et paraît en France chez Stock. C'est un jour de Pâques 1900, à Bourges, qu'Alexandra découvre, dans une librairie, *l'Unique et sa propriété*. Elle en fait son livre de chevet, en compagnie de quelques autres, comme le *Dhammapada* ou la *Bhagavad Gita* sans lesquels elle ne se déplace jamais. Alexandra est une véritable bibliothèque ambulante... Avec quelle ivresse ne puise-t-elle pas dans cet *Unique et sa propriété* des conseils d'individualisme comme « refaites connaissance avec vous-même, apprenez à connaître ce que vous êtes réellement et abandonnez vos efforts hypocrites, votre manie insensée d'être autre chose que ce que vous êtes ». Avec quel enthousiasme ne souligne-t-elle pas, au crayon noir, des passages comme :

Tout vagabondage déplaît d'ailleurs au bourgeois, et il existe aussi des vagabonds de l'esprit, qui, étouffant sous le toit qui abritait leurs pères, s'en vont chercher au loin plus d'air et plus d'espace. [...] Ces extravagants vagabonds entrent, eux aussi, dans la classe des gens inquiets, instables et sans repos que sont les prolétaires, et quand ils laissent soupçonner leur manque de domicile moral, on les appelle des « brouillons », des « têtes chaudes » et des « exaltés ».

Combien de fois, par ses parents, par son époux, par ses proches, Alexandra aura été, et sera traitée, de « brouillon », de « tête chaude » et d' « exaltée » ? Comme elle doit se délecter de ces pages de *l'Unique*, tendues comme autant de miroirs dans lesquels elle se reconnaît, elle, la Vagabonde céleste, présageant, sans le savoir, *les Clochards célestes* d'un Jack Kerouac !

A force d'avoir été lu et relu, *l'Unique et sa propriété* montre des signes d'usure et perd ses pages. Alexandra ne le remplace pas et garde comme une relique ce livre aux dures lumières dont on trouve un reflet dans ses productions du moment, les plaquettes comme les articles. L'antichristianisme d'Alexandra, sa haine de toute servitude prennent leurs racines là. Ensuite, elle cherchera des Stirner partout et en trouvera un en Chine, dans la Chine du Ve siècle avant notre ère, en la personne du philosophe chinois Yang-tchou. Elle en fait, dans *le Mercure de France* de décembre 1908, « un Stirner chinois » allant jusqu'à écrire :

C'est pourquoi j'ai cru pouvoir citer au sujet de Yang-tchou la déclaration de Max Stirner : « Rien n'est pour moi, au-dessus de moi. » Elle m'a paru propre à résumer tout un aspect de sa doctrine. J'ai du reste, en tenant compte de la différence d'expression, trouvé une ressemblance profonde entre le vieux penseur chinois et le moderne philosophe allemand.

Le grand rival de Philippe Néel et de Jean Haustont, le voilà, c'est Max Stirner, de son vrai nom Johan Gaspar Schmidt.

Au commencement de l'été 1902, ce n'est pourtant pas Max, Philippe ou Jean qui empêchent Alexandra de dormir, mais sa décision d'assumer la direction artistique du casino de Tunis. Cela inquiète aussi Louis David : « As-tu formé un groupe ? Cette direction va sans doute te donner beaucoup de besogne. » Cette activité fait craindre à M. David un surmenage qui risque de compromettre la santé de sa fille. Pour éviter cela, il offre à Alexandra la possibilité d'un emploi de tout repos, la gérance d'un... bureau de tabac. Il veut tenter des démarches pour :

> réclamer un bureau de tabac à Paris en ta faveur ; tu y as droit plus que plusieurs qui en ont obtenu un. Petite-fille d'officier mort des suites des blessures reçues à la bataille de Leipzig, fille d'un proscrit du 2 décembre qui n'a reçu comme compensation qu'une maigre rente viagère de 900 F, il me semble que ces titres bien exposés [...] te donneraient de grandes chances de réussir,

écrit M. David dans une lettre du 14 juin 1902.

Alexandrine voyait sa fille réussir dans une boutique, Louis, dans un bureau de tabac. Les parents David se sont vraiment trompés sur les ambitions profondes de leur Alexandra...

Début 1903, Alexandra Myrial a définitivement abandonné les feux de la rampe pour les incendies contenus dans son cerveau et qu'elle déverse dans des articles où brûlent, intacts, sa passion pour le Bouddha, sa haine de l'injustice, son désir d'améliorer la condition féminine. Si son nom ne brille plus sur les affiches de théâtre, il rayonne de plus en plus fréquemment dans les colonnes de journaux comme *la Fronde, le Soir*, ou de revues anglaises, belges, espagnoles.

Cette métamorphose d'Alexandra Myrial chanteuse en Alexandra Myrial journaliste chagrine M. David, qui croyait fermement en la carrière théâtrale de sa fille et n'avait proposé le bureau de tabac que comme un moyen de vivre tranquillement et en bonne santé. Le 1er février 1903, il fait le point de la situation :

> Je ne sais pas, chère Nini, si je me trompe, mais il me semble d'après le ton de tes lettres, que tu ne fais plus de théâtre. Tu ne nous dis plus rien du chant, et par contre tu parles beaucoup de journalisme et de conférences, et même de voyages à l'étranger. Ces travaux de la plume seraient-ils donc capables de remplacer avec avantage la position que tu semblais avoir acquise au théâtre [...] ? Si tu as tant de travail et si ce n'est pas le théâtre qui en est la cause, c'est donc que tu écris beaucoup [...].

La déduction de M. David se révèle exacte : Alexandra écrit de plus en plus et de mieux en mieux comme en témoignent deux de ses articles publiés dans le prestigieux *Mercure de France*, l'un, « Religions et superstitions coréennes », en février 1904, et l'autre, « Le clergé tibétain et ses doctrines », en juin 1904. Dans ce dernier, elle étale des connaissances étonnamment précises sur le Tibet et ses moines :

> Médecins des corps et guérisseurs des âmes ; vendeurs de drogues primitives et trafiquants d'absolutions ; maîtres d'écoles pour les petits et docteurs subtils pour guider les aspirants à la sagesse à travers les abstractions quintessenciées de la métaphysique lamaïque ; prêtres, célébrant dans la splendeur des temples les rites qui font s'incliner vers la terre les « Bouddhas de compassion », et nécromanciens évoquant, dans les ténèbres, les *Rakshas* infernaux et les *Vétalas* qui hantent les cadavres, non seulement de la plus infime des fonctions au trône de l'autocrate suprême, les moines ont tout conquis, tout envahi, mais ils se sont encore substitués aux dieux qu'ils ont relégués dans le lointain de leurs demeures célestes pour devenir eux-mêmes les véritables divinités de leur patrie.

Après son séjour au Tibet, parmi ces moines qui l'accueilleront comme une sœur, comme une « Lampe de sagesse », Alexandra n'apportera pas de précisions plus grandes que celles contenues dans cet article de 1904. Où a-t-elle puisé un tel savoir ? Pendant son séjour dans l'extrême nord de l'Inde, a-t-elle rencontré d'autres lamas que le vieux lama du Kachendjunga ? Il est aussi impossible de résoudre de telles questions que d'expliquer la métamorphose d'Alexandra de chanteuse en journaliste. On peut raisonnablement penser qu'Alexandra a pu abandonner le chant, avant que le chant ne l'abandonne, on se souvient des enrouements et des rhumes pendant sa saison athénienne. On peut invoquer le dégoût provoqué par un tel milieu... Aucun document n'est là pour confirmer ou infirmer. Sur cette période de son existence, Alexandra observait un mutisme absolu.

Du 15 septembre 1900, date de sa première venue sur l'*Hirondelle*, au 4 août 1904, date de son mariage avec Philippe Néel, Alexandra Myrial a mené plusieurs vies à la fois : chanteuse, directrice artistique, journaliste, conférencière, rose-croix, franc-maçonne, voyageuse, amoureuse. Ces vies multiples semblent toucher à leur fin et se fondre en une seule, celle, bourgeoise et rangée que l'on attend de la future Mme Philippe Néel, épouse de l'un des personnages les plus importants, et les plus en vue, de Tunis.

Le père et la mère
d'Alexandra :
un « libre penseur »
et une « bigote ».

Alexandra
dans sa vingtième année.

Alexandra chanteuse d'Opéra.

Jean Haustont : le compagnon des débuts.

Philippe Néel, séducteur séduit et éternel mari. →

Sidkéong Tulkou,
Maharaja du Sikkim :
un ami, un frère.

Le Gomchen de Lachen :
le Maître.

Eté 1913, à Sarnath, dans les environs de Bénarès.

Dans les jungles du Népal.

Kum Bum : le monastère de l'arbre miraculeux.

Yongden
au moment de sa rencontre
avec Alexandra.

Le Potala de Lhassa.

Samten Dzong, à Digne.

Marie-Madeleine Peyronnet,
en juin 1959.

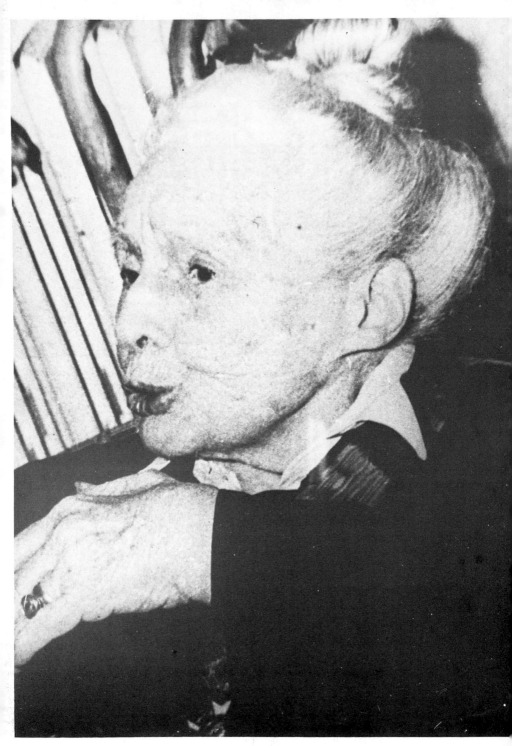

Une centenaire pleine d'avenir…

Un mariage alexandrin

*Nous avons fait un singulier mariage, nous
nous sommes épousés plus par méchanceté que
par tendresse. Ce fut une folie, sans doute, mais
elle est faite.*

Alexandra DAVID-NÉEL.
(Journal de voyage.)

L e 1er janvier 1904, Alexandra note dans son agenda : « La
séparation de biens comme régime légal, la femme héritière du mari. » Singulières pensées pour une personne qui
va se marier sept mois plus tard et que l'exaltation des sentiments n'aveugle pas... Après quoi, elle esquisse une idée
d'article sur la magie aux Indes et au Tibet, « basse magie,
religion et morale, haute magie ». Puis, elle revient à ce qui
semble être son idée fixe en ce premier de l'an, le mariage,

131

en ce qu'il a de plus froidement administratif, le contrat : « Pas de loi générale, mais des conventions particulières pour chaque cas. »

Quelques jours plus tard, toujours dans son agenda, Alexandra recopie quelques vers tirés de son inséparable *Dhammapada* :

> *L'homme vigilant vaincra la mort*
> *Le négligent est déjà comme un mort.*

Dans ces domaines-là, Alexandra n'a rien à craindre. Elle a même tendance à confondre vigilance et méfiance. Elle en est la victime, poussée aussi par une curiosité qui l'entraîne vers les plus hauts sommets comme vers les abîmes les plus profonds. Bref, Alexandra ne résiste pas à la tentation de « faire les poches » de Philippe, ou plutôt de « faire » ses tiroirs. Elle fouille les tiroirs du bureau de Philippe, dans la maison du 29, rue Al Awhab, à Tunis, qui sera bientôt leur domicile conjugal. Elle y va et vient à sa guise, comme première maîtresse. Il y en a une seconde qu'Alexandra connaît et dont on est en train de négocier le renvoi à raison d'une rente de 500 F. Ces dames, la future légitime et la deuxième maîtresse, ne se crêpent pas le chignon : elles discutent chiffres. Et voilà que le 3 février 1904, Alexandra découvre que Philippe a connu avant elle, l'irremplaçable Alexandra, d'autres femmes et qu'il en a conservé les portraits et les lettres. Et que, parmi les lettres de ces « gourgandines », il a rangé, horreur et profanation, les lettres de la Sévigné de Bruxelles.

Du haut de ses cent cinquante-six centimètres et de sa trente-cinquième année, elle contemple la situation, le désastre. Elle se laisse aller à une fureur que ni le *Dhammapada* ni la *Bhagavad Gita* ne sauraient enrayer. Ce qu'Alexandra ne pardonne pas, c'est que Philippe a menti en lui disant qu'il ne conservait aucun souvenir. Elle vient de trouver dans les tiroirs du bureau la preuve du contraire. Sa viscérale horreur du mensonge l'entraîne dans des fureurs telles que, dans son agenda, elle se refuse à tracer le nom de Philippe qu'elle remplace par un X lourd de mépris :

> Le même X toujours délicat, sceptique, supérieur, spécial, etc., me jure ses grands dieux qu'il ne conserve aucun souvenir, aucune photographie de femme. Vraiment, il s'indigne, je

crois, que j'aie pu le soupçonner d'une telle vulgarité. Il ne se rappelle même plus les noms des rares passagères à qui il a accordé ses faveurs [...], il daigne cependant concéder qu'en cherchant bien, en bouleversant ses vieilles paperasses, enfoncées dans une multitude d'endroits (il a juste un bureau à tiroirs), il découvrirait peut-être une vieille photo oubliée, égarée... Ce serait à mourir de rire si ce n'était une comédie écœurante. Aussi écœurante que ses quatre ans de correspondance avec cette pauvre grue de Renée [...] et la phraséologie à l'orthographe réjouissante de Mlle Gilette [...].

L'aimable sceptique, délicat, spécial, etc., jugeait bon de répondre à ces épîtres littéraires par l'envoi de son portrait. Oh! cette idée géniale de vouloir figurer dans la collection de cette bonne fille!

Un monde! Et ces vers mirlitonesques qu'il attribue, est-ce vrai, à Musset :

> *L'image d'un doux souvenir*
> *Vient de s'offrir à ta pensée*
> *Sur la trace qu'il a laissée*
> *Pourquoi crains-tu de revenir?*

Il paraît que c'est un grand jeu poétique. Je les ai reçus, aussi, calligraphiés au revers d'une photo de son bateau... un « bateau » symbolique. Et les imprécations, non pas de Camille, mais d'une grasse dondon, Marthe [...], marraine de l'*Hirondelle* qui lui reproche d'y trimbaler des gourgandines marseillaises qui « puent l'ail ». J'ai éprouvé une forte tentation de lui mettre le nez dans son mensonge. Bon Dieu! qu'est-ce que ça peut me faire que cet homme ait couru les filles? Est-ce qu'il est mon frère, mon mari?

On ne peut s'empêcher de sourire à ces deux dernières interrogations. Cela lui « fait » vraiment quelque chose qu'il ait couru les filles cet homme qui va bientôt être son mari... Et qu'elle est longue la liste des conquêtes de ce séducteur de Philippe! Alexandra accompagne chaque prénom d'une parenthèse vengeresse :

Paulo (celle qu'il trouvait trop coûteuse), Blanche (la Bordelaise qui a une si bonne tête avec son éventail).

Et de poursuivre, rageuse, devant cette accumulation de Marthe, de Julie et d'Adrienne :

Il me sait peu encline à me scandaliser. Il m'eût exhibé, sans pose, sa galerie de petites femmes (vrai, elles ne sont pas belles) et la prose d'icelles que nous en aurions ri en camarades. Ce qui m'agace, c'est sa manie de vouloir jouer un personnage. Eh! ne sommes-nous pas tous des bêtes et des imbéciles à certains moments. Le ridicule consiste à ne pas en convenir et à vouloir montrer son « moi » juché sur des échasses.

Alexandra est montée sur ses grands chevaux et n'en redescendra que pour accabler Philippe qui, à l'évocation de ces lettres, se contentera de hausser les épaules et de dire, avec « un air méchant et satisfait » : « Je savais bien que vous les aviez lues. »

Après quoi, Philippe s'étend sur un divan et s'enveloppe dans un silence qui achève d'exaspérer totalement Alexandra.

Cette première scène n'est que le prélude aux affrontements qui finiront par transformer leur vie conjugale en un véritable champ de bataille. L'intransigeante Alexandra ne supporte rien et n'oublie rien. L'indulgent Philippe, en homme qui a beaucoup vécu, sait que rien n'a d'importance et que tout s'oublie très vite. S'il est vrai que les contraires s'attirent, Alexandra et Philippe sont les parfaites illustrations de cette théorie. Et quoi qu'ils en disent, et en pensent, chacun, dans ce mariage, trouve son compte, l'espoir d'une fin honorable. Philippe croit terminer sa carrière de Don Juan en s'assurant l'exclusivité des attraits de celle qui remplacera pour lui « toutes les maîtresses », Alexandra souhaite en terminer avec ses exténuantes doubles vies. Elle aura trente-six ans le 24 octobre. Et avoir trente-six ans, en 1904, pour une femme, c'est être aux portes de la maturité. Il est temps de jeter l'ancre et Philippe représente le port où le fier vaisseau Myrial pourra s'amarrer... Il est temps de ne plus courir le cachet, ni d'attendre le paiement d'un article. Si détachée qu'elle veuille être des choses de ce monde, Alexandra n'est pas insensible à la sécurité que représente Philippe. Ce qui ne l'empêchera pas de noter, le 4 août : « J'ai épousé cet affreux Alouch au consulat de France à Tunis. » On peut rêver, épiloguer sur cet « affreux Alouch ».

Philippe n'est pas un monstre, et même s'il en était un, il en aurait le charme que dégagent certains et qui a été si bien expliqué dans le conte de fées, *la Belle et la Bête*.

> Nous avons fait un singulier mariage, nous nous sommes épousés plus par méchanceté que par tendresse,

écrira Alexandra à son mari, quelques mois après leurs épousailles, le 3 octobre. Et c'est vrai. Ils se sont épousés par défi, chacun pensant ôter à l'autre sa liberté puisque l'un et l'autre, pour des raisons différentes, s'étaient juré de ne jamais se laisser attacher par « les liens sacrés du mariage », comme ceux qui unissent un Louis et une Alexandrine David !

Le 30 mars 1904, Louis David demande à sa fille : « Fais-tu toujours du féminisme dans la presse ? » Et de féliciter Alexandra pour un article qui n'a rien de féministe, « Les moines-soldats de l'armée coréenne ». Il va bientôt avoir un autre motif de féliciter, et son épouse donc, leur incasable « Nini » qui a fini par dénicher un mari ! Mais qui est donc ce Philippe Néel ? Louis David a beau être fou de joie, il n'en perd pas la tête. Pour avoir des renseignements sur son futur gendre, il écrit au président du conseil des chemins de fer « Bône-Guelma et Prolongements », M. de Traz, qui, le 29 juin, répond que le traitement de M. Néel est

> de 6 000 francs auxquels viennent s'ajouter une indemnité de 600 francs par an et une prime variable qui a été de 4 500 francs pour 1903. [...] La veuve [...] aurait droit au tiers de la pension de retraite de son mari. [...] Enfin, j'ajoute que l'honorabilité de M. Néel ne fait pas question. Je le connais depuis près de vingt ans et je le tiens en parfaite estime.

Voilà donc Louis et Alexandrine David parfaitement rassurés ! Alexandra ne peut que se réjouir des dispositions prises pour les veuves d'ingénieurs des chemins de fer « Bône-Guelma et Prolongements ». C'est quand même curieux cette préoccupation du veuvage avant d'être mariée...

C'est toute une comédie bourgeoise qui va se dérouler autour du mariage alexandrin et qui est commune aux mariages de son temps. On prépare les contrats et, surtout, on fait la demande en mariage de la façon la plus solennelle. Alexandra s'active et ne laisse rien au hasard. On peut voir, aux archives de Digne, le brouillon de la demande de Philippe fait de la main d'Alexandra. Le 24 juin, Philippe n'a plus qu'à recopier :

> Monsieur,
> J'ai l'honneur de vous demander en mariage Mademoiselle Alexandra David, votre fille.

Pendant son séjour en Tunisie, j'ai été à même d'apprécier sa haute valeur intellectuelle. Nos caractères, nos goûts se conviennent et notre union en pourrait être pour tous les deux une source de bonheur. [...] Ma situation me rapporte environ 10 000 francs l'an. Mademoiselle votre fille m'autorise à vous présenter cette demande. [...]

Réponse de Louis David :

Monsieur,
Votre lettre m'a causé un profond étonnement. Jusqu'à ce jour, ma fille avait manifesté sa ferme volonté de ne jamais aliéner sa liberté et elle protestait à chaque instant contre l'état d'infériorité que la loi impose à la femme, dans tous les actes de sa vie, après son mariage.

Aujourd'hui, votre demande me ferait croire qu'Alexandra a fortement modifié ses idées, s'il en est ainsi, [...] je ne vois pas de raisons pour refuser mon consentement à une union honorable. [...] Je suis trop âgé pour espérer, Monsieur, faire votre connaissance, je ne peux que vous adresser mes souhaits bien sincères pour de longs et heureux jours en compagnie de ma fille.

Le contrat de mariage qui est signé le 3 août devant Charles Tauchon, vice-consul de France à Tunis, stipule la séparation des biens entre les époux. Alexandra déclare être propriétaire de linges, de bijoux dont il n'est donné aucune estimation, de livres composant sa bibliothèque particulière et valant 3 000 francs, et d'argenteries, objets exotiques et autres, d'un montant de 7 000 francs.

Alexandra supportera le quart des charges du ménage, et Philippe les trois autres, et cela « sans être assujettis à aucun compte entre eux ». En cas de décès de Philippe, elle accepte « l'universalité de tous les biens meubles et immeubles qui composeront la succession du donateur ». En cas de décès d'Alexandra, Philippe n'a droit qu'à « la moitié des biens meubles et immeubles de la donatrice ».

Le lendemain de la signature du contrat, jour du mariage, il fait très chaud, l'extrême chaleur d'un 4 août à Tunis. On transpire ferme et ce n'est pas la fête pour Alexandra qui a la transpiration en horreur.

Alexandra et Philippe se tiennent, déjà, à une telle distance que l'officier d'état civil ordonne :

— Rapprochez-vous !

A la question rituelle, Philippe Néel répond par un « oui »

tonitruant. A ce moment, l'un des témoins, Mlle Gordon, susurre : « Il ne sait pas ce qu'il fait » à un autre témoin qui n'est autre que J.-C. Mardrus, le traducteur des *Mille et Une Nuits*, l'époux de Lucie, romancière et poète, dite « la Princesse Amande » dont la beauté et les costumes qui se veulent résolument orientaux défraient en ce moment la chronique tunisienne.

Au « il ne sait pas ce qu'il fait » de Mlle Gordon, Mardrus répond par un « si, mais il est brave ». Et brave, il faut l'être pour épouser celle devant qui un tigre, en Inde, s'enfuira... Pendant que les Gordon et Mardrus murmuraient, Alexandra a, elle aussi, répondu à la question rituelle, de façon nette et affirmative. Ces formalités accomplies, Philippe et Alexandra peuvent maintenant s'abreuver à la « source du bonheur ».

La mort d'un père

Mon père, lui, avait appelé la mort : ses vieux
ans pesaient à l'homme actif qu'il avait été. Sou-
vent, en notre présence, il demandait à Dieu ce
qu'il faisait inutilement sur la terre, et, lorsque
Dieu lui répondit, quelle lutte il soutint contre la
mort !

Roger PEYREFITTE.
(La Mort d'une mère.)

Quatre jours après leur mariage, le 8 août, Philippe et Alexandra embarquent à Tunis pour la France. On peut présumer qu'ils partagent la même cabine et qu'Alexandra a sacrifié sa phobie de la promiscuité aux plaisirs conjugaux.

Dès leur arrivée à Marseille, le 10, Alexandra s'applique à noter les dépenses du ménage : 2,25 francs à l'hôtel Saint-Georges et 1,80 franc au buffet de la gare où les Néel prennent le train qui les conduira à Plombières. Ils y pren-

dront les eaux, selon l'usage des gens vivants « aux colonies ».
A la fin de la cure, ils se séparent. Le 16 septembre, Philippe retourne à Tunis et Alexandra s'en va à Paris pour y
rencontrer l'éditeur Fasquelle à qui elle veut proposer son
roman, *le Grand Art*. Elle n'a visiblement pas tenu compte
des sages avis de son père qui lui a écrit :

> Ma vieille expérience me dit aussi de ne pas trop t'isoler de
> ton mari, de ne pas le laisser seul trop souvent [...] je ne peux
> m'empêcher de te recommander les plus grands égards à
> M. Néel dont la vive affection pour toi se manifeste si claire-
> ment. Il faut que tu assures le bonheur de sa vie car tu lui dois
> de la reconnaissance : tu as trop de sagesse pour comprendre
> cela autrement. D'ailleurs le bonheur de ton mari fera le tien.
> La position brillante que tu vas occuper, grâce à lui, te sera
> douce, tu devras donc lui en savoir un gré infini et lui ne
> pourra que sentir de plus en plus augmenter la grande affec-
> tion qu'il t'a vouée. Dans peu de temps tu te féliciteras d'avoir
> accepté M. Néel pour mari, j'en suis certain.

Lettre remarquable et qui mériterait d'être citée intégralement : M. David y fait preuve d'un bon sens et d'une lucidité
véritablement exceptionnelle chez un homme de quatre-vingt-
neuf ans. Il a compris, lui, la « vive affection » dont Philippe a
fait preuve en épousant Alexandra, qui, selon les préjugés
sociaux de l'époque, était une « théâtreuse », donc perdue de
réputation. L'ingénieur des chemins de fer aurait pu prétendre
à un plus beau parti ! Et il est vrai qu'Alexandra devrait montrer sa reconnaissance en étant, selon M. David, à la dévotion
de M. Néel. On ne dira jamais assez combien ce père a
méconnu la nature profonde de sa fille... Car, pour l'instant, il
n'est pas question de jouer les bonnes épouses au foyer. Après
avoir vainement essayé de conquérir le Paris musical, Alexandra veut se lancer à la conquête du Paris littéraire. Elle dépose
le manuscrit de son *Grand Art* chez Fasquelle, puis chez
Valette qui dirige le Mercure de France. Ni Fasquelle ni Valette
n'en veulent et Alexandra voit dans ces refus un signe du destin : *le Grand Art* est trop autobiographique et sa publication
entraînerait pour son auteur d'incalculables désagréments.
Stimulée par cet échec, elle veut trouver des débouchés pour
ses articles et court les agences qui fournissent de la copie aux
journaux : « Va, mon bon cher, j'arriverai bien quand même à
faire ma trouée », écrit-elle à son mari dont la santé se dété-
riore :

> Ta neurasthénie peut se modifier rapidement sous une influence morale et la vie que je te ferai [...] la dissipera complètement, j'en suis absolument certaine. Quant à l'intestin, tu n'es pas gravement atteint. Ces maladies chroniques sont insupportables mais point dangereuses.

Leur mariage, au fond, c'est l'union de deux neurasthénies et c'est précisément cette neurasthénie en commun qu'Alexandra s'efforce de combattre :

> Allons point d'idées noires, point de méditations tristes, Mouchy. De la joie au cœur, parce que j'en veux prendre beaucoup avec toi et t'en donner beaucoup. Tu verras quels gentils oiseaux nous ferons dans notre grand jardin.

Pour le moment, Alexandra imite les moineaux parisiens mondains : elle volette de salon en salle de rédaction, et multiplie les démarches qu'elle croit utiles. Elle rencontre M. Guimet qui lui demande de publier « quelque chose sur le yoga » dans les *Annales* du musée qui porte son nom. C'est « à titre gracieux », hélas, mais Alexandra ne peut rien refuser au fondateur de ce musée auquel elle doit tant. Et puis, « il est évident qu'il vaut mieux produire que rester dans l'ombre ». Difficile de ne pas briller quand on se sent un soleil...

Alexandra se plie, sans trop rechigner, au cérémonial nécessaire pour arriver à quelque chose, comme à une collaboration permanente au *Mercure de France*, revue qui va devenir bimensuelle. Son audience était alors immense. « *Le Mercure* était [...] la lecture préférée des étudiants, la revue la plus accréditée auprès de la jeunesse des écoles. Avocats, médecins, fonctionnaires disséminés en province en demeuraient les abonnés », rapporte Lucien Corpechots dans ses *Souvenirs d'un journaliste*[1].

La revue et la maison d'édition du même nom, qui siègent, dans le sixième arrondissement, au 26, rue de Condé, peuvent s'enorgueillir de publier les meilleurs auteurs, les Gourmont, les Jarry et les autres qui se rencontrent, chaque mardi, aux réceptions que donne l'épouse de Valette, Rachilde. A l'un de ces célèbres « mardis », Alexandra retrouvera le Sar Peladan et apercevra Colette flanquée de Willy.

Mme Néel rend des visites, en reçoit, rue Nicolo, et en fait le compte rendu à son époux :

1. Plon.

J'ai eu la visite de Mme Amphore [...]. Elle m'a paru d'esprit infiniment plus sensé que ses lettres ne me la faisaient entrevoir. Jean me l'avait dépeinte comme une très belle femme, je lui ai trouvé l'air vulgaire, ce qui m'a surprise [...].

Ce qui surprend, c'est l'aisance avec laquelle elle parle à Philippe de Jean (Haustont) qui semble être véritablement devenu un ami du ménage. Un ménage qui, en tout cas, n'a rien à craindre du côté de Lesbos, comme c'est la mode alors, lancée par les *Claudine,* pour les couples d'avoir une troisième luronne, une Rézi, une « hérésie », dit Willy-Maugis en parlant de cette Rézi, la trop tendre amie de cette Claudine. Pour rassurer complètement Philippe, Alexandra trace un portrait peu attirant de cette Amphore, une actrice, qui semble avoir voulu, sans espoir aucun, être sa Rézi d'un soir :

> Ce n'est pas un monstre, certes, c'est une rougeaude fille de ferme. Ses mains m'ont déplu, elle les a mal soignées avec des ongles mal taillés trop longs et sales. La tenue des mains est un signe où se reconnaît l'éducation et la race. [...] Elle a aussi un vocabulaire de petits mots d'amitié qui me choquent par leur banalité, leur trivialité même. J'ai remarqué que les hommes choisissaient de singulières maîtresses. À cela, je me souviens que tu m'as un jour assez philosophiquement répondu qu'ils ne choisissaient pas tant que ça et prenaient ce qu'ils rencontraient. C'était très juste. En tout cas s'il avait pu me venir l'idée de jouer les Rézi à l'Amphore, elle me serait passée en la voyant, tu peux te rassurer.

C'est pourtant grâce aux bons offices de cette Amphore qu'Alexandra aura accès auprès de José-Maria de Heredia, l'un des rois du Paris littéraire du moment. L'auteur des *Trophées* donne à l'auteur du *Grand Art* un conseil qu'elle n'oubliera pas : « Madame, il ne faut jamais donner rien pour rien, parce que si vous donnez des articles pour rien, on croira que vous ne valez rien. »

En cet automne 1904, Mme Néel s'agite beaucoup, sans obtenir de résultats à la mesure de ses démarches. Elle propose au directeur de la Monnaie de Bruxelles, qui la refuse, sa *Lidia.* Refus de *Lidia,* refus du *Grand Art,* à ces échecs s'ajoutent les soucis causés par la santé très déclinante de son père et par les ennuis domestiques de son mari qui, à Tunis, vient d'être abandonné par sa gouvernante ! Oh, ces insolubles problèmes domestiques, comme Alexandra voudrait en être délivrée. A Paris, elle a des ennuis avec sa femme de ménage et se débat avec le déménagement de son appartement de la rue Nicolo qu'elle abandonne à son propriétaire trop vétilleux et trop exigeant. Elle achète des paniers d'osier pour y emballer ses Bouddhas, et annonce à Philippe l'envoi de « 12 ou 13 colis, grands et petits ». Il semble que tous les Bouddhas de l'Asie se soient donné le mot pour envahir les appartements parisiens, y compris celui de la poétesse Renée Vivien qui en possède une fort belle collection... Avec tous ces tracas, elle fête seule, le 24 octobre, l'anniversaire de sa trente-sixième année.

> Naturellement, mes délicieux parents ne m'ont point donné signe de vie. Ils ont oublié, eux, la date funeste, ils ont aussi, depuis longtemps, oublié qu'ils ont une fille,

se plaint-elle à son mari, ce même 24 octobre[1].

Il semble bien qu'Alexandra ait, de son côté, oublié qu'elle avait des parents. La voilà prise en flagrant délit d'injustice à leur égard, les David n'ont pas oublié l'anniversaire de leur fille unique, comme le montre la dernière lettre qu'elle recevra de son père et qui est datée du 24 novembre :

> Très chère Nini,
> Voilà longtemps que nous n'avons reçu de tes nouvelles. Nous t'avons écrit pour la dernière fois à l'occasion de l'anniversaire de ta naissance, quelques jours après avoir reçu ta lettre de Paris et nous pensions n'être pas aussi longtemps sans nouvelles. [...] Je me sens mieux, j'espère pouvoir te dire bientôt que mes misères sont à peu près finies.

Louis David souffrait, entre autres, de gastrite et suivait un régime lacté qu'il supportait très mal. Son état de santé s'aggrave suffisamment pour qu'Alexandra soit appelée à son secours. Le 3 décembre, elle arrive chez ses parents, au 105, rue Faider, où son père est mourant. Louis David a commencé une longue agonie qui se terminera le mercredi 21 décembre, à 10 h 30 du soir.

La solitude, l'horreur, la détresse de ces journées-là, Alexandra ne les effacera pas de si tôt de sa mémoire. Entre son père qui se meurt et sa mère qui trouve refuge dans la maladie, elle perd la tête. Cette femme forte connaît un affreux accès de faiblesse tel qu'elle en vient à souhaiter de n'être plus qu'une petite fille dans les bras de Philippe :

1. *Journal de voyage*, t. I, p. 27.

> Mouchy, je n'en puis plus. Il fait très froid dans ma mansarde. [...] J'ai été très touchée de la sollicitude que tu m'as témoignée depuis que je suis ici, et j'aspire grandement à venir, toute petite fille, me reposer sur ton épaule.

Il n'est pas question de repos. Entre son père qui gémit sans cesse et sa mère qui souffre d'une maladie de vessie, Alexandra va d'un lit à l'autre :

> Mouchy, je deviens folle au milieu de cette inextricable situation. Que vais-je faire de ces deux infirmes ? Des soins... J'en ai à donner à un autre qui me tient plus à cœur qu'eux.

Eh oui, en ce désastre familial, Alexandra s'aperçoit que ses parents sont devenus des étrangers pour elle et qu'elle tient véritablement à Philippe qu'elle a laissé depuis trois mois maintenant, seul, à Tunis. Son père réclame des raisins muscats que Philippe, dès qu'il est informé de ce désir, envoie. Il offre même de venir à Bruxelles, ce que refuse son épouse :

> Ce serait folie. Tu as tes affaires, ta présence n'arrangerait rien et les frais seraient énormes. J'espère malgré tout te retrouver bientôt là-bas dans la chambre verte, dans la chambre jaune qui n'est peut-être plus jaune, mais où j'imagine que je te suis tout de même présente quelquefois.

L'absence de son épouse provoque chez M. Néel une crise de neurasthénie aiguë qu'Alexandra essaie de combattre par des déclarations comme :

> Sache bien une chose mon ami, c'est que tu passes pour moi avant tout et que tu es ce à quoi je tiens le plus au monde.

Cet aveu date du 17 décembre, et, le 21, à minuit, Mme Néel écrit à son mari :

> Tout est fini pour mon pauvre père, Mouchy, il vient de mourir il y a environ une heure et demie. [...] Et voilà... Demain, le branle-bas de circonstances : Pompes funèbres, deuil... Ma mère [...] vient, elle qui a le « culte des morts », de me donner un programme que moi, qui n'ai aucun culte des défunts, je ne puis décemment accepter. Je verrai à tout régler au mieux, je sais n'est-ce pas, Mouchy, que je puis compter sur toi, car, d'aucune façon, je n'ai rien à toucher immédiatement sur la succession. [...] Malheureusement, je crois que j'aurais besoin que tu m'envoies un nouveau chèque ici, [...] ma mère profitera de ce qu'elle est alitée pour me faire présenter des notes que je ne devrais pas payer.

Voilà un air, l'air de « envoie-moi un nouveau chèque » que Manon Néel va souvent chanter à son époux... Grâce à la générosité de Philippe, Alexandra réussira à épargner la fosse commune à son père. Elle trouve « un terrain pas cher dans un cimetière de banlieue » où M. David est enterré, la veille de Noël. Elle garde, en souvenir, un brin de lilas mêlé à du houx et à une jonquille qu'elle met dans une enveloppe sur laquelle elle inscrit : « Fleurs des funérailles de mon père, 24.12.1904. » Si peu sentimentale que soit Alexandra, elle a des élans qui montrent qu'elle n'est pas aussi insensible qu'elle s'efforce de le paraître et qu'elle aimait son vieux père plus qu'elle n'osait l'avouer. Son geste, cette enveloppe le prouvent. Elle ne veut pas oublier, mort, celui qu'elle a tant renié de son vivant et tant privé de sa présence. En son père, elle avoue avoir perdu son meilleur ami. C'est à Philippe qu'elle va désormais demander de jouer ce rôle. Et ce nouveau « meilleur ami » sera, à son tour, privé de la présence alexandrine. A croire que l'amour, chez cette fille de lumière, ne peut s'épanouir que dans l'absence.

Ne supportant plus sa mère qui joue les veuves inconsolables et ne voulant pas coucher dans la chambre où a séjourné le cadavre de son père, Alexandra se réfugie dans une pension de famille, puis accepte l'hospitalité offerte par Élisée Reclus et sa femme.

Mme Néel se débat dans les formalités administratives qui accompagnent la mort et prend un notaire franc-maçon :

> J'ai choisi l'étude de l'un des plus notables de Bruxelles, un franc-maçon que j'ai choisi tel, d'abord pour être sûre qu'il me soutiendrait réellement si quelques histoires cléricales surgissaient au sujet des quelques sous qui me restent à attendre et ensuite, parce que je savais qu'à ce titre il ne me ferait pas payer ses avis.

Pratique et économe Alexandra. Elle finira par accepter, comme solde de sa part d'héritage, une vingtaine de mille francs. Les raisons d'un héritage aussi réduit ? Les mauvais placements effectués par M. David et ses pertes à la Bourse. Alexandra finit par avoir pitié de sa « vieille mère » qu'elle laisse « dans une situation difficile ». Mais ce qui importe le plus maintenant à Mme Néel, c'est de retourner le plus rapidement possible à « sa » maison, celle que Philippe possède à Tunis.

A la mi-janvier 1905, Alexandra revoit Philippe, son « Alouch », son « Mouchy » qui, lui, est aussi tout heureux d'accueillir sa « Moumi », sa « Mousmée ». Alouch, Mouchy, Moumi, Mousmée sont les tendres diminutifs que se prodiguent les Néel dans leur intimité enfin retrouvée. Et la joie d'Alexandra s'étend à ses autres possessions tunisiennes,

> mon jardin fleuri où les violettes embaument maintenant, le ciel bleu d'Orient et la sérénité de vie...

Un « paradis » tunisien

25 septembre 1906 [...]. Tu es certes le meilleur
des maris que l'on puisse rêver, je le reconnais
sans hésiter et c'est pour cela aussi que je me tour-
mente d'une situation qui t'est à toi aussi extrê-
mement pénible.

Alexandra DAVID-NÉEL.
(Journal de voyage.)

L a mort de son père a permis à Alexandra de retrouver son époux. Ce deuil sera suivi d'un autre qui l'affectera autant, et peut-être davantage, la mort d'Élisée Reclus en août 1905. Mme Reclus remercie Alexandra de ses « bonnes paroles d'affectueuse sympathie ».

Vous êtes de celles, ajoute-t-elle, qui avaient pu apprécier mon cher Élisée et l'expression de vos regrets est bien sincère.

147

Avec Louis David et Élisée Reclus, c'est tout un passé, toute sa jeunesse qu'enterre définitivement Alexandra. Mais elle n'est pas femme à s'attarder à des regrets, si sincères soient-ils. Le présent est là, qui la réclame et l'occupe entièrement : une maison à transformer, un ménage à gérer, un mari à soigner, des domestiques à diriger et particulièrement Sophie la cuisinière dont elle évoquera le rôle et les mérites, plus tard, dans une lettre du 16 juin 1914 :

> Ces soucis me font réfléchir au temps passé dans « la belle grosse maison », à ce temps que tu considères comme la période heureuse de notre union et je songe, en sceptique que je suis, que Sophie était peut-être l'élément principal de ce bonheur, de cet apaisement qui nous enveloppait. Une maison confortable, bien tenue, tous les tracas [...] de ménage écartés... c'était là sans doute de quoi était fait notre paradis temporaire.

Ce « paradis temporaire » est situé, à Tunis, au 29, rue Abd El Wahab. Cette « belle grosse maison » est de style arabe, avec tout ce que cela comporte de patio, de jets d'eau, d'arcades, de carreaux en faïence, de murs blancs et de volets bleus. Alexandra et Philippe ont chacun leur chambre, avec un même grand lit et une même grande armoire à glace. La chambre d'Alexandra comporte un supplément : l'indispensable bibliothèque présente sous la forme de bibliothèque tournante.

Dans un vaste salon où le couple se tient volontiers, un harmonium et un piano montrent bien la place que la musique continue à tenir dans la vie privée d'Alexandra. Son mari écoute ses exercices avec un plaisir non dissimulé et dont il aura la nostalgie quand il en sera privé.

Complètent l'ameublement de ce salon, dit « salon du Bey », une vaste table, un divan, des fauteuils. La décoration en est résolument « coloniale » et on ne compte plus les poteries de Nabeul, les tapis de Kairouan, les plateaux de cuivre, les éventails « en plumes annamites », souvenirs du séjour en Indochine. N'ayant rien à voir avec la décoration et l'exotisme, seul sur un guéridon, un Bouddha devant lequel Alexandra s'incline, comme devant celui du musée Guimet.

La note européenne est donnée par un faux bronze représentant un forgeron et un groupe en vrai bronze dont Alexandra, dans l'inventaire des meubles de sa maison tunisienne qu'elle dressera en 1946, a oublié de nous dire ce qu'il représentait. Des lampes en émail bleu assurent un joli éclairage.

Un vrai petit paradis dans lequel Alexandra fait oublier à Philippe ses autres maîtresses, et se révèle, en plus, une parfaite maîtresse de maison. Elle sait recevoir. Pour les dîners importants, elle décore la table de sa salle à manger avec des « bouquets minuscules » plantés dans la bouche de poissons en verre de Venise. Un tel raffinement est admiré par le Tout-Tunis qui ne voit plus en Alexandra que l'épouse de l'ingénieur en chef. On oublie Myrial la chanteuse pour Myrial la journaliste qui publie dans les journaux locaux de charmants articles comme ce récit du mariage de la fille du président de la municipalité de Tunis, le Cheikh El Medina Si Sadok Gileb, paru sous le titre d'*Un grand mariage musulman.* Celle qui signe Alexandra Myrial y montre un « petit bataillon de fillettes toutes mignonnes en leurs jupes écourtées » et « une ravissante robe de surah blanc et dentelles portée avec élégance par une jeune fille de la haute société musulmane ».

Alexandra, chroniqueuse mondaine, cela ne fait qu'un visage de plus, une métamorphose supplémentaire. Ah, qu'il est long le chemin qui conduit ce destin à la lumière et qu'ils sont nombreux les chemins de traverse empruntés par Alexandra avant qu'elle ne trouve sa voie véritable, celle des Hymalayas, comme elle le reconnaîtra elle-même, un jour, « ma vie émiettée, gâchée par des chemins qui n'étaient pas ceux de mon désir, de mon libre choix[1] ».

De chroniqueuse mondaine, Alexandra devient critique de théâtre et rend compte, dans *le Mercure de France* de juin 1907, de la Fête antique du théâtre romain de Carthage « où se trouvent beaucoup de cailloux et pas de ruines ». Y a été représentée, entre autres, *la Prêtresse de Tanit* de Lucie Delarue-Mardrus, avec, dans le rôle principal, Mlle Delvair.

> Cette artiste, chantant avec d'intempestifs trémolos de mélodrame des vers d'une délicatesse un peu précieuse, faits pour être harmonieusement murmurés en sourdine, a nui au succès de l'auteur,

remarque Alexandra qui n'est guère tendre pour ses anciennes consœurs...

---

1. *Journal de voyage,* t. I, p. 32.

En ses différents rôles de maîtresse de maison, de chroniqueuse mondaine et critique de théâtre, Mme Néel est également appréciée. Elle satisfait à son besoin de bougeotte en faisant des randonnées dans les Sud tunisien et algérien. Elle passe l'été et l'automne en Angleterre, en Belgique et surtout en France, à Paris, où elle commence à être connue dans les cercles qui gravitent autour du *Mercure de France* et des « mardis » de Rachilde. Dans ces salons littéraires, en compagnie de la romancière Myriam Harry et de quelques autres consœurs, elle représente l'exotisme féminin, le masculin étant monopolisé par un Pierre Loti, un Claude Farrère ou les frères Tharaud. Elle apporte un air de cette Tunisie qui, au début de notre siècle, pour les Parisiens volontiers casaniers et attachés à leurs Champs-Élysées où défile alors l'univers entier, fait figure de bout du monde, comme aujourd'hui les îles Maldives ou l'Australie.

Tout cela contenterait une femme comme les autres mais ne suffit pas à Alexandra qui réclame impérieusement son droit à la différence et ne pardonne pas à son mari de l'avoir assimilée, elle, l'unique, l'incomparable, à toutes les femmes qu'il avait connues avant. Après la mort de son père, après son retour à Tunis, la joie des retrouvailles rapidement passée, Alexandra, dans les années qui suivent, est une machine à distiller la souffrance.

Il y a d'abord la maîtresse, la seconde, que les 500 francs de rente n'ont pas suffi à éloigner et qui est toujours là. Situation peu agréable dont Alexandra a pourtant songé à tirer profit.

> Je ne te cache pas qu'au très réel désir que j'ai d'éviter un surcroît de peine à ta pauvre amie, il se mêle un plus vif désir encore de te conserver les soins d'une personne habituée à toi, et qui, mieux que nulle autre, serait capable de m'assister dans la très sérieuse bataille que j'entends livrer à tous tes bobos [1],

propose-t-elle à Philippe.

L'ennemie d'hier est devenue la « pauvre amie » d'aujourd'hui. Cela n'irait certes pas jusqu'au ménage à trois :

1. *Journal de voyage*, p. 25.

Je ne songe pas à lui demander d'habiter avec nous, elle y trouverait sujet à trop pénibles réflexions[1].

Au fond, Alexandra, connaissant ses pouvoirs et sachant, de l'aveu même de son époux, qu'elle est capable de supplanter toutes les favorites, ne serait pas mécontente d'utiliser les services de cette Mme Seconde qui permettrait à Mme Première de gambader à son aise, en Europe ou ailleurs, sans trop de remords. Plus tard, à la cour du Sikkim, Mme Néel rencontrera une pareille situation triangulaire : le prince héritier, fiancé à une Birmane, ne peut se résoudre à rompre avec sa maîtresse. Et Alexandra ne manquera pas de rappeler à Philippe cette similitude :

> Nous aussi, nous avons été fous et imbéciles, toi, moi, comme les autres qui nous entourent, nous avons fabriqué de la souffrance pour ceux qui nous ont approchés et pour nous-mêmes et nous continuons.

Mais ce n'est pas cette Mme Seconde qui est la cause profonde des dissensions qui vont en s'avivant entre les époux Néel. C'est le souvenir des anciennes maîtresses de Philippe. Cela a l'air invraisemblable. Les documents sont là, accablants. Il est vrai que Philippe, par deux fois, a menti à Alexandra :

1o En affirmant qu'il ne conservait aucune lettre, ni souvenir de ses anciennes maîtresses. On se souvient qu'Alexandra avait eu la preuve du contraire.

2o Quand elle allait sur l'*Hirondelle*, Alexandra revêtait un peignoir. Elle a demandé si d'autres femmes avaient revêtu ce peignoir. Philippe a répondu que non. Alexandra a découvert que ce peignoir avait servi aux autres favorites.

Voilà, c'est tout. Deux minuscules mensonges qu'Alexandra va s'acharner à transformer en impardonnables montagnes de turpitude et de duplicité. Maladivement, elle ne cesse d'en faire le reproche à Philippe qui n'en peut plus d'être constamment mis en demeure de réparer ses « fautes » et d'expier ses « crimes ». Trois mois après leur mariage, le couple a envisagé une séparation légale que Philippe évoque dans l'une de ses lettres de 1906. Car la scène de ménage commencée en 1904 continue en 1906. Grâce aux let-

1. *Journal de voyage*, p. 25.

tres de Philippe et à celles d'Alexandra, on peut reconstituer ce dialogue de sourds, cet incroyable dialogue de l'automne 1906 qui fut celui des saisons qui le précédèrent et qui sera celui des saisons qui suivront.

PHILIPPE : Tu veux toujours ruminer des choses pénibles comme un feu qui vous brûle et qu'on avive pour mieux le sentir [...] Une fois parti sur la mauvaise voie on ne sait plus s'arrêter. Et tout cela, une explication franche pouvait l'éviter. Tu m'as laissé aller me regardant m'engager dans une voie peu loyale à ton égard, sur la pente mauvaise où l'on ne peut s'arrêter car elle vous pousse... et trop tard j'ai voulu me disculper, te dire que je regrettais. Inutile, tu me rendais entre-temps le plus de mal que tu pouvais et nous avons marché et nous marchons toujours sur ce sentier gluant, glissant dans la boue que nous n'avons pu lever de nos pieds. Et les lettres que tu m'envoies avec des expressions, des phrases toutes faites comme « tu écrivais à tes maîtresses de bas étage, et les reliques que tu faisais de leurs lettres et de leurs photographies »... Dois-je continuer ainsi ? [...]

ALEXANDRA : Et quand tu me dis : « J'ai voulu me disculper trop tard, te dire que je regrettais », quand as-tu fait cela ? [...] est-ce toi qui as songé à donner une place plus convenable à mes lettres que cataloguées parmi d'autres ? N'est-ce pas moi qui les ai découvertes là, et, par hasard, ai découvert les autres ? Et quand je t'ai dit, en haut de la chambre verte, ce que j'avais découvert, as-tu été saisi, as-tu eu le grand mouvement qu'un autre peut-être aurait eu ?

PHILIPPE : Vas-tu trouver encore que je mens ou y aura-t-il quelque chose que tu croiras dans ce que je te dis ? Notre connaissance est déjà lointaine et comme elle n'a pas eu lieu jeunes, nous vieillissons, surtout moi, qui ne puis comme toi, me dire robuste. Continuerons-nous à rouler notre fardeau pesant, notre boulet jusqu'au bout ? Je ne sais si tu me connais véritablement, j'ai une âme très bourgeoise et très bête, je le crois du moins. Une vie bourgeoise m'eût convenu. Tu es l'antithèse de cela, Toi. D'autres te l'ont dit et je pense qu'ils avaient raison. Alors que faire de cet accouplement que nous avons réalisé et dans lequel tu es pour quelque chose quoique tu me le reproches à moi tout seul... je te laisse juge, mon amie. [...] Je me suis attaché à toi par des liens légaux faciles à rompre et par d'autres du fait accompli, de l'habitude. Si la vie t'est trop dure auprès de moi, je te redis ce que tu m'as écrit de Paris en novembre 1904, je suis prêt à te rendre ta liberté. Si tu veux l'accepter, je tenterai de gagner ta confiance, ce que je n'espère que peu, mais, en tout cas, j'aurai loyalement accompli mes devoirs de mari : j'ai essayé après notre mariage et continuerai, si tu veux m'offrir un appui à ma vieillesse, qui ne sera pas très longue, je crois, un appui physique et moral, le réconfort dont j'aurais besoin dans ma mentalité d'enfant (ris si tu veux). Je serais heureux de m'appuyer sur Toi à côté de qui je marche cahin-caha.

ALEXANDRA : Ne nous promettons rien, ne faisons pas encore de projet, le jour où nous en ferons, il faudra, cette fois, qu'ils soient assurés de réussir. Je suis malade, tu n'es pas bien-portant, réunissons-nous pour nous soigner mutuellement cet hiver. Ne considérons pas ce que nous avons été, ce que nous nous sommes fait et ce que nous sommes l'un pour l'autre. Voyons seulement que nous sommes seuls l'un et l'autre et que nous pouvons nous aider l'un et l'autre. Rapprochons-nous pour cela, et n'engageons pas l'avenir. Peut-être qu'à ne plus jouer de rôle, à être simplement nous-mêmes comme nous l'étions avant de nous rencontrer nous arriverons à un rapprochement, à une nouvelle rencontre, heureuse, cette fois, et durable. Mais il ne faut plus alors cette contrainte épouvantable qui régnait entre nous, il faut de la vérité, de l'air. Nous nous blesserons souvent, parce que nos tempéraments sont différents : tant pis, cela vaut mieux que de se défier sans cesse, de s'observer sans cesse. Et après des mois d'une semblable expérience, si nous en arrivons à dire : « La vie ne me paraît pas désagréable en la compagnie de cet être, tout différent qu'il vit de moi. » Alors nous pourrons continuer sans crainte notre route. Le passé qui existe, il s'agit de savoir si nous pouvons vivre avec lui, avec ses conséquences, si nous pouvons pallier les désagréments qu'il nous cause. Cette question mérite d'être étudiée.

PHILIPPE : Tu me parles toujours de confiance et d'intimité complètes de l'esprit. Comment pourraient-elles exister entre gens qui ne voient pas de même, qui ne sentent pas de même, si aucun d'eux ne fait le sacrifice de soi au profit de l'autre. [...] Tu ne m'aimes plus, ma pauvre amie, et au moins en cela, as-tu le mérite de la franchise : tu m'as souvent répété : « Je n'aime que moi. » Immensément orgueilleuse, tu ne vois que par Toi et pour Toi et tout gravite autour. Ainsi s'explique la haine sourde que tu entretiens contre moi et qui a peine à se contenir dans chacune de tes lettres. J'ai essayé de te donner ce que je pouvais de moi et du bien-être qui m'était possible. Tu n'en as pas tenu compte et tu n'as jamais essayé de me rendre quelques petites choses en revanche. [...] Que faire maintenant ? Comme toi, je n'ai plus de colère. J'ai une lassitude extrême, ne sachant où aller, que chercher, qu'essayer. [...] Je te voudrais moins malheureuse. Comment pourrais-je y arriver ? [...] Je ferais volontiers quelques sacrifices pour te savoir plus calme ; tu me diras que pour des dieux seuls l'idéal se rencontre, la paix se trouve. Mais où sont-ils les dieux ? *Veux-tu essayer de quelque lointain voyage ?*

Elle a enfin retenti cette phrase que Philippe souligne, comme Massenet, pour en montrer l'importance dont Alexandra se fait l'écho dans sa lettre du 25 septembre 1906 :

« Veux-tu essayer de quelque lointain voyage », m'as-tu proposé. T'es-tu douté en écrivant cela que tu écrivais la phrase la plus propre à me toucher parce qu'il me semble qu'il y a de ta part une intention toute spécialement bienveillante de m'offrir celle des choses du monde qui me tient le plus à cœur. Je la retiens, ton offre, mon ami ; je t'en demanderai un jour l'exécution... mais pas aujourd'hui. Aujourd'hui je suis lasse et traînerais partout avec moi ma lassitude et mes soucis. Essayons de liquider notre misérable situation. Nous essayons depuis longtemps, penses-tu [1].

Et ils essayeront encore longtemps. La « liquidation » n'interviendra qu'en août 1911, date à laquelle Alexandra, ayant accepté l'invitation faite par son époux en septembre 1906, partira pour « quelque lointain voyage ». Leur « misérable situation » cessera alors, seulement. Séparés, ils oublieront leurs dissensions et, dans l'absence, goûteront à une paix fragile, à un semblant de paradis. Philippe s'y révélera comme « le meilleur des maris » et Alexandra y prendra une dimension digne des Hymalayas qu'elle fréquente...

---

1. *Journal de voyage*, t. I, p. 43.

Les folles courses de Madame Néel (1905-1909)

> *Je suis un voyageur en noir.*
> *Qui voudrait suivre mes empreintes ?*
> *Qui voudrait m'entendre et savoir ?*
>
> Louise DE VILMORIN.
> *(L'Alphabet des aveux.)*

Ces dissensions conjugales finissent par affecter la santé d'Alexandra qui est peut-être moins « robuste » que ne l'estime Philippe. Elle souffre d'instabilité et d'angoisse :

> Je suis tourmentée d'une perpétuelle et maladive inquiétude. Si je prends le train, je regrette de n'avoir pas choisi au contraire l'omnibus pour me rendre à destination, si je me décide pour une promenade, je souffre de n'en pas faire une autre. Après quelques instants passés dans un endroit, je veux être dans un autre et ainsi de suite,

confie-t-elle à son mari, pendant l'un de ses séjours à Londres.

Elle perd le sommeil, l'appétit, elle pleure, et aux crises de larmes succèdent des vomissements. Elle consulte, sans résultat, le Dr Lorand qui a grande renommée et qui est cousin des Reclus, au sujet de ses troubles neurasthéniques qui croissent avec une rapidité laissant présager le pire :

> Et la neurasthénie va son train. Sais-tu, mon bon ami, que je crois que, malgré ma forte constitution, je suis sur la pente qui mène à la fin. Il y a en moi un travail de désorganisation dont je constate chaque jour le progrès.

Alexandra qui a tant fréquenté les sages n'est plus maîtresse de ses pensées qui errent en désordre et se bousculent, « comme des singes dans des arbres ». Témoin, cette note prise par Alexandra, à Paris, à l'hôtel du Centre, quand, de la fenêtre de sa chambre, elle observe :

> [...] dans l'ombre d'une église, un homme et une femme se caressent. Ma pensée soulevée en un dégoût subit va à N.[1]. Pourquoi faut-il donc que mon compagnon de vie ne soit associé pour moi qu'à des idées obscènes, que je ne l'imagine qu'en des gestes répugnants, quelle misère !

Un remède à cette misère, un seul : le travail intense. Elle commence son ouvrage sur le philosophe chinois Meh-Ti qui paraîtra en 1907, ses *Notes sur la philosophie japonaise* qui seront publiées en 1908. Elle multiplie les articles sur les sujets — et dans les journaux — les plus divers. Cela va de « La Séparation chez les protestants » pour *l'Européen* aux « Événements russes et la Sibérie » pour *le Soir*. Elle ne désespère pas, avec Jean Haustont, de placer leur *Lidia*. Elle participe au Congrès de la libre pensée, à Paris, en 1905 et y prononce une allocution sur la morale laïque dans laquelle elle parvient à évoquer le souvenir de son défunt père, et à terminer par une évocation du Bouddha qui a dû laisser pantois les congressistes :

> [...] il me monte aux lèvres les paroles de hautaine sérénité d'un antique philosophe que je nomme respectueusement mon Maître, c'est par elles que je veux terminer : « Soyez à vous-même votre propre flambeau et votre propre recours. Celui qui fait de la vérité son flambeau et ne cherche pas d'autre recours, celui-là poursuit la bonne manière de vivre. »

1. Néel, évidemment.

Quand Alexandra dira, en 1912, au Dalaï-Lama qu'elle est, depuis longtemps, une bouddhiste militante, elle ne mentira pas. Elle ne ment jamais, hélas !

En 1906, la féministe Alexandra participe au congrès, à Rome, des femmes italiennes. Elle en rend compte dans *la Dépêche tunisienne* du 31 mai, dans un article remarquable par son alternance de drôlerie et de gravité. La drôlerie d'abord :

> Ce Congrès, c'est une fête. Ses organisatrices ainsi qu'une grande partie des simples congressistes appartiennent à l'aristocratie romaine. Une sorte de remords hante vaguement l'esprit de celles qui s'appellent vulgairement Mme X. tout court. La conscience d'une obscure culpabilité les trouble secrètement ; elles s'accusent — presque — de n'être ni duchesse, ni marquise, pas même vicomtesse ou baronne.

La gravité ensuite :

> Cependant, nous fûmes trois ou quatre à imaginer au milieu de l'enivrement de cette semaine unique, qu'une pensée, non pas féministe, mais très féminine et de large humanité, pouvait s'élever dans l'âme des congressistes et les faires protester contre les atrocités subies par les femmes dans les prisons russes. Rappelant les faits précis : jeunes filles de dix-sept à vingt ans, pendues, violées, torturées comme cette malheureuse dont un officier s'amusa à brûler les seins avec le bout de sa cigarette, nous proposâmes un ordre du jour. D'une modération voulue, il s'exprimait à peu près en ces termes : « Considérant que des femmes, des jeunes filles ont été violées et torturées dans les prisons russes, le Congrès, par solidarité féminine, proteste contre ces actes barbares et déclare que tout prisonnier, quelle que soit la cause de sa détention, a droit à un traitement humain. » Visions trop brutales, trop choquantes que celles-là. L'ordre du jour ne fut pas présenté.

Ces lignes pourraient avoir été écrites aujourd'hui, elles dénonceraient les mêmes crimes commis dans les goulags de Sibérie ou d'Afghanistan, mais, comme hier, au temps des tsars, elles ne seraient pas inscrites à l'ordre du jour comme « trop brutales » ou « trop choquantes ». Louée soit Alexandra d'avoir appartenu à ce petit groupe de congressistes qui a souhaité « un traitement humain » pour tout prisonnier.

C'est peut-être pendant ce séjour romain de 1905, ou pendant celui qu'elle fit au printemps de 1908, qu'elle nouera des liens d'amitié avec un militant socialiste qui s'appelle Benito Mussolini. Liens qui se dénoueront considérablement quand

Mussolini accédera au pouvoir et invitera son amie à assister, dans sa loge, à un défilé fasciste.

Congrès, voyages, Alexandra n'arrête pas une minute. Dans ces folles courses, que fuit-elle donc? Son passé? Elle vient de le retrouver, à Tunis, le 15 janvier 1907, sous les traits d'un ténor, Martel :

> Revu Martel, flânant devant le café du Casino. [...] J'ai eu envie de l'aborder, de parler deux minutes d'Athènes, des anciens camarades... Cela me tentait et m'aurait fait plaisir, mais à quoi bon? Est-ce que tout cela n'est pas enterré, et quel besoin d'apprendre à ce garçon que je suis devenue une bourgeoise de Tunis! Oh! heures joyeuses, heures pénibles, heures vivantes! ah! ma jeunesse!

On ne saurait mieux enterrer sa jeunesse qu'entre deux solides points d'exclamation! Mais qu'il est difficile d'anéantir un passé qui ne demande qu'à ressusciter au moindre geste. Le 24 mai 1907, Alexandra note :

> J'ai donné aujourd'hui à une pauvresse ma sortie de théâtre en peluche rouge. La doublure était faite du domino de satin avec lequel j'avais été avec mon père au bal de la Monnaie. Pauvre vieille nippe. Que de pensées vous avez enveloppées — comme la vieillesse m'est venue subitement. Jusqu'à ce mariage [...] j'ébauchais des plans, soudain toute espérance morte et ligotée dans une sorte de torpeur qui empêche la révolte, j'ai senti que je commençais à mourir et c'est une agonie que je vis maintenant avec, parfois, de brusques sursauts d'horreur... d'épouvante, mes yeux ne voient plus que les choses passées.

En 1907, Alexandra a trente-neuf ans. Elle a peur de ressembler à sa mère qui souffre maintenant de rhumatismes et qui, s'intéressant à l'organisation des dépenses du ménage Néel, s'est attiré cette réponse :

> Moi aussi, je gagne de l'argent, je n'ai pas besoin que l'on me paie mes robes, sauf quand mon mari veut me faire un cadeau, comme je lui en fais moi aussi ; quant aux ménages, chacun de nous met une somme pour y pourvoir.

Entre les 20 000 francs d'héritage qui, judicieusement placés, produisent de petites rentes, et l'argent qu'elle gagne en vendant sa prose — le conseil de José-Maria de Heredia, « ne donnez rien pour rien », a été strictement suivi — Alexandra a atteint, vis-à-vis de son mari, à une certaine indépendance financière. Ce qui ronge le plus la féministe Alexandra, c'est de n'être pas *complètement* 'indépendante. Elle en vient à réclamer, en 1906, ce que certains réformateurs osent seulement réclamer aujourd'hui : la rémunération du travail de la femme au foyer, « est-il juste qu'une femme qui a fait la cuisine, lavé la vaisselle [...] s'en aille les mains vides[1] [...] ». Elle veut aussi, comme le souhaitera plus tard une Virginia Woolf, *Une chambre à soi*, « la case séparée qu'on range selon sa marotte, où l'on reçoit, à l'aise, qui bon vous semble, sans crainte de gêner ou d'ennuyer son compagnon de vie[2] ». Elle veut... que ne veut-elle pas ?

Son « compagnon de vie », à qui s'adressent toutes ses suggestions et réclamations, se demande quelle est cette singulière personnne qu'il a épousée, tellement différente des bonnes bourgeoises de Tunis qui, elles, se contentent de broder ou d'écrire d'inoffensives brochures sur l'art de la dentelle indigène... Alexandra ne craint pas d'exposer ces idées débattues pendant d'interminables discussions conjugales dans un article, « Le mariage, profession pour les femmes », qui paraît en août 1907 dans une revue internationale, *la Société nouvelle*. On y sent transparaître à chaque ligne la propre expérience de son auteur :

> Plus fortes que les chaînes de la passion, qu'un héroïque effort parvient parfois à briser, sont les chaînes obscures et pesantes de la nécessité. Elle ne s'est pas mariée pour aimer, ou pour être aimée, la jeune fiancée, elle s'est mariée pour vivre, et malgré les trahisons, les dégoûts, révoltée, le cœur saignant ou résigné, l'âme morte, elle reste mariée pour vivre. Nous sommes à une période de transition. [...] Demain, le mariage, qui a déjà subi tant de transformations depuis les premiers âges des civilisations, s'établira encore une fois sur de nouvelles bases. En attendant, et pour marcher vers ce but, c'est leur affranchissement économique que les femmes doivent poursuivre. [...] Que les femmes n'omettent rien pour y parvenir : ni les études libérales, ni les études professionnelles, ni les associations, ni les syndicats, ni les mutualités, ni aucune des ressources que peut procurer l'union. Travail, travail acharné, c'est le mot d'ordre qui appellera la victoire.

1. *Journal de voyage*, t. I, p. 38.
2. *Ibid.*, p. 26.

Idées, à l'époque, révolutionnaires qu'Alexandra reprendra et amplifiera, en 1909, dans sa brochure, *Féminisme rationnel*, idées qui ont dû faire frémir d'indignation les oisives bourgeoises de Tunis si elles en ont eu connaissance. Et comme si cela ne suffisait pas, voilà qu'Alexandra s'en va seule, *sans son mari*, et par deux fois, en 1906 et en 1909, dans le Sud tunisien.

De la première randonnée, elle rapporte un court feuilleton, « Devant la face d'Allah »¡ qui paraîtra dans *le Soir*, en février 1909, et dans lequel on retrouve certains thèmes chers à Alexandra comme l'impossible pureté, la fuite, l'exotisme. L'héroïne de ce feuilleton, Louise, une chanteuse, est en butte aux lubriques avances d'un affreux patron de beuglant. Elle en est sauvée, de justesse, et en tout bien, tout honneur, par le comte de Kerhoel qui, chevaleresque, lui propose : « Vous vivrez sous mon toit et on croira que je suis votre amant, qu'importe si je ne le suis pas. »

De la deuxième randonnée, accomplie avec des botanistes distingués, Alexandra de Sévigné ramène un correspondant de choix en la personne de M. Devaux qui est professeur à la faculté des sciences de Bordeaux et qu'elle s'efforce, vainement, de convertir aux beautés du bouddhisme. Elle reprend, par lettres, leurs « entretiens philosophiques du désert » et, le 26 avril 1909, fait cette déclaration de foi.

> Je crois en la supériorité de l'enseignement philosophique du Bouddha sur celui de Jésus. Le Bouddhisme a pris en maître mon cerveau et je ne vis guère que par celui-ci [...].

Déclaration qu'elle amplifie et magnifie dans une autre lettre, le 22 mai, au même M. Devaux :

> Ce qui m'a si fortement attirée dans le Bouddhisme, c'est la sagesse de son attitude qui ne vous expose jamais à souffrir des contradictions que l'on trouve dans l'Évangile et dans l'expérience vécue. Lorsqu'on a lu [...] « soyez à vous-même votre lumière [...] », on est fixé et l'on n'a rien à réclamer. [...] Cela n'a rien à faire avec l'enseignement bouddhique qui est : la loi de causalité, la lutte pour la destruction de la douleur par la destruction de l'ignorance et, comme conséquence, le développement de sa mentalité et la compassion pour les êtres.

Il est à remarquer que le prosélytisme d'Alexandra ne perd pas une occasion de se manifester. Aux libres penseurs, comme au très protestant M. Devaux, elle proclame le « soyez à vous-même votre lumière » dont elle a fait sa règle, son but. A remarquer aussi qu'elle est pleine du sujet de son futur livre, *le Modernisme bouddhiste et le Bouddhisme du Bouddha*[1] qu'elle commencera quelques jours après sa lettre du 22 mai à M. Devaux et dont le passage qui vient d'être cité peut être considéré comme le plan. En effet, Alexandra rédigera cet essai du 11 juin 1909 au 1er août 1910.

Capitale est donc cette lettre du 22 mai à M. Devaux. Elle y affirme avec force la primauté des choses religieuses :

> [...] j'ai considéré les choses religieuses, celles de l'esprit, comme les seules dignes de véritable intérêt, les seules dignes d'être vécues. [...] Le premier fruit de ces colloques mystiques est de vous détacher du monde, de vous placer en dehors de lui. Vu ainsi par un cerveau qui est sorti du tourbillon et a repris une parfaite lucidité de jugement, ce pauvre monde n'apparaît guère brillant. Oh! la nausée, lorsqu'on redescend du Thabor et que l'on retrouve toutes les formes que la société vénère, toute la respectabilité qu'elle honore : la politique, la finance, la famille, le mariage suivant les coutumes bienséantes et tout le reste, la façon de s'acquérir de l'estime, de se faire une situation considérée... Et voici que l'on a désappris le langage de la « bonne société ». On est semblable au Huron du conte de Voltaire. Toute cette honorabilité, ces liens respectables, ces manières honnêtes, tout cela semble, en vérité, honte et abjection. Si l'on est assez pris, si celui que vous appelez l'Ami Divin a su parler assez haut, l'on recule devant la souillure, devant la prostitution d'un cœur qui, maintenant, est son domaine. Et l'on part en paladin... pour décrocher les étoiles.

On a peine à croire que celle qui a composé ces lignes sublimes soit la même qui s'abaisse à reprocher à son mari d'avoir conservé les photos et les lettres d'anciennes favorites. Complexe et fascinante Alexandra, Don Quichotte féminin, qui combat les moulins à vent, les idées reçues et qui veut décrocher les étoiles... et la lune. Et pour les avoir, elle ne ménage aucun effort. En feuilletant ses agendas de 1905 à 1909, on est frappé par l'incessante activité de celle qui se dit souvent sans force et quasiment mourante... Les visites, les thés, les conférences, les allocutions, les excursions dans le désert, les cures à Vichy, les périples à Malte ou ailleurs ne cessent pas. Chaque jour, elle envoie des lettres aux quatre

---

1. Ce livre sera réédité en 1977 par les éditions du Rocher sous le titre *le Bouddhisme du Bouddha et le modernisme bouddhiste.*

coins de l'Europe et de l'Asie. Elle écrit à son mari, quand ils sont séparés, à Jean Haustont, à Rachilde, à son ancien professeur Silvain Lévi pour avoir les adresses des professeurs Sakaki et Ryanon Fujishima, qui enseignent à Kyoto, ainsi qu'à MM. Takakusu et Murakani qui, eux, enseignent à Tokyo. Elle écrit au Swami Maginawama, au directeur de l'École française d'Extrême-Orient à Hanoi, aux plus éminents bouddhistes de Ceylan, et parmi ceux-ci, son ami Dharmapala. A qui n'écrit-elle pas ? Elle tire parti de chacun de ses correspondants, comme le prouve son article « Quelques écrivains bouddhistes contemporains » qui paraît dans *le Mercure de France* du 16 décembre 1909 et dans lequel figure en bonne place son cher Dharmapala. En fin de compte, chaque lettre, chaque article, chaque brochure préparent le grand départ de 1911. Ses *Notes sur la philosophie japonaise* ou son *Idée de solidarité en Chine au Vᵉ siècle avant notre ère* sont autant de cartes de visite, autant de clés qui ouvriront à Alexandra les cercles les plus fermés des lettrés d'Extrême-Orient. Traduits en anglais et publiés dans diverses revues de Londres ou de Madras, ces textes alexandrins assurent à leur auteur une réputation secrète, ignorée du grand public pour qui le Bouddha se limite aux statues du musée Guimet...

Du haut de ses cent un printemps, Alexandra se plaisait à raconter qu'elle avait su courir avant de savoir marcher. Et pourquoi pas ? Cette femme dont l'esprit et le corps sont sans cesse en mouvement ne connaît de répit et de repos que dans le travail, dans l'étude, devant une table chargée de livres. Là, sa puissance de concentration, son extraordinaire résistance physique et intellectuelle accomplissent des prodiges avec lesquels il va falloir désormais compter. Dans le féminisme militant comme dans le bouddhisme également militant, Alexandra Myrial s'est forgé un prénom et un nom qui commencent à faire autorité.

Dans son *Féminisme rationnel* qui, rappelons-le, date de 1909, elle élabore déjà une véritable constitution des droits de la femme, soulignant les aléas des pensions alimentaires, dénonçant les charges et les obstacles imposés par les maternités non désirées, démontrant que le père est un mythe, un homme qui se contente de semer sa graine au hasard, « sans souci aucun de la façon dont elle fructifiera ». Elle charge l'homme de tous les maux dont souffre la femme. Il faut donc s'en débarrasser. La femme doit ignorer l'homme et pour cela... *rester vierge.* Cette virginité à tout prix est décidément une obsession chez Alexandra romancière comme chez Alexandra essayiste :

> Un conseil... si j'avais assez d'autorité pour le faire, il en est un que je voudrais murmurer tout bas, à l'adresse de celles de mes jeunes sœurs de caractère assez trempé pour le suivre et se trouvant dans des conditions sociales leur en laissant la liberté. Celui-ci : « *Restez vierges* » [...]. Restez seules, restez libres et fières.

Alexandra donnera l'exemple. Elle restera seule, libre et fière, mais non vierge. Ou plutôt, elle se refera une virginité, cessant, en 1911, tout rapport physique avec son mari ou avec n'importe quel représentant du sexe masculin. Le seul homme de sa vie qu'elle supportera et condamnera à une chasteté absolue, ce sera son fils adoptif, le lama Yongden, qui avouera, avec une certaine tristesse, à l'un de ses amis de Digne : « Je mourrai vierge, ma mère ne veut pas que je connaisse une femme. »

Alexandra, dans ces années-là, prend refuge dans les austères plaisirs d'une érudition implacable qui est celle du *Féminisme rationnel* comme de son *Idée de solidarité en Chine* ou ses *Notes sur la philosophie japonaise,* ou encore de son *Modernisme bouddhiste et le Bouddhisme du Bouddha* dont la parution, en 1911, coïncidera avec son départ en Asie.

A quarante-trois ans, Alexandra croit avoir dit tout ce qu'elle avait à dire. Elle va chercher l'inspiration dans cette Asie où elle est née une deuxième fois, en 1891, et où elle va naître encore une troisième. Étonnant pouvoir de ce phénix féminin qui renaît de ses cendres pour se hausser jusqu'aux étoiles et à leurs lumières...

Alexandra 1911

La vie la plus belle est celle que l'on passe à se créer soi-même, non à procréer.

Natalie BARNEY.
(Éparpillements.)

Pour Alexandra, la vie commence à quarante-trois ans, la vraie vie, celle qu'elle a toujours voulu mener, de voyages et d'études. Cette vie-là a débuté un an plus tôt, à Londres d'où elle envoie, le 4 septembre 1910, ce bulletin de victoire à Philippe : « J'ai pris le bon chemin, je n'ai plus de temps à donner à la neurasthénie. » Ni à son mari, serait-on tenté d'ajouter, qu'elle voit de moins en moins, entre deux courses folles...

Terminées les nausées de l'âme et du corps, finies les incertitudes et les angoisses, elle rayonne, et même, une fois n'est pas coutume, elle se moque d'elle-même. En arrivant à Londres, elle s'est pesée : soixante-cinq kilos. Soixante-cinq kilos pour ses cent cinquante-six centimètres, et la voilà qui se range, plaisamment, dans la catégorie, des « poids lourds ».

Sa bonne humeur, sa magnanimité s'étendent même jusqu'à Philippe qui vient de se qualifier lui-même de « mari grognon ». Opinion que Mme Néel aurait amplement partagée quelques années plus tôt et qu'elle combat maintenant énergiquement :

> Pour débuter, Mouchy sera grondé, il serait même certainement battu, si je l'avais à ma portée. Que s'avise-t-il de dire que j'ai un mari grognon. Sachez, M. Mouchy, que c'est un vilain mensonge et que je ne permets à personne d'émettre une telle opinion. Mon mari est très gentil et bien préférable à tous ceux que je vois autour de moi. Voilà! Tenez-vous-le pour dit.

Philippe se le tiendra pour dit, trop content de voir sa douce moitié reconnaître enfin ses mérites. Les raisons d'un tel revirement chez Alexandra? D'abord, les séjours qu'elle daigne faire à Tunis sont trop brefs pour provoquer son impatience. Et ensuite, elle a du succès. On l'invite à Edimbourg, on la demande à Bruxelles, on la réclame à Rome, on l'appelle à Paris. Les uns veulent ses conférences, les autres, ses textes. Vertus des petites brochures et des petits articles qui, en s'accumulant, finissent par former un grand fleuve de renommée. Alexandra recueille enfin les fruits de sa ténacité, de son savoir et de son savoir-faire. Elle y goûte, elle y mord à pleines dents, elle ne refuse aucune proposition. Son allégresse s'étend à tout le genre humain, y compris Philippe.

Avec le sentiment du devoir accompli, le 1er août 1910, à 11 heures du soir, elle termine de recopier les 508 feuillets de son *Modernisme bouddhiste et le Bouddhisme du Bouddha* et note :

> De toute cette sagesse remuée, ai-je récolté quelques glanes ? Du sentier que j'ai vu se développer et auquel j'ai foi entière en mon esprit l'attrait vaincra-t-il ? Il faut dire selon le Dharma[1] : Non selon mon désir, non pour mon succès ou la satisfaction

---

1. Dans le sens employé ici par Alexandra : l'enseignement du Bouddha.

de ma vanité, mais pour « le bien, le bonheur, le salut d'un grand nombre ».

Invitée à enseigner à l'université nouvelle de Bruxelles où Élisée Reclus avait professé en 1892, Mme Néel y donne, en octobre et novembre 1910, des cours qui traitent, évidemment, du modernisme bouddhiste et sont ensuite imprimés en opuscules. Quel triomphe pour Alexandra qui, en plus, reçoit pour ses leçons magistrales la jolie somme de 500 francs !... Quand elle n'enseigne pas, elle participe à des meetings et ses interventions sont signalées par les journaux de Paris et de province, par *l'Aurore, l'Humanité, la Petite République* ou le *Journal d'Alsace-Lorraine.* Ce dernier, dans son numéro du 14 mai 1911, rend compte d'une conférence prononcée par Mme Alexandra David[1] à la Sorbonne sur « Le problème d'une morale laïque efficace par les méthodes rationalistes du bouddhisme » :

> Mme Alexandra David, de l'université de Bruxelles où elle est professeur de philosophie orientale, s'est imposé comme mission de faire disparaître la méfiance que l'Occidental conserve pour les religions de l'Orient, pour ce fatalisme qui — croit-on — impose la naissance, la vie et la mort continuelles dans une souffrance.

Quand *le Modernisme bouddhiste et le Bouddhisme du Bouddha* paraît, il remporte un beau, et mérité, succès d'estime. Cela va des échos flatteurs de *la Dépêche tunisienne* aux dithyrambes des revues spécialisées comme *Coenobium* ou de journaux comme *l'Indépendance belge* qui proclame :

> Le but de l'auteur est de nous faire connaître, dans cet ouvrage, le Bouddhisme contemporain, tel que le conçoivent des Bouddhistes cultivés qui rêvent d'une réforme sur l'esprit rationaliste des traditions primitives. [...] La grande connaissance que Mme Alexandra David possède du monde religieux asiatique et les nombreuses relations qu'elle s'y est faites lui ont permis [...] de nous offrir un document vivant sur la mentalité et les conceptions philosophiques de l'Orient.

1. A partir de cette date, Alexandra reprend son nom de jeune fille et abandonne définitivement son pseudonyme de Myrial trop lié à ses succès de chanteuse qu'elle veut effacer de sa vie. Elle ne signe pas Mme Néel parce que, à cette époque et dans son milieu, une femme mariée qui « faisait » du journalisme, ou de la littérature, était complètement déconsidérée. Plus tard, le succès venu, en hommage à son mari, elle ajoutera le nom de Néel à celui de David.

Dans ce concert d'éloges, quelques réserves dont celles du *Bulletin de science des religions* qui reproche à l'auteur

> un parti pris dans l'interprétation qui fait de son ouvrage tout autre chose qu'une œuvre de science impartiale ou de philosophie sereine.

On reproche aussi à Alexandra son « amertume hautaine » et son « aristocratisme méprisant », et on va jusqu'à la traiter de « femme surhomme ».

Devant ces réserves, la « femme surhomme » ne peut que hausser les épaules. Elle sait qu'elle a réussi à inclure dans son livre, et en sept chapitres, le Bouddha, sa vie, sa mort, son éternité, et ses enseignements auxquels les modernistes bouddhistes s'efforcent de rendre leur pureté originelle. Et de conclure superbement son essai par ce paragraphe :

> D'après le mouvement qui se dessine déjà et les conséquences qu'entraînent logiquement les théories qu'ils professent, on peut supposer que les Modernistes bouddhistes seront des hommes d'avant-garde[1].

Devant cette audace, et ce n'est pas la seule contenue dans ce livre, le Pr Silvain Lévi, dans une lettre du 20 juin 1911, déclare à son ancienne élève :

> Vous posez et vous résolvez avec une hardiesse que j'admire, en attendant de l'envier, les problèmes les plus embarrassants.

Encouragée par cet accueil et ce succès, Alexandra comprend que sa voie est toute tracée et qu'elle n'a plus qu'à la suivre, comme elle l'expliquera à son mari :

> Il y a une place très honorable à prendre dans l'orientalisme français, une place plus en vue et plus intéressante que celle de nos spécialistes, confinés dans leur érudition sèche et morte. Cette place, j'ai senti qu'elle venait à moi. Si ma persévérance et mon travail étaient suffisants, je n'aurais qu'à la prendre. J'ai vu — ce ne sont pas des rêves — la cohue se pressant à mes conférences à Paris, l'auditoire nombreux que j'ai réuni à Bruxelles, et j'ai vu, dans le salon de S. Lévi des hommes déserter le cercle où l'on dissertait savamment pour venir autour de moi parler de philosophie hindoue vivante[2] [...].

Alexandra a conscience d'incarner en sa personne, non

---

1. *Le Bouddhisme du Bouddha*, éd. du Rocher, p. 254.
2. *Journal de voyage*, t. I, p. 57.

seulement la « philosophie hindoue vivante » mais le bouddhisme militant qu'elle a d'ailleurs représenté très officiellement au Congrès de la libre pensée qui s'est tenu à Bruxelles
en août 1910. Elle y a lu une déclaration écrite par le secrétaire général de la Maha Bodhi Society qui n'est autre que
son ami Dharmapala. Le 1er janvier 1911, sur son agenda,
Alexandra note l'adresse de cette société, 33, Cross Street,
Pettah, Colombo, à Ceylan où elle abordera dans quelques
mois. Toujours sur cette première page, une autre note :
« Commencé l'année dans une réunion de méditation philosophique chez les Richard. »

Ce n'est pas la première fois que ce nom apparaît dans les
agendas d'Alexandra. « Les » Richard, c'est surtout
Mme Richard, Mira Alfassa dont elle évoquera trop briève-
ment la figure dans *l'Inde où j'ai vécu :*

> [...] je garde le meilleur souvenir de soirées passées avec elle,
> dans le pavillon qu'elle occupait rue du Val-de-Grâce à Paris et
> de promenades faites ensemble au bois de Boulogne. Ni elle,
> ni moi, n'aurions pu imaginer, à cette époque, le rôle qu'elle
> tient aujourd'hui.

En effet, Mme Richard, Mira Alfassa, rejoindra en 1920, à
Pondichéry, un maître indien, Aurobindo Gosh qui se fera
connaître sous le nom de Sri Aurobindo et fondera l'ashram
qui porte son nom. Dans cet ashram, Mira, « femme distin-
guée, une intellectuelle à tendance mystique, d'origine levan-
tine et d'éducation française » deviendra la Mère, une Mère
très vénérée encore de nos jours.

On peut rêver sur ce premier jour de 1911, sur ce tête-à-tête
entre la future Mère de l'ashram d'Aurobindo et la future
Amazone des Hymalayas. La Mère mourra en 1973, à l'âge de
quatre-vingt-seize ans, peu après la disparition, en 1969,
d'Alexandra qui, elle, était aux veilles de son cent unième
anniversaire. L'orientalisme pourrait-il être considéré
comme un garant de longévité ? En tout cas, visiblement, et
en ne prenant que l'exemple de ces deux femmes, il conserve.
Mais, pour Alexandra, cela n'a rien d'étonnant : n'a-t-elle pas
commencé à vivre vraiment, seulement, à quarante-trois ans,
le 9 août 1911, jour de son grand départ ? A ce compte-là, il
ne faut plus s'étonner de la persistante jeunesse de la centenaire de Digne...

Le grand départ

Je décidai de partir [...]. Je savais que j'abandonnais pour toujours ma maison et mes gens.

Livia SERPIERI
(dans le film de Luchino Visconti, *Senso*).

Un grand départ, cela ne s'improvise pas. Alexandra, experte en voyages, ne l'ignore pas et s'y prépare depuis des mois et, principalement, pendant son dernier séjour à Londres, à l'automne 1910, pendant lequel elle n'a pas cessé de fréquenter des hindous savants ou des érudits anglais, comme l'éminent orientaliste, Mr. Rhys Davids, ou Mrs. Mabel Bode qui, à l'université de Londres, enseigne le pali, la langue sacrée des bouddhistes du Sud — c'est en pali

171

que le *Dhammapada* a été composé. Enfin, test suprême de son aptitude au grand départ en Asie, elle s'est rendu compte, dans les salons de la Société théosophique comme dans ceux de la Société bouddhiste, qu'elle parle, comprend, lit et écrit l'anglais à la perfection. Dès lors, les mois de cette année 1911 se succèdent, rapides, ponctués de déjeuners avec les Richard, de thés chez Mme Silvain Lévi et de dîners avec Mme veuve Élisée Reclus. On notera, au passage, la fidélité d'Alexandra à ses amis. Et c'est chez les Richard, le 3 février, qu'elle a une très curieuse vision de sa vie :

> Le soir, chez les Richard, étrange et involontaire vision de ma vie en commençant par la maison de Saint-Mandé — long arrêt au Couvent — [...] Marseille l'emporte avec la notion retour du Tonkin. Paris, rue Nicolo, puis le dernier jour passé là. Tunis comme à ma première arrivée. [...] Dans le jardin des fils lumineux qui sont issus de mon corps s'arrêtent dans la haie, vains efforts. [...] Difficulté à entrer. Tahard[1] ouvre : une petite hache tenue par une main invisible coupe une chose invisible, la marche a une tâche de sang. J'entre, un grand être sombre dans le patio m'empêche d'aller au salon, ma chambre, une ombre se couche dans le moucharabieh. Mouchy très indistinct dans son lit, couchée avec lui, une forme lumineuse très pâle de clarté blanche, une espèce de femme sans matérialité ? Retour au salon[...].

Alexandra se contente de rapporter cette vision, ce rêve éveillé, ces fils lumineux, ces clartés, cette hache, ce retour dans une maison qu'elle s'apprête à quitter pour toujours, sans faire aucun commentaire. (On constatera que, même dans ses songes, la lumière est présente...) Elle avait déjà esquissé, en mai 1909, et de façon prémonitoire, ce que serait sa situation en ce printemps 1911 :

> Parfois, après que, dans le bourbier rencontré à la place d'astres étincelants, on s'est suffisamment barbouillé pour pouvoir reprendre place dans le monde et y faire figure honorable : avec la considération humaine, la satisfaction d'un estomac bien soigné, le farniente, les loisirs propices aux méditations, les bibliothèques où l'on peut réunir les doctes philosophes et les pieux apôtres de l'idéal, avec la sérénité que donne la quiétude matérielle, les dieux, les divins amis reviennent en visiteurs. Ils frappent à la porte, la forcent parfois, allument leurs cassolettes et embaument le logis de l'encens d'antan... Faut-il mettre un double verrou à la porte ou les lais-

---

1. L'un des domestiques des Néel.

ser entrer, savourer les parfums, applaudir aux musiques... et hausser les épaules.

Pour le grand départ, les dieux ont frappé, Alexandra n'a pas haussé les épaules et elle a répondu à l'appel de ses célestes amis d'Asie. Et comme l'on voit parfois une femme mariée abandonner son époux, sa maison, ses enfants, ses habitudes pour suivre un amant, Alexandra abandonne tout cela pour suivre des amants qui se nomment Ceylan, l'Inde et qui se nommeront le Sikkim, le Népal, le Tibet. Elle est amoureuse de ces pays comme on l'est de créatures humaines. Et pour cet amour-là, elle renonce aux petits mondes de Tunis, de Paris, de Londres et de Bruxelles où elle faisait bonne figure. Elle renonce à la considération dont elle jouit enfin, et si durement acquise, aux prix d'innombrables heures d'un travail forcené ! Ce n'est pas du jour au lendemain qu'Alexandra David orientaliste a fait oublier Alexandra Myrial, chanteuse ! Elle renonce à la satisfaction d'un estomac bien rempli, aux loisirs, à ses chers compagnons, les livres. Elle renonce à la tranquillité, à la sécurité matérielle. Elle renonce à tout cela, imitant l'exemple des moines bouddhistes cinghalais, les *bikkhous* (au féminin, *bikkhouni*) ou des ascètes hindous, les *sannyasi* (au féminin, *sannyasini*) ou les *shadous* (dont le féminin *sadhvi* n'est guère employé que dans le sens de « femme au foyer », ce qui n'est pas précisément le cas d'Alexandra...). Elle pourrait prétendre aux titres de *bikkhouni* ou de *sannyasini*. Cette Madame Renoncement pourrait se faire appeler par ses porteurs et ses serviteurs *Bikkhou Mem Saheb*, autrement dit « Madame Européenne Moinesse Mendiante ». Car elle renoncera à tout, sauf à la typique habitude d'une dame du XIXᵉ siècle : être servie. Dans ses pires moments de dénuement, Alexandra aura toujours quelqu'un à ses côtés pour accomplir les travaux domestiques. Elle a donc renoncé à tout, y compris et surtout à Philippe. Et cela, le jour même de son mariage, le 4 août 1904, comme elle le précisera dans une lettre du 3 avril 1916 :

> Je n'ai guère de respect pour le mariage civil. [...] Je ne me suis jamais sentie femme mariée, bien que tu sois le plus charmant des maris. J'aime beaucoup mieux te voir comme grand ami cher.

On ne sait pas ce que le « grand ami cher » pense du départ de sa femme. En éprouve-t-il du chagrin ? Du soulagement ? Selon le témoignage de sa nièce Lucy, Philippe, en parfait gentleman, ne prononcera aucun mot de blâme contre cet abandon. Il se contentera de dire, en parlant d'Alexandra, « ma femme qui aimait beaucoup les voyages et qui a beaucoup voyagé ». Il apprendra, peu à peu, difficilement, à renoncer à cette conjugale vie bourgeoise à laquelle il aspirait tant. A quoi servirait de se lamenter, de s'inquiéter ou d'interdire ? Ce nouveau départ de son épouse, en août 1911, ressemble aux autres départs. Dans quelques mois, Alexandra sera de retour, Philippe en est certain.

Selon la coutume acquise pendant les fugues de sa jeunesse, Alexandra emporte autant d'argent qu'elle peut. Quand cet argent sera dépensé, elle rentrera. Ou elle avisera. Elle a réuni ses économies et reçu du ministère de l'Instruction publique une somme correspondant à un ordre de mission des plus vagues et qui lui laisse toute sa liberté d'action.

Quand, le 9 août, à 10 heures du soir, Alexandra s'embarque sur la *Ville de Naples*, Philippe ne peut pas imaginer un seul instant qu'il ne reverra son épouse qu'en janvier 1925. Il aurait pu s'en douter s'il avait su qu'Alexandra emportait dans ses bagages l'écharpe offerte à Bénarès par Bashkarananda, l'écharpe orange des renonçants... Mais M. Néel n'intervient plus guère dans les affaires de sa femme, et surtout pas dans la préparation de ses bagages.

Quand le 9 août, après avoir longuement regardé la silhouette de Philippe debout sur le quai s'effacer dans la nuit, Alexandra regagne sa cabine, elle s'y évanouit. Évanouissement qu'elle notera dans son agenda, sans l'accompagner d'aucun commentaire, et que chacun est libre d'interpréter à sa façon.

Le vendredi 11, Mme Néel arrive à Marseille à 11 heures du matin. Elle fait d'ultimes courses et monte à bord du navire japonais, le *Mishima Maru*, le dimanche 13. Un 13 qui n'impressionne guère Alexandra, peu encline à ce genre de superstitions...

Port-Saïd, canal de Suez, « magnifique coup d'œil de la couleur des sables jaunes, des montagnes rouges et de la mer bleue », océan Indien, elle refait les trajets accomplis en 1891, puis en 1895, et reprend la même habitude de passer ses nuits sur le pont à contempler « l'enchantement de la nuit étoilée ».

Le lundi 28 août, elle aperçoit le phare de l'archipel des Maldives. Et le mercredi 30, elle débarque à Colombo, prête à succomber à tous les effets de la féerie cinghalaise et qui seront tels qu'elle en oubliera, en ce deuxième séjour, de noter le « Ripolin », inchangé, des Bouddhas.

Ceylan au clair de lune

> *Devant le balcon, les palmes se berçaient avec de doux gestes d'enchantement, et par les baies ouvertes entrait l'âme païenne de Ceylan la parfumée.*
>
> Myriam HARRY.
> *(L'Ile de Volupté.)*

En sa quarante-troisième année, Alexandra n'avait pas le choix : ou pourrir, ou partir. Ou pourrir sur place, ou partir vers ces pays où naît la lumière... Elle a choisi de partir et quand elle débarque à Colombo, elle a, dans l'excellent accueil qu'elle reçoit, la preuve qu'elle a fait le bon choix. Les journaux locaux de langue anglaise consacrent à cet événement plusieurs colonnes de leur numéro du 4 septembre 1911, sous le titre invariable, de « Réception publique de

Mme Alexandra David au Maha Bodi College ». On y lit les mêmes comptes rendus, la même liste des personnalités, du Vénérable Nannisara au non moins Vénérable Mudaliyar Gunawardane, sans oublier Simon de Silva, Miss Ada Rajapakse, Lewis Wijeyewardene ou M. Kurupu. Les discours de bienvenue célébrant la carrière et les vertus d'orientaliste de Mme David, et sa connaissance du pali suffisante pour avoir accès directement aux textes sacrés, y sont reproduits intégralement ainsi que la réponse de Mme David qui débute par le classique : « La première chose que je dois faire est de vous remercier pour la chaleur et la sympathie de votre accueil. »

De longs, d'intenses applaudissements, également signalés par les journaux, saluent la fin du discours alexandrin. Une seule ombre au tableau de ce retour triomphal qui a provoqué une affluence de Vénérables cinghalais et d'élégantes cinghalaises : Dharmapala n'est pas là. Il a eu un accident, sans gravité, dont il va rapidement se remettre pour accompagner son amie dans sa visite de l'île.

Si Mme Néel, pendant son premier séjour, n'avait vu que Colombo et ses alentours, elle est fermement décidée, pendant le deuxième, à ne rien ignorer et suivra l'itinéraire classique qui est encore celui que les agences de voyages proposent aujourd'hui à leurs clients et que l'on peut suivre, jour après jour, dans l'agenda d'Alexandra : Anuradhapura et son Arbre-Bô, Kandy et les jardins de Peradenyia, la baignade des éléphants, les plantations de thé dans les montagnes, Mihintale, et la fameuse montée au pic d'Adam.

A chaque halte, Alexandra est reçue, fêtée et note « une foule de gens accourus pour me voir ». Mais cette travailleuse acharnée n'en arrête pas pour autant ses études. A Dodanduwa, elle perfectionne ses connaissances en pali avec, pour professeur, un ami, Nyanatiloka. Elle préside là un meeting organisé par la Société bouddhiste théosophique. Ensuite, elle fait alterner les leçons de pali et les séances de photo.

A l'attirail qui ne quitte jamais Alexandra en voyage, à savoir son tub en zinc, son *Dhammapada*, ses cahiers, son encrier, ses porte-plume, vient s'ajouter un appareil photographique. Avec le sérieux qu'elle apporte dans tout ce qu'elle entreprend, Mme Néel cessera vite d'être un amateur pour devenir une professionnelle de la photo, un véritable reporter photographe, dont les œuvres sont souvent fort belles[1].

Les leçons de pali et les séances de photo n'entravent en rien son voyage à travers Ceylan qu'Alexandra poursuit allégrement, faisant de longues marches et pratiquant un exercice en honneur chez les moines mendiants, les *bikkhous* :

> En faisant un pas ils pensent : « L'esprit et le corps naissent » et, au pas suivant : « Ils ont disparu. » Et ainsi de suite. Souvent la formule est murmurée, soit en pali, soit dans le langage local, pour mieux retenir l'attention. Le but de la pratique est également d'imprimer dans l'esprit le fait de l'impermanence universelle, du changement et du devenir continuels[2].

Et comme si cet exercice à la fois physique et mental ne suffisait pas, le clair de lune est là pour rappeler que toute chose est éphémère, transitoire et ne dure que l'espace d'une nuit... Le 7 septembre 1911, c'est la pleine lune qu'Alexandra, dans son *Modernisme bouddhiste*, a signalé comme « une sorte de grand dimanche mensuel pour les bouddhistes » et que Myriam Harry, qu'elle a rencontrée chez Rachilde, a parfaitement décrit dans son roman, *l'Île de Volupté*, paru en 1908 chez Arthème Fayard et dans lequel, on voyait, entre autres, « des jeunes filles effarouchées qui suspendaient, la poitrine nue et des fleurs dans les cheveux, des fruits à un arbre sacré ».

C'est la poitrine couverte, et sans fleurs dans les cheveux, que Mme Néel fera ses offrandes à l'arbre sacré de Ceylan, l'Arbre-Bô, qui provient d'un surgeon de l'Arbre sous lequel le Bouddha reçut son illumination et que l'on peut admirer à Anuradhapura. Inoubliable cette rencontre entre l'amoureuse des arbres et leur roi, et qui coïncide, chance inouïe, avec la pleine lune du 7 septembre. Elle y retournera, le lendemain, seule. « Le soir, été seule de six à huit, regarder les fidèles autour de l'Arbre-Bô », souligne-t-elle dans son agenda. Pendant ces deux heures de méditation solitaire face à l'arbre sacré, Alexandra s'est peut-être souvenue des paroles qu'elle avait dites, enfant, à son père : « Cet arbre est tellement beau qu'il pourrait être Dieu. » Et elle est là, face à

---

1. On a pu en voir récemment un échantillon avec l'album, *le Tibet d'Alexandra David-Néel*, Plon.
2. *Initiations lamaïques* d'Alexandra David-Néel, éditions Adyar, p. 135.

l'Arbre-Dieu. De ce tête-à-tête, elle gardera un feuillet intitulé, *Leaves from the Bô-Tree (Feuilles de l'Arbre-Bô)* où sont imprimées les strophes d'un cantique à la gloire de l'Arbre, comme il y en a, à Lourdes, à la gloire de la Sainte Vierge. Dans la dernière strophe, on peut lire :

> [...] celui qui a goûté la douceur de la solitude et de la tranquillité est libre de toute peur et de tout péché [...], oui, il faut suivre le Sage, l'Intelligent, le Savant, Celui qui sait endurer, Celui qui sait douter, l'Élu.

Alexandra n'oubliera pas ces paroles de l'Arbre et conservera cette feuille dans les tiroirs de Samten Dzong. Elle en aura suivi les enseignements et sera alors devenue, en ce même Samten Dzong, celle qui sait endurer et qui sait douter, une Élue.

Les voluptés végétales et lunaires ne font pas perdre à Alexandra son sens aigu de l'observation. Sa visite de Ceylan se change en tournée d'inspection. Du haut de son *rickshaw*, et de son intransigeance, elle distribue les bonnes et les mauvaises notes, soigneusement inscrites dans son agenda. Elle trouve le monastère de Dodanduwa « très bien tenu et confortable » alors que dans le temple de Galle, « la maison des images est très mal tenue » et que le désordre règne dans les autres pièces. C'est qu'Alexandra s'apprête à faire le ménage, au propre comme au figuré, dans le bouddhisme. Avec le zèle des néophytes, elle veut dénoncer les superstitions, briser les idoles et retourner à la tradition la plus pure et à la plus intellectuelle, aux préceptes remis à l'honneur par les modernistes. Ce qui n'ira pas sans provoquer quelques dégâts, comme on le verra, plus tard, au Sikkim...

Alexandrine David qui se serait réjouie de telles aptitudes ménagères doit se contenter d'une banale carte postale au texte laconique, « très beau temps en mer pour venir ici et beau temps aussi depuis un mois que je suis arrivée ». Philippe est plus gâté et commence à recevoir ces merveilleuses lettres qui composeront le *Journal de voyage*. Comme le mot de muse n'existe pas au masculin, il faut se résigner à décerner à Philippe le titre d'inspirateur puisque c'est pour son époux qu'Alexandra écrira ces pages qui forment le meilleur de son œuvre.

Pendant son séjour à Ceylan, l'enthousiasme d'Alexandra pour les monuments et les beautés de l'île ne faiblit pas. Elle est reçue comme une reine, elle se croit la reine de ces *bikkhous* qui ressemblent tous à celui qu'elle a évoqué dans son *Modernisme bouddhiste* :

> Il n'a ni maison, ni bien, ni meubles; il mène une vie errante, sauf pendant la saison des pluies, pendant laquelle il doit avoir un séjour fixe.

Telle est, en cet automne 1911, Alexandra, sans maison, ni biens, errante. Et voilà justement que les pluies arrivent. Le temps se gâte, ce qui n'empêche pas l'humeur alexandrine de rester exceptionnellement au beau fixe. Elle retourne à Colombo « sous des torrents d'eau, par un déluge ». Elle assiste là à quelques meetings, préside quelques dîners donnés en son honneur, fait une lecture au Royal College, puis elle cède à la loi du vagabondage tant exaltée par Max Stirner et par les *bikkhous* : elle quitte Ceylan pour l'Inde où elle arrive le 16 novembre 1911.

La robe ocre de Calcutta
(janvier-mars 1912)

> *[...] Calcutta est une énorme ville tranchée en deux parts. Le côté européen est seul habitable. La ville indigène n'est que pestilence. Les habitants n'ont pas le caractère aimable des Cinghalais. Nous ne sommes plus en terre bouddhiste, cela se sent vite.*
>
> (Alexandra David-Néel à son époux
> le 9 janvier 1912.)

> *Les moines bouddhistes [...] qui ont revêtu la robe jaune font, du moins théoriquement, partie de la communauté universelle. La « robe jaune » affecte nombre de formes et emprunte des teintes très variées.*
>
> Alexandra DAVID-NÉEL
> (Le Bouddhisme du Bouddha.)

Comme en 1891, la traversée de Colombo à Tuticorin s'avère, en 1911, houleuse mais supportable. Pas d'apocalypse, pas de rats, pas de hurlements, simplement du vent et de la pluie qui entravent l'avance du navire. Et au matin du vendredi 16 novembre, Alexandra se retrouve aussi fraîche et dispose qu'en 1891. Immuable, elle semble le contraire de cette impermanence tant dénoncée par les bouddhistes... Ce qui a changé, c'est son Inde, l'Inde de sa jeunesse. Une terrasse où elle avait passé une soirée sous les étoiles, « dans la première griserie du parfum de l'Inde », a disparu sous des constructions nouvelles. « La terre ne sera bientôt plus qu'une vaste usine », prophétise alors Alexandra. Que dirait-elle aujourd'hui ?

Heureusement les dieux du voyage qui accompagnent toujours Mme Néel n'abandonnent pas leur favorite et dans le train qui la conduit de Trichinopoli à Pondichéry, elle rencontre l'Inde éternelle sous les traits d'un brahmane avec qui elle se met à discuter, sans perdre une minute, philosophie et *Bhagavad Gita*. La discussion se poursuit à Madurai où le brahmane invite Alexandra à faire halte. Elle accepte et retrouve le temple de Minakshi où règne une « extraordinaire atmosphère psychique » que l'on ne peut oublier quand on l'a ressentie une fois :

> Tout un monde d'idées, de perceptions insolites y sollicitaient impérieusement l'attention ; il en émanait de la terreur, et par-delà celle-ci, une sorte de béatitude narquoise indicible qui ensorcelait. Je subissais le charme, je le savourais sans pourtant laisser entamer ma lucidité ; plus d'un étranger a perdu la sienne au contact de la magie de l'Inde,

écrira-t-elle dans *l'Inde où j'ai vécu*[1]. Ces fous et ces folles de l'Inde, Alexandra ne va tarder à en rencontrer qui enrichiront sa collection d'originaux et d'extravagantes.

Après cet intermède imprévu de Madurai, la voyageuse arrive à Madras où elle rencontre l'un de ses fidèles correspondants, le Pr Lakshmi Narasu qui a fait ses études dans les universités d'Angleterre. Ce grand érudit qui lit les auteurs grecs, latins, anglais, français, allemands, sans avoir recours à des traductions, est l'auteur d'un livre, *l'Essence du bouddhisme*, dans lequel il affirme :

> L'esprit du bouddhisme est essentiellement socialiste, c'est-à-dire qu'il enseigne l'union d'actions combinées en vue d'une fin sociale. Il est totalement opposé à cet industrialisme avec sa lutte sans rémission, sans scrupule et sans pitié pour la richesse considérée comme l'objet suprême de l'effort humain, qui ronge les nations soi-disant à la tête du progrès... L'accumulation du capital entre les mains d'un petit nombre ne peut avoir aucune justification morale.

1. Plon, p. 44.

Alexandra, dans son *Pour la vie*, écrivait exactement les mêmes choses. On est donc entre âmes sœurs, entre bouddhistes modernistes et socialisants. Hélas, l'éminent Narasu a une épouse que le *Dhammapada* n'empêche pas de dormir, ni les soins qu'elle apporte mollement au ménage. Vite exaspérée par tant de mollesse, et tant de saleté, Alexandra se réfugie à Adyar, au quartier général de la Société théosophique. De là, elle fait un saut à Pondichéry pour s'entretenir avec l'ami de ses amis Richard, Aurobindo Gosh, qu'elle qualifiera de « mystique raisonnable ». C'est le plus bel épithète que puisse décerner Alexandra qui, elle aussi, aspire à être une mystique suffisamment raisonnable pour se rendre compte de l'immensité de la tâche qui l'attend et du temps qui passe trop vite. Le 4 décembre 1911, elle écrit à son mari :

> Le temps s'écoule avec une rapidité excessive, il y a bien longtemps que je suis partie de Tunis et que de choses il me reste à faire. L'Orient est le pays de la lenteur, et, d'ailleurs les gens que je vois me chargent généralement, au départ, de brochures et de livres à lire sur la question qui a motivé ma visite, il faut parcourir tout cela pour pouvoir ensuite poser les questions nécessaires, demander les explications utiles qu'il me paraît impossible de me procurer une fois rentrée. L'hindouisme et ses doctrines sont chose compliquée à l'excès et il me paraît que les commentateurs contemporains sont — pour un grand nombre — plus obscurs et diffus que les textes antiques. Il va me pousser des cheveux gris à tirer de tout cela quelque chose de clair, de net, qui soit présentable à des lecteurs français.

Alexandra ne croit pas si bien dire, elle aura acquis, en même temps que de précieuses connaissances, des cheveux blancs ! En prévision de cette vieillesse qu'elle espère active et fructueuse, et qui le sera, elle entasse livres rares et documents irremplaçables, selon sa méthode de voyageuse savante et prévoyante. Chaque livre, chaque document est apporté par un, deux, parfois trois brahmanes désireux de connaître cette *Memsahib* qui ne ressemble en rien aux dames anglaises débordantes de morgue. Cette « Madame » française ne ménage pas ses marques de respect et d'intérêt.

Un jour, trois brahmanes font irruption dans l'appartement vaguement Louis XVI qu'Alexandra occupe à la Société théosophique d'Adyar. Ils viennent proposer à Mme Néel d'embrasser l'état de *sannyasi*, de tout rejeter, y compris ses vêtements, pour vivre nue, telle une *yoghini* et atteindre ainsi à la libération suprême. A cette proposition, Alexandra répond par l'éclat de rire de Manon, une Manon qui aurait lu Voltaire et qui repousse la possibilité d'un tel avatar. Pendant trois heures, les trois vishnouites essaieront vainement, à force d'arguments tirés du *Vedanta* de convertir Alexandra qui, pendant cet entretien, n'aura pas perdu son temps. Elle en tire l'idée d'un livre sur le *Vedanta*, « un *Vedanta* vivant et vécu ». Oui, mais vécu sans que sa pudeur en soit offensée par une totale nudité. On a beau être orientaliste, on n'en reste pas moins une dame qui cache ses cheveux sous un chapeau et ses mains sous des gants...

Alexandra quitte Adyar pour Calcutta où elle arrive le 2 janvier au matin. Elle est très aimablement reçue par des amis de Dharmapala, de riches bengalis qui, malheureusement, habitent « un quartier dégoûtant » et une maison aussi sale que celle de Mme Narasu :

> Cela ne les gêne pas : les femmes ne vont même pas dans leur jardin et ne sortent qu'en voiture hermétiquement close, [...] les hommes vont à leur bureau en voiture aussi et d'ailleurs ils sont du pays et accoutumés à ses odeurs et à sa crasse. Leurs domestiques sont répugnants.

On sent monter l'agacement d'Alexandra face à l'immense crasse séculaire de l'Inde qui provoque alors à Calcutta de fréquentes épidémies de choléra. Mme Néel quitte les amis bengalis de Dharmapala et s'en va dans le quartier résidentiel où elle prend pension chez Mrs. Walters qui dispense le thé, les toasts et la marmelade d'orange. Il était temps de revenir à la civilisation et à sa cuisine. Alexandra souffre d'une crise d'entérocolite provoquée par l'enfer culinaire hindou qu'elle absorbe, stoïque, depuis quelques mois :

> Les doses réitérées de piment que ces braves naturels me prodiguaient n'ont pas manqué leur effet. [...] J'ai, naturellement, supprimé tout curry pour l'instant, je ne mange pas de viande — ceci du reste depuis mon départ de Tunis, je prends du poisson, des œufs, des légumes.

Cette absence de viande dans son régime n'est pas seulement motivée par des raisons d'hygiène, mais par ses convictions de stricte bouddhiste observant l'un des préceptes qui interdit d'absorber une viande provenant d'une bête que l'on n'a pas tuée soi-même.

Mais qu'importe les piments, la crasse, la diarrhée ? A Calcutta, Alexandra n'arrête pas de rencontrer des shadous plus savants les uns que les autres. Dans un état de puissante exaltation, elle passe ses après-midi et ses soirs en leur compagnie, sur les bords du Gange. A la nuit tombante, elle revient au quartier résidentiel se plier aux usages du monde et se mettre en grand décolleté. A la pension de Mrs. Walters, on s'habille pour dîner, robes du soir pour les femmes et frac pour les hommes. Ce qui vaut à Philippe cette très curieuse réflexion de son épouse :

> Le soir au dîner je vais m'asseoir seule à ma petite table, je songe, en regardant les gentlemen avec leur ladies, que moi aussi j'ai un gentleman qui serait très joli dans son frac et que je voudrais bien l'avoir assis en face de moi... J'ai même pensé autre chose... Décidément l'air de Calcutta est une atmosphère de perdition.

Alexandra serait-elle une fétichiste du frac comme d'autres le sont de la salopette en cuir ou du costume trois pièces en velours côtelé noir ? En tout cas, comme elle s'entend bien, comme elle s'amuse avec Philippe quand il n'est plus là !

A Calcutta, de même qu'à Colombo, Alexandra est traitée par les universitaires locaux, « comme une petite altesse ». Sa visite à l'université est annoncée et commentée par les journaux. Un poète improvise des vers dans lesquels Alexandra est comparée à Saraswati, la déesse du savoir. Partout, elle reçoit un accueil empressé, et l'on assiste à la naissance de sa renommée d'orientaliste qui, des bords du Gange parviendra jusqu'aux sommets des Hymalayas. Il est vrai que, pour l'époque et dans cette Inde rigoureusement anglaise, une Européenne qui fraye avec les indigènes, étudie leurs textes sacrés et se pare de l'écharpe orange des renonçants, c'est un phénomène jamais vu.

Trop fine pour fronder, ou bouder, ces Anglais dont elle a besoin puisqu'ils sont les maîtres absolus du pays, Alexandra ne refuse aucune de leurs invitations. Elle se prête aux mondanités anglaises, comme aux mondanités hindoues, avec une égale bonne grâce. Et cela, malgré les problèmes que pose la rareté des toilettes dont elle dispose :

> J'ai, tu vas rire, transformé une fois de plus mon éternelle robe de crêpe de Chine pour pouvoir en faire une robe décolletée. J'ai horreur de cette façon de montrer sa « viande » mais ce serait une grande impolitesse à faire à une Anglaise de la condition sociale de Mrs. Woodroffe que d'aller chez elle le soir, en robe montante.

Son époux, Mr. Woodroffe, est juge de la Haute Cour, un homme étrange qu'Alexandra présente ainsi à Philippe,

> [...] porté à l'occultisme, il est un fervent des écritures tantriques. [...] Il est de ceux qui au Moyen Age auraient donné dans la sorcellerie et, du reste, il y croit. Il serait curieux de le faire parler, mais il est terriblement fermé.

Rien ne résiste à Alexandra qui réussit à faire parler le juge au-delà de ses espérances, et qui se retrouve entraînée par lui dans une cérémonie tantrique suffisamment impressionnante pour y consacrer six pages de son *Inde où j'ai vécu*[1]. Quant à Mrs. Woodroffe, elle ne manque pas non plus d'originalité :

> Les bonnes langues m'ont déjà appris que Mrs. Woodroffe était une simple maîtresse de piano, venue pour enseigner dans un grand pensionnat de Calcutta, qui avait eu la chance de voir Mr. Woodroffe s'éprendre d'elle et l'épouser, la faisant riche et grande dame présentée aux souverains anglais. Elle est, du reste, tout à fait charmante et jolie, le monsieur n'est pas à plaindre.

Voilà qui n'est pas banal et qui a dû faire sourire Philippe qui n'a pu s'empêcher de constater la similitude de destin entre son épouse, ex-chanteuse, et Mrs. Woodroffe, ex-pianiste, et d'envier aussi ce Woodroffe capable de retenir à ses côtés sa « charmante et jolie » moitié...

Aux réceptions des Woodroffe, comme aux *parties* données par les Homwood, Alexandra se fera les plus précieuses relations.

M. Homwood qui est juge à la Cour de cassation, et Mme, sont tous deux

> d'une obligeance inlassable. Grâce à eux mille portes se sont ouvertes pour moi, ici, et ils songent à me préparer, de même,

1. Plon, pp. 181-187.

les voies dans le Sikkim, en faisant mettre à ma disposition celui qu'ils appellent le superintendant des Tibétains, c'est-à-dire une sorte de « contrôleur civil », dirait-on chez nous, de la colonie tibétaine du Sikkim. Un parent de Mrs. Woodroffe est aussi magistrat de la région et l'autre dame chez qui j'ai lunché tout à l'heure va m'adresser à un autre personnage officiel ami de son mari. Le vice-roi m'a aussi fait demander quelles introductions je souhaitais pour mon voyage dans l'Inde du Nord.

On se demande comment Philippe oserait s'opposer à ce voyage qui a reçu la bénédiction du vice-roi. M. Néel doit se rendre à l'évidence : la soif de vagabondage de son épouse est inextinguible. Alexandra qui n'a pas perdu son temps à Calcutta, se voit déjà à Darjeeling, et de là, elle songe à « pousser » jusqu'à Lhassa : « Après tout, Lhassa n'est qu'à cinq cents kilomètres de Darjeeling. » Philippe ne doit pas en croire ses yeux qui viennent de lire cette petite phrase où le thème de Lhassa apparaît pour la première fois, le 12 février 1912.

Ces très utiles mondanités anglaises terminées, Alexandra pousse un soupir de soulagement et s'en va rejoindre ses amis, les shadous, sur les bords du Gange. Elle assiste aux cérémonies commémorant la mort de Vivekananda, ce sage qui inspira à Romain Rolland sa *Vie de Vivekananda et l'Évangile universel*. Elle y est la seule Européenne, et la seule femme, admise. Elle visite une école de veuves hindoues dirigée par une Américaine, elle écoute des concerts de musiques hindoue et française, des *ragas* et du Saint-Saëns. Elle assiste à une conférence d'Annie Besant, puis au vernissage des œuvres de Tagore. Le poète peint des « visions de cauchemar ». Et pour se remettre des toiles infernales de Tagore, elle goûte aux splendeurs d'un mariage parsi. Elle court les temples, les salons et rencontre tellement de gens qu'elle finit par avouer à Philippe :

> Que de gens défilent devant moi, mon bien cher Mouton ! Que de paysages psychiques ! Que d'agitations chez les êtres ! Quelle procession de fourmis affairées, non seulement dans leurs gestes, mais agitées et bouillonnantes jusqu'au tréfonds de leur être... Folie...

Pour se préserver de cette agitation et de cette folie, Alexandra a revêtu la robe ocre des renonçants, qu'elle agrémente coquettement de l'écharpe orange offerte par Bashkarananda. C'est dans ce costume qui sera son armure sacrée et constituera sa meilleure protection qu'Alexandra traversera l'Inde, et d'autres pays, sans trop de désagréments. Robe-refuge qu'elle évoque dans une lettre à Philippe qui, en ce commencement de 1912, songe à prendre sa retraite :

> Ah ! oui, en effet, ainsi que tu le disais dans une de tes précédentes lettres, le problème qui va se poser bientôt est difficile à résoudre et je sais que mon existence, comme partie intéressée dans sa solution, en accroît la difficulté. Triste idée mon ami que tu as eue de t'embarrasser d'une femme philosophe ! Après tout, le jour où elle te pèserait trop, il lui resterait toujours le refuge d'une robe jaune en Birmanie — à Ceylan ou même en Inde, le riz quotidien et la vénération des foules assurés... que de gens, dans ce monde, ne peuvent en espérer autant !

Grâce à cette robe-prétexte, Alexandra élude le problème que va poser la retraite de son mari, et celui de son retour à Tunis. Retourner à Tunis quand il y a tant de choses à faire et de gens à voir à Calcutta où Alexandra va et vient, sans éprouver la moindre fatigue. On a peine à croire que cette pétulante personne ait pu être cette malheureuse qui se traînait de cures en consultations... Celle qui se dit maintenant « citoyenne de Calcutta » a retrouvé d'intenses forces de vie dans cette ville vouée à la mort, à la déesse de la mort et des forces destructrices, Kali, puisque Calcutta, en bengali, se dit Kalikata, l'endroit voué à Kali.

Rien d'étonnant à cette renaissance d'Alexandra : elle est dans son élément, elle respire son oxygène, elle mène la vie qu'elle désire, elle se gorge de philosophie, elle se grise de shivaisme, elle, la dévote de Bouddha :

> Shiva ! Shiva ! qui fait de la vie avec la mort. Shiva grand patron des yoghis. Shiva qui a bu le poison au fond duquel était à liqueur d'immortalité, l'Amrita divin, afin que les êtres puissent s'en désaltérer. Shiva le plus beau des mythes de l'Inde, mon « ishta devata » (mon Dieu de prédilection), comme on dit sur les rives du Gange, j'aime ton nom prononcé, ce soir, sur mon passage.

Il est temps pour Alexandra, si elle veut rester bouddhiste, de quitter Calcutta. De ce bref accès shivaite, elle pense faire un livre :

« L'Inde mystique », que je compte, décidément, écrire. Récit de ce que j'ai vu, entendu, des scènes pittoresques auxquelles j'ai assisté parmi des Hindous. Les temples, les cérémonies, les idées des gens.

Cela deviendra, quelque quarante ans plus tard, *l'Inde, hier-aujourd'hui-demain* qui paraîtra chez Plon en 1951 et qui, remanié, augmenté, sera, en 1969, *l'Inde où j'ai vécu.*

Arrivée à Calcutta en janvier 1912, Alexandra y est encore en mars. On reste confondu par le travail accompli pendant ce trimestre fécond, la foule de gens rencontrés, les documents amassés. Ne dort-elle donc pas cette infatigable ? Que si, et d'un sommeil profond que ne dérange même pas la chaleur : « Ici, j'ai 31º la nuit, je n'en souffre pas », écrit-elle à son mari, le 25 mars 1912. Elle est aux veilles de son départ vers le nord de l'Inde :

> Je suis ravie de songer qu'après-demain je verrai [...] la Gaouri-Sankar (le Meru, demeure des Dieux), l'Olympe hindou.

Ravie d'être à Calcutta, ravie de quitter Calcutta, Alexandra est une heureuse nature, une heureuse force de la nature. Certes, elle aurait pu « s'éterniser » dans la ville de Kali qui offre tant d'occasions propices « au commerce intellectuel ». Mais comment résister à l'appel du Sikkim et de ses montagnes ?

> Je quitte Calcutta. « Où allez-vous ? » « Je vais voir Shiva », ceci dit un peu légèrement. « Prenez garde, vous pourriez le rencontrer. » Il faut être fort pour regarder Dieu en face ou la Montagne.

Et Alexandra ne doute pas qu'elle aura cette force... Elle fait aussitôt ses adieux aux amis qui l'ont reçue, et aidée, à Calcutta, et la voilà en route pour Darjeeling :

> Je vais rester aussi peu que possible à Darjeeling, juste le temps de rassembler des coolies et un chef de route. Je préfère séjourner à Gangtok et arranger les étapes suivantes suivant le conseil du rajah.

« Samadhi » au Sikkim
(mars - octobre 1912)

> Une seconde, je sens mon isolement [...]. Et
> puis, tout de suite, c'est une autre vague, celle de
> l'extase, de Samadhi.
>
> Alexandra DAVID-NÉEL.
> (Agendas inédits, le 5 avril 1912.)

Début avril 1912, Alexandra est à Darjeeling. Le 5, qui est un Vendredi saint, elle se trouve à proximité d'une mission et note :

Une minute, j'ai la tentation du Temple, avec ses bancs, ses murs nus, si fascinant toujours pour moi. Une seconde je sens mon isolement parmi des chrétiens conventionnels qui s'assemblent ce soir tandis que les cloches tintent dans le brouillard de la montagne. Et puis, tout de suite, c'est une autre vague, celle de l'extase, de *Samadhi*. N'as-tu pas écrit dans ta jeunesse que tu souhaitais être seule sur le sommet que balaie la bise, tandis que la foule trouve abri dans les stations de plaisance qui se cachent le long de la montagne. Et tu y es, matériellement et moralement. La pensée qui fait les Bouddhas, qui *est* les Bouddhas, passe proche. Je ferme les yeux, tout ce qu'il y a de divin s'offre, au-dessus des formes, des noms. Brahman qui est silence. Maître que l'on croit mort, Bouddha des siècles lointains, combien tu es vivant et présent.

Alexandra ferme les yeux et atteint cet état de *samadhi* qui, dans le « Petit lexique des noms hindous » qui accompagne le *Journal de voyage* est ainsi défini : « État de concentration profonde avec perte de conscience du monde extérieur. » C'est exactement ce qui arrive en ce 5 avril. Elle ferme les yeux sur l'extérieur et les ouvre à l'intérieur. A plusieurs reprises, pendant ce séjour au Sikkim, elle sera la proie bienheureuse et consentante de cette *samadhi*. Le 18 mai, en route pour Toong, elle note à nouveau :

> Singulier, à peine arrivée au bungalow, une soudaine, intense *samadhi* me prend. Le 11 juin, la *samadhi* m'envahit, tandis que je suis à cheval, je ne sens plus mon corps, j'ai assez de lucidité pour avoir envie de descendre, ne me sentant plus apte à guider mon cheval, mais je continue.

Combien de fois, au Sikkim comme au Népal ou au Tibet, sera-t-elle livrée à l'imprévisible *samadhi* ?

C'est que, maintenant, Alexandra est au pays de l'aventure et des dieux. « [...] l'aventure est l'unique raison d'être de ma vie », écrira-t-elle dans *l'Inde où j'ai vécu*[1]. Et, après Darjeeling, c'est l'aventure qui commence. Darjeeling où Kipling a situé tant de ses nouvelles avec tant d'impérieuses dames mûrissantes et de charmantes demoiselles vertes qui se disputent le cœur des beaux cavaliers... Darjeeling, station estivale à la mode, est aussi la fin de ce monde que l'on dit civilisé : le chemin de fer s'y arrête. Après, la jungle, l'aventure et les dieux sont là, qui guettent.

Le 11 avril, ayant réuni coolies et chevaux, Alexandra quitte Darjeeling pour Kalimpong. Ce matin-là, à la grande extase, à la *samadhi*, succède une petite joie qu'elle savoure, la découverte du stylographe dont elle se sert pour la première fois et dont elle ignore le nom en français :

_____
1. P. 184.

Je tente d'étrenner pour t'écrire une *fountain pen*. Au surplus, comment cela s'appelle-t-il en français ? Une plume réservoir, je crois. Enfin, quoi, un porte-plume qui contient son encre... C'est vraiment utile ces porte-plume quand on campe comme je le fais.

Et elle en aura besoin de ce stylo pour noter toutes les « premières fois » qui l'attendent pendant ce premier séjour au Sikkim, et tout ce qu'elle y découvre !

D'abord, une situation politique confuse dont elle n'a cure : ce petit État hymalayen qui est le vassal traditionnel du Tibet vient d'être mis récemment sous protectorat britannique. Le résident qui représente l'Angleterre à Gangtok, la capitale, prévenu par les hauts et puissants personnages qu'Alexandra fréquentait à Calcutta, a prévenu à son tour le maharadjah au Sikkim. Ce dernier a envoyé, pour recevoir cette voyageuse de marque, son fils aîné et successeur, Kumar, qui, sous le nom de Sidkéong, est le chef religieux des bouddhistes de son pays. Sidkéong est un lama réincarné, un *tulkou* « un de ces lamas de rang supérieur que les étrangers dénomment improprement des *Bouddhas vivants* ». Il est jeune, il a voyagé, à Pékin comme à Paris, et, quand Alexandra le voit pour la première fois, il est élégamment vêtu de brocart orange et coiffé d'une toque où scintille un diamant.

Entre Sidkéong Tulkou et Alexandra, l'entente est immédiate et une amitié naît aussitôt. Sidkéong est avide de réformes, et écoutera Alexandra comme un oracle, dès leur première rencontre qui tourne court, hélas. Ils doivent se quitter rapidement, le prince héritier est appelé par les devoirs de sa charge. Il laisse à sa nouvelle amie un guide, un interprète, un ange gardien passionné d'occultisme, un professeur de tibétain. Cet oiseau rare se nomme Dawasandup et fredonne des ballades extraites de l'épopée de Guésar de Ling que son élève, très douée, finira plus tard par recueillir entièrement et par traduire remarquablement sous le titre, *la Vie surhumaine de Guésar de Ling*[1].

Dawasandup est premier maître-directeur de l'école tibétaine de Gangtok. Il terminera sa carrière à Calcutta comme auteur d'un dictionnaire anglais-tibétain.

---

1. Éd. du Rocher.

Être l'interprète-accompagnateur de Mme Néel ne va pas sans difficultés qui se manifestent dès leur première rencontre avec un *naldjorpa*, « un ascète mystique possédant des pouvoirs magiques », qui est des plus crasseux et qui tire gloire de sa crasse en termes scatologiques. Dès qu'il voit Alexandra, le *naldjorpa* éclate de rire et dit : « Que vient faire ici cette idiote ? » La protégée du prince héritier du Sikkim exige une exacte traduction que s'efforce de donner Dawasandup. Et c'est au tour d'Alexandra, magnanime, de rire. Et de repartir sans tarder vers Kalimpong où le Dalaï-Lama est en exil. Il a fui, par deux fois, Lhassa envahie, par les Anglais, puis par les Chinois. Il retourne dans son pays enfin délivré de ses doubles envahisseurs. C'est le treizième Dalaï-Lama. Grand politique et grand visionnaire, il mourra en 1933, en prophétisant :

> Le temps est proche où il n'y aura plus ni Dalaï-Lama ni Panchen Lama, où toutes les incarnations mourront. Tous les souvenirs du passé seront détruits ; (...) les jours et les nuits se passeront dans la peur. Il faut se préparer en purifiant nos vies spirituelles [1].

C'est le pape jaune. Il n'a jamais reçu aucune Européenne. Alexandra sera la première à jouir d'un privilège aussi inouï, dû certainement aux recommandations et interventions d'éminentes autorités bouddhistes, mais aussi, peut-être, à une prémonition du Dalaï-Lama qui aura su que cette femme serait la dépositaire de ce Tibet qui allait disparaître, et son chantre le plus fervent.

Alexandra note, dans son agenda, cette extraordinaire rencontre du 15 avril 1912, d'un simple « *visite au Dalaï-Lama* ». Elle racontera, et avec beaucoup plus de détails, cette visite historique dans un article publié le 1er septembre 1912 dans *le Mercure de France* et dans *Mystiques et magiciens* qui paraîtra en 1929 chez Plon. Il est intéressant de comparer les deux textes. Le premier est plus spontané, plus désinvolte. Sa Sainteté qui porte une moustache courte et une mouche au menton y est comparé à un d'Artagnan en habit de cour. Le second est plus réfléchi, plus majestueux et rend mieux le fabuleux d'une telle rencontre que l'on peut parfaitement

---

1. Paroles citées par Philippe Blanc dans son *Tibet éternel*, Guy Le Prat éd., p. 47.

reconstituer grâce à un troisième texte, celui de la lettre qu'Alexandra écrit à Philippe, le jour même de l'entrevue, le 15 avril.

Mme Néel arrive en chaise à porteurs, sous la pluie, puisque c'est la saison des pluies. Elle a revêtu la robe ocre de Calcutta. Elle attend, en compagnie de quelques Japonais qui ont, eux aussi, droit à une audience, et parmi lesquels se trouve un Ekai Kawaguchi qu'Alexandra retrouvera plus tard au Japon. Elle attend, objet de curiosité pour les dignitaires de la cour en exil. A la fois lucide et exaltée, consciente de vivre l'un des grands moments de son destin, elle s'efforce d'observer l'endroit où elle se trouve, une chambre que l'on a transformée en salon de réception en tendant ses murs de panneaux de soie jaune unie. Enfin, elle est introduite dans l'antre pontifical, en compagnie de Dawasandup, l'indispensable interprète. « Ah ! j'ai bien maudit, en cet instant, mon incapacité à m'exprimer correctement en langue tibétaine », écrira-t-elle dans son article du *Mercure*. (A force d'études et de pratique, Alexandra changera cette « incapacité » en une « capacité » telle qu'on la prendra pour une native du Pays des Neiges. Elle n'aura fait, en cela, que suivre l'avis du Dalaï-Lama qui, pendant cet entretien, lui conseillera fortement d'apprendre le tibétain.)

Sous l'œil du Grand Chambellan, Alexandra observe le cérémonial qui a été convenu à l'avance. Elle offre, selon l'usage, la traditionnelle écharpe blanche. Elle fait une révérence puisque la fière Alexandra refuse de s'agenouiller devant quiconque, et consent à baisser la tête pour se laisser bénir par Sa Sainteté. Puis, protocole oblige, le Dalaï-Lama entame le dialogue et pose des questions à Alexandra qui meurt d'envie d'en poser et qui, pour le moment, doit se contenter de répondre.

— Depuis combien de temps êtes-vous bouddhiste et comment l'êtes-vous devenue ?
— J'étais bouddhiste bien avant 1904. Quand j'ai adhéré aux principes du bouddhisme que j'ai découvert en lisant les textes sacrés, je ne connaissais aucun adepte du Bouddha et, peut-être, étais-je la seule bouddhiste de Paris.

Cette dernière particularité provoque l'hilarité du pape

jaune. Dès lors, la glace est rompue. Le Dalaï-Lama, qui a reçu les enseignements de tant et tant de maîtres, ne conçoit pas que la conversion d'Alexandra ait pu se faire sans l'aide de l'un d'entre eux. Il revient à la charge, et, apprenant que l'un des livres sacrés, le *Gyatcher Rolpa*, a été traduit par un professeur au Collège de France, Édouard Foucaux, s'exclame :

> — Si quelques étrangers ont vraiment appris notre langue et lu nos livres sacrés, le sens de ceux-ci leur a échappé !
> — C'est précisément parce que je me doute que certaines doctrines religieuses du Tibet ont été mal comprises que je m'adresse à vous pour être éclairée.

Un courtisan, au temps de d'Artagnan, à la cour de Louis XIII, n'aurait pas fait meilleure réponse ! Charmé, le Dalaï-Lama donne à Alexandra toutes les explications qu'elle demande, mais, comme cette insatiable en demande beaucoup, il promet, aimablement, de répondre à toutes ses questions par écrit.

Alexandra est comblée au-delà de ses espérances et c'est un miracle si elle n'entre pas en *samadhi* en présence du pape jaune. Elle garde assez de présence d'esprit pour se retirer, dignement, à reculons, comme elle l'a appris au couvent du Bois Fleuri et comme elle l'a fait lors de sa présentation au roi et à la reine des Belges. Elle continue à reculer impeccablement jusqu'à la porte et là, exécute une dernière révérence, celle, impressionnante, que l'on appelle « la grande révérence de cour ». L'ancienne étoile d'Hanoi n'a pas raté sa sortie. Ni son entrée dans la légende des Hymalayas où les nouvelles vont très vite, portées par les ailes de la lumière et du vent, ou par d'autres moyens plus obscurs ;

> [...] la sorcellerie règne en souveraine parmi les populations soi-disant bouddhistes, et les médiums, Bônpos, Paos, Bounting et Yabas des deux sexes transmettent dans les moindres hameaux les communications des dieux et des défunts[1].

Dans les officines des sorciers comme dans les villages ou les caravanes, la nouvelle se répand qu'une dame blanche a été reçue par le pape jaune. Événement tellement extraordinaire que certains pasteurs ingénus ou paysans innocents se demandent s'il a réellement eu lieu.

1. *Mystiques et magiciens du Tibet*, Plon, p. 19.

A part quelques officiers anglais dans le Sikkim, ou autres royaumes des Hymalayas, les Blancs que l'on aperçoit sont rares, et encore plus rares, les Blanches. Les journaux de Calcutta se mêlent de l'affaire et font paraître des récits plus ou moins fantaisistes de l'entrevue. L'un de ces journaux, le *Statesman*, devra publier, à la demande de Mme Néel, un rectificatif : non, elle ne s'est pas « prosternée » devant le Dalaï-Lama[1], elle a fait une révérence. Importante nuance aux yeux de celle qui ne s'incline que devant les Idées et la Philosophie...

Ces mêmes journaux viennent de relater le naufrage du *Titanic*. Commentaire d'Alexandra :

> Cette catastrophe, comme les autres, sera vite oubliée et elle n'empêchera personne, pas plus moi que les autres, de s'embarquer quand le besoin ou le plaisir les y incitera.

Après quoi, elle se livre à l'un de ses plaisirs du moment : la photo. Elle photographie un troupeau de yacks qui passait alors qu'elle confiait à Philippe ses impressions sur le naufrage du *Titanic*. Elle se plaint du mauvais temps qui risque de compromettre ses clichés.

> Oui, [...] la lumière est insuffisante, tout ce que je prends va être terne et sans relief. Oui, c'est fâcheux car je commence à être une photographe passable et j'aurais pu rapporter une collection qui nous eût fait plaisir à tous les deux.

Que de sites et de gens à photographier ! Les monastères, les religieux à bonnets rouges, les religieux à bonnets jaunes, le carrefour où la route du Tibet et celle du Sikkim bifurquent et sur lequel Alexandra rêve un instant... Mais le moment n'est pas encore venu d'aller à Lhassa, il y a tant de choses à voir au Sikkim, et le prince héritier, Sidkéong Tulkou, a tant de choses à raconter à sa nouvelle amie. Son père, le vieux maharadjah, voudrait que Sidkéong renonce au trône en faveur de l'un de ses demi-frères. Alexandra écoute ces intrigues de cour, conseille, et, le soir, à la halte, au clair de lune, lit, en compagnie de Sidkéong, le *Dhammapada*. Moments exquis qu'elle raconte à Philippe, avec cette recommandation qu'elle fera pendant que durera leur cor-

---

1. Son successeur, le quatorzième Dalaï-Lama, viendra en 1982 à Digne, à Samten Dzong, rendre hommage à celle qui est considérée maintenant comme une « Notre-Dame du Tibet ».

respondance, et que, grâce au ciel, son époux a observée : « Garde toujours bien mes lettres, elles sont mon seul journal de voyage. »

Comme dans les contes de fées, le prince et la dame chevauchent à travers les belles forêts. Ce ne sont pas dans les châteaux enchantés qu'ils s'arrêtent, mais dans des monastères juchés sur des éperons rocheux. Dans ces citadelles de la méditation, règnent une superbe crasse, et une ignorance quasi totale de ce bouddhisme primitif que pratique, et défend, Alexandra et auquel Sidkéong Tulkou voudrait revenir.

Le 26 mai, Alexandra arrive à une bourgade assez importante, Lachen, et y prend le thé avec les dames de la mission suédoise. Le 27, elle visite le monastère et deux temples. Le 28, elle rencontre le supérieur du monastère, autrement dit, le Gomchen de Lachen, et note dans son agenda :

> Conversation avec le chef lama, avec M. Owen comme interprète, — très intéressante, une grande impression s'en dégage en dépit de l'entourage du bric-à-brac lamaïste.

Grande, en effet, doit être l'impression d'Alexandra. Elle vient, *enfin*, elle qui a toujours refusé de reconnaître la moindre autorité et de s'incliner devant quelqu'un, fût-ce le Dalaï-Lama, de rencontrer, sans le savoir encore, son maître auprès de qui elle se retirera dans une grotte pour en suivre, humblement, les initiations. Ce que ni son père ni son époux n'ont pu obtenir de la fière Alexandra, un peu de soumission, cet homme qui, il est vrai, jouit de pouvoirs extraordinaires et, selon le témoignage des gens du pays, vole à travers l'espace, va l'obtenir. Docile à ses enseignements, enchaînée à ses paroles, Alexandra, terrassée, vaincue, saura accepter sa défaite, métamorphosée à l'instant même en victoire sur les ténèbres, en conquête de la lumière suprême.

Pour le moment, dans l'oratoire du monastère de Lachen où Alexandra est reçue, la lumière est des plus rares, tombant d'une étroite fenêtre aux vitres coloriées et éclairant, assis en « lotus » sur les tapis, le supérieur, le Gomchen, un *Siddhipurusha*, un « homme ayant acquis par le yoga des pouvoirs supranormaux », un saint, un magicien. Il vit la moitié de l'année dans son monastère, et l'autre moitié, dans la solitude d'une grotte à l'écart. De ses yeux, « jaillit une lumière, une sorte d'étincelle, que donnent les pratiques yoguistes ». Cet homme de haute taille, un géant pour Alexandra, est vêtu d'une robe rouge et jaune. Il a rassemblé ses cheveux en une longue tresse qui lui bat les talons. Il parle. Il dit les paroles qu'Alexandra attend et qu'essaie de traduire M. Owen, un brave révérend qui remplace Dawasandup momentanément absent et « qui nage dans un monde bien différent du mien et perd pied ». Qu'importe les approximations de l'interprète improvisé ? Alexandra saisit l'essentiel de ce que dit le Gomchen de Lachen. Il énonce la pensée maîtresse de l'Inde « trouver tout en soi », qu'ont repris plus tard, les philosophes grecs, puis les latins, le *omnia bona mecum*, le « je porte tous mes biens avec moi ».

Le Gomchen balaie les symboles, les images, les idées reçues, d'un geste et de ces quelques paroles « cela est bon pour les gens de petite intelligence, seulement ». Après quoi, plus importante que la bénédiction du Dalaï-Lama, il donne à Alexandra la consécration suivante :

> Vous avez vu l'ultime et suprême lumière, ce n'est pas en un an ou deux de méditations que l'on parvient aux conceptions que vous exprimez. Après cela, il n'y a plus rien.

Puis, le Gomchen se tait. Alexandra l'imite. Ils entrent tous deux en *samadhi*. Dépassé par une telle situation, le révérend Owen s'éclipse sur la pointe des pieds et rejoint les dames de la mission qui, elles, se contentent du *samadhi*, de l'extase évoquée par les cantiques qu'ils chantent ensemble en présence de deux ou trois indigènes qu'ils s'efforcent d'évangéliser.

Le lendemain de cette mémorable rencontre entre Alexandra et le Gomchen, le 29 mai, Sidkéong Tulkou, qui est en tournée d'inspection, arrive à Lachen. Voilà réunis le prince, le géant et la dame. Le conte de fées continue et les entretiens sur les sujets les plus élevés reprennent de plus belle. Quand il les évoquera, le Gomchen dira :

> — C'est par un effet de notre bon *karma* que nous nous sommes trouvés tous les trois réunis pour réfléchir et travailler à la réforme et à la propagation du bouddhisme.

Le 1er juin, Alexandra quitte Lachen pour une expédition

dans le Haut-Sikkim organisée par le prince qui ne l'accompagne pas et s'est contenté d'offrir, généreusement, porteurs, tentes et yacks. Elle atteindra les 5000 mètres d'altitude, rencontrera l'immensité et sa lumière, admirera des « montagnes oranges avec un léger chapeau de neige, une des impressions les plus vives de mon voyage ». Elle en redescendra avec le visage complètement brûlé et le sentiment d'avoir échappé à la mort. En effet, elle a manqué, une nuit, d'être ensevelie sous sa tente par une forte chute de neige. Elle en a émergé au matin, presque étouffée.

> Je réfléchis un instant, et me dis qu'après tout, c'était là une belle mort, parmi les solitudes majestueuses au milieu d'un voyage pareil au mien, et que je n'avais qu'à prendre la chose du bon côté[1].

Ce qu'elle fait, avec son prodigieux pouvoir d'adaptation à n'importe quelle situation. Elle se lève et songe à écrire à son mari une lettre d'adieu, puis à prendre une photo de l'endroit où elle va disparaître. Après s'être ainsi remuée, elle demande de l'eau chaude, et pour boire, et pour y tremper ses pieds. Elle est sauvée. Elle n'a vraiment peur de rien, Alexandra, même pas de la mort ! Elle a considéré cet incident qui aurait pu être fatal comme une expérience nouvelle, donc inoubliable.

De retour à Lachen, le 7 juin, elle reçoit, ô délice, ô *samadhi*, la visite du Gomchen. Le 10, elle reprend la route et note :

> De Chengtong à Singhik, 14 miles, à peu près 7 heures de route, pluie par instant, soleil, en somme belle journée. Le soir, du bungalow, le spectacle est féerique, un large arc-en-ciel descend à l'ouest, sur une cime neigeuse. Pourtant, il ne pleut pas et le soleil est couché. C'est un effet très étrange. [...] Puis tout s'efface un instant et la chaîne reparaît d'argent brillant comme sous une clarté lumineuse, mais on ne voit pas de lune au ciel, tout baigne dans une lumière étrange. La première étoile scintille. Rêve, rêve, pays de rêve.

Devant un tel spectacle de lumières, comment ne pas entrer en *samadhi*, ou en rêve de *samadhi* ? Prudente, Alexandra ne fera pas part de ce *samadhi*-là à Philippe à qui, ce même 11 juin, elle décrit la découverte qu'elle a faite du Tibet aperçu du haut des cimes dont elle vient de descendre :

1. *Journal de Voyage*, t. I, p. 157.

Pour l'instant je reste ensorcelée, j'ai été au bord d'un mystère... [...] Et je ne suis pas la seule. Ici tous les Européens subissent l'étrange fascination. On dit « le Tibet » presque à voix basse, religieusement, avec un peu de crainte. [...] Oui, je vais en rêver longtemps... toute ma vie, et un lien restera entre moi et cette contrée des nuages et des neiges [...][1].

Lignes prophétiques : un lien, indissoluble, unira Alexandra au Tibet et à sa lumière.

Pendant qu'Alexandra est — presque — en état de *samadhi* perpétuel, Philippe, à Tunis, s'occupe comme il peut. Il assiste au bal de la Résidence, écoute de la « bonne musique », et commence à s'inquiéter de ce qu'il appelle le « mysticisme croissant » de son épouse. Insensible aux séductions du Gomchen de Lachen, aux charmes de Sidkéong Tulkou, aux sortilèges d'un Tibet à peine entrevu, Philippe commence à trouver le temps long, ne s'en cache pas, voilà bientôt un an qu'Alexandra sera partie, et s'inquiète de son possible retour, et cela d'autant plus que, après le Sikkim, sa vagabonde moitié envisage d'aller au Népal, ou plus loin encore. C'est ce que Mme Néel appelle pudiquement « la suite de mon voyage » :

Puisque tu ne parais pas avoir reçu la lettre où je te parlais de la suite de mon voyage, il faut que je revienne sur ce sujet. J'envisage la chose très sérieusement. Je sais qu'elle est grave... aussi grave que peuvent l'être nos pauvres affaires de pauvres humains. Mais, soit, voyons-la avec des yeux humains. Tu t'ennuies seul, il faudrait que je revinsse. C'est sûr, c'est normal. [...] Rentrer... Oh ! ne crois pas que je sois sans affection pour toi, mon bien cher, cela serait une idée brutale qui dépeindrait bien mal la complexité des influences qui m'entraînent. Rentrer... couper brusquement le cours des investigations que je poursuis, des études, des expériences auxquelles je me livre [...]. A mon âge[2] et dans nos circonstances, pareil voyage ne se reprend guère. Et puis, hausse les épaules si tu veux, il y a quelque chose qui ne veut pas. Quelque chose qui serait plus fort que ma volonté si je voulais résister. Appelons cela les Dieux, le Destin, le résultat des Causes anciennes, peu importe le nom, il y a cela qui emmène certains êtres hors des routes battues, des routes raisonnables peut-être [...]. Ah ! mon bon Mouchy, je suis peut-être folle, ingrate, égoïste, tout

1. *Journal de Voyage*, t. I, p. 160-161.
2. Alexandra va entrer dans sa quarante-quatrième année.

ce que tu voudras et la chimère, comme tu dis, me mangera. C'est possible, mais je ne puis lutter, je ne puis pas me reprendre, retourner en arrière, abandonner ces études, ce voyage, ce je ne sais quoi qui me pousse en avant.

Après cette impeccable démonstration sur l'irrésistible fatalité, assez inattendue chez quelqu'un qui a tant de fois prouvé la force de sa volonté sur les événements, Alexandra poursuit :

[...] continuer le voyage, c'est te demander un sacrifice d'argent et un sacrifice important. Je ne puis toucher au capital que j'ai à Bruxelles, d'ailleurs, ne serait-ce pas la même chose, puisque entre nous les choses, en fait, sinon en loi, sont communes. Oh ! je sais bien que demander à quelqu'un de contribuer à ce qui le peine le plus est plus qu'étrange et que celui qui consciemment accepte ainsi d'aider un autre dans ce qui lui est pénible à lui-même doit être un philosophe bien près de la sainteté et de l'héroïsme.

Il est facile d'imaginer la surprise de Philippe assimilé à un philosophe, à un saint, à un héros. Tout cela, il le sera s'il accède à une demande d'argent, 5 000 francs, que fait Alexandra pour la première fois. Quand je vous disais que ce voyage au Sikkim était celui des premières fois...

Le calcul d'Alexandra est des plus simples. Philippe avance des sommes sur ce capital qu'elle possède à Bruxelles et qui appartient en commun au ménage. Mais 5 000 francs, en 1912, sur les 10 000 francs par an que gagnait Philippe en 1904, au moment de leur mariage, et même si son traitement a augmenté depuis, c'est un sacrifice, Mme Néel le reconnaît. Elle couvrira de louanges et d'éloges son philosophe, son saint, son héros de mari qui accède à cette première demande et se console, peut-être, en apprenant qu'Alexandra est maintenant célèbre au Tibet. Un fameux lama tibétain, de passage au Sikkim, a tenu à rencontrer la voyageuse à qui il avoue : « Étant au Tibet, j'ai entendu dire qu'une dame européenne, bouddhiste et très savante, était au Sikkim et j'ai souhaité vous voir. » Et il prononce la phrase magique qu'Alexandra ne se lasse pas d'entendre, « parlons de choses religieuses ». Ils en parlent. Alexandra prend des notes. Son voyage n'est pas une récréation et comporte de nombreuses heures de travail. Elle écrit des sermons car cette bouddhiste européenne prêche la Bonne Parole aux bouddhistes sikkimais :

> J'ai terminé mon petit livre pour l'instruction religieuse de
> la jeunesse et le traducteur est, maintenant, occupé à lui don-
> ner sa forme tibétaine. On m'a également demandé une ving-
> taine de méditations qui puissent servir de sermons, mais ceci
> servira à plusieurs pays et je n'écrirai le texte qu'une fois, on le
> traduira ensuite en cinghalais, en birman et en tibétain. [...] Je
> travaille d'arrache-pied à une vie de Milarepa et à des
> contes. [...] Il y a quatre jours que je n'ai pas bougé de ma
> chambre, j'aurais grand besoin de prendre l'air,

écrit-elle de Gangtok, le 5 août 1912. Cela fera exactement un
an, le 11, qu'elle est partie de Tunis, et en un an, que de chemins parcourus, au propre comme au figuré ! Alexandra ne
perd pas son temps et, à Gangtok, ne quitte son écritoire que
pour faire des sermons aux lamas :

> Est-ce que cela ne te fait pas rêver, mon grand ami, de
> m'imaginer me levant d'un petit trône d'évêque, dans un sanc-
> tuaire décoré à la mode chinoise et m'adressant à un public de
> lamas rouges.

La somme avancée par Philippe ne pouvait être mieux
employée ! La pratique Alexandra songe à l'argent qu'elle
gagnera avec les livres qu'elle fera sur tout ce qu'elle est en
train de recueillir au Sikkim :

> On verra à tirer parti de tout cela puisque l'argent est chose
> indispensable et que l'on n'en a jamais trop surtout — ô para-
> doxe étrange et pourtant d'une absolue vérité — quand on veut
> vivre simplement, en dehors de la cohue. Cela coûte très cher
> de ne pas être « comme tout le monde ».
> En attendant, je vis des heures d'adorable paix, pleine de ce
> transcendant scepticisme qui fleurit dans les *Upanishads* et les
> sutras bouddhistes et dont la fleur s'épanouit avec grâce, telle
> une orchidée des vallées hymalayennes [...].

Et comme cette orchidée, Alexandra ne cesse de s'épanouir, et même, elle le constate avec étonnement, de...
rajeunir ! Bienheureux effets de ce séjour au Sikkim ! Et
pourrait-il en être autrement quand le prince héritier vous
demande des conseils de méditation et vous en remercie
ainsi :

> Chère sœur David-Néel,
> Je vous remercie de tout cœur pour la méthode de médita-
> tion que vous m'avez envoyée. Je l'ai reçue avec un sentiment
> de grand respect mêlé de joie extrême. Je sens que j'ai reçu
> maintenant la chose la plus précieuse qui soit sur terre.

> Comme vous le dites, ce doit être le résultat de nos vies innombrables et des désirs de nos vies antérieures, je suis tout à fait d'accord avec vous que cela dépend entièrement de notre désir d'atteindre l'état de Bouddhéité ou non.
> Cette discussion au sujet de nos actes religieux sera la cause d'un très important Karma pour nous deux. Je désire sincèrement que nous puissions réussir triomphalement dans notre but et objet, et que nous puissions renaître à nouveau dans notre prochaine vie en tant que grand prédicateur, comme le Seigneur lui-même,

écrit-il de Gangtok, le dimanche 8 octobre 1912.

Le prince écrit, déjà, à sa sœur spirituelle alors qu'ils ne sont pas encore séparés... Ils ne vont pas tarder à l'être. Alexandra s'apprête à rentrer à Calcutta, et Sidkéong Tulkou la raccompagne jusqu'à Darjeeling. Le 9 octobre, en atteignant Phallat, Alexandra note :

> Pluie, hélas, nuages, pas moyen de voir les neiges. Cependant ce qu'on voit du paysage est grandiose, le sentiment de solitude est très prenant. J'ai des instants de *Samadhi* qui me font prendre très philosophiquement le mécompte causé par les nuages.

Sept mois de *samadhi*, d'avril à octobre, prennent fin à Darjeeling qui, avec ses hôtels éclairés, cause à Alexandra « un sentiment pénible de répulsion ». Après la lumière des Hymalayas, celle des hôtels doit paraître, en effet, bien misérable. « Je reviens d'un autre monde », constate-t-elle, un monde dont elle prend momentanément congé en la personne de Sidkéong Tulkou, après une dernière visite, ensemble, à un monastère :

> Le matin, au son d'une musique mélancolique, nous montons vers le monastère. L'impermanence des choses, le Nirvana, tout cela a été présent, réalisé pendant quelques brefs instants.

Puis, Sidkéong et Alexandra se séparent. Sidkéong retourne à Gangtok et Alexandra, à Calcutta où elle arrive le 16 octobre.

Le tigre du Népal

*Je dis : un tigre et, ma foi, confessons-le, j'ai un
battement de cœur, dont je souris très railleuse-
ment pour moi-même. Eh ! oui quoi, un tigre qui
me voit probablement, comme je le vois et qui
songe immobile comme je songe immobile.*

Alexandra DAVID-NÉEL.
(Journal de voyage, le 19 janvier 1913.)

A lexandra s'en retourne vers Calcutta, vers la ville, le
monde, ces « agitations de fourmis » ou pire encore,
« poussière de champignons », comme elle l'explique à Philippe :

> Des champignons qu'une nuit d'humide chaleur fait pousser à
> la saison des pluies, voilà ce que sont toutes choses, hommes, ou
> systèmes solaires, idées ou sentiments... des champignons... un
> peu de poussière organisée qui s'effrite en quelques heures.

Dans cette « poussière organisée », Alexandra pourrait maintenant faire figure en suivant l'exemple d'une Lucie Delarue-Mardrus et de son époux qui, pour avoir parcouru les Sud tunisien, algérien et marocain n'en finissent plus d'inonder les magazines du récit de leurs « exploits » et de photos où l'on voit le couple, juché sur un chameau, sur fond de désert. « Numéro digne du cirque Barnum », juge sévèrement Alexandra qui ne veut pas tomber dans ce qu'elle nomme le « barnumisme » des Mardrus. Ce qu'elle vient d'accomplir au Sikkim, c'est quand même autre chose ! Elle y est devenue « une yogi civilisée ». Elle est un « coucou d'Europe » installé « dans le nid de l'Asie ». Cette Asie à peine effleurée, comme elle la regrette déjà :

> Vrai, j'aurais grande joie à vivre parmi mes amis d'Asie, à ausculter leur âme, à disséquer leur esprit [...] Ah ! qu'il est facile de comprendre que ces peuples aient si peu fait dans la voie du progrès matériel. N'ont-ils pas créé un monde mental qui les enchante, les retient prisonniers, les empêche de voir l'immondice des rues et le délabrement des maisons et les haillons qui couvrent leurs hôtes.

Comme elle l'aime cette Asie et comme l'Asie aime cette femme qui voue ses jours et ses nuits à l'étude de ses textes sacrés, et cela, avec une originalité, une vie qui provoquent l'envie des « pontifes » de la Sorbonne ou du Collège de France :

> Je me suis lancée, peut-être trop peu armée, dans une carrière d'orientaliste. Si j'avais été un mouton docile suivant les traces des bergers attitrés, grattant modestement quelques racines déjà épluchées par eux, je n'aurais pas eu de difficultés, mais je me suis avisée de faire de la philosophie, d'éplucher de la pensée et, ceci est plus grave, de ne pas lire les textes avec le même esprit que les pontifes universitaires. Il y a plus encore, il y a que j'ai dépassé les barrières que le dilettantisme élève entre les philosophies hindoues et l'Européen qui les étudie. Je n'ai pas cherché une récréation grammaticale mais de la vie, je l'ai trouvée et je croirais être une piètre personnalité si je ne la faisais pas passer dans les livres que j'écris. Ces livres ne passeront pas inaperçus.

En quoi, elle ne se trompe pas. Ses livres ne passeront pas inaperçus et ses expériences sikkimaises, pour n'évoquer que celles-là, feront rêver des générations. Au nom de cette postérité qu'elle pressent, Alexandra n'a plus une minute à perdre.

Arrivée à la mi-octobre à Calcutta, elle en repart à la mi-novembre pour ce Népal où elle s'était promise d'aller. En un mois, elle a eu le temps d'assister aux fêtes de la déesse Durga et de renouer ses relations avec ces hauts personnages officiels qui l'ont munie d'indispensables lettres d'introduction, et en route pour le Népal ! Le jour même de son départ, elle se plaint à Philippe :

> Je suis fourbue, éreintée... il n'y a pas de mots pour exprimer cela. Mon boy a été souffrant ces derniers jours et n'en fiche pas un clou (ça n'est pas un langage philosophique). Il m'a fallu procéder à cet exaspérant travail de divisions des bagages, savoir ce qu'on emporte, ce qu'on laisse et se préparer à aller vivre [...] dans des maisons qui n'ont que quatre murs. Cela signifie qu'on a à transporter toute une installation... et comme cette fois, voici l'hiver et que je regrimpe dans les Hymalayas, il faut de quoi se couvrir. Et puis cette double vie tantôt forcée de hanter d'aimables Anglais qui s'attendent à me voir en décolleté pour dîner, puis replongée parmi les ascètes chez qui je vis en robe aurore, cela oblige à des complications de garde-robe. Ah ! Dieux ! qu'il serait bon de ne jamais quitter la robe sarreau si aisée, si confortable, de voyager avec un couple de ces commodes fourreaux, un manteau pour le froid et rien de plus. Le monde et les mondains ne comprennent pas cette sagesse et sous peine de paraître excentrique, il faut agir en fou. J'en suis lasse, très lasse.

Lassitude très passagère, on ne peut pas toujours être en *samadhi*, hélas... Alexandra oublie vite cette éphémère lassitude. Chemin faisant, elle s'arrête à la ville sainte de Gaya où le Bouddha connut l'illumination sous un arbre. A la même place, le descendant de ce même Arbre-Bô, l'ancêtre de celui de Ceylan, reçoit les hommages des pèlerins et les prières d'Alexandra. Cette dévote des arbres, et du Bouddha, note, le 16 novembre 1912 :

> Méditation à la nuit sous le Bô-Tree. Le sujet qui m'est venu spontanément est le Bouddha, après avoir quitté Gaya, rencontrant l'ascète sur la route et lui disant : je suis un Jina. Puis la même affirmation à Isipatana et la parole : « Je suis délivré de tous les biens humains et divins et vous aussi, disciples, vous êtes délivrés de tous les biens »... Être un Jina, c'est peut-être simplement savoir qu'on en est un. C'est en soi que la transformation doit se produire et je suis un Jina, si j'ose l'être.

Alexandra osera... Elle arrive à Katmandou, le 21 novembre, à 7 heures du soir. Elle loge à la Résidence et doit emprunter une chemise de nuit à la Résidente. Ses bagages, pour lesquels elle avait pris tant de peine à Calcutta, sont restés en arrière.

> Le lendemain, j'envoie mes lettres d'introduction au maharadjah et il me reçoit le jour suivant avec grande cordialité. Il me donnera, durant mon séjour, un interprète, un guide, un cheval de selle et une voiture, annonce-t-elle à Philippe.

Le maharadjah du Népal ne peut faire moins que le maharadjah du Sikkim... Et voilà Alexandra retrouvant sa belle humeur et son goût de l'aventure :

> Le pays paraît plein de choses intéressantes et neuves à connaître pour l'Occident. Je vais être admise à voir ce que les Européens ne voient pas, à aller où ils ne vont pas... Il y a quelque chose de prenant qui flotte dans l'air et qui grise... Si j'étais un personnage d'une pièce de Maeterlinck je dirais « il va m'arriver quelque chose ». [...] Je suis certaine qu'Hachette me prendra sans hésiter un livre sur le Népal avec illustrations.

Elle ne tarde pas à déchanter. Elle est trop bien reçue, c'est-à-dire qu'elle a l'impression que ce guide, cet interprète, ces gardes la surveillent et l'empêchent d'aller où elle voudrait, avec cette divine liberté dont elle jouissait au Sikkim. Et puis, sa première impression ne se révèle pas avoir été la bonne. Ce « quelque chose de prenant » devient quelque chose de « sournoisement inquiétant ». Ce qui ne l'empêche pas d'explorer avec vaillance Katmandou et sa vallée.

Alexandra note que l'odeur des ruelles de la capitale est infecte et que l'extérieur du temple de Sambunath est d'« une saleté repoussante. Les gens transforment la tour des stupas en w.-c. ». Toujours à Sambunath, un incident :

> Un vieux lama mongol est en charge. Les Européens ne sont pas admis à entrer dans le temple. Il paraît que c'est l'ordre du maharadjah. Comment s'occupe-t-il de cela étant Hindou ? Je n'entre qu'après avoir insisté énergiquement.

Infortuné vieux lama mongol qui prétendait résister à cette conquérante qui, forte de sa victoire, investira, un à un, tous les autres temples de la vallée, qu'ils soient ouverts, ou non, aux Européens. Celle à qui l'on donne maintenant le titre de *Jetsune Kouchog* ou de *Jetsunema*, c'est-à-dire

« Dame-Lama », celle qui a reçu la bénédiction du Dalaï-Lama, celle qui est l'amie et la conseillère du prince héritier du Sikkim, n'a d'interdiction à recevoir de personne. Qu'on se le dise dans tous les sanctuaires bouddhistes de la vallée de Katmandou, de Bodnath à Bagdaon... A Pashupati Nath qui, au bord de la rivière Bhagmati, joue le rôle de Bénarès népalais, Alexandra retrouve la même « terreur sacrée » qu'elle avait rencontrée, au temple de Madurai et y rencontre un saint homme, Shivananda, qui semble recevoir les confidences des dieux en général et de Rama en particulier. Très impressionnée, Alexandra sent renaître son enthousiasme pour le Népal, enthousiasme accru par une excellente nouvelle : Philippe vient d'envoyer de nouveaux fonds, 5 000 autres francs nécessaires pour la poursuite du voyage. Le 12 décembre 1912, Mme Néel écrit à son mari :

> Mon cher Mouchy, que te dirai-je à ce sujet... Je te suis intensément reconnaissante de me laisser continuer ce voyage tranquillement. Jamais, vois-tu, je n'aurais sans doute pu retrouver le concours de circonstances qui rendent ce voyage si intéressant. C'est une vraie merveille. De tous côtés surgissent des gens qui me reçoivent, me pilotent. Ceux qui sont les plus opposés à mes idées me font un accueil aussi chaleureux que les autres. Les Résidents, ici, qui sont des Écossais et des protestants fervents, me regardent comme une espèce de sainte, le maharadjah a conçu une idée extraordinairement grande de ma petite personne... C'est bien singulier. Il y a des moments, vois-tu, qui sont le vrai moment de faire une chose. Tu es mille fois bon et intelligent de le comprendre et de m'aider.

Elle exulte, Alexandra, et essaie de faire partager son ravissement à Philippe, reprenant, dans sa lettre du 12, des thèmes esquissés dans sa lettre du 1er décembre :

> Au surplus, d'autres t'envieraient, tu as une femme qui porte dignement ton nom. S'il t'arrive de visiter les endroits où elle a passé tu ne récolteras que des compliments. Que tu continues ton appui et ton aide et je deviendrai, d'ici peu, un auteur en renom. Bien que la chose me soucie peu aujourd'hui, je pense, qu'à notre époque, celui qui veut dire quelque chose doit l'écrire. Peut-être toi-même te soucies-tu peu aussi de ces choses et la perspective d'un *moumi* célèbre pour compagne te laisse-t-elle très froid.

Très froid, en effet, Philippe ne cache pas que, à la future célébrité de son épouse, il préférerait, dès maintenant, la chaleur de sa présence. Quant à Alexandra, elle oppose, à cette possibilité de retour, son horreur des « agitations de fourmis » et des « poussières de champignons » propres aux mondes dits civilisés :

> Je le confesse, chaque jour m'éloigne un peu plus de ces illusions, de ces agitations. Le grand repos et la grande lumière entrent en moi, ou plutôt, j'entre en eux. Le Nirvana est réalité, avoue-t-elle à Philippe.

Quand elle quitte le Nirvana, Alexandra envoie des articles au *Soir*, à *l'Illustration* qui les publient sans tarder, et au *Mercure de France* qui se réjouit de recevoir une aussi bonne et aussi exotique copie. Ce qui ne l'empêche pas de se rappeler, aux approches de Noël et du Jour de l'An, et non sans une certaine coquetterie, au « bon souvenir » de Rachilde et de son époux, le directeur du *Mercure*, M. Valette :

> Si banale que soit la coutume, j'en profite pour me rappeler à votre bon souvenir avant que vous oubliiez complètement une errante qui, de plus en plus, désapprend le chemin de Paris et de la civilisation. Comme aux enfants bien sages, et certainement beaucoup de sagesse est en vous, je vous envoie une image[1].

Cette image, une photo représentant Alexandra sur un yack, a dû faire sensation dans les salons du *Mercure*. Ainsi, continuant à pratiquer son infaillible stratégie de Sévigné, Alexandra alimente, par de tels envois, sa notoriété parisienne. Célèbre au Tibet, comme elle l'affirme à son époux, reconnue dans ce temple de la littérature qu'est alors *le Mercure de France*, Alexandra a de quoi être satisfaite et ne s'en cache pas : « Voilà, moi qui ne suis " personne " à Tunis, je suis " quelqu'un " en Asie. »

Aveu tardif mais capital, fait à Philippe, dans sa lettre du 12 décembre. Elle a le sentiment, légitime d'ailleurs, d'être « quelqu'un » en Asie. Qu'irait-elle faire à Tunis où elle n'est que l'épouse de l'ingénieur en chef des chemins de fer ? Ici, tout le monde la recherche. Aux approches de Noël, elle doit refuser les invitations :

> Les deux ménages anglais qui sont à Katmandou veulent chacun m'avoir pour le Xmas (Christmas) pour que je ne sois pas seule. C'est bien aimable, mais j'aime mieux être seule.

1. Fonds Rachilde, bibliothèque Doucet.

C'est étonnant comme ma sauvagerie s'est accrue. Le moindre bruit de conversation m'est, maintenant, désagréable. Je ne rêve que solitude et silence. Je doute fort que jamais je reprenne pied dans ce qu'on appelle la vie civilisée — autrement que pour y produire de la philosophie et de l'orientalisme — du reste je ne le souhaite pas.

A bon entendeur, salut. En lisant ces lignes, Philippe a bien dû comprendre que le retour d'Alexandra n'était pas pour l'an prochain, pour 1913.

Alexandra commence bien la nouvelle année. Elle réalise sa promesse faite, au musée Guimet, à Mme de Bréant : visiter le pays natal du Bouddha. Pour l'atteindre, elle doit traverser la chaîne des Mahabharata et la jungle du Terai.

Le 10 janvier 1913, à Lumbini, dans un petit temple, elle s'incline devant une fresque représentant le Bouddha.

> Mince hommage que je rends au Bhagavan à cause de ceux qui sont là et qui me regardent. Combien je voudrais lui en rendre un autre, un véritable, par ma vie.

Voilà qui devrait définitivement clore le bec à ceux et à celles qui considèrent Alexandra comme « une remarquable farceuse » et son bouddhisme, comme « un bouddhisme de pacotille ». Elle y croit, et avec une telle intensité, qu'elle est prête à accomplir le suprême hommage, celui de sa vie.

Alexandra va ensuite à Kapilavasthu, la ville où le Bouddha a passé sa jeunesse. Le 11, elle note :

> Aucun de ceux qui organisent ma tournée ne savent rien du pays. On me dirige dans l'après-midi dans une jungle quelconque où il n'y a pas trace de ruines. Le soir, au retour, on me dit que les ruines sont dans une autre jungle. Nous irons voir demain. Hélas ! les pèlerinages matériels sont rarement des moments de vraie ferveur. On est pris par mille détails et gêné par mille yeux et choses. Les vrais pèlerinages, les seuls sont ceux que l'on accomplit dans le silence et le secret de son esprit. J'ai voulu voir le pays du Bouddha, mais combien différente est la contrée de ce qu'elle était de son temps. Contemporains de son époque, il ne reste que les étoiles au ciel, le soleil qui se couche énorme et rouge, sur la plaine immense, la lune pâle et je les regarde, songeant que ses yeux se sont levés vers eux... avec quelles pensées !

Les étoiles, le soleil et la lune se chargent, en personne, de faire oublier à Alexandra les petits agacements et contretemps de sa tournée. Les enchantements et les *samadhis* sont tels que, parfois, Alexandra en oublie toute prudence. Campant à Tilora où un tigre a été signalé, elle s'en va, seule dans la jungle, pour y méditer sous un bosquet, à l'endroit même, peut-être, où l'a fait le Bouddha. « Que la jungle est un séjour délicieux pour les sages », pense Alexandra en prenant sa posture de méditation. Et pour les tigres donc ! Elle en voit un qu'elle prend d'abord pour un zèbre, puis pour un tas de feuilles mortes. Vexé d'avoir été pris pour un zèbre et pour un tas de feuilles mortes, traumatisé par l'immobilité profonde de celle qu'il considérait comme une succulente proie, le tigre prend la fuite et s'en va cacher sa honte au plus profond de la jungle.

> Vas-tu penser que je suis brave, certains seraient tentés de le croire. Mais non, vois-tu, tout cela, bravoure ou lâcheté, c'est affaire d'hypnose en la plupart des cas,

explique-t-elle à Philippe qui a vraiment un phénomène pour épouse, une femme qui met en fuite les tigres par la seule force de sa pensée. Comment lutter avec cela ? Ce jour-là, M. Néel a dû penser qu'il serait bien difficile de ramener sa femme au foyer !

Le bonheur à Bénarès
(février-novembre 1913)

> *Ces études, ce milieu où je pénètre maintenant de plus en plus... c'est la réalisation du plus cher, de l'unique rêve de ma vie.*
>
> *(Alexandra à Philippe Néel, le 24 juin 1913, à Bénarès.)*

> *Bénarès est le cœur du monde hindou. C'est une ville sacrée et mystérieuse où vivent cachés les grands lettrés et où se réunissent les moines errants qui transmettent les traditions d'une civilisation multimillénaire.*
>
> Alain DANIÉLOU.
> *(Le Chemin du Labyrinthe.)*

Fin janvier 1913, Alexandra quitte Katmandou pour Bénarès. Elle poursuit ainsi son pèlerinage bouddhique puisque c'est dans l'un des faubourgs de Bénarès, à Sarnath, au parc des Gazelles, que le Bouddha, pour la première fois, a prêché sa doctrine.

Du Népal, Alexandra emporte une moisson d'impressions et de visions, et une masse de courrier. Si elle écrit beaucoup de lettres, elle reçoit beaucoup de réponses et, parmi les dernières, figurent les remerciements du vice-roi des Indes à ses vœux de bonne année et une missive en forme de gazette de Sidkéong Tulkou dans laquelle il rapporte les derniers petits potins bouddhistes :

> Je suis désolé d'apprendre que vous avez trouvé les lamas du Népal fanatiques et très superstitieux. [...] Je ne pense pas que le lama chargé du sanctuaire de Bodanath, dont vous estimiez qu'il pourrait devenir un prédicateur du vrai Dharma, serait capable de faire grand-chose, car je crois sa connaissance du Dharma très mince. Le lama Bermiak et Dawasandup disent tous deux qu'il a détourné des fonds et que lui et sa famille vivent des offrandes faites par les pèlerins.

Ah, ces commérages bouddhistes, comme ils doivent avoir de la saveur pour Alexandra ! Et, comme elle doit, encore plus, se réjouir d'apprendre dans cette même lettre que Sidkéong observe, comme il l'avait promis à sa chère Sœur réformatrice, « le vœu de tempérance et de méditation », imité, en cela, par Dawasandup... Alexandra n'a pas été « la voix prêchant dans le désert », ses paroles ont été entendues, et ses avis, suivis. Stupéfiant : c'est une Européenne, une Française, une Parisienne de Saint-Mandé qui donne des leçons de bouddhisme et qui va en donner à Bénarès, la ville sainte des hindouistes, des shivaïtes, des vishnouites, de tous les dévots de tous les dieux du panthéon hindou qui ont, autrefois, et avec violence, rejeté hors de leurs murs les sectateurs du Bouddha.

Au jardin des religions de l'Inde, Bénarès fait figure de rose mystique, née de la lumière du soleil et des eaux du Gange. Bénarès est l'une des plus vieilles cités du monde, sa fondation remonterait à quelque six millénaires avant Jésus-Christ. Elle s'appelait alors Kashi, c'est-à-dire, « resplendissante de la lumière divine ». Elle s'appelle aujourd'hui Varanasi. Mais, Kashi, Bénarès, Varanasi, en ce monde ou règne l'impermanence, semblent porter témoignage d'une certaine éternité, celle de la lumière. Chaque matin, sur les bords du Gange, on vient adorer le soleil et saluer sa naissante clarté sans laquelle la vie ne serait pas. On vient aussi sur les bords du Gange pour y mourir et s'y faire brûler. Les feux des bûchers funéraires se mêlent à ceux du soleil. Les feux de la

mort mêlés à ceux de la vie y brillent avec un naturel qui
étonne, ou choque, parfois. A Bénarès, sur les bords du
Gange, la vie et la mort se donnent quotidiennement la
main. Une telle union ne peut qu'attirer les mystiques, les
shadous, les *sannyasi*, les « hommes vêtus de robe jaune qui
errent avec le vent et possèdent les pouvoirs des dieux »,
« des hommes aux longs cheveux, couverts de crasse brune
qui rôdent dans le souffle des vents ». Pendant neuf mois,
dans sa robe ocre, Alexandra se mêlera à cette troupe. Neuf
mois, le temps d'une grossesse. Une autre Alexandra naîtra,
semblable à ces êtres couleur de vent et de lumière qui
errent sur les bords du Gange, à Bénarès...

Mme Néel arrive à Bénarès, le 4 février à 5 heures du soir.
Elle emménage le lendemain à la Société théosophique :

> où l'on m'a offert une chambre avec salle de bains et cuisine,
> cela ne me plaît qu'à demi d'être dans ce milieu, mais trouver
> un logement à Bénarès est un problème difficile.

Ce problème résolu, la première pensée d'Alexandra 1913
est pour Alexandra 1891, et pour Bashkarananda qui vivait
nu dans un jardin de roses. Elle retourne en ce jardin où les
roses ne fleurissent plus et où règne un abandon complet.
Et, à la place de Bashkarananda, le mausolée de marbre
blanc où ce sage a été enterré en posture de méditation.
Alexandra croit alors entendre les dernières paroles de son
ami, « l'impermanence est la loi universelle »...

Ce sacrifice au passé terminé, Alexandra se consacre entièrement au présent et suit un invariable, un scrupuleux
emploi du temps. Elle se lève avec le soleil qu'elle contemple
et avec qui (ou, sur qui) elle médite. Elle prend son bain. Jusque-là, elle fait ce que font, au même moment, des milliers
d'Hindous. Après, cela diffère un peu : elle prend un petit
déjeuner à l'européenne, cacao et tartines grillées. A
8 heures, son professeur de sanskrit arrive et la leçon commence. Après la leçon, elle écrit des lettres, puis déjeune,
généralement avec de la soupe, des œufs brouillés aux
tomates et des aubergines frites. Son boy tibétain, Passang,
qu'elle avait engagé au Sikkim et qui l'a suivie à Bénarès, ne
réussit que les soupes... Ensuite, elle se rend à travers les

rues torrides, chez un yogi de sa connaissance, Satchinanda, ce qui signifie, Existence-Connaissance-Béatitude. Avec Satchinanda, elle discute du Vedanta qu'elle définira comme « la fin ou le degré ultime des Védas » et de deux livres majeurs, l'*Astavakra Gita* et l'*Avadhuta Gita* dont elle donnera des traductions aux éditions Adyar en 1951 pour la première, en 1958 pour la seconde.

Quatre heures avec Satchinanda, quatre heures de connaissance et de béatitude, passent en un clin d'œil. C'est le soir, et Alexandra descend vers les bords du Gange pour assister à l'un des plus beaux spectacles qu'il soit donné à un humain d'assister : un crépuscule sur ce fleuve, une entrée dans un autre monde, une *samadhi* assurée... Et quand la nuit est tombée, Alexandra court les temples, heureuse, et même pas incommodée par l'extrême chaleur :

> Le thermomètre a encore un peu monté : 31 degrés dans ma chambre. Cela ne me gêne pas beaucoup, d'ailleurs, je suis assez habituée à la chaleur comme, aussi, aux changements de température et d'altitude. Je m'attarde un peu au rêve glorieux d'un voyage à Lhassa... et aux lauriers qui suivraient.

Dans l'étuve de Bénarès, Alexandra se rafraîchit par la seule évocation de ses Hymalayas et d'un possible voyage à Lhassa auquel elle pense déjà, sans trop y croire, et ne serait-ce que par sagesse elle repousse un désir aussi insensé :

> Mais il faut éviter le désir, ainsi que le conseille le bouddhisme, car le désir est une source de trouble et de souffrance. [...] Ah ! quel dommage que mes parents m'aient gâché sottement ma jeunesse en me poussant dans une voie qui n'était pas la mienne. Aujourd'hui, tout m'apparaît facile en ces choses, voyages ou études, que l'on considère, de loin, comme des tours de force. [...] Enfin, à quoi bon les vains regrets... la part qui m'est échue tardivement est déjà belle, il faut la goûter et m'en contenter... Je ris un peu en écrivant « la part est belle » car beaucoup la trouveraient pénible. Être enfermée du matin au soir dans une chambre à température d'étuve, piochant des déclinaisons et des verbes sanskrits n'apparaît peut-être pas une source de bien grandes délices et je ne te dis pas que je m'amuse.

Elle ne le dit pas à Philippe parce qu'elle n'ose pas. Comme certaines épouses infidèles cachent leurs débordements à leur mari, Alexandra dissimule qu'elle a un plaisir extrême à étudier le sanskrit, le Vedanta pendant le jour, et, la nuit venue à visiter les temples, en compagnie de son boy qui « me servait de paravent tandis que je jouais le rôle effacé de sa tante effectuant un pèlerinage à la ville sainte[1] ». Pour ces visites, elle s'habille à l'indienne et fait là son apprentissage du déguisement. Elle passera du rôle de « tante pieuse » à Bénarès à celui de « mère dévote » pour atteindre Lhassa. En jouant ces personnages, et avec quelle maestria, elle se souvenait peut-être qu'elle avait réussi, sur scène, à être véritablement une Manon, une Thaïs qui soulevaient l'enthousiasme du public. Comme c'est loin cela...

L'uniformité de ses jours et de ses nuits est parfois interrompue par quelques festivités, un dîner avec deux cents shadous ou une visite au maharadjah de Bénarès. Mais rien ne vaut une promenade sur les ghâts, ces larges gradins qui bordent le Gange et où s'amoncellent les parasols en paille, les vaches sacrées, les mendiants, les pèlerins et les saints. Alexandra note, avec une satisfaction non dissimulée, qu'elle y est la seule Européenne. Ce que personne ne remarque. Avec sa robe ocre et sa petite taille, elle peut donner l'illusion d'être une hindoue et avoir l'illusion d'accomplir une destinée indienne... Le bonheur à Bénarès, quoi ! Et les pages qu'elle écrit alors à son mari sont parmi les plus belles, les plus inspirées, comme en témoigne ce passage pris dans une lettre du 25 mars :

> Depuis ma petite enfance, d'instinct, je penche vers l'opinion opposée : ne pas souffrir ; c'est là, me semble-t-il, la grande, l'importante affaire. Les gens qui veulent vivre comme ils disent, c'est-à-dire rire aux éclats et crier de mal ensuite, pleurer, chanter, s'agiter, me paraissent de misérables possédés, de pitoyables déments. « Tout près du renoncement est la béatitude », dit la *Bhagavad-Gita* et ceci ne doit pas être entendu au sens chrétien du terme renonciation, mais comme le rejet de ce dont on a soi-même reconnu l'insignifiance, ou pis, la nocivité foncière.
>
> Cela doit bien t'ennuyer, peut-être même t'agacer, mon grand cher, ces dissertations philosophiques d'un *moumi* pratiquant ce que je qualifierai « un ascétisme épicurien[2] ».

Alexandra est loin de la réalité. Philippe est plus qu'agacé par ces discours, et cette absence, interminables. Il ne com-

1. *L'Inde où j'ai vécu*, p. 250.
2. *Journal de voyage*, p. 237.

prend pas, ou ne veut pas comprendre, que son ancienne mousmée, son *moumi*, s'est changée en *mouni*. Entre *moumi* et *mouni*, il n'y a, en apparence, qu'une lettre de différence. En fait, un abîme. Dans l'*Astavakra Gita* qu'elle étudie en ce moment, Alexandra lit :

> Le pur *Mouni* qui va et vient tel un enfant, dénué d'attachement pour n'importe quelle condition et qui est libre de tous désirs, ne contracte aucune souillure même s'il s'occupe d'affaires de ce monde[1].

Un *mouni*, c'est littéralement le silencieux, l'ascète, ce qu'Alexandra, en ce printemps 1913 à Bénarès, est en train de devenir. Comment faire admettre un tel changement à Philippe ? La crise que craignait Alexandra éclate le 13 mars, date à laquelle elle note dans son agenda :

> Les dernières lettres reçues de Tunis me faisaient pressentir que la fin du rêve approchait. Dans celle reçue aujourd'hui, N. annonce son intention de se retirer en juin 1914. Il faut ou rentrer ou tout quitter. Je vais quitter Bénarès, renoncer à un plus long séjour et prendre le chemin du retour. J'espère encore que ce chemin pourra être le grand tour. J'ai une peur affreuse du retour. Nous allons être tous deux très malheureux.

Si, au moins, Philippe avait conscience de ce malheur, s'il écoutait les raisonnements faits par Alexandra dans ses lettres comme :

> [...] Serions-nous heureux si je revenais sans le bagage que j'ai reconnu nécessaire à une vie de philosophe érudit, en notre Occident ? Serions-nous heureux avec les désirs insatisfaits qui, même si je les taisais, resteraient entre nous, alors que je me sentirais incapable de faire en Europe la besogne que je souhaite y faire et que mon inaction me rendrait plus présente une autre inaction, celle des grandes méditations et cette ineffable paix du yogui dans sa jungle... celle que les tigres même ne troublent pas...
>
> Et tu diras : que d'égoïsme. Oui, sans doute, les choses apparaissent sous ce jour, mais si je parle de moi, c'est que je ne connais que ce facteur du problème. [...] J'ai dit serions-nous heureux et j'ai surtout pensé, serais-tu heureux avec l'espèce de *moumi* qui reviendrait demain. Cette espèce momentanée te plairait-elle et j'ai pensé que cela est douteux et que peut-être la sagesse veut-elle que l'on attende un peu que la nature momentanée du *moumi* ait changé, qu'il ait atteint son but et soit devenu celui qui pourra s'adapter à la vie d'écrivain orien-

---

1. *Astavakra Gita*, Adyar, p. 91.

taliste qui m'apparaît comme la seule possible pour lui en Occident.

Le spectre des multiples malheurs implacablement agités par Alexandra, malheurs passés qu'elle énumère un à un, crises morales de 1900 à 1905, neurasthénie de 1906, dépression de 1907, etc., et malheurs à venir dont elle fait aussi, un à un, la liste, finit par avoir raison de la résistance de Philippe. Il se résigne à la métamorphose du *moumi* en *mouni*. Il consent à ce qu'elle poursuive ses études, son bonheur à Bénarès, ses voyages. L'alerte a été chaude, très chaude, il y en aura d'autres mais qui n'auront plus cette intensité. Le destin d'Alexandra s'est joué en un mois, du 13 avril au 10 juin. Le 13 avril, elle se disait prête à prendre le chemin du retour. Le 10 juin, elle a réussi à rester et écrit à son mari :

> Il est très généreux à toi de ne pas dire le mot qui m'obligerait à rentrer et à m'assurer que tu ne le diras pas.

Elle s'avoue « intensément touchée » et rend hommage à Philippe, à sa « largeur d'esprit », à sa « grandeur d'âme », à sa « haute sagesse » et à sa « suprême philosophie ». Elle se déclare aussi « navrée » que son absence peine autant son époux. M. Néel a compris que s'il insistait, Mme Néel se jetterait dans « la solution suprême », c'est-à-dire, se réfugierait dans une hutte dans les Hymalayas ou dans un couvent de nonnes bouddhistes à Ceylan ou en Birmanie, pour y attendre la mort. A cette solution définitive, Philippe préfère celle qui laisse un espoir, si mince soit-il, d'un possible retour. Il ne veut pas que son épouse, comme il l'a écrit, soit « un oiseau ramené de force à la cage, enfoncé dans un coin, la tête sous son aile, un oiseau qui ne chante plus ». Loué soit Philippe pour son consentement qui va permettre à l'oiseau Alexandra de chanter ses meilleurs airs.

L'esprit en paix, Alexandra peut s'abandonner à tous les bonheurs de Bénarès et roucouler, chastement, avec les shadous et les maharadjahs. Celui qui renonce, au fond, c'est Philippe. Alexandra ne renonce à rien de ce qu'elle a décidé, voulu, choisi. Elle est tellement heureuse qu'elle se livre à une prodigalité inouïe, elle se commande des chemises de nuit « modèle inédit de la jungle » lesquelles :

ne ressemblent guère aux enrubannées que tu m'as connues : deux morceaux de coton cousus ensemble un trou pour la tête, deux trous pour les bras, voilà. Je doute que le patron ferait fureur rue de la Paix. Malgré toute cette économie, l'argent s'en va d'un autre côté, achats de livres, [...] professeurs pour le sanskrit [...]. Il me reste une forte somme sur ce que tu m'as envoyé et je n'ai besoin de rien, cependant je prévois que je ne pourrais me rendre au Japon et rentrer par l'Amérique sans un nouveau subside. Naturellement, ce sera à toi de songer, de décider...

Philippe doit se frotter les yeux et se demander s'il n'a pas la berlue en lisant ces lignes. Après l'Inde, voilà que son *moumi-mouni* veut aller au Japon, puis en Amérique ? Et pourquoi pas ? Dompté, M. Néel ne peut plus qu'aquiescer aux humeurs voyageuses de son épouse qui galope à travers Bénarès, en plein mois d'août. Où puise-t-elle ses forces alors que, pendant quatre jours, elle n'a absorbé que de l'eau bouillie pour combattre une crise d'intestin ? Elle en a perdu l'appétit et rêve à une sole normande.

Les pluies arrivent, le Gange monte, engloutissant tout, y compris les ghâts où certains shadous refusent de quitter leur place et périssent, noyés [1]. Alexandra est aussi l'héroïne d'un autre incident également aquatique, quoique moins dramatique [2]. Elle a rendez-vous avec un certain Ramashram, un ascète qui vit dans la campagne, juché sur le toit d'une maisonnette. C'est un féroce démolisseur de croyances pour qui rien n'existe. Fascinée par cette intransigeance farouche qui dépasse la sienne, Alexandra a plusieurs entretiens avec cette incarnation de la négation. Un jour de crue extrême, Ramahsram exige la venue d'Alexandra qui, risquant la noyade, tergiverse. Ramashram ordonne : « Elle doit venir sans tarder. » C'en est trop et Alexandra tourne les talons pour ne plus jamais revenir. Passang, le boy tibétain qui l'a accompagnée dans cette expédition, fait alors allusion à un autre maître, au Gomchen de Lachen :

— Vous auriez probablement traversé l'eau si un « Autre » vous l'avait demandé.

1. Dans *l'Inde où j'ai vécu*, pp. 256 à 258.
2. Dans ce même ouvrage, pp. 266 à 273.

— Oui, mais cet « Autre » ne me l'eût pas commandé.

Tout se sait vite dans Bénarès et cet événement, commenté dans les ruelles et dans les temples, augmente la réputation d'Alexandra. Dans la ville sainte, elle est déjà un personnage. On sait qu'elle ne mange pas de viande, qu'elle pratique les ablutions rituelles. Elle est donc considérée comme assez pure pour être admise à pénétrer dans des endroits générale-ment interdits aux non-hindous. C'est ainsi qu'elle passera une nuit dans un temple, en tête à tête avec l'un des plus farouches avatars de Shiva. Rite terrible : on y reçoit l'illumi-nation, ou la mort. Alexandra sort de l'épreuve, sans être morte, ni illuminée. Elle a même réussi à dormir un peu mal-gré une nuit d'orage et l'affreuse divinité qui, à chaque éclair, semblait grimacer de tous ses crocs...

Alexandra est reçue partout, dans tous les monastères, et même chez les Jaïns qui sont les ennemis jurés du boud-dhisme et des bouddhistes. Elle accomplit des miracles : les Jaïns récitent des poèmes composés en son honneur, et à la louange du Bouddha. Elle termine son chemin de gloire, sa route de lumière par une apothéose organisée par son pro-fesseur de Vedanta, Satchinanda. En compagnie d'autres col-lègues et de membres d'un cénacle de lettrés laïques, Satchi-nanda invite la Dame-Lama à faire une conférence sur le bouddhisme, là, à Bénarès, où depuis le XIe siècle, plus per-sonne n'a osé parler du Bouddha. Alexandra ose et remporte un vif succès. Et pourtant, c'est comme si cette protestante avait vanté, en plein Vatican et en plein XVIe siècle, les mérites de la religion réformée !

En récompense d'une telle audace, elle reçoit un étui de san-tal où se trouve inscrit, en lettres d'or sur un morceau de satin blanc, son éloge. Alexandra n'en est pas plus fière pour cela :

> Il y en a, en effet, qui seraient fiers, qui se croiraient une per-sonne importante... Comme c'est puéril et sot cette idée, n'est-ce pas, et comme celui qui pense et analyse voit bien qu'il n'est rien de plus qu'un oiseau emporté par le vent, jeté par lui sur tel ou tel rivage et y devenant l'instrument des causes accu-mulées, vieilles comme le monde...

Pour se moquer d'elle-même, et des autres, elle joue les fakirs et s'étend sur une planche à clous, à la stupéfaction des touristes anglais à qui elle annonce :

— Vous avez vu quelque chose de bien plus étonnant qu'un fakir, vous avez vu une Parisienne couchée sur un lit de clous, c'est plus rare !

Quand les plus audacieux parmi ces dignes Britanniques touchent les clous, ils s'écorchent les doigts alors que la Parisienne de Saint-Mandé, usant de ses pouvoirs acquis, ne montre pas la moindre trace de piqûres.

Comme elle s'amuse, Alexandra, comme elle croque à belles dents son bonheur à Bénarès. Elle rassure son mari : non, elle ne tombe pas dans un mysticisme délirant :

> Oui, certes, la vie sans le refuge d'un mysticisme quelconque est une laide aventure. Il y a le mysticisme pour toutes les capacités intellectuelles, comme il y a des articles pour toutes les bourses dans les bazars. Il y a la foi du charbonnier et les rêveries d'esprits agnostiques et sceptiques comme le mien. Il y en a qui sont les esclaves de leurs dieux et d'autres qui se savent leur créateur. Nous cultivons des fleurs jolies et parfumées pour le plaisir de nos sens, pourquoi ne cultiverions-nous pas un mental jardin de gracieux mirages... Si nous évitons l'erreur grossière des dévots vulgaires, si nous savons que le mirage est un mirage, il n'y a plus de danger pour nous d'être dévorés par nos chimères.

Le mirage de Bénarès, et du bonheur à Bénarès, touche à sa fin. Voilà comment dans *Mystiques et magiciens du Tibet*[1], elle résume les neuf mois qui viennent de s'écouler :

> Je me remis à l'étude assidue de la philosophie vedanta délaissant un peu le lamaïsme que je n'entrevoyais pas le moyen d'approfondir plus que je ne l'avais fait et je ne songeais nullement à quitter Bénarès, lorsqu'un concours de circonstances qui me sont toujours demeurées obscures m'amena à monter un matin dans un train se dirigeant vers l'Hymalaya.

Dans ses livres, Alexandra a tôt fait de qualifier d'« obscur », ce dont elle ne veut pas, ou n'a pas envie de parler, pour une raison ou pour une autre. Quoi qu'elle en dise, ce « concours de circonstances » n'avait rien d'obscur, et toute la lumière a pu être faite grâce à la récente découverte, dans les archives de Digne, d'un dossier contenant les lettres de Sidkéong Tulkou et du Gomchen de Lachen.

Sidkéong et Alexandra, devenus intimes, sont unis par un

1. P. 56.

lien supplémentaire, celui de la franc-maçonnerie à laquelle Sidkéong a adhéré, en mars 1913, lors d'un passage à Calcutta :

> J'ai été voir le gouverneur et je lui ai parlé de mon adhésion à la franc-maçonnerie et il m'a très gentiment donné une lettre d'introduction pour la loge des maçons, me recommandant de m'inscrire comme un des membres compagnons. Je suis très content d'avoir pu me joindre à cette société.

En novembre 1913, le père de Sidkéong, le vieux maharadjah du Sikkim, donne des signes d'une fin prochaine. Le prince héritier appelle sa chère sœur David-Néel à l'aide, en une telle situation, il a besoin de sa présence et de ses avis. Il a aussi besoin de ses conseils pour mener à bien la réforme du bouddhisme qu'il entreprendra quand le Sikkim sera sien. En plus, connaissant l'humeur vagabonde de son amie, il laisse entrevoir qu'ils pourraient aller ensemble au Bouthan qu'Alexandra rêve de découvrir et où les Européens ne sont pratiquement pas admis.

Quant au Gomchen de Lachen, il est débordé par les lettres envoyées par la Sévigné de Bénarès :

> Vos lettres sont aussi nombreuses que le débit du Gange et j'en suis aussi content que lorsque je vous ai rencontrée.

Il ne s'en plaint pas, mais « pour discuter par lettre, et se comprendre, c'est un peu difficile ». D'autant plus qu'il s'agit de satisfaire une requête d'Alexandra sur « l'aspiration à réaliser la vue de la vacuité, sagesse ultime ».

La réforme du bouddhisme au Sikkim, un voyage au Bouthan, la réalisation de la sagesse ultime, tout cela n'a vraiment rien d'obscur et explique parfaitement, à la gare de Bénarès, le 22 novembre 1913, la présence d'Alexandra en route pour le Sikkim.

Une vie d'anachorète cossue

*[...] et cela t'explique, très cher, mon attache-
ment, peut-être trop égoïste, aux jours studieux et
paisibles que je coule en Asie sous mes robes de
yogi.*

(Alexandra à Philippe, le 13 juillet 1913.)

*Le lama Yongden est né dans un petit État tibé-
tain de l'Hymalaya [...]. Ce minuscule royaume
ayant été conquis par les Anglais est devenu
territoire britannique. Il en résulte que, du fait
de sa naissance, le lama se trouve être sujet britannique [...].*

Alexandra DAVID-NEEL.
(Sous des nuées d'orage.)

A vant de quitter Bénarès, et comme pour justifier son nouveau et imprévisible départ, Alexandra écrit à son mari :

[...] crois-tu, mon ami, pouvons-nous raisonnablement
croire, qu'une personne qui médite sur le Brahman avec un
tigre à côté d'elle est faite pour le train-train habituel de la vie
ménagère ? Sans exagérer en rien la portée de l'aventure, je
pense qu'il serait peu sage de ne pas y voir l'indication d'un
peu de singularité dans le tempérament de celle qui l'a vécue.

227

Au train-train de la vie ménagère, la singulière Alexandra préfère la vie dans les trains de l'aventure. C'est son goût, c'est son droit. Il arrive que cette voyageuse expérimentée rate parfois son train, pas par sa faute, oh! non, mais par celle de ses domestiques qui ne sont pas prêts. C'est ce qui vient d'arriver le 25 novembre, à Rajariha. Alexandra note dans son agenda :

> Je passe la soirée jusqu'à la nuit, assise parmi les palmiers, dans un cadre très tunisien, à regarder de loin Grihakuta où le Bouddha a vécu, où il a enseigné... Je tâche de l'imaginer, shadou entouré de ses disciples [...] Quand le train m'emporte, je souhaite ardemment une parole du Maître comme s'il était vivant et s'il pouvait m'entendre, et soudain à ma mémoire se présente le passage [...] « Soyez à vous-même votre refuge et votre flambeau [...] » Je veux voir une réponse dans cette brusque réminiscence et n'est-ce pas justement celle qu'il me fallait...

Le 27, Alexandra abandonne le train où elle a passé trente-trois heures consécutives et arrive un peu avant Darjeeling, à Siliguri. Là, l'attendent une escorte et des chevaux envoyés par Sidkéong Tulkou :

> Au soir, on m'apporte le fouet tibétain venu avec les chevaux. Un objet bien vulgaire mais si « Asie jaune » que le cœur m'en bat. Au matin, j'ai revu les Hymalayas dans le train. Pourquoi le destin m'y ramène-t-il? Je ne sais. Tout le vertige de l'au-delà me ressaisit. Je pars demain de Siliguri pour Gangtok et là-bas... qui sait où?... Ce soir j'ai fait un petit tour à cheval sur la route, regardant la neige au coucher du soleil. Comme ils ont l'air énigmatique cette fois les Hymalayas. Je ne comprends plus. Pourquoi suis-je revenue ici? Que va-t-il m'arriver?

Ces appréhensions sont vite dissipées par l'accueil reçu au Sikkim. Le 3 décembre, Alexandra fait son entrée à Gangtok, la capitale, comme un personnage officiel, entre une haie d'honneur formée par les enfants des écoles, les instituteurs, les lamas. Sidkéong Tulkou vient au-devant de sa sœur David-Néel à qui il offre une écharpe de bienvenue,

> ce qui est tout à fait honorifique pour moi, car rares sont ceux à qui, vu son rang, il donne ce témoignage de respect.

Ce qui satisfait moins Alexandra, c'est que le voyage au Bouthan semble compromis. Le mauvais état de santé du vieux maharadjah empire chaque jour et devant cette aggravation, il est difficile à Sidkéong de s'absenter. En plus, le résident anglais, M. Bell, très occupé par la conférence sino-anglo-tibétaine qui se tient à Simla, a oublié d'avertir le maharadjah du Bouthan de la prochaine visite de Mme Néel. Résultat ? Alexandra est bloquée à Gangtok et occupe ses loisirs forcés à étudier le tibétain. Elle a de nouveaux soucis d'argent : elle ignore si le ministère de l'Instruction publique renouvellera ses subsides et n'a pas grand espoir. Elle a besoin, à brève échéance, de quelques fonds. A Philippe qui a demandé « fixe-moi la somme », elle répond :

> Ces questions d'argent me sont très pénibles. Je sais que tu fais des sacrifices pour moi, pour me faciliter une voie qui te déplaît à toi[1].

Et comme si ces ennuis-là ne suffisaient pas, Alexandra loge à la Résidence anglaise de Gangtok, ce qui signifie qu'elle doit assister à la cérémonie du thé, s'habiller pour le dîner, et même, horreur, participer à des puzzles. Perdre son temps à assembler des pièces de bois colorié quand il y a tant d'autres choses intéressantes à faire, à étudier, à voir. Ces divertissements l'ennuient profondément, et, pour y participer, Alexandra a dû se résigner à remettre son corset :

> J'ai vécu en sauvage, sans corset, durant tout mon séjour à Bénarès, sans col aussi et sans vrais souliers. Ces divers accessoires de toilette me gênent aujourd'hui, d'autant plus que je suis devenue ridiculement grosse et que, ne pouvant plus entrer dans mes anciens vêtements, il me faut serrer mon corset, ce qui me gêne pas mal.

Alexandra oublie sa gêne, et son corset, pour revêtir, le 4 janvier 1914, une superbe robe de *lamina* (lama femme) offerte en cadeau de Nouvel An par Sidkéong Tulkou et autres lamas. Ce don a valeur de symbole et fait d'Alexandra la consœur de Sidkéong et de ses collègues.

La robe est très chaude, en feutre rouge foncé, avec un col bleu vif, une ceinture jaune. L'ensemble est complété par un bonnet jaune d'or avec des lisérés rouges. Alexandra se fait photographier en *lamina*, admire le résultat, tout en regrettant « que la photographie ne rende pas les couleurs ».

1. *Journal de voyage*, p. 260.

Le 5 janvier, Sœur David-Néel quitte Gangtok pour le monastère de Rhumteck où elle fait un sermon du soir et installe sa nouvelle tente. Sermon et tente remportent un égal succès de curiosité auprès des lamas.

Tout ce mois de janvier se passera en des excursions aux alentours de Gangtok et selon un scénario semblable à celui de la journée du 5. Alexandra prêche la bonne parole et, devant la saleté repoussante qui règne dans les monastères, dresse sa tente dans une pièce. Une tente dans une chambre, voilà qui ne manque pas d'originalité. Cela pourrait étonner Philippe à qui Alexandra explique :

> Jamais un Anglais, même de rang très inférieur, dans n'importe quel service, ne se déplace sans sa tente, son lit de camp, ses couvertures, etc. Nous autres Français (je m'excepte étant à moitié Hollandaise et Scandinave), nous sommes de piètres voyageurs et colonisateurs, nous ne savons pas faire une vie confortable en dehors de la maison.

Dès lors, et jusqu'à son voyage à Lhassa, Alexandra va s'appliquer à réaliser son idéal d' « ascétisme épicurien » et de « vie confortable », autant que faire se peut, avec sa tente, son lit de camp, ses couvertures, ses instruments de cuisine et le tube en zinc indispensable à ses ablutions.

Le 10 février 1914, le vieux maharadjah meurt, enfin. Alexandra assiste à ses funérailles et à sa crémation. Sidkéong Tulkou succède à son père et devient le maharadjah Kumar[1]. La campagne de réforme religieuse peut commencer. On appelle à la rescousse Kali Koumar, un moine appartenant au bouddhisme du Sud et M. Mac Kechnie, un orientaliste écossais qui, en se convertissant au bouddhisme, a pris le nom de Silacara. Alexandra le présente comme « un grand diable tout en os », « un Méphisto d'opéra ». Il vit en Birmanie.

La Birmanie est à l'ordre du jour : c'est de ce pays que vient Ma Lat, une princesse que Sidkéong doit épouser et, pour cela, jouer les Titus et renvoyer sa maîtresse, une Béré-

---

1. Que nous continuerons à appeler, à l'exemple d'Alexandra, Sidkéong.

nice tibétaine. Ma Lat avec qui Alexandra de Sévigné, est, évidemment, en correspondance, est une princesse « modern style ». Sa modernité effraie Sidkéong que rassure Alexandra. Promue conseillère conjugale du nouveau maharadjah, elle prend son rôle au sérieux et le joue avec Philippe qui va quitter Tunis pour Bône où il est appelé « à de plus hautes fonctions ». Elle daigne s'en préoccuper :

> [...] Je te conseille, sois prudent dans tes rapports avec les personnes avec qui tu auras à faire. Laisse de côté le monsieur cassant, coupant et pas toujours très poli en ses phrases que tu as été. Cultive l'amabilité, le sourire et cette précieuse indifférence, ce « je m'en fichisme » transcendant qui est la plus sûre des philosophies pour ceux qui vivent dans le monde et entendent s'y faire ou s'y conserver une place. Ne prends rien trop à cœur, c'est un tort quand on est le représentant des intérêts des autres.

Ces excellents conseils donnés, Alexandra s'inquiète de son capital laissé à Bruxelles sous forme d'actions dont il faut détacher, elle dit « tondre », les coupons pour en toucher les intérêts :

> Tu n'avais pas l'habitude de « tondre » les titres quand j'étais à Tunis et je t'avais demandé de me laisser toucher les intérêts qui représentent une somme importante si tu les as laissé accumuler.
> Tu pourvois, et encore lors de ton dernier envoi de fonds, m'as promis de continuer à pourvoir à mes modestes besoins, de sorte que je puis me passer de provisions. Il m'en viendra toujours, un jour, de Bruxelles.
> Vois, si tu le veux, mon ami, dans cette renonciation à la chose que j'ai le plus à cœur, comme étant la source de toute liberté : l'argent, vois un effet du détachement né de mes méditations philosophiques. Je ne sais, [...] si, quoique tu sois fin et subtil d'esprit, tu seras en état de mesurer l'étendue du changement et du chemin parcouru... Il m'étonne grandement moi-même.

Alexandra est arrivée, en effet, dans ce qu'elle nomme « la chambre fraîche et paisible de la paix ». Elle n'aspire plus qu'à une vie d'ermite, dans un « ermitage civilisé », c'est-à-dire une cellule où dormir et étudier, un cabinet de toilette pour se baigner et une cuisine. Elle ne craint plus la pauvreté qui, en Asie, n'est pas un crime. Elle connaît des coins où l'on peut vivre décemment, et confortablement, avec 20 francs par mois. Elle déplore que Philippe ne partage pas ses goûts de vie simple :

Dommage que nous n'ayons pas les mêmes goûts. Avec tes revenus, une fois ta retraite prise, nous aurions pu mener une vie d'anachorètes cossus. Mais que feras-tu, mon tout petit cher, dans les milieux où je vis. Le sanskrit et le tibétain « t'indiffèrent » également. Mes amis yogis du Pays des Neiges ou des rives calcinées du Gange t'apparaîtraient comme d'assommants détraqués. Non, il ne faut pas y penser. Et, veux-tu que je te dise, c'est grand dommage. J'aimerais bien t'avoir près de moi, te revoir, causer avec toi... Mais tu l'as écrit, là-bas, c'est la vie du troupeau qu'il faut mener.

Mener la vie du troupeau, Alexandra s'y refuse et s'y refusera toujours. Et d'adresser alors à Philippe, en 1914, les mêmes reproches qu'elle lui adressait en 1904 :

Je croyais, excuse mon aveugle présomption, je croyais qu'assez d'estime pour moi t'était venue pour ne plus songer à la longue à m'assimiler au « troupeau » et je croyais aussi que, pour ton compte, tu ne tenais pas tant à t'y noyer.

Trois ans après son grand départ, Alexandra fait le point et dresse un bilan conjugal :

[...] tu souhaites, à domicile, quelqu'un qui soit prêt à reprendre « les serrements de mains » « les baisers » et le reste. [...] Serrements de mains, baisers et le reste, tu en as usé et abusé avec maintes partenaires, moi comprise, et aujourd'hui que mon éloignement a interrompu ma collaboration, tu me fais comprendre nettement que ce qui te plaisait en moi, ce n'était pas moi, mais les sensations que je te procurais. Crois bien que je suis assez clairvoyante pour le savoir depuis longtemps. Un jour à La Goulette, tu m'avais dit que si tu ne prenais plus de maîtresse, c'était parce que je les remplaçais.

Clairvoyante, trop clairvoyante Alexandra qui n'est pas sans comprendre que Philippe a, peut-être, trouvé une remplaçante, et un bonheur que son retour compromettrait :

Qu'est-ce que tu souhaites, [...] que je promette de ne pas revenir, de ne pas gêner ta vie, de ne pas chercher un jour à reprendre ma place au foyer où tu auras installé une autre ? Est-ce cela ? Quand on parle de ces choses, c'est qu'elles sont déjà à moitié réalisées. Est-ce que tu as une liaison qu'il te plairait de rendre à peu près stable ? pourquoi ne pas le dire franchement ?
Il ne peut, en aucun cas, n'est-ce pas, être question de séparation légale. Ni l'un ni l'autre n'avons l'envie de raconter nos affaires privées à un tribunal. Nous aurions mauvaise grâce et serions ridicules. Je porte ton nom honorablement, tu es mon meilleur ami, ce ne sont pas là des motifs de divorce. L'union à

laquelle tu songes est celle dite « de la main gauche ». L'un et l'autre, de par les clauses de notre contrat de mariage, nous avons des intérêts matériels indissolublement liés, la séparation n'y changerait rien et tu serais dans une situation plus fausse que jamais.

Philippe acquiescera à toutes ses raisons. Il découpera les coupons et n'accordera aucune légitimité à sa maîtresse autre que son rang de seconde. Les liens, s'ils se sont distendus entre Alexandra et Philippe, ne se rompront jamais complètement et resteront fins et forts comme un incassable fil d'acier.

Ce détachement d'Alexandra face à Philippe, à l'argent, au monde, se situe en mai 1914. Et c'est pendant ce mois-là, le 13, qu'elle engage comme boy, Aphur Yongden, un garçon tibétain à qui elle s'attachera suffisamment pour en faire son fils adoptif. Le 13 mai, Yongden reçoit deux roupies d'avance sur son salaire. Il en recevra quatre autres le 13 juin. Sur ce salaire mensuel de six roupies, Alexandra retiendra les sommes correspondantes aux œufs que Yongden a laissé maladroitement tomber par terre et au crayon qu'il a involontairement égaré...

Yongden, d'après Alexandra, était né en décembre 1899, au Sikkim, dans la contrée de Denjong (vallée du riz), au village de Mando. Il passait pour être une réincarnation d'un chef tibétain, Tekongtok, qui aurait été un *Bodhisattva*, un Bienheureux, héros de multiples légendes.

Le père de Yongden était un petit fonctionnaire et un propriétaire terrien. Sa mère, « une jeune fille de la race autochtone hymalayenne ». Yongden avait deux frères dont l'un répondait au nom de Passang et une sœur.

Son grand-père était un lama-magicien, connu pour son art de faire tomber la pluie ou la grêle, ou de les empêcher de tomber. Il savait aussi évoquer les déités et manifestait des compétences certaines en sciences occultes.

Son petit-fils ne semble pas avoir hérité de ses pouvoirs. Il se contentait, toujours selon Alexandra quand elle le rencontra, de croire :

> aux dieux innombrables, aux génies, aux khandomas-fées, à toute une mythologie aimable que l'on n'adore point avec ter-

reur mais avec laquelle on entretient les rapports courtois d'un homme de bonne compagnie avec ses voisins.

Et Alexandra ajoutait : « Ce n'est pas moi qui l'en blâmerais. »

Ce qu'elle aime en ce garçon de quatorze ans c'est son esprit d'aventure. Comme Alexandra, Yongden a « fugué », il a quitté, à huit ans, le domicile paternel pour rejoindre l'un de ses oncles, moine dans un monastère tibétain, et y apprendre le Dharma, la doctrine du Bouddha. Ces deux anciens « fugueurs », ces deux disciples du Bouddha, ces deux créatures de même petite taille, ont tout pour s'entendre. « Je veux voyager », dit Yongden à Alexandra quand elle l'engage. Il voyagera au-delà de ses espérances, parcourant l'Asie et l'Europe.

Pour suivre Mme Néel, ce garçon n'hésite pas à abandonner sa famille et à renoncer à sa part d'héritage. Ce qu'il fera sans hésiter, manifestant une confiance aveugle à celle qu'il considère comme sa seconde mère, comme son maître spirituel, celle qui enseigne la doctrine du Bouddha.

Pour le Bouddha, Alexandra est venue en Asie, et par le Bouddha, elle reçoit ce don du ciel, cet Asiatique, qui, pendant plus de quarante ans, va partager sa vie et sans lequel sa vie n'aurait pas été ce qu'elle a été. Yongden servira Alexandra comme cuisinier, blanchisseur, tailleur, secrétaire. Il l'aidera pour ses nombreuses traductions et adaptations de livres tibétains. Il sera un petit compagnon parfait qui, en plus, sait sourire à toutes les difficultés et à tous les contretemps. Un vrai miracle dans la vie d'Alexandra. Et dire qu'Alexandra ne croyait pas au miracle !

La gourmandise préférée de Yongden était un mélange de *tsampa*, de beurre, de fromage et de sucre. Alexandra, elle, préfère la *tsampa*, avec beaucoup de crème. La *tsampa*, c'est l'aliment essentiel au Tibet, c'est de la farine d'orge grillée que l'on mêle à du thé, dans un bol. Avec ou sans crème, Alexandra a tout de suite raffolé de la *tsampa*. Ce goût spontané, cette preuve de la réincarnation par l'estomac, suffirait à faire croire que, dans une vie antérieure, Alexandra a été un lama aussi gourmand que Yongden... Mais, au Sikkim,

Alexandra n'est-elle pas devenue véritablement une *lamina*, une Dame-Lama ? Elle vient de séjourner deux mois au monastère de Podang, situé à une quinzaine de kilomètres de Gangtok, et dont Sidkéong Tulkou est l'abbé. Elle y a assisté à la sortie de Mahakala, un esprit malfaisant que l'on maintient enfermé dans une armoire, à force de charmes et d'offrandes, et qui, une fois par an, quitte sa prison-armoire. C'est ce genre de superstitions que Sidkéong veut abolir, avec l'aide d'Alexandra, de Silacara l'orientaliste écossais et de Kali Koumar le moine. Rude tâche pour ce quatuor qui voudrait lutter contre ces coutumes anti-bouddhiques que sont la sorcellerie, le culte des esprits et l'habitude, dans les monastères, de boire des boissons fermentées. Ils échoueront dans leur tâche, prévenus de leur futur échec, par une voix étrange, était-ce celle de Mahakala, qui disait : « Rien de ce que vous tenterez ne réussira. Les gens de ce pays sont miens. Je suis plus fort que vous[1]. » Les démons, pour une fois, triompheront, seront plus forts que le quatuor, plus forts que le Gomchen de Lachen qu'Alexandra a aperçu un soir, avec ses atours de mage noir, sa tiare à cinq faces, son collier en rondelles de crânes, son tablier d'os humains, son poignard magique, se livrant à une étrange danse autour d'un feu. La salamandre qui sommeille toujours en Alexandra rêve de traverser ces feux-là. Mais c'est seulement à la mi-octobre qu'elle se rendra à l'invitation du Gomchen qui, depuis début mai, l'attend dans sa retraite. Les raisons de ce retard ? Mme Néel n'a pas résisté à l'attrait de magnifiques excursions, et à franchir, *en cachette*, la frontière tibétaine, « vue superbe et contrée grandiose dans sa désolation farouche ». Elle a connu là des « minutes d'intense méditation et de paix infinie » au moment même où l'Europe entrait en guerre et où l'on assassinait à Sarajevo l'archiduc Ferdinand et son épouse morganatique. A cette dernière, elle accorde l'oraison funèbre suivante :

> Toute une vie de lutte, d'intrigues, de ruses et de calculs patients qui allait recevoir son couronnement... et le couronnement, le voilà, c'est la mort qui balaie tout cet échafaudage de l'ambition. Folie ! Et tous, tous ceux que nous croisons ainsi le long des chemins, du roi au balayeur de rues, poursuivent ainsi quelque plan, quelque rêve, s'acharnent et s'usent pour saisir

1. *Mystiques et magiciens du Tibet*, p. 164.

quelque objet qui glissera de leurs doigts le jour [...] où ils l'auront effleuré.

Pendant ce mois d'août 1914, Alexandra a beau se dire détachée de tout, elle suit de très près tout ce qui se déroule en France, et en Belgique où se trouve sa mère qui « n'est pas en état de bien comprendre et j'ai grand-peur que la frayeur ne la tue ». Le 5 septembre, elle apprend la prise de Bruxelles par « les Prussiens » et s'en affecte plus qu'elle ne pouvait l'imaginer :

> La fin des fins semble proche. Tous les espoirs que l'on paraissait pouvoir concevoir au commencement de la guerre semblent s'effondrer [...]. Je sais bien que tant que le dernier coup de fusil n'est pas tiré, il y a de la place pour beaucoup d'événements imprévus. [...] Les Anglais, ici, paraissent très rassurés et croient que finalement, l'Allemagne sera écrasée car elle ne pourra pas soutenir l'effort qu'elle s'impose. Souhaitons-le. [...] car si l'Allemagne triomphe, nous n'avons plus qu'à partir en exode comme les Juifs. Oh! vraiment, l'idée de voir Bruxelles entre les mains des Prussiens, de retourner là et d'y trouver des étrangers où j'avais l'habitude de voir les figures familières des braves Flamands, cette idée-là est trop pénible.

Et pour fuir cette lointaine Europe à feu et à sang, Alexandra s'en va dans les Hymalayas à la rencontre de la lumière.

Une femme des cavernes
(automne 1914-été 1916)

Je suis à jouer la femme de la période quater-
naire dans un abri de roche.

(*Alexandra à Philippe, le 2 novembre 1914.*)

Or le chela *[disciple] n'était autre que la célèbre*
orientaliste et exploratrice française Alexandra
David-Néel dont les ouvrages [...] étaient le résultat
direct de ces trois années d'études et de médita-
tion sous la direction du grand ermite. Avec une
sûreté infaillible, ce dernier avait choisi le meil-
leur des porte-parole pour diffuser son message au
monde entier, sans avoir lui-même à quitter sa
retraite lointaine dans les neiges des Hymalayas.

Anagarika GOVINDA.
(*Le Chemin des nuages blancs.*)

En septembre 1914, quand elle quitte Gangtok, Alexandra
peut se répéter ce qu'elle a tant de fois dit, et écrit, à
Philippe, et cela, bien avant la déclaration de la guerre :
« Quelle universelle folie ! Quelle vaste maison de fous est le
monde ! » ou :

De pauvres pantins, d'absurdes marionnettes, c'est là tout ce
que sont les plus grands d'entre les humains,

237

ou encore :

> Mon Dieu que tout cela est compliqué et que la Paix, le repos sont difficiles à rencontrer si on les cherche en dehors de soi-même dans les circonstances extérieures.

Cédant à l'irrésistible appel des cimes, de la lumière, de la paix et du Gomchen de Lachen, l'Amazone des Hymalayas qui a fait des progrès en équitation et se tient convenablement sur sa monture, pense, médite ou entretient avec Philippe, son homme-muse, une conversation imaginaire, à peine interrompue par les incidents de route, bêtes qui glissent, bâts qui tombent, altercation avec une caravane rencontrée sur un sentier très étroit et qui refuse de reculer... Qu'est-ce que cela ? « Agitations de fourmis » et « poussières de champignons ». Alexandra va vers son destin de lumière comme si elle était véritablement ensorcelée par le Gomchen, le magicien de Lachen :

> C'est vrai, mon petit cher, je suis ensorcelée... [...] Je n'ai jamais beaucoup cru au monde et j'ai toujours rêvé au moyen de m'en évader. C'est une bien affreuse chose que cette cage à écureuil dans laquelle tournent les êtres aveuglés par l'illusion qu'ils vont peut-être quelque part, font quelque chose, sont quelque chose. Ils meurent à la peine pour revenir sous d'autres formes et continuer la même poursuite folle. Le « désir d'exister » comme dit Schopenhauer, les possède, ou, plutôt, ce mystérieux « désir de vivre » les produit. Et tout l'effort des penseurs de l'Inde est dirigé en sens inverse de ce « désir de vivre » vers le repos, la paix inébranlable, l'éveil succédant à l'agitation du cauchemar.

Ce repos, cette paix, cet éveil, Alexandra espère bien les trouver dans cette retraite où le Gomchen l'a invitée. Elle fuit le monde, et surtout les « gens du monde » qui se réunissent à la Résidence anglaise de Gangtok. Ah, ces mondains, avec leur étiquette, leurs puzzles, leur incurable frivolité et leur vide dont l'absolu peut seul donner une notion de l'infini :

> Quand il m'arrive comme ces jours-ci de me trouver de nouveau mêlée à des gens du monde, obligée de m'asseoir à table avec eux, de causer à bâtons rompus de choses, pour moi sans intérêt, je suis véritablement au supplice. Je songe à ces vers du *Dhammapada* : « C'est après la forêt que soupire l'éléphant captif. » Et comme lui je soupire après la jungle où l'on est seul avec ses méditations.

En cet automne 1914, aux veilles d'entrer en sa quarante-sixième année, Alexandra n'aspire plus qu'à la solitude, « autour de celui qui se complaît dans la solitude, la solitude se fait », constate-t-elle. C'est dans un tel état d'esprit qu'elle s'en va vers le Gomchen qui s'est retiré dans une caverne baptisée « Claire Lumière », à quelque 3 500 mètres d'altitude et à une trentaine de kilomètres au sud de la frontière qui sépare le Sikkim du Tibet.

Rien ne pourra entraver l'ascension de l'amazone des Hymalayas, pas même un cheval rétif. Alexandra a fait halte au bungalow de Thangou, le 15 octobre. Là, à peine est-elle montée sur un petit cheval appartenant au gardien du bungalow, qu'elle se retrouve jetée à terre par une ruade d'une telle violence qu'elle s'évanouit. Quand elle reprend connaissance, impossible de bouger. Le gardien est désolé, son cheval est paisible comme un mouton, et, pour le prouver, il y monte à son tour et se retrouve immédiatement à terre. Moins chanceux qu'Alexandra, il est tombé sur des rochers et saigne abondamment. « Jamais, jamais, ce cheval ne s'est conduit ainsi », gémit-il. La consternation règne au bungalow. Alexandra repose, endolorie, sur son lit. Yongden pleure dans un coin. Le cuisinier résume les événements qui viennent de se dérouler d'un « cela n'est pas naturel, c'est le Gomchen qui est la cause de ce qui est arrivé, n'allez pas à son ermitage, retournez vite à Gangtok ».

Les changements d'humeur du cheval, les accidents qui en ont résulté, tout cela, naturel ou surnaturel, ne feront pas rebrousser chemin à Alexandra qui, deux jours après, montant une jument noire, envoyée par le Gomchen lui-même, averti de l'arrivée de sa correspondante, grimpe allégrement vers la « Claire Lumière ». Dans cette caverne perdue dans les rochers de la montagne et quasiment inaccessible, le Gomchen se retire pour de longues retraites pendant lesquelles il ne voit personne. La faveur qu'il accorde à Alexandra est sans précédent. Il vient même à sa rencontre. Il installe son invitée dans une autre caverne, non loin de la sienne, et plus petite, fermée par un mur de pierres sèches où deux ouvertures font figure de fenêtre et où quelques planches attachées avec des rubans d'écorce forment une porte. Il se retire ensuite, emmenant avec lui les domestiques d'Alexandra qui reste seule face à un grand pot de thé et de *tsampa*, à un feu allumé par terre, et à une nuit sans lune mais pleine d'étoiles. L'une d'entre elles, quand Alexandra est couchée dans l'obscurité la plus complète, feu éteint, vient faire la conversation à la solitaire et demande :

— Es-tu bien ? Que penses-tu de la vie d'ermite ?
— Oui, je suis bien, mieux que bien... ravie et je sens que la vie d'ermite délivrée de tout ce que l'on appelle les biens et les plaisirs de ce monde est la plus merveilleuse qui soit.

Alors l'étoile qui est une étoile savante cite des vers de l'ascète-poète Milarepa, « que je sois capable de mourir dans cet ermitage et je serai content de moi », puis disparaît. Satisfaite de cette visite, Alexandra s'endort d'un sommeil profond que ne troublent pas les plaintes du vent errant dans les ténèbres... Courageuse Alexandra !

Le lendemain, fraîche et dispose, elle monte vers la « Claire Lumière ». Elle est admise à entrer dans l'antre, un vrai nid d'aigle, tout confort, semble-t-il, avec cuisine, portière en tissu multicolore, coffres de bois, coussins, toiles peintes, autels, entrepôt de provisions, et régnant sur le tout, entourée de sept vases, de bougies et de baguettes d'encens, une statuette de Padmasambhava, cet apôtre du bouddhisme que vénère le Gomchen...

Alexandra peut avoir là une idée de ce qu'est le vrai chic tibétain en matière d'ermitage, un chic qu'elle va s'efforcer d'imiter, voire de surpasser. Mais elle n'est pas là pour « causer décoration ». Elle est là parce qu'elle veut faire l'expérience de la vie contemplative, selon les méthodes lamaïstes. Sa volonté, pour une fois, ne suffit pas. Alexandra doit avoir l'autorisation du Gomchen qui hésite : il est aux veilles d'effectuer une grande retraite qui, selon l'usage, dure trois ans, trois mois, trois jours. Il énonce les questions rituelles qu'un maître pose à son futur disciple pour l'éprouver :

As-tu le pied assez sûr pour l'escalade ? Es-tu assez audacieux pour regarder en face n'importe quel danger ? Assez sage pour écarter les illusions ? As-tu surmonté l'attachement à la vie et te sens-tu capable d'allumer en toi-même, la lampe qui doit éclairer ta route ?

A toutes ces questions, Alexandra peut, fièrement, répondre par l'affirmative. Le Gomchen ne se trompe pas sur une telle assurance. Il reçoit Alexandra comme disciple à une condition : elle ne devra pas retourner à Gangtok, ni vers le sud, sans sa permission. Elle qui n'a jamais supporté la moindre restriction à sa liberté accepte. Mais cette docilité, cette assurance ne suffisent pas à expliquer l'exceptionnelle faveur accordée par le Gomchen à Alexandra. La raison profonde en est donnée par le lama Anagarika Govinda qui, dans son livre, *le Chemin des nuages blancs*[1], explique que le Gomchen a vu en Alexandra « le meilleur des porte-parole pour diffuser son message au monde entier ». Et c'est vrai : sans Alexandra, tout ce savoir qu'elle a recueilli, concentré dans des ouvrages comme les *Initiations lamaïques* aurait été irrémédiablement perdu.

Le maître et le disciple ont même conclu un marché : il donnera des leçons de tibétain et recevra, en échange, des leçons d'anglais, « pour que nous soyons capables d'écrire en collaboration un livre sur le tantrisme bouddhiste », note Alexandra dans son agenda, à la date du 26 octobre 1914. Le 27, elle a enfin obtenu ce qu'elle voulait :

> Le Gomchen s'est décidé mais j'ai dû promettre de rester un an à sa disposition, à Lachen l'hiver, et à proximité de sa caverne quand viendra l'été.
> Je dois demeurer à la *gompa* (monastère) de Lachen dans un logement de lama. Cela ne sera pas drôle ni confortable. Ces logements sont des boîtes à l'usage des anachorètes tibétains. Le cœur m'a battu et j'ai eu un instinctif recul au moment de promettre. Et puis j'ai promis. Qui veut la fin veut les moyens. C'est une unique occasion d'apprendre le tibétain et les mystères du tantrisme bouddhiste, complètement ignorés de tous les orientalistes. Ce sera rude, mais terriblement intéressant.

Et ce sera exactement comme l'intrépide Alexandra l'a prévu, « rude, mais terriblement intéressant » :

> Je vais rester là à méditer, à regarder, à savourer des heures peu communes, à parler tibétain aussi... Très aimablement [...] ce yogi[2] a écrit de volumineuses notes pour moi, qui me seront d'utiles documents. J'ai grande estime en ce personnage extraordinaire. C'est un penseur et de haute envergure, dépourvu de toute pédanterie et toujours simple et accueillant [...] Je vois d'après ta lettre que les envois de fonds sont deve-

1. Albin Michel éd.
2. Il s'agit du Gomchen, évidemment.

nus impossibles. Cela peut me mettre en posture difficile car j'ai peu d'argent à la Banque de Calcutta. [...] Mais mes plans jusqu'à la fin de la guerre sont très simples. Je me terre en un ermitage et y pioche le tibétain en vivant comme un anachorète. Oui, je trouverai de l'argent à emprunter si j'en ai besoin, du moins je le suppose et je ne crois pas me tromper.

écrit-elle à son mari, fin octobre.

Alexandra se débrouillera toujours, pour rester en compagnie de cet « extraordinaire » Gomchen. Elle a plus appris en quinze jours de « Claire Lumière » qu'en un an à Gangtok. Il est vrai que le Gomchen est un professeur exigeant,

> il me pousse comme un cheval de course et réclame une obéissance absolue. Je la lui ai d'ailleurs spontanément offerte, connaissant les coutumes de l'Orient à ce sujet.

Philippe, en lisant ces lignes, doit se demander si leur auteur est bien Alexandra. « Une obéissance absolue. » Philippe regrette certainement de n'être pas un Gomchen doté de tels pouvoirs magiques !

Le 11 novembre au matin, afin de n'être pas bloqués par les neiges, le Gomchen, Alexandra, Yongden et les autres quittent la « Claire Lumière ». Ils forment une caravane « pittoresque ». Dans les rares hameaux qu'ils traversent, les villageois se prosternent devant le Gomchen à qui ils offrent des fumées d'herbes odoriférantes, et d'autres hommages plus substantiels, comme du beurre ou du fromage. Alexandra est aux anges.

Le 11 novembre au soir, la troupe arrive à Lachen et est accueillie, au monastère, par le son des trompettes et par Sidkéong. Le nouveau maharadjah, l'abbé et la dame célèbrent leurs retrouvailles à grand renfort de thé et de *tsampa* :

> Cela fait, j'ai été vers mon camp, mes tentes alignées sur la terrasse où s'élève le monastère. Cette fois, je me sers de la plus grande [...] qui, pour moi, constitue un logement presque luxueux au sortir de ma préhistorique demeure [...] Je vais rester sous ma tente aussi longtemps que possible, je m'y plais. Les lamas me préparent un logement de trois pièces pour quand l'hiver viendra. J'aurai, en plus, une chambre séparée pour les domestiques et une autre pour remiser caisses et provisions. Tels sont mes arrangements d'hiver.

Alexandra aménage sa « cahute de lama de village » qu'elle occupera quand les neiges la chasseront de sa tente, ce qui ne saurait tarder... Elle calfeutre, bouche les trous, et cloue des étoffes. Elle suit les événements de la guerre, avec retardement, dans les journaux envoyés par Philippe. Elle prédit qu'une nouvelle Europe sortira de ce conflit :

> Une nouvelle Europe va sortir de là. Vaudra-t-elle mieux que l'ancienne ? Hélas, en dépit de tous les vernis de civilisation, de religion, de science, de philosophie que l'on accumule sur son épiderme, l'homme reste toujours le sauvage qu'il était à la période quaternaire.

Elle ne sait pas si, dans Bruxelles envahie, sa mère est encore vivante. Le 10 décembre, elle apprend la mort, subite, du maharadjah Kumar, de Sidkéong Tulkou. Un coup de foudre que la disparition de ce « gamin de trente-sept ans », ce jeune ami, ce compagnon de tant de randonnées! Les démons ont vaincu. Avec Sidkéong qui aura régné à peine un an sur le Sikkim, tout espoir de réformes est aboli. Peut-être a-t-il été empoisonné par les adversaires de ses réformes ? D'après son horoscope, 1914 était une année dangereuse pour Sidkéong.

Les démons ont vaincu. On reprend commerce avec les esprits, on boit de la bière, de l'alcool, et cela, dès les funérailles de Sidkéong, comme Alexandra l'apprend dans une lettre de Silaraca :

> Les cérémonies funéraires de notre ami étaient très semblables à celles de son père — beaucoup de bruit, beaucoup de nourriture, beaucoup de boissons. Par égard au défunt, sa famille a d'abord résisté aux demandes des lamas qui exigeaient une certaine somme pour les boissons, puis ils ont cédé et envoyé pour « cent roupies de liqueurs ».

A ces nouvelles, Alexandra et le Gomchen sont tellement affectés que chacun craint pour la santé de l'autre. L'année se termine dans la tristesse. La guerre là-bas, la mort ici. Et puis, les rapports « exquis » avec le Gomchen aidant, Alexandra retrouve sa joie de vivre. Le 18 janvier 1915, elle écrit à Philippe qui s'est installé en Algérie, à Bône :

> Ah! c'est un bien beau pays que celui-ci, vois-tu. Je ne m'étonne pas que les Hindous en aient fait une terre sainte, la résidence de leurs Dieux et de leurs Sages, le sol d'élection de ceux qui cherchent la sagesse et la connaissance transcen-

dantes. Combien de mes amis hindous m'envient d'être ici ! surtout depuis qu'ils savent que j'ai habité une caverne. Dans l'Inde, vivre dans une caverne est le brevet classique du grand yogisme.

Alexandra est en train d'acquérir ce brevet grâce aux enseignements très secrets du Gomchen qui, pour récompenser le zèle de son élève, lui offre un rosaire composé « d'une centaine de rondelles [1] taillées chacune dans un crâne humain *différent* ». Alexandra égrène son rosaire et apprend à jouer du tambourin avec lequel les lamas scandent leurs litanies. Ils sont vraiment loin les tambourins du deuxième acte de *Carmen* que maniait Alexandra dans la taverne de Lilas Pastia...

Le tambourin est indispensable à la célébration de certains rites auxquels, très tôt, le Gomchen a fait assister, et certainement participer, Alexandra puisque dans son agenda, à la date du 9 novembre 1914, elle avait noté : « cérémonie tantrique dans la caverne ».

Avec son tambourin, celle qui fut Carmen aura pratiqué le *tcheud* qu'elle a, à plusieurs reprises, décrit dans son œuvre et qu'elle compare volontiers à une sorte de « mystère » macabre joué par un seul acteur : l'officiant. Prodigieuse situation que celle de cette petite femme qui, en compagnie de son maître, ce géant, approche et participe à tous les mystères tibétains, et non des moindres, comme celui de fabriquer des *tulpas*, créatures imaginaires, l'équivalent du *golem* des kabbalistes. Dans l'un de ses livres qui doivent le plus aux révélations du Gomchen, *les Enseignements secrets des bouddhistes tibétains* [2], Alexandra définit les *tulpas* comme des « sortes de robots » que leurs créateurs « dirigent selon leur volonté mais qui, parfois, arrivent à acquérir une espèce de personnalité autonome ». Créatures et aussi créations imaginaires, Alexandra n'en oubliera pas les procédés...

Quand elle ne fabrique pas des *tulpas*, Alexandra se livre plus prosaïquement à la confection de marmelade, avec des oranges du Bas-Sikkim, à 5 centimes la douzaine... Elle ignore l'oisiveté, bat à coups de canne ses domestiques quand ils le méritent, sauve une chienne perdue dans la neige et

1. Exactement 108.
2. Éd. Adyar.

suit les événements de la guerre, « les derniers journaux reçus parlent d'une furieuse bataille se livrant autour de Verdun ». Et puis le printemps revient, les rhododendrons sont en fleur et il est temps de remonter là-haut, vers la « Claire Lumière ».

Alexandra veut y faire aménager sa petite caverne. Pour cela, elle a besoin d'argent. La guerre ayant interrompu les envois d'argent de Philippe, Alexandra a emprunté 1 500 roupies à ses amis de Calcutta, les Woodroffe, et reçu un don du maharadjah du Népal pour qui « l'aide aux personnes religieuses est une obligation ». Avec ces viatiques, elle peut se changer en chef de chantier et faire construire, avec beaucoup de peine et de tracas, un très modeste logis qui n'a pas coûté cher :

> Peut-être cinq ou six cents francs et l'endroit était terriblement difficile à agencer en terrasses. Tu n'as jamais vu de maison pour ce prix-là, pas vrai ? C'est le prix d'une armoire. Malgré tout, l'intérieur n'est pas hideux avec ses piliers blancs aux dessins bleu et vert. Il y a des tapis, des bibelots, ça ne sent pas la misère comme le ferait un propret appartement parisien de 800 ou 1 000 francs de loyer avec des chambres minuscules et un mobilier de pacotille.

Le 20 août 1915, Alexandra se réveille en pensant joyeusement : « je suis propriétaire dans l'Hymalaya ». Elle a baptisé son abri, De-Chen Ashram, la maison de la Grande Paix, celle dont elle jouit précisément en ce moment...

Pour passer l'automne et l'hiver, pour ses propres besoins et ceux de ses domestiques, elle entasse 120 kilos de beurre, 500 kilos de riz, autant de maïs, 1 200 kilos de pommes de terre, etc. Ces nourritures terrestres étant assurées, Alexandra peut se consacrer aux nourritures spirituelles. Elle fait d'abord ce que l'on appelle en tibétain, *tsam* :

> c'est-à-dire que pendant plusieurs jours je ne vois personne, ni ne parle à personne. On pose ma nourriture dans la chambre voisine et l'on agite une sonnette pour m'avertir, puis l'on se retire. C'est très reposant, ces jours de solitude complète [1].

Quand elle en a fini avec le *tsam*, elle pratique le *toumo*, c'est-à-dire l'expérience de la chaleur en plein froid. Le mot *toumo* en tibétain signifie chaleur, et plus spécialement, cha-

---

1. *Journal de voyage*, t. I, p. 368.

leur interne. Vivre en hiver dans une caverne située entre 4000 et 5000 mètres d'altitude et ne pas périr gelé, quand on est seulement vêtu d'une robe de coton ou simplement tout nu, voilà un problème que les ermites tibétains ont résolu en stimulant leur feu intérieur, leur *toumo*. Alexandra a raconté son expérience dans *Mystiques et magiciens du Tibet* :

> Je ne sais si, cédant à mes pressantes instances, et en écourtant cette période d'attente, le vénérable lama que je harcelais de mes requêtes tenta de se débarrasser de moi de façon définitive : il me demanda [...] de m'en aller dans un endroit désert, de m'y baigner dans une rivière glaciale puis, sans m'essuyer ni me vêtir, de passer la nuit immobile en méditation. C'était au début de l'hiver, l'altitude de l'endroit devait approcher de 3000 mètres. Je ressentis une immense fierté de ne pas m'être enrhumée[1].

De *tsam* en *toumo*, Alexandra pratique beaucoup plus d'exercices et a accès à beaucoup plus de connaissances qu'elle ne le rapporte dans ses livres, comme le laisse deviner ce bref aveu, à la troisième personne du masculin singulier, contenu dans un paragraphe de ses *Initiations lamaïques*[2] :

> Et si l'un d'eux se tourne vers nous, consentant à nous dévoiler le secret de ses contemplations, il est bientôt arrêté par l'impossibilité de relater les expériences mystiques. C'est à elles que fait allusion la phrase classique de la *Prajna paramita*[3]... « je veux parler... mais les mots font défaut ».

Pendant ces mois de retraite, les échanges entre la « Claire Lumière » et la « Grande Paix » sont constants. Les deux ermites, quand le temps le permet, rompent leur réclusion par quelques promenades dans les alentours, puis retournent vite à leur antre, comme invinciblement attirés par les tâches à accomplir. A l'ombre du Gomchen, Alexandra apprend à rejeter la convoitise, la colère, la nonchalance, l'agitation, le doute, le vagabondage de l'esprit. Que n'apprend-elle en compagnie de cet initié ? Elle parviendra même à maîtriser ses rêves puisque l'absence de rêve est un signe de perfection mentale et que l'on peut fabriquer du mal, ou du bien, même en songe.

---

1. P. 232.
2. Éd. Adyar, p. 221.
3. Un très important traité philosophique tibétain.

Ainsi, de fin octobre 1914 à début juillet 1916, Alexandra a presque vécu deux ans, et non trois comme l'a écrit Anagarika Govinda dans son *Chemin des nuages blancs*, en compagnie du Gomchen. Pendant cette vingtaine de mois, elle a non seulement étudié la langue, la grammaire, la vie des mystiques du Tibet, leurs croyances, leurs rites de magie, mais encore, à travers des conversations à bâtons rompus avec son maître, les mœurs et les pensées des Tibétains. Enseignement à la fois ésotérique et pratique. « Précieuse science qui devait grandement me servir par la suite », constate, avec reconnaissance, Alexandra. Elle en profite aussi pour perfectionner ses méthodes de méditation et acquiert ce qu'elle appelle, dans ses *Initiations lamaïques*, « les fleurs du savoir ». Le 14 avril 1916, elle annonce triomphalement à Philippe :

> J'ai commencé la traduction d'une sorte de récitation que les lamas tiennent excessivement secrète. Je crois bien — je suis même sûre — que jamais aucun étranger n'a eu ce texte entre les mains.

Le Gomchen a jugé son élève digne d'avoir accès à ce texte secret et sacré. Dans cette demeure de nuages, Alexandra a franchi les miroirs et atteint cette « sagesse-miroir » qui est

> celle des cinq sagesses que procure la véritable connaissance reflétée en elle comme dans un miroir et qui, de même aussi qu'un miroir demeure impassible quels que soient les objets ou les scènes qu'il reflète, contemple avec sérénité le jeu des phénomènes[1].

Après quoi,

> seule demeure la méditation que les maîtres comparent à une course libre et vagabonde sur les sommets baignés dans l'air délicieusement frais et pur[2].

Après quoi encore, Alexandra atteint, et se confond, avec cette lumière qui est celle de l'infini.

Comme un ours émerge de sa caverne au printemps, Alexandra sort de la sienne, pleine de savoirs divers et ayant

---

1. *Initiations lamaïques*, éd. Adyar, p. 80.
2. *Ibid.*, p. 220.

reçu du Gomchen, son lama-parrain, son nom de baptême tibétain, *Lampe de sagesse*, « ce n'est pas moi qui l'ai choisi, mais mon lama-parrain ; je n'aurais point osé cette grandiloquence orientale ». Quant à Yongden qui a tout abandonné pour vivre à la lueur de cette « Lampe de Sagesse », il mérite amplement son nouveau nom, « Océan de Compassion ». Sagesse et compassion, il leur en faudra beaucoup à tous les deux pour se supporter pendant une quarantaine d'années...

Alexandra n'a jamais pensé que son incarnation de « femme des cavernes » serait définitive. Elle croit trop en l'impermanence pour avoir entretenu une telle illusion. Son tempérament profond ne la porte guère vers la stabilité, l'uniformité :

> J'ai toujours eu l'effroi des choses définitives. Il y en a qui ont peur de l'instable, moi j'ai la crainte contraire. Je n'aime pas que demain ressemble à aujourd'hui et la route ne me semble captivante que si j'ignore le but où elle me conduit [1].

A ce besoin viscéral de changement, s'ajoute la nécessité de laisser le Gomchen accomplir sa retraite qu'il avait consenti à différer d'un an pour recevoir, et initier, Alexandra. Les douze mois promis sont largement accomplis, et dépassés. L'élève doit partir. Elle doit surtout transmettre, dans ses livres, les expériences qu'elle a vécues et les enseignements qu'elle a reçus. Elle en a le devoir. En a-t-elle le droit ? A cette interrogation, son parrain-lama répond :

> — Ce n'est pas du Maître que dépend le « secret », c'est de celui qui l'écoute. (...) Usez-en selon ce que vous jugerez bon. [...] Essayez [2].

Le maître et sa disciple n'ont plus rien à se dire. Ils n'ont plus qu'à se quitter. Et, quand, en 1937, Anagarika Govinda rendra visite au Gomchen de Lachen :

> le visage du Gomchen s'épanouit lorsqu'il m'entendit prononcer le nom de Mme David-Néel ; il me demanda ce qu'elle devenait, [...] il rappela le temps où elle était sa disciple et loua son endurance et sa force de caractère [3].

1. *Journal de voyage*, t. I, p. 333.
2. *Les Enseignements secrets des bouddhistes tibétains*, éd. Adyar, p. 13.
3. *Le Chemin des nuages blancs*, Albin Michel, p. 150.

Une escapade au Tibet

> *Je passai des journées charmantes dans les divers palais du Trachi-Lama. Je causai avec les gens de caractères les plus différents. Mais, surtout, je vécus dans une béatitude paradisiaque que troublait seule la pensée du départ fatal.*
>
> Alexandra DAVID-NÉEL.
> *(Mystiques et magiciens du Tibet.)*

L e 13 juillet 1916, Alexandra, sans avoir demandé la permission à personne, se trouve à nouveau au Tibet, avec Yongden et un moine. Ils sont tous trois à cheval, emportant, selon la coutume tibétaine, leurs bagages dans de grands sacs en cuir tandis que suit une mule chargée des tentes et des vivres. Ils franchissent une rivière grossie par les pluies et la fonte des neiges, comme le note Alexandra, dans son agenda, à la date du 13 :

Nous traversons [...] guidés par trois hommes qui tiennent les chevaux par la bride en se retroussant jusqu'à la ceinture exposant leurs « académies » plutôt crasseuses. Pluie tout le long de la route, nous haltons pour nous sécher et boire le thé dans une pauvre maison, et repartons le soir vers Patur où l'on me refuse l'hospitalité et où nous campons à l'extrémité du village.

Mais qu'est-ce qui fait donc courir Alexandra, au Tibet, sous la pluie ? La possibilité de visiter deux grands centres religieux qui se trouvent à proximité de son ermitage de la Grande Paix, le monastère de Chorten Nyima et celui de Trachilhumpo. Ce dernier est tout proche de la ville de Shigatzé où Alexandra arrive le 16 juillet. Elle visite le marché, « peu intéressant », et où des mendiants la harcèlent, puis, le 19, fait une visite autrement intéressante, ô combien, au Trachi-Lama que les Tibétains appellent Tsang Pentchen Rimpotché, autrement dit « Précieux Savant de la province de Tsang » :

Au point de vue spirituel son rang est égal à celui du Dalaï-Lama, mais en ce monde, l'esprit doit souvent céder le pas à la puissance temporelle et, en fait le Dalaï-Lama, souverain absolu du Tibet, est le maître [1].

Après avoir reçu la bénédiction du Dalaï-Lama, Alexandra reçoit celle du Trachi-Lama (ou Panchen), et, en plus, un accueil des plus charmants :

A Shigatzé le plus charmant accueil m'attendait. Le temps aussi m'a souri, il fait beau et chaud, 20° dans la journée. Il y avait longtemps que je n'avais pas été à pareille fête. Je m'en vais par les larges avenues de la sainte cité, coiffée du bonnet de soie jaune des abbesses, les mains enfouies dans de longues manches de soie jaune qui me battent les genoux. Je suis tout à fait à mon aise dans ce personnage d'Asie centrale. [...] Que je suis donc Asie-Jaune, tout au fond de mes cellules. Volontiers, je m'arrêterais ici et oublierais à jamais l'Europe.

Combien de fois cette vagabonde souhaitera-t-elle s'arrêter, parvenue au comble du bonheur, et sachant qu'ensuite, le déclin commence ? Être une abbesse à Shigatzé, pourquoi pas ? Le Trachi-Lama sait parfaitement qui est Alexandra : le bruit de sa renommée, considérablement augmentée par sa retraite avec le Gomchen de Lachen, a franchi la frontière et

1. *Mystiques et magiciens du Tibet*, p. 87.

est parvenu jusqu'à Shigatzé. Là, le Trachi-Lama présente Mme Néel aux notables de sa cour, aux professeurs qui l'ont élevé, puis à sa mère. Cette dernière suggère à la voyageuse qu'elle pourrait habiter un couvent de religieuses, ou, si elle le préfère, un ermitage spécialement construit pour elle. Le Trachi-Lama renchérit et offre à Alexandra de rester à Shigatzé autant qu'elle le voudra, comme son invitée... La « Lampe de Sagesse » résiste aux séductions de telles propositions et quitte Shigatzé le 26 juillet, après y avoir vécu « une béatitude paradisiaque ». Bref, elle est reprise par la *samadhi* comme chaque fois que son âme jaune trouve une occasion de s'épanouir et de resplendir à la lumière des sommets des montagnes et des entretiens avec d'éminents lettrés convoqués spécialement par le Trachi-Lama pour répondre aux questions de l'éternelle étudiante.

Son escapade au Tibet se poursuit par la visite, à Nartan, d'une imprimerie lamaïste. Puis Alexandra se rend à l'invitation d'un anachorète qui vit près du lac Mo-te-tong et, le 15 août, accepte, à Tranglung, l'hospitalité d'un lama-sorcier et son cadeau qu'elle commente ainsi :

> Le matin, le lama-sorcier me donne un charme qui doit faire taire toutes calomnie et mauvaise volonté à mon sujet. Je l'épingle à ma chemisette.

Insuffisance du charme ! Inutilité du geste ! Ironie du sort ! Quinze jours plus tard, sir Charles Bell, le résident anglais au Sikkim, vraisemblablement « poussé » par des missionnaires révoltés par ce qu'ils considèrent comme les excentricités de la « Lampe de Sagesse » et exaspérés par le « charmant » accueil qu'elle a reçu du Trachi-Lama, écrit à Alexandra :

> Madame,
> Le gouvernement indien m'ordonne de vous déporter à Darjeeling parce que vous avez traversé la frontière Sikkim-Tibet, [...] sans passeport ; et il m'a chargé de vous avertir des conséquences d'une quelconque autre infraction aux Règlements de la frontière du Bengale oriental, qui vous rendra passible de peines selon les clauses de cette loi. [...] Je vous invite à quitter le Sikkim pour Darjeeling dans les quatorze jours suivant la réception de cette lettre. Si vous ne le faites pas, je serai contraint, à regret, de vous expulser.

Alexandra n'attend pas d'être expulsée et quitte son De-

Chen Ashram, sa demeure de la Grande Paix, le 2 septembre, date à laquelle sa mère meurt à Bruxelles, ce qu'elle n'apprendra que plus tard, le 21 janvier 1918. Pourtant ce 2 septembre 1916 ne restera pas dans la mémoire d'Alexandra comme celui de la mort de sa mère, mais celui où elle a vu, pour la dernière fois, le Gomchen qui, ensuite, est remonté vers son nid d'aigle pour y effectuer sa retraite de trois ans, trois mois, trois jours. Maître et disciple ne se verront plus. Ils ne s'oublieront pas.

La lettre de sir Charles Bell, la forte amende, 200 roupies, qu'il a infligée aux gens de Lachen pour avoir aidé Alexandra pendant son séjour à De-Chen-Ashram et favorisé son passage au Tibet, tout cela a provoqué un drame local dans lequel Yongden montre ses capacités de courage et de détermination. Il rassure, il règle, il minimise le geste du résident, « ce sont des affaires de Blancs et les Blancs ne se dévorent pas entre eux », dit-il. Enfin, il va prendre congé de sa mère et de ses frères qui le supplient de ne pas suivre cette étrangère et de rester parmi les siens. Yongden refuse et revient, sous une pluie torrentielle, rejoindre Alexandra « pour toujours », affirme-t-il. « C'est bien, va te changer et bois du thé chaud », répond la « Lampe de Sagesse » qui affecte un calme qu'elle ne ressent pas. Elle est touchée, et infiniment, par l'attitude de Yongden, comme elle l'expliquera plus tard à son mari :

> J'étais fort peinée de quitter le Tibet, et ce garçon avec qui je pouvais parler la langue de là-haut était tout ce qui me restait[1].

Et c'est vraiment, à ce moment-là, tout ce qui reste à Alexandra : les villageois de Lachen, pour se dédommager de l'amende infligée par sir Charles, ont pillé la demeure de la Grande Paix.

Plus tard aussi, Alexandra révélera à son époux les dessous de ce drame, ce qu'elle n'avait pas pu faire à l'époque, craignant que ses lettres ne soient ouvertes :

> La politique britannique est de ne laisser entrer au Tibet que des soldats ou des marchands anglais ou sujets anglais autorisés par les autorités anglaises. J'ai dû quitter le Sikkim à la suite de mon dernier voyage à Shigatzé. N'ayant pu s'en pren-

---

1. *Journal de voyage*, t. II, p. 12.

dre à moi, le résident a très lâchement imposé de fortes amendes à des gens de la frontière (côté Sikkim) qui ne se doutaient même pas que j'avais été à Shigatzé. Il a terrorisé le vieux lama, mon voisin [1].

Pauvre Gomchen qui affronte courageusement les démons de l'enfer tibétain et qui a peur de ces diables d'Anglais...

Le 15 septembre 1916, alors qu'expire le délai de quinze jours accordé par le résident, Alexandra arrive à Darjeeling. Elle note qu'elle loge dans le même bungalow qu'elle y a occupé au printemps 1912 et conclut : « Ainsi la boucle se ferme. »

---

1. *Journal de voyage*, t. I, p. 430.

Un cauchemar japonais

*Ce voyage au Japon a été de bout en bout une
déception.*

(Alexandra à Philippe, le 21 avril 1917.)

A u plus profond de sa retraite de Lachen, malgré la rareté
du courrier souvent interrompu par les intempéries de
la mauvaise saison, Alexandra n'a pas cessé de pratiquer, en
virtuose éprouvée, sa technique Sévigné. Elle a écrit des lettres et des lettres envoyées principalement, ces derniers
mois, au Japon où elle veut se rendre pour y rencontrer
d'importants professeurs d'universités. Certains figuraient
déjà dans son *Modernisme bouddhiste*, comme le Dr Suzuki

dont elle avait cité le témoignage suivant : « Les anciennes sectes bouddhistes ne font aucune résistance à la propagande des modernistes rationalistes. » Bonne information, à vérifier scrupuleusement, comme tout ce qui touche au bouddhisme.

> Le Japon que je vais voir n'est pas celui des Geishas, de Loti, des voyageurs quelconques, c'est un pays toujours fermé en dépit de l'ouverture du Japon et des ports où s'ébrouent les navires de l'Occident. J'ai, heureusement, des relations dans cette forteresse bien gardée,

annonce-t-elle à son époux.

Ces « relations », jusqu'alors épistolaires et commencées avec le Dr Suzuki, se sont étendues à d'autres savants universitaires comme M. Takakusu ou M. Anesaki. Cette « forteresse » est celle du Mahayana, du Grand Véhicule, ce bouddhisme du Nord qui prêche la délivrance universelle et que l'on pratique précisément au Japon où Alexandra veut aller, et en Corée, et en Chine où elle ira.

Pour le Grand Véhicule, que ne ferait-on pas ? Optimiste, Alexandra envisage de « baragouiner » en six mois le japonais. Et comment ne pas aimer un pays dont le Premier ministre, M. Okuma, vient de déclarer : « Quand on se croit vieux, on le devient. » M. Okuma a soixante-dix-neuf ans et il est le père d'un bébé de dix mois...

Alexandra envisage même de s'installer au Japon avec Yongden et offre à Philippe de venir les rejoindre, et de faire un essai de vie nippone à trois pendant un an :

> D'après les renseignements qui m'ont été donnés, je crois qu'une installation au Japon serait susceptible de nous plaire à tous les deux. [...] Surtout, mon bien cher, ne t'en va pas répétant : mes ressources sont médiocres, je suis tenu à une vie parcimonieuse. C'est là de la fantaisie. Pas besoin d'être milliardaire pour vivre agréablement.

Inutile de préciser que ce beau projet n'aura pas de suite. On le voit, quand la Lampe de Sagesse a enfourché son Grand Véhicule, il est difficile de l'arrêter. Elle s'arrête pourtant, à son retour du Sikkim, pendant un mois, le mois d'octobre 1916, à Calcutta où elle reçoit, de la *Maha Bodhi Society*, le titre de « missionnaire bouddhiste et érudite » et d' « envoyée spéciale ». Sur le certificat faisant état de ces titres, Alexandra est appelée « Révérende Sunyananda ». De Lampe de Sagesse à *Sunyananda*, on ne compte plus les appellations alexandrines. Son nom, celui de David auquel elle n'a pas encore accolé celui de Néel, est connu d'un certain public féru d'orientalisme. Ses articles paraissent régulièrement en France, en Angleterre, en Inde, en Amérique. Elle espère réunir un jour ses textes en un livre. Enfin, son *Modernisme bouddhiste et le Bouddhisme du Bouddha* vient d'être traduit en anglais par Silacara. De ce côté-là, les choses vont bien pour Alexandra qui, en plus, à Calcutta, se révèle une excellente conférencière que réclame bientôt Rangoon. Pourquoi n'irait-elle pas en Birmanie avant d'aller au Japon ? L'idée d'un détour ne fait jamais reculer la Lampe de Sagesse, au contraire... Et puis la Birmanie n'est-elle pas l'un de ces pays qui, avec Ceylan et l'Indochine, pratique le Hinayana, le Petit Véhicule, celui de la Libération Individuelle ? De Grand en Petit Véhicule, elle en fera du chemin, cette vagabonde !

Et voilà Alexandra à Rangoon où elle débarque le 9 novembre. Elle admire la pagode d'or de Swegadon et l'étang aux anguilles apprivoisées de Nga, fait une retraite dans un monastère des monts Sagain chez d'austères moines bouddhistes contemplatifs. Elle ne s'attarde pas en Birmanie qu'elle quitte le 6 janvier 1917, un peu déçue, semble-t-il. Le 10 janvier, sur le steamer *Taroba* qui l'emporte vers Singapour, Alexandra écrit à Philippe :

> J'ai quitté la Birmanie sans regret, le pays n'a rien d'attachant. On se fatigue vite des pagodes, toutes les mêmes ; la végétation est médiocre, le paysage sans caractère spécial, les habitants très quelconques. Quoi qu'il en soit, c'était à voir étant sur ma route.

On sent que le charme du Petit Véhicule n'a pas agi et n'a produit aucune *samadhi*. Ce sera pire au Japon où elle arrive le 6 février, après avoir fait escale à Singapour, à Tourane et à Haiphong où elle a chanté autrefois, dans une autre vie, il y a des siècles et des siècles de cela, c'était en 1899... D'abord, Alexandra prend la cuisine japonaise en horreur. Qu'est-ce que c'est que ce défilé de soucoupes remplies de mets « qui ont un affreux goût d'eau de vaisselle ». Ah, parlez-moi plutôt d'une bonne *tsampa* assaisonnée de crème ! Ensuite, Alexandra prend l'habitat japonais également en horreur : « Chaque maison est une sorte d'idole que l'on doit vénérer au lieu de s'en servir » et dans laquelle « le nombre de choses que l'on *ne doit pas* faire est accablant ».

Parmi les accablements d'Alexandra (et de Yongden) figurent ces *tatamis*, ces nattes qu'il faut laver, frotter, brosser, toute la journée, comme s'il n'y avait rien de plus passionnant à faire !

La Lampe de Sagesse n'aime pas la cuisine, elle n'aime pas les maisons, elle aime encore moins les Japonais. Il y en a « trop ». Ce sont « les Boches de l'Extrême-Orient » qui « veulent tout avaler ». Certes, les Japonais qu'elle connaît, les Suzuki, les Takakusu, les Anesaki, sont

> charmants, pleins de bon vouloir, mais [...] très occupés, à qui il est impossible de se déplacer, leurs cours à l'Université devant être faits régulièrement.

Couronnant le tout, une pluie incessante. Dans ces maisons de papier règne une humidité glaciale. Alexandra attrape froid, elle a de la fièvre, une attaque de rhumatisme-goutte, des névralgies et une pointe de neurasthénie. Celle-là, la neurasthénie, que l'on croyait avoir définitivement anéantie pendant la retraite de Lachen, profite des « horreurs » du séjour japonais pour refaire son apparition. A Kyoto, le 10 avril 1917, Alexandra, toujours très discrète sur ses ennuis de santé, avoue à Philippe :

> Bref, je me sens mal et, très égoïstement, je t'en fais part. J'ai des soucis aussi au sujet de mon argent. Ce voyage au Japon semble, au point de vue pécuniaire, aussi bien qu'au point de vue santé, avoir été une erreur. Je m'attendais à trouver ici une claire habitation, un jardin fleuri et la vie à très bon marché. Rien de tout cela n'existe et le Japon des images est un Japon de rêve dont le Japon réel est l'antithèse. J'ai dépensé beaucoup depuis mon arrivée ici, le prix des moindres choses tend à atteindre les proportions des prix américains. [...] Je désire m'en aller ; j'ai besoin d'un climat plus sec, et surtout, de repos. Je ne suis pas un touriste, je suis plus que blasée sur la visite des monuments, musées, etc. Cela ne me dit rien. Au point de vue « touriste », j'en ai assez vu du Japon.

Elle a vu les pruniers et les cerisiers en fleurs, les temples de Nara et d'Isé, les monts Koya, le Fuji, elle a couché dans des auberges et a manqué y être asphyxiée par des braseros. Un cauchemar, ce séjour au Japon !

Ce cauchemar s'interrompt une fois, à Kyoto, au Tofoku-Ji, un monastère dont elle apprécie « le calme profond ». Là des maîtres de l'école Zen posent à leurs disciples, le *koan*, le problème suivant : « Quel était ton visage avant que ton père et ta mère fussent nés ? » Enfantin à résoudre pour Alexandra qui répond : « Ce visage ne différait pas de celui que j'ai aujourd'hui. » De telles facilités feraient sourire le Gomchen de Lachen.

C'est pendant ce séjour au Tofoku-Ji qu'Alexandra remarque

> la similitude de certaines doctrines zénistes avec celles que les Dzogstchenpas tibétains disent être fondées sur la *Prajna paramita*[1].

Mais la découverte d'une telle similitude valait-elle tant de dérangements ?

Et cette affreuse pluie japonaise qui n'arrête pas. Où sont les belles pluies de Bénarès, de Colombo ou de Shigatzé ? La désastreuse expérience nippone s'arrête le 4 août 1917. Alexandra embarque sur le steamer *Maru* qui va la conduire en Corée :

> Je me tourne vers les montagnes de Corée parce que c'est tout près et que la vie paraît y être bien meilleur marché qu'au Japon. [...] J'ai toujours l'idée d'aller poursuivre mes études tibétaines. Là, par exemple, j'abdiquerai toute personnalité européenne pour me remettre dans ma peau mongolique et mes houppelandes de l'Asie centrale. Cela permet de ne pas être exploitée et de payer les choses à moitié prix.

Alexandra suivra rigoureusement son programme. La Corée d'abord, la Chine et Pékin ensuite. Avec Yongden, bien entendu, qu'elle apprécie de plus en plus. Elle s'en dit « entièrement responsable » et précise à son mari :

> S'il m'arrive de mourir en Orient, ici ou ailleurs, c'est mon désir formel que, naturellement, il soit rapatrié et qu'une certaine somme lui soit versée pour lui permettre de se construire une maison [...] et de s'établir comme lama[2].

A l'éloge de Yongden succède celui de Philippe :

> Je désire te revoir, te remercier de tout ce que tu m'as donné

---

1. *La Connaissance transcendante*, p. 26.
2. *Journal de voyage*, t. I, p. 404.

de bonheur en me permettant de vivre quelques années d'une vie que j'avais rêvée depuis mon enfance. Tu penses sans doute, mon très cher, que tu as fait beaucoup pour moi. Mais ce beaucoup, moi seule en peux mesurer l'étendue, elle dépasse tout ce que tu peux imaginer.

Au fond, ce séjour au Japon ne pouvait être qu'un échec. Le contraste entre le monastère de Lachen et celui de Tofoku-Ji a été trop grand, trop brutal, trop rapide. La nostalgie de sa parfaite retraite dans les nuages est telle qu'Alexandra regrette maintenant de ne pas y avoir trouvé la mort :

> C'est grand dommage que je ne sois pas morte dans mon ermitage... J'étais arrivée là au summum de mon rêve, perchée seule dans ma caverne en façon d'aire d'aigle sur ce pic hymalayen... Qu'est-ce qu'il me reste à faire, à voir, à éprouver après cela ? [...] Qu'est-ce que je fiche ici à me traîner dans des villes parmi des êtres qui rétrécissent leur vie en croyant l'améliorer ? Qu'est-ce que cela me dit leurs usines, leurs champs, leurs boutiques ? Je me sens dépaysée et malheureuse, je sais que j'ai perdu ce que je ne retrouverai jamais [1].

Elle connaît alors la même nostalgie éprouvée après son premier grand voyage : « Les années qui suivirent furent hypnotisées par le souvenir de Çeylan, de l'Inde et de l'Annam [2]. »

En proie à cette crise de nostalgie aiguë, et que rien ne semble pouvoir atténuer, la Lampe de Sagesse débarque en Corée, à Fusan, le 7 août 1917.

---

1. *Journal de voyage*, t. I, p. 403.
2. *Ibid.*, t. I, p. 409.

Séoul - Pékin - Kum-Bum

*Mais voilà, une fois de plus, je constate que les
difficultés des voyages sont, surtout, dans les
récits des voyageurs et dans les appréhensions pré-
cédant le départ. Une fois en route tout se simpli-
fie. On ne mange pas toujours bien ; il faut parfois endurer la poussière ou la chaleur ou la pluie,
ou le froid ; les gîtes manquent de confort. Rien de
tragique là-dedans.*

(Alexandra à Philippe, le 12 juillet 1918.)

L'unique Japonais dont Alexandra se souvienne avec plaisir, c'est Ekai Kawaguchi qu'elle avait rencontré autrefois, et sans y accorder une attention particulière, à Kalimpong, lors de son entrevue avec le Dalaï-Lama. Juste avant
son départ en Corée, elle retrouve Kawaguchi qui arrive de
Lhassa où il a été reçu de façon aussi « charmante »
qu'Alexandra à Shigatzé. Il s'est déguisé pour entrer au Tibet
et échapper ainsi à la surveillance des Anglais. D'après

Kawaguchi, ce sont les Anglais, et eux seuls, qui rendent l'accès au Tibet quasiment impossible. A qui le dit-il! Alexandra n'a pas oublié ce qu'elle considère comme un abus de pouvoir de sir Charles Bell. Bon, elle a passé la frontière sans permission, et alors? n'est-elle pas une citoyenne française? Kawaguchi ne peut qu'approuver cette façon alexandrine de présenter les événements et conseiller à la Lampe de Sagesse d'imiter son exemple et de tromper les Anglais grâce à quelque déguisement. Cette suggestion fera son chemin dans la tête d'Alexandra. Avec Yongden qui, en trois ans, a su se rendre indispensable et montrer qu'il aimait vraiment les voyages et leur éternel imprévu, elle pourrait former un couple, une mère et son fils, ou une tante et son neveu, qui passerait complètement inaperçu :

> Deux très simples voyageurs pèlerins, un lama et une religieuse de quelque distinction, sa tante et mère adoptive, peuvent passer partout en Asie. Nous sommes même autorisés à mendier sans déchoir de notre dignité, mais c'est une extrémité qu'il vaut mieux éviter si l'on peut [...].

Ce projet exposé dans une lettre du 6 juillet 1917 est exactement celui qu'Alexandra réalisera en 1924 pour pénétrer à Lhassa. Déjà tournée vers l'avenir, la Lampe de Sagesse n'en doit pas moins se rendre aux réalités du présent, et à celle de sa bourse qui, lentement, inexorablement, se vide. Si Philippe n'envoie pas rapidement des fonds, elle risque de ne pas pouvoir rejoindre Pékin comme elle en a l'intention et d'être immobilisée en Corée. Et c'est ce qui arrive, du 7 août au 2 octobre, Alexandra et Yongden vont être réduits à la portion congrue :

> Je n'ai pas pu trouver en Corée d'installation convenable pour un long séjour. A Séoul, il aurait fallu vivre à l'hôtel; dans les monastères de la montagne, le ravitaillement offrait des difficultés extrêmes et le transport des provisions coûtait gros. Je me suis nourrie principalement, deux mois durant, de champignons et de pissenlits récoltés dans les bois.

C'est Yongden qui fait frire les champignons, tandis qu'Alexandra confectionne des salades de pissenlits. Cela améliore un peu l'ordinaire réduit, le plus souvent, à quelques bols de riz, à peine agrémentés de quelques légumes cuits à l'eau. Tel est le menu quotidien des bonzes du monastère de Panya-an perdu dans les forêts de la montagne de Kongo-san. Alexandra ne partage pas seulement leur nourriture, mais participe à leur vie de méditation et de silence. « J'ai grand regret de ne pouvoir causer avec ces religieux », note Alexandra qui déplore son ignorance du coréen, mais n'a pas envie de l'apprendre.

Le manque d'argent n'empêche pas Alexandra d'admirer les beautés naturelles de la Corée, et, du côté de Waiyo, elle rencontre « un pays de montagnes dénudées, rappelant la coloration et la forme des paysages du Tibet ». Ah! Tibet, Tibet, pays sorcier...

Hélas, en Corée, comme au Japon, il pleut, il pleut, il pleut. Elle fuit la pluie, l'ennui, la nostalgie et le 2 octobre, elle quitte Séoul pour Pékin. Elle passe une nuit au bord du fleuve Yalu, s'arrête à Moukden, puis à Shan-hai-kuan pour y voir la Grande Muraille. Elle arrive à Pékin le 7, au soir. Et le 8, elle emménage au

> temple nommé Pei-Ling, une grande maison avec des meubles gigantesques en bois noir, ornés de dragons sculptés. C'est très beau selon le canon chinois et horriblement inconfortable et froid.

Il y a quelque chose de pathétique dans cette fuite éperdue d'Alexandra, dans ses perpétuelles errances, ces départs, ces arrivées, ces installations souvent précaires. Où va-t-elle cette vagabonde? Que fuit-elle? Peut-être trouve-t-elle dans cette fuite, et dans sa précarité, sa seule façon possible d'être et de vivre. Elle est maintenant aux veilles de son quarante-neuvième anniversaire et arrive dans un pays, la Chine, où la situation politique est des plus instables et où des troubles peuvent éclater d'un moment à l'autre. L'Empire Céleste est en plein effondrement, en pleine décomposition. Depuis 1916, une apparence de légalité républicaine est maintenue, mais le pouvoir appartient, en fait, aux militaires, à ces seigneurs de la guerre qu'Alexandra ne va pas tarder à rencontrer sur sa route. Tout est prêt pour une guerre civile qui aboutira aux terribles affrontements entre nationalistes et communistes. Tout cela Alexandra le sent, le pressent. Mais la Chine n'inquiète pas la Lampe de Sagesse, toute à la joie de profiter de l'automne à Pékin et de son

> beau ciel clair intensément lumineux qui contraste avec

l'humidité et la couleur terne dans laquelle on se meut la plupart du temps au Japon.

Ce Japon, quelle interminable rancœur y porte Alexandra ! Mais elle n'est pas à Pékin pour perdre son temps à de vains regrets. Elle est là pour préparer son voyage en Mongolie, elle y tient, et par là, gagner le Tibet, elle a de la suite dans les idées, en évitant l'impitoyable surveillance anglaise.

> Oui, cela a l'air fantastique sur la carte. [...] Tout apparaît grand dans les livres, mais c'est bien simple en réalité. Marcher sur l'asphalte des boulevards ou dans les solitudes du Tibet, ce n'est toujours que mouvoir ses jambes et poser un pied devant l'autre [1].

Étonnante Alexandra qui veut rendre ordinaires les choses extraordinaires qu'elle accomplit.

A Pékin, Alexandra met un pied devant l'autre et franchit la longue distance qui sépare le « temple » de Pei-ling du quartier des légations. Ce qu'elle appelle, dans son agenda, un « temple », est en réalité un monastère, un ancien palais impérial converti en monastère, une suite de cours et de bâtiments immenses, ornés de dragons et de lions. Elle prévoit que le froid, en hiver, y sera intenable. Elle ne se trompe pas. En attendant, elle gambade et se réjouit de l'éloignement de Pei-ling, elle n'est pas ici pour se livrer à des mondanités. Elle consent à une seule, utile, une visite au comte Martel, ministre plénipotentiaire français à Pékin. Il écoute fort aimablement les requêtes d'Alexandra et l'exposé de ses recherches sur le lamaïsme. Il l'envoie au ministre chinois des Affaires étrangères qui l'adresse au directeur du bureau spécial des Affaires tibétaines. Ce troisième larron semble comprendre la situation mieux que les deux autres. Il présente Alexandra à l'unique personne qui puisse l'aider dans ses recherches : Gurong Tsang, ce qui signifie « l'incarné des neuf vallées ». C'est un Khoubilgan, c'est-à-dire un lama de haut rang qui, ainsi que l'indique son nom, est la réincarnation d'un saint personnage, comme l'était Sidkéong ou comme l'est Yongden. Entre saints tibétains, on se comprend, et Gurong Tsang est disposé à emmener Alexandra avec lui, quand il quittera Pékin, dans une quinzaine de jours, dès qu'il aura obtenu du Trésor chinois les 3 000 dol-

---

1. *Journal de voyage*, t. I, p. 429.

lars qui lui sont dus. On a beau être réincarné, on n'a pas moins le sens de ses intérêts...

Alexandra est enchantée par cette nouvelle connaissance et ne tarit pas d'éloges sur ce Khoubilgan : il est riche, il a des manières élégantes, il est le chef d'un monastère situé dans le sud-est de la Mongolie, il joue du tambourin et chante, comme personne, les psalmodies des Yogis tibétains,

> ce n'est ni du Massenet, ni du Wagner, c'est une simple psalmodie [...] prenante comme tout l'est au Pays des Neiges.

Bref, Alexandra est enchantée et, à nouveau, ensorcelée en trouvant le Tibet à Pékin en la personne de Gurong Tsang qui a prononcé, dès leur premier entretien, un nom magique : Kum-Bum[1]. Depuis longtemps, Alexandra rêve d'aller à ce monastère de Kum-Bum où se trouve, dit-on, un arbre miraculeux...

Bienheureuse Alexandra qui peut prendre ses désirs pour des réalités. Chaque fois qu'elle désire profondément quelque chose, son désir suscite sur son chemin la personne la plus apte à le réaliser. Providentiel Gurong-Tsang dont le monastère est précisément voisin de celui de Kum-Bum ! Il n'y a plus qu'à attendre le départ qui, pendant deux interminables mois, va être retardé, le Khoubilgan ne parvenant à faire payer sa dette au Trésor chinois. Et pendant ces mois-là, il faut manger, se chauffer. Alexandra mène pourtant une existence des plus modestes, « modeste, certes, tu n'imagines pas à quel point elle l'est et mieux vaut que tu ne t'en doutes point ».

Alexandra a froid, elle a faim, elle en souffre et souffre davantage encore de l'absence à Pékin de tout lama érudit, le Khoubilgan excepté. Elle ne se plaint pas. C'est même le moment qu'elle choisit pour avouer à Philippe : « Il est bon d'avoir vécu sa vie. C'est la meilleure chose, la seule raisonnable à faire dans sa vie. » Une vie empoisonnée par des soucis d'argent : le dernier chèque envoyé par Philippe a mis quatre mois pour arriver et Alexandra a énormément perdu au change. Que faire ?

> Imagine que la révolution éclate en Chine pendant que je suis en Mongolie, que les communications soient interrom-

---

1. Prononcez Koum-Boum que les Chinois appellent aujourd'hui Ta'er.

pues avec Pékin, que deviendrai-je? Il me faut donc emporter avec moi une somme qui me permette [...] d'avoir simplement le pain assuré pour 4 ou 5 mois.

Cette somme, Alexandra l'estime à 1 000 dollars :

> Ne pas avoir *toujours* au moins mille dollars devant soi en un temps comme celui-ci et être si loin de tout secours comme je le suis, est plus qu'une imprudence. Il faudrait raisonnablement avoir cette réserve intacte à portée, n'y jamais toucher, vivre sur d'autres fonds afin d'être sûre que, l'urgence venant, on puisse se déplacer ou demeurer coupé des communications pour un temps très long. Je voudrais te faire comprendre cela. Nous ne vivons pas en un temps ordinaire.

Pour être à son aise, Alexandra aurait, en fait, besoin de 2 000 dollars. 1 000 dollars qu'elle laisserait en dépôt à la Banque de l'Indochine à Pékin et 1 000 dollars qu'elle emporterait à Kum-Bum. Sommes importantes pour l'époque, et surtout pour Philippe dont la réponse se fait attendre. Depuis deux mois, Alexandra est sans nouvelles de son époux. Et les 235 dollars provenant de la dernière traite sont presque épuisés :

> J'ai dû acheter des vêtements pour moi et le garçon qui se gelait... Pour peu que le lama tarde encore, je ne pourrai plus partir et je ne puis davantage rester. Joli pétrin.

Le pétrin à Pékin, quoi. Résultat ?

> Le petit et moi vivons en anachorètes, ne faisant qu'un repas par jour, vers une heure. Le soir, nous mangeons un morceau de pain, sans beurre, avec du café, du thé ou du cacao.

Télégraphier à Philippe ?

> Mais cela écornerait trop ce qui me reste et puis l'agent des postes m'a dit qu'il n'existait pas de mandat télégraphique pour la Chine.

Enfin, tout finit par s'arranger, et cela, aux veilles même de son départ. Bienveillance des dieux du voyage : le 21 janvier 1918, Alexandra apprend que son mari a envoyé des fonds à la Banque de Tien-Tsin et que sa mère, Alexandrine David, est morte à Bruxelles. La Lampe de Sagesse en hérite. De mendiante, elle devient suffisamment nantie pour dispenser quelques legs, 3 000 roupies à Yongden, 2 000 francs au Gomchen de Lachen. Elle règle quelques dettes, dont

1 500 roupies à ses amis Woodroffe de Calcutta. Personne n'est oublié, pas même Philippe, « en dehors des legs suivants que je confie à ton honneur, le reste est entièrement pour toi ».

Ainsi, Alexandra n'aura pas à gagner la Mongolie, et le Tibet, en mendiant, comme elle l'avait annoncé, on s'en souvient, à Philippe, prématurément, résolument, triomphalement. C'est à se demander si elle n'aime pas jouer les mendiantes, tout en ayant des dollars en poche, ou de l'or dans sa ceinture, comme pendant le voyage à Lhassa. Mendiante, c'est un rôle pour Alexandra, semblable à ceux qu'elle a tenus au théâtre, autrefois. Serait-elle une comédienne-née ? Et qui saura démêler la sincérité et le jeu ? En tout cas, son jeu, si jeu il y a, est toujours sincère.

Le 24 janvier 1918, Alexandra quitte Pékin en compagnie du Khoubilgan et de sa suite. Dans cette suite, Gurong Tsang a généreusement inclus la Lampe de Sagesse et l'Océan de Compassion qui voyagent en train gratuitement. L'expédition commence donc sous les meilleurs auspices.

Cela ne dure pas. La peste pulmonaire et la guerre civile sévissant à l'état endémique en Chine, voilà ce qui guette Alexandra. Elle réussit à éviter la première et se trouve en plein dans la seconde. On a dû quitter le train pour des chariots, une demi-douzaine, traînés par une quinzaine de mules. On échoue dans un misérable petit village à la frontière de la province du Shen-Si[1] et de la province du Honan[1]. Les distractions ? Contempler les têtes des décapités qui ornent les portes ou les murs des maisons. Parmi ces horreurs, Alexandra affecte une indifférence olympienne et ne pense qu'à son bain quotidien qu'elle peut prendre grâce au tub en zinc qu'elle trimbale. Elle a appris à pratiquer ses ablutions très tôt, avant le commencement du jour qui marque le recommencement des combats. Pour avoir ignoré l'implacable rigueur d'un tel horaire, la Lampe de Sagesse a dû, une fois, mettre fin à son bain sous les balles qui sifflaient. Mais, propreté d'abord ; car

---

1. J'ai gardé l'orthographe des noms chinois telle que l'emploie Alexandra David-Néel dans son œuvre pour des raisons que j'explique dans la postface.

> si les rebelles enlèvent la ville, ils vont se répandre de tous côtés, venir ici, et, dans ce cas, je devrais passer la journée sans bain, ce qui m'est très désagréable.

Pour éviter ce désagrément, Alexandra se baigne quand il fait encore nuit et dans l'illusion de paix que la nuit engendre...

La route devient vite impraticable à cause d'incessants combats entre rebelles et gouvernementaux. Gurong Tsang et Alexandra ne sont plus d'accord sur les chemins à suivre. Le Khoubilgan se réfugie à Sian, et la Lampe de Sagesse à Tungchow. Elle semble avoir fait le mauvais choix. Au lendemain de son arrivée, la ville est assiégée. Comme au Moyen Age, on se bat sur les remparts en lançant des pluies de pierres sur les assiégeants et en renversant leurs échelles. Alexandra parvient à quitter ce guêpier et à rejoindre le Khoubilgan à Sian, après ce qu'elle nomme « une fuite pittoresque ». En effet, elle a emprunté successivement un chariot, un radeau, et peut se féliciter de son sang-froid et de son esprit de décision :

> Ma fuite de Tungchow s'est opérée à temps ; depuis mon départ, un nouvel assaut a été donné à la ville et, cette fois, avec succès, elle a été capturée, les armes, les munitions, deux canons ont été pris par les insurgés. Les habitants doivent en avoir vu de dures. [...] Je me félicite d'avoir pris le large, car j'aurais été bloquée là et dans l'impossibilité de joindre le lama à Sian. Mais, maintenant, on nous annonce que deux autres bandes opèrent à l'ouest de Sian, sur la route du Kansu où nous nous rendons. Allons-nous avoir à attendre indéfiniment ici ?

Alexandra supporte les atrocités, les têtes coupées, son tub sous les balles, tout, mais elle ne supporte pas d'attendre, et de perdre son temps. Elle soupire : « Ah ! que c'est compliqué de voyager en Chine. » Et le dollar qui augmente, et les taux de change qui sont désastreux, et le Khoubilgan qui devient « à peu près fou » :

> Jalousant Aphur (Yongden) qui s'habille à l'européenne, et porte à peu près correctement sa toilette, il s'est avisé de se faire faire ici un complet veston en soie noire et à ramages, rehaussé de boutons de nacre blanc.

A ces débauches vestimentaires s'en ajoutent d'autres, Gourong Tsang fréquente ce qu'Alexandra appelle pudiquement « les demoiselles accueillantes » et les théâtres. La Lampe de Sagesse en est dégoûtée. A Sian, qui est la capitale du Sen-si, les divertissements, même en ces temps de guerre civile, ne manquent pas. Le gouverneur de Sian et son ami, un aspirant à la sagesse, invitent Alexandra à un thé. Ces militaires, qui gardent leurs fusils à portée de la main, sont des lettrés qui discutent tranquillement des auteurs classiques et en récitent calmement des passages par cœur. L'alerte peut sonner d'un moment à l'autre. La Lampe de Sagesse savoure là « un délicat plaisir », « une minute de sensualité quintessenciée ».

Et comme si les fusillades, les explosions, ici et là, les exécutions sommaires, à droite et à gauche, ne suffisaient pas, il faut encore que, parvenue enfin à Lan-tchou, la capitale du Kansu, en juin 1918, Alexandra soit obligée d'assister à ce qu'elle exècre particulièrement : un dîner mondain, donné en son honneur par le gouverneur de la ville et sa femme,

> dîner solennel et misérable qui manquait du raffinement que j'ai trouvé chez les hauts fonctionnaires de Sian.

Comme quoi, le dieu des mondanités ne perd jamais ses droits !

Interminable cette expédition ! Alexandra en vient à fouetter le conducteur de son chariot :

> Il avait été impertinent et, la leçon lui ayant prouvé que la petite personne qu'il voiturait n'était pas timide, il est devenu tout à fait souple, respectueux et serviable.

Mme Néel ne voyage plus avec le Khoubilgan :

> Sa suite était trop bruyante et puis il voyageait en grand luxe dans une machine à porteur.

Comme ils suivent la même route, Alexandra et Gourong Tsang se rencontrent parfois aux étapes et se font des politesses.

Chemin faisant, la Lampe de Sagesse prodigue la bonne parole et quelques soins aux soldats qui se présentent. Pas mal de blessés. Beaucoup de syphilitiques :

> On ne se doute pas du nombre de ceux qui en sont atteints. Et, en Orient, les gens sont dans une ignorance profonde de ses causes. Ils ne veulent pas croire à la contagion par le contact, ni à la contamination par voie d'hérédité. J'ai prêché

les hommes du poste à Wen-ti-chen, où j'ai passé six semaines, mais les ai-je convaincus ?

Alexandra ne se contente plus de prêcher le modernisme bouddhiste, elle enseigne les dangers de la contagion, en général, et ceux de la syphilis en particulier. C'est Philippe qui doit être surpris par ce nouveau rôle de sa femme. Et nous donc ! Chère Alexandra, vous ne cessez jamais de nous étonner...

Enfin, on approche de Kum-Bum et Alexandra refuse l'invitation de Gourong Tsang :

> J'ai renoncé à aller m'installer dans le voisinage du lama avec qui j'ai fait route. Il s'est montré très aimable pour moi et au fond est, je crois, un excellent homme, mais sa soif de s'enrichir et l'ambition de devenir un personnage influent l'absorbent complètement. [...] Dans son désir de supplanter les autres lamas importants, il s'est attaché au général musulman, chef militaire du district, qui le favorise, d'où haine intense des lamas jaunes à son sujet.

Le monastère de Kum-Bum se trouve dans la province tibétaine de l'Amdo qui, à cette époque, dépend de l'administration chinoise du Kansu qu'Alexandra vient de traverser. La population de l'Amdo est des plus variées : des Tibétains, des Mongols, des Chinois, des représentants des tribus autochtones. La situation politique y est encore plus complexe, si faire se peut, que dans le reste de la Chine. Tibétains, Mongols, Chinois, indigènes se haïssent. De ces haines à la fois raciales et religieuses naissent d'incessantes hostilités qui, pour le moment, épargnent ce havre de paix qu'est Kum-Bum où Alexandra arrive début juillet 1918.

Six mois d'odyssée se terminent, qui auraient pu être tragiques pour Mme Néel si elle avait été une faible femme qu'un rien apeure. Elle est une femme forte qui n'a peur de rien. Elle en est pleinement consciente et considérant tous les obstacles qu'elle a franchis, elle écrit à Philippe :

> Où sont les beaux faiseurs de discours sur la fragilité féminine, « l'éternelle blessée » de ce bon M. Michelet... Quelles âneries [1] !

---

1. *Journal de voyage*, t. II, p. 37.

En six mois, elle a parcouru, et dans quelles conditions, les quelque 2 500 kilomètres qui séparent Pékin de Kum-Bum. Elle a assisté à des combats, à des pillages, à des exécutions, à des thés littéraires, à des dîners mondains. Le 12 juillet, Alexandra peut soupirer : « Ouf ! Me voici à Kum-Bum[1]. » Philippe partage cette satisfaction, lui qui trouvait que Pékin n'offrait pas assez de garanties pour la sécurité de son épouse... Quelle diversion devaient apporter, dans la vie casanière et bureaucratique de Philippe, les lettres d'Alexandra ! Quel feuilleton ce prince lointain a suivi avec sa paladine qui vagabonde de champ de bataille en monastère ! À son tour, il peut soupirer : « Ouf ! Elle est à Kum-Bum. »

---

1. *Journal de voyage*, t. II, p. 38.

Les délices de Kum-Bum

Le silence qui règne parmi les temples est un délice après tant de temps passé parmi le bruit. Il y a à Kum-Bum, répartie entre les différents temples, une population évaluée à 3 800 lamas, mais un silence complet enveloppe tous ces bâtiments étagés sur le flanc de deux montagnes enserrant une étroite vallée.

(Alexandra à Philippe, le 12 juillet 1918.)

Si, dans *Mystiques et magiciens*, les monastères de Birmanie, de Corée et du Japon n'ont droit qu'à trois maigres paragraphes chacun, le monastère de Kum-Bum, dans ce même ouvrage, occupe un chapitre entier d'une quarantaine de pages et l'on sent qu'Alexandra n'y a pas épuisé tout ce qu'elle y a vu, entendu, vécu pendant le séjour qu'elle y fait de juillet 1918 à février 1921. En ces trente-deux mois, elle a pu observer quotidiennement les *tulkous*, l'arbre sacré, les

273

cérémonies, les rites, les joutes oratoires, les danses des lamas, etc.

Au congrès féministe de Rome, en 1906, « tout le monde » était « duchesse ou princesse » selon Alexandra qui feignait, avec beaucoup d'humour, de s'en affecter. Au monastère de Kum-Bum, nombreux sont les *tulkous*, les réincarnés, et Alexandra ne songe pas à s'en plaindre, au contraire. Elle aura même le privilège d'assister à la découverte et à l'avènement de l'un d'entre eux.

Depuis sept ans que le lama Agnai-Tsang était mort, celui en qui il devait se réincarner n'avait pas été retrouvé. Son intendant ne s'en portait pas plus mal, administrant les biens du défunt comme les siens propres. Pendant une tournée, l'intendant s'arrêta dans une ferme et se servit d'une tabatière dont un gamin, qui traînait par là, s'empara en disant sévèrement : « Pourquoi te sers-tu de ma tabatière? »

Il ne restait plus à l'intendant qu'à s'incliner et à ramener son patron réincarné en sa demeure de Kum-Bum. En arrivant, Agnai-Tsang Tulkou fit remarquer :

— Pourquoi tournons-nous à gauche pour gagner la seconde cour? La porte est à droite.

Cette porte, qui existait au temps du défunt Agnai-Tsang, avait été murée. Et comme si ces deux preuves de sa réincarnation, la tabatière et la porte, ne suffisaient pas, le gamin s'offrit le luxe d'une troisième :

— Donnez-moi mon grand bol en porcelaine de Chine.

C'est à ce moment précis qu'Alexandra, attirée par le bruit que faisaient ces prodiges, entra dans l'appartement de Agnai-Tsang Tulkou à qui elle offrit une écharpe en soie et quelques cadeaux. Diversion qui ne détourna pas le Tulkou de son idée fixe : le bol en porcelaine de Chine. L'intendant et les moines s'efforçaient de faire respectueusement remarquer au réincarné qu'un semblable bol ne se trouvait pas dans la maison.

— Cherchez mieux et vous le trouverez, ordonna le Tulkou, péremptoire. Et, comme traversé par un éclair de mémoire, il indiqua la place d'un coffre qui contenait l'objet. On y alla et on en revint avec le bol en porcelaine de Chine... On peut imaginer l'exultation d'Alexandra qui assiste à de tels prodiges jamais enregistrés par une Parisienne...

Cette élite de « réincarnés » et de lettrés voisinait à Kum-Bum avec « un grand nombre de fainéants lourdauds, d'aimables et joviaux bons vivants ». Ces 3 800 moines, quelque peu rabelaisiens, n'avaient quand même pas changé leur monastère en une abbaye de Thélème où chacun agissait selon sa fantaisie ! Ils étaient astreints à assister à deux cérémonies religieuses, celle du matin et celle du soir. Entre-temps, ils avaient vaqué à diverses occupations : études, méditations, rites, jeux.

Chaque moine a son logement particulier. Cela va du petit palais pour les plus riches à la très modeste cellule pour les plus pauvres. Les riches se font servir par les pauvres. Kum-Bum est un véritable microcosme qui reflète bien les différents étages de n'importe quelle société. Dans cette cité de 3 800 habitants, on vit, on meurt, on prie, et aussi on peut, si on en a l'envie et les capitaux, se livrer au négoce. On peut être moine et commerçant, réincarné et homme d'affaires, mystique et marchand. Un tel mélange, loin de choquer Alexandra, l'enchante. Elle savoure les délices de Kum-Bum, à l'ombre de l'arbre miraculeux de Tsong-Khapa.

On ne saurait nier l'importance des arbres dans le destin d'Alexandra, on pourrait résumer sa vie à travers ses arbres, arbre de l'enfance et de la fuite dans le bois de Vincennes, arbre de la prière et de la jeunesse à Ceylan ou en Inde, arbre de la retraite dans son verger de Digne, et maintenant, arbre de la maturité avec l'arbre miraculeux de Tsong-Khapa. Importance des arbres et des réformateurs chez Alexandra qui, en Tsong-Khapa, est comblée puisqu'il est à la fois un arbre et un réformateur.

Tsong-Khapa naquit en Amdo, au XVIe siècle. A l'endroit où sa mère avait accouché, et né du sang provenant de la coupure du cordon ombilical, un arbre se met aussitôt à croître. L'arbre et l'homme sont donc nés en même temps. L'homme s'en alla, laissant son double végétal en cette même place où fut édifié le monastère de Kum-Bum. L'homme partit faire des réformes. Et sur les feuilles de l'arbre apparurent des images de déités et la formule sacrée *Aum mani padmé hum*. C'est à partir de ce prodige que le monastère reçut son nom de Kum-Bum qui veut dire « cent mille images ». Dans ses *Souvenirs d'un voyage dans la Tartarie, le Tibet et la Chine pendant les années 1844-1845-1846,* le père Huc affirme en avoir vu quelques-unes. Privilège que ne partagea pas Alexandra : l'arbre se trouvait alors dans un monument soigneusement clos, un *chorten.* Mais l'arbre magique avait réussi à vaincre cet emprisonnement, et, en face du *chorten,* poussait, victorieux, l'un de ses rejetons qu'admira Alexandra, sans y discerner la moindre image ou la moindre trace d'*Aum mani padmé hum.*

Dans cette ville-monastère dont le roi est un arbre, Alexandra occupe un logis qui appartient à un réincarné, Pegyay Tulkou, et qui comprend, disposé autour d'un patio, un rez-de-chaussée orné de fresques représentant l'histoire de Tsong-Khapa, et, au premier étage, une suite de trois pièces aux boiseries jaune vif, avec balcon et véranda. Yongden occupe le rez-de-chaussée et Alexandra, le premier étage. Elle y jouit immédiatement d'une chose dont les fracas de la guerre civile l'avaient privée pendant six mois : le silence « qui règne parmi les temples est un délice après tant de temps passé parmi le bruit ». Comme tout est provisoire, ce silence est vite interrompu pendant deux jours, du 14 au 16 juillet, par des fêtes en l'honneur du Bouddha. Une gigantesque toile représentant le Bienheureux est étalée et provoque l'admiration des populations accourues. Parmi ces foules bariolées, Alexandra, en noir, fait sensation : « J'avais l'air d'un oiseau sombre parmi une troupe de perroquets. » Elle provoque un attroupement que dégagent, en distribuant d'imposantes gifles, ses gardes du corps. Elle assiste ensuite aux danses des lamas, et, en revenant, les gens se prosternent sur son passage, le front dans la poussière. On a dû apprendre les mérites et les vertus de la Lampe de Sagesse et ses gardes ne distribuent plus aucune gifle...

Les délices de Kum-Bum reprennent de plus belle et Alexandra s'y plaît de plus en plus. Elle s'y nourrit de *tsampa,* d'oignons, de marmelades d'abricots et d'un pain qu'elle fabrique elle-même. La vie est bon marché à Kum-Bum. Un litre d'un excellent lait y vaut 5 centimes et un quartier d'agneau 3 francs, c'est-à-dire 1 dollar. Le dollar chinois est, pour le moment, à égalité avec le dollar américain.

Ce serait la paix financière pour Alexandra, n'était-ce la difficulté de faire rentrer des fonds à Kum-Bum, les mandats s'égarent, la guerre civile désorganise les relations postales. Mme Néel reste parfois cinq mois sans nouvelles de son époux. En attendant nouvelles et argent, elle emprunte 150 dollars à un prêtre belge de la mission de Sian.

Qu'importent ces retards, ces ennuis ? Rien ne peut altérer la perfection de ce paradis de Kum-Bum! Alexandra y vit dans l'étude et l'extase. Dans la retraite, dans son ermitage de Kum-Bum, comme dans celui de Lachen, elle donne, une fois de plus, le meilleur d'elle-même et atteint des sommets que reflètent ses lettres à Philippe, et, en particulier, celle du 16 septembre 1918 :

> [...] Je suis habitant d'un autre monde, et je regarde celui où, vous tous, vous agitez avec le paisible intérêt d'un spectateur au cinéma. [...] Je suis plongée ici, dans des traductions d'ouvrages philosophiques bouddhistes et, de là, votre guerre formidable m'apparaît comme la rencontre d'armées de fourmis se disputant la possession de vingt centimètres carrés de terrain. Qu'est-ce qu'un épisode de cette espèce dans l'histoire des mondes qui surgissent et sont détruits [1] ?

Face à ces mondes que représentent les planètes et les étoiles, Alexandra entre, chaque nuit, en *samadhi*, conclusion de sa méditation commencée à 3 heures du matin... Méditation qu'elle a placée sous les auspices de Tsong-Khapa, l'homme-arbre, le saint patron de Kum-Bum qui, dans son ouvrage le *Lamrin*, a écrit :

> Si l'on vous demande quelle est la nature de la méditation, répondez que c'est le secret d'être capable d'abandonner toutes les pensées imaginatives avec les semences qui les engendrent [2].

Méditations et *samadhi* terminées, Alexandra fait un tour à l'air vif de sa petite terrasse, salue ses étoiles préférées, et écoute, à 5 heures, les trompes qui sonnent l'éveil, et l'heure de l'office, pour ceux qui dorment encore. A 6 heures, elle prend son thé, bouilli à la mode tibétaine. Puis, toilette et lecture. A 9 heures, déjeuner à l'anglaise, son repas principal. Études, traductions, jusqu'à midi. A midi, le bain qui, pour Alexandra, est aussi sacré que l'arbre. Le bain est suivi d'une séance de travail qui dure jusqu'à 4 heures de l'après-midi.

---

1. *Journal de voyage*, t. II, p. 50.
2. Cité par Alexandra David-Néel dans sa *Connaissance transcendante*, Adyar, p. 28.

Alexandra dîne alors d'une soupe et de fruits cuits. La Sévigné de Kum-Bum consacre sa soirée à écrire des lettres. A 9 heures, elle est au lit et s'endort aussitôt. Elle se réveille à 3 heures du matin. Et une autre journée commence, identique. L'instable Alexandra trouve cette monotonie infiniment délectable...

La lettre dans laquelle elle donne, heure par heure, son emploi du temps est datée du 11 novembre 1918. Elle ignore que l'Armistice est signé ce jour-là. Elle ne l'apprendra que le 21, et si détachée soit-elle de l'actualité, elle confesse une larme d'émotion et un enfantillage, elle confectionne un drapeau tricolore qu'elle s'en va planter sur une montagne. Et elle retourne à ses occupations habituelles, regardant « les étoiles pâlir dans le grand ciel vide de nuages de l'Asie centrale ». Ces mêmes étoiles ont vu leur amie entrer sereinement dans sa cinquantième année :

> Je suis beaucoup plus forte et endurante que durant ma jeunesse. Sans doute la vie rude que je mène en est la cause et réagit avec avantage contre l'affaiblissement que l'âge tend à amener. Je puis m'asseoir en plein air le matin au lever du jour, le thermomètre à − 15 sans être le moins du monde incommodée.

Avec une vigueur accrue par les belles perspectives d'une telle cinquantaine, Alexandra envisage de reprendre sa collaboration que la guerre avait interrompue avec *le Mercure de France*, *le Soir* et autres gazettes. Le 12 janvier 1919, elle demande à son mari :

> A propos d'articles que je vais publier, je tiens à te demander si tu préfères que je fasse suivre mon nom du tien dans ma signature. Je dois à ton amitié dévouée le séjour en Asie qui me permet d'écrire ces articles et si tu peux y trouver l'ombre d'un plaisir quelconque il n'est que trop juste que ton nom figure au bas de ceux-ci[1].

Et c'est ainsi que, à partir de cette date, le nom de David est uni à celui de Néel. Mme Néel en profite pour rendre à M. Néel ce juste hommage :

> Tu m'as permis de réaliser mes rêves les plus chers, les désirs de voyage qui m'ont tenu au cœur depuis l'enfance ; tu as été le bon génie des contes de fées qui, soudain, comble vos

_____
1. *Journal de voyage*, t. II, p. 66.

vœux. Je sais tout cela et bien d'autres choses encore que je n'écrirai pas mais qui demeurent en ma mémoire. Y en a-t-il un sur dix mille qui te vaille à ce point de vue ? J'en doute.

Au printemps 1919, Alexandra quitte Kum-Bum pour visiter les temples et les monastères des alentours, et cela malgré la guerre civile qui continue à faire rage, et l'insécurité grandissante qui en résulte :

> Les choses vont mal dans la région, les soldats ont brûlé plusieurs lamaseries dans le sud et pillent celles de Lhabrang.

Il en faut d'autres pour arrêter Alexandra dans ses vagabondages qui la conduisent chez les moines de Ditza, chez un sorcier Golock, chez le Khoubilgan Gourong Tsang qui fait retraite, et, enfin, chez les religieuses de Nam-Dzong qui, comme son nom l'indique, « la Forteresse du Ciel », est très haut perchée. Là, une nonne prête à Alexandra des manuscrits sanskrits qu'elle emporte à Kum-Bum pour les recopier. Infatigable Lampe de Sagesse.

A son retour d'excursion, Mme David-Néel passe à M. Néel qui s'en va à Paris une impressionnante commande à exécuter dans les grands magasins : 6 paires de bas de laine, 6 paires de bas de coton, 8 pelotes de laine pour les raccommodages, un gilet en tricot, un ouvrage de médecine pratique, un autre pour pratiquer la gymnastique en chambre, et un traité de prestidigitation de salon. Pourquoi ce traité ? Alexandra y apprendra quelques tours, « cela, dans cet étrange pays, peut sauver la vie, éviter d'être dévalisé par les hordes de pillards ». Des bas de laine aux tours de prestidigitation, la prévoyante Alexandra ne laisse rien au hasard. Et pour cause : elle est ainsi en train de préparer son périple au Tibet, avec entrée à Lhassa, sous un déguisement quelconque. Ce qu'un homme, un Japonais comme Ekai Kawaguchi a fait, une femme, une Parisienne de Saint-Mandé peut le faire. Elle ne cesse d'en entretenir, à mots couverts, Philippe. Elle a même imaginé un code, un vocabulaire secret. Il faudra, par exemple, ne jamais employer le mot Tibet, et désigner son expédition par « la traversée de la Chine jusqu'en Indo-Chine ». Elle a balayé toutes les objections de son mari par le spectacle de son inébranlable volonté de mener à bien son projet, avec le refrain habituel, « dussé-je mendier de monastère en monastère ». Sous-entendu, si tu me coupes les vivres pour m'empêcher d'y aller, j'irai quand même. Ah ! mais...

Sa halte à la Forteresse du Ciel n'a fait qu'aviver son désir de voir d'autres forteresses sous le ciel du Tibet. Celle que l'on croyait perdue, dans les délices d'une austère Capoue, ne songe qu'à sa future équipée. Né au Japon, son désir d'aller à Lhassa qui semblait alors irréalisable s'est ancré, fortifié à Kum-Bum et a tourné à l'idée fixe.

Aux brèves excursions de printemps succèdent les longs périples de la belle saison qu'Alexandra considère, secrètement, comme des répétitions générales de ce qu'elle nomme « le Grand Projet ».

De fin juillet au commencement de septembre, Alexandra explore la région qui s'étend autour du lac de Kou-Kou-Nor, avec les aventures habituelles, mules qui s'échappent, pillards que l'on met en fuite, rencontres avec des ermites. Ce qui devait être un voyage d'agrément se change, à cause des pluies, en « épreuve d'endurance ». Alexandra déclare que

> à part le lac qui est merveilleux, le pays ne présente aucun intérêt bien spécial. [...] Ce sont des pâturages à perte de vue, de l'herbe, rien que de l'herbe sur des montagnes arrondies comme les « Ballons » en Alsace[1].

Venir aussi loin pour se retrouver face aux ballons d'Alsace, on comprend qu'Alexandra ne s'attarde pas, rebrousse chemin et retrouve avec plaisir les délices de Kum-Bum. « Pour qui aime les livres, Kum-Bum est un paradis », déclare Alexandra qui aime les livres, et, en particulier, cette *Prajna paramita* qui compte cent mille versets. Elle en commence la traduction, comme elle l'annonce à Philippe, le 23 janvier 1920 :

> Je me suis mise à traduire les passages les plus intéressants de la *Prajna paramita*, l'ouvrage que je suis censée lire pour le bénéfice spirituel et temporel des lamas du temple où je vis. Je ne croyais pas y trouver autant d'intérêt. Cela entrera dans le livre que je veux écrire sur le bouddhisme philosophique et mystique d'après les sources tibétaines.

C'est seulement en 1959 que paraîtront des extraits de sa

1. *Journal de voyage*, t. II, p. 95.

traduction, dans son livre *la Connaissance transcendante,* aux éditions Adyar. Attribuée au philosophe indien Nagajurna, qui vivait au IIe siècle de notre ère, cette *Prajna paramita* consiste en des discours supposés avoir été tenus par le Bouddha s'entretenant avec son disciple Sariputra. La compréhension parfaite de cette œuvre suffit à provoquer l'Illumination et à vous changer en Bouddha. Alexandra ne précise pas si, à Kum-Bum, elle a atteint cet état. Elle s'en est approchée certainement. Mais ces beaux moments sont, hélas, gâchés par l'éternelle question d'argent et cette interrogation qui n'a rien de mystique : « Combien vaut le dollar ? » Poussée par la nécessité, Alexandra vend ses hardes, imitée par Yongden qui sacrifie ses deux plus belles cravates achetées au Japon pour 2 taels, c'est-à-dire dans les 44 francs. Elle en est réduite au régime déjà expérimenté à Pékin : thé et pain sec. En février 1920, pour le Nouvel An tibétain, elle prétexte un subit besoin de retraite pour ne voir personne et n'avoir aucun cadeau à donner.

Le dollar qui ne cesse pas de baisser réduit à rien les envois de Philippe :

> Je suis débordée, je dois de l'argent ; ce que tu envoies se change en sommes insignifiantes ; c'est l'heure où l'on tourne ses regards du côté de son revolver avec le désir de ne pas prolonger cette lutte ridicule. Le mois dernier, nous avons littéralement vécu avec rien. [...] Ce régime famélique, joint à l'ennui que me cause ma situation, ne me réussit pas.

En effet, à ce régime, entérocolite et rhumatismes surgissent et Alexandra n'a pas d'argent pour acheter de remèdes. « A quoi bon continuer cette vie ? », se demande-t-elle. Pire que l'entérocolite et les rhumatismes, la plus redoutable des maladies, l'« Akoibon », à quoi bon lutter et se débattre, atteint Alexandra. Elle touche le fond du gouffre. Mais, comme elle est indomptable, la pensée de partir l'an prochain, en 1921, vers Lhassa suffit à la guérir de l'« Akoibon ». Et puis, comme toujours, quand elle s'attarde à un endroit, Alexandra commence à découvrir les inconvénients, les serpents dissimulés dans le paradis. Tout n'est pas que délices à Kum-Bum. Tenez, l'eau qu'elle buvait depuis son arrivée en juillet 1918, Alexandra s'aperçoit en avril 1920, que cette même eau n'est pas buvable :

Tout cet hiver, nous avons bu de la vraie boue [...] et l'ébullition ne débarrasse pas l'eau des sels minéraux qui peuvent s'y trouver, bref le petit souffre de l'estomac, il éprouve des douleurs dans les reins et les jambes et parfois il a de la peine à uriner, il a de la fièvre, moi aussi.

Cette fièvre, due peut-être à la mauvaise eau, est aussi ce que l'on pourrait appeler plus simplement, « la fièvre du départ », ce besoin de changement, vital pour Alexandra qui, dès qu'elle s'arrête, tombe malade. Elle guérit dès qu'elle part. En ce même avril 1920, la Lampe de Sagesse fait une découverte difficile à faire admettre à Philippe, à savoir qu'il est plus économique de voyager que de rester sur place :

> Mon idée d'accomplir mon voyage durant ce temps de crise, qui peut te paraître étrange si tu songes à ce que sont les voyages en Europe est sage au point de vue des conditions locales. En route, on ne se chauffe pas puisque l'on marche. La cuisine se fait sur la bouse des animaux errants dans la steppe que l'on recueille soi-même, cela ne coûte rien. Il n'y a pas de cadeaux à donner aux gens qui vous hébergent puisque l'on campe, il ne faut pas, comme ici, payer un porteur d'eau, l'on puise à même les rivières.

En un mot comme en quatre, Alexandra quitte Kum-Bum pour Lhassa afin de... faire des économies. Un raisonnement aussi spécieux ne touche guère Philippe qui, frappé par les bouleversements financiers qui ont suivi l'après-guerre, répond à son épouse : « Nous allons l'un et l'autre nous trouver dans une situation voisine de la misère. » Mais, la misère de Philippe, ce serait le luxe pour Alexandra. Devant une telle adversité, la Lampe de Sagesse décide de vendre *tout* ce qu'elle possède : ses robes, ses étoffes, ses gants, ses voiles, ses écharpes, son tapis de table, ses serviettes, sa boucle de ceinture arabe et une petite boîte en argent (cadeau de Philippe), et ses épingles en or. Grâce à Yongden qui se révèle avoir le génie des affaires et celui du boniment, le produit de la vente dépasse les espérances d'Alexandra et atteint plus de 1 000 francs. Autant se débarrasser de tout avant d'exécuter « le Grand Projet » qui aboutit à Lhassa. Et puis *à quoi bon* se faire de tels soucis d'argent ?

> En mon pouvoir n'est que l'indifférence à tout ce qui peut advenir, difficultés, souffrances, vie et mort. En somme, c'est toujours parce que l'on tient à sa peau et au confort de celle-ci que l'on est en proie à l'inquiétude et à la crainte. Je suis

vieille, j'ai eu à peu près tout ce que j'ai désiré en ce monde. La sagesse est donc de ne pas laisser l'agitation m'envahir. Si la fin doit être prochaine, cela n'a pas grande importance.

Cette future centenaire a constamment vécu avec la hantise de sa fin imminente, et c'est peut-être pour cela qu'elle a vécu avec autant d'intensité... Pendant les excursions de l'été et de l'automne 1920, elle s'entraîne à marcher une quarantaine de kilomètres par jour, en prévision des longues marches pour atteindre Lhassa. « Ce n'est pas énorme », constate cette alerte quinquagénaire qui, avec de l'entraînement, espère faire mieux. Imprévisible Alexandra qui se dit vieille, mourante, et qui, l'instant d'après, court les steppes de l'Asie centrale. Sa vitalité, son optimisme auront leur récompense. A l'automne, elle reçoit de Philippe 18 000 francs alors qu'elle n'en attendait que 10 000. Cris de gratitude et de reconnaissance qui retentissent jusqu'aux plus hauts sommets de l'Hymalaya. Elle va pouvoir enfin partir et mener à bien le Grand Projet. Elle rassure Philippe :

> Ne t'inquiète de rien, je ne vais pas chez les anthropophages[1]. Chinois, musulmans, Mongols ou Tibétains des frontières ne sont effrayants qu'à distance et quand on ne sait pas s'y prendre avec eux. Au fond, ce sont de bonnes gens, plus serviables pour le voyageur, qu'on ne l'est en Occident. Je ne cours aucun danger. Tant que tu n'auras pas de nouvelles, c'est que tout ira bien.

Cet entrain fait place, dans les dernières lettres qu'Alexandra adresse à Philippe avant de quitter Kum-Bum, à un ton de gravité et à de solennelles recommandations :

> Mets-toi bien dans la tête qu'en aucune circonstance il ne faut me faire rechercher par la légation ou d'aucune autre manière, tu pourrais compromettre gravement ma sécurité et celle des gens à mon service[2].

En janvier 1921, la situation aux alentours de Kum-Bum est des plus troublées. La guerre civile se rapproche, les incendies et les pillages se multiplient, la peste bubonique

---

1. Et pourtant, par la suite et par deux fois, Alexandra sera aux prises avec des anthropophages...
2. *Journal de voyage*, t. II, p. 133.

fait son apparition en Mandchourie, tandis que le choléra s'abat sur le Sechuan. L'insécurité est complète. Une caravane a été assaillie, pillée sur les rives du Kou-Kou-Nor. Brigands et insurgés s'avancent vers Kum-Bum et les moines commencent à craindre pour leur vie et pour leur arbre sacré.

Voilà donc ce que fuit Alexandra, la guerre civile, les combats, la peste, le choléra. Mais pire encore que tous ces maux, l'immobilité, l'habitude, la stagnation. Une fois de plus, le dilemme, partir ou pourrir, a été résolu en faveur de la première solution. Le 5 février 1921, par une belle journée ensoleillée, « un de ces jours où le ciel est bleu et la terre est jaune, comme disent les Chinois », Alexandra s'en va. Elle quitte le monastère et ses réincarnés, ses cérémonies, ses livres, et l'arbre de Tsong-Khapa. Les délices de Kum-Bum sont terminées.

La traversée des déserts
(1921-1923)

J'ai toujours préféré le désert.

(Alexandra à Philippe, le 11 avril 1923.)

En quittant Kum-Bum, dans la fumée des baguettes d'encens allumées en l'honneur de Tsong-Khapa, Alexandra pensait mener à bien son « Grand Projet » en contournant tout le nord-est du Tibet pour rejoindre à Tatsienlou, à l'extrémité du Sechuan, la route des caravanes qui conduisait à Lhassa. Cela n'aurait demandé que trois mois en traversant les Tchang-Tang, ces immenses solitudes herbeuses des alentours du Kou-Kou-Nor où Alexandra avait déjà séjourné. Or, seul un strict incognito pouvait assurer la réussite de son plan. La crainte d'être reconnue détourna la Lampe de Sagesse des Tchang-Tang. Décision lourde de conséquences.

Les trois mois vont se changer en trois ans pendant lesquels Alexandra va errer au gré du temps, des événements et des rencontres dans ce qu'elle nomme « le Grand Tibet » et où s'affrontent Chinois et Tibétains. Cette région, attenante aux provinces du Yunnan, du Sechuan et du Kansu, et déjà administrée par la Chine, comprend, en gros, le pays d'Amdo et le pays de Kham, peuplés de tribus de Tibétains irréductibles qui ne reconnaissent ni l'autorité de Lhassa ni celle de Pékin. Ce sont des *dopkas*, des « gens des solitudes » qui vivent d'élevage et de rapines, des brigands-gentilshommes dont Mme David-Néel racontera les exploits dans son livre, *Au pays des brigands-gentilshommes*[1]. Alexandra sera frappée par l'extrême crasse des naturels de l'Amdo et par l'extrême diversité des paysages du Kham : « Après expérience, je considère le pays de Kham comme la partie la plus intéressante du Tibet. » Elle s'en va vers l'inconnu et elle en est enchantée. Toutes ses précautions sont prises, même sa cotisation au Touring Club, cinq francs par an, vient d'être réglée par Philippe à qui elle demande de mettre à sa disposition, pour le 1er juillet 1922, 300 dollars à Shanghai, à la Banque de l'Indochine. « [...] Je vais rester peut-être deux années sans avoir de tes nouvelles. C'est long, bien long », écrit-elle, sans s'émouvoir outre mesure.

> Toi, sans nul doute, tu recevras quelques lettres pendant ce temps. Il me sera possible d'en jeter une parfois en quelque poste sur mon passage, bien qu'à mon vif regret il me faudra, en certain cas, me priver de cette joie de crainte de trahir mon incognito.

En effet, les « postes », quand elles existent dans ces coins-là, ne reçoivent jamais d'enveloppe avec une suscription en langue européenne. Il faut alors remettre la lettre aux mains de l'agent, en général un boutiquier qui fait office de postier, et en expliquer la destination. Donc, trahir le précieux incognito.

Ces détails réglés, Alexandra peut humer l'air de l'aven-

1. Plon.

ture, et surtout, l'air de l'Histoire où elle a conscience d'entrer en ce 5 février 1921. Aucune Européenne n'a mis les pieds dans ces terres et rares sont les Européens qui s'y sont risqués. Un jésuite, Antonio de Andrade, en 1624. En 1716, un autre jésuite, Ippolito Desideri. Puis, à partir de 1719, des capucins succèdent aux jésuites. En 1724, un laïc, le premier, un Hollandais, Van der Putte, pénètre à Lhassa. En 1846, c'est au tour de deux lazaristes français, le Père Huc et le Père Gabet, d'entrer dans la cité interdite. Plus récemment, en 1896, Bonvalot et le prince Henri d'Orléans se sont avancés jusqu'au lac Tengri. C'est tout. C'est peu. Et l'orientaliste Alexandra qui se double d'une exploratrice n'est pas fâchée de pénétrer dans ces régions qui, sur les cartes de géographie, sont représentées par un espace blanc sur lequel on lit : « Terres inconnues. » A l'excitation de l'exploratrice, se mêle la joie, pour la Parisienne de Saint-Mandé, de braver une interdiction, comme elle l'a déjà écrit dans un article paru dans *le Mercure de France* du 1er juin 1920 :

> Le Tibet conservera une place spéciale dans l'histoire, du fait qu'il aura été le dernier pays ayant interdit l'accès de son territoire aux étrangers.

Dans cet article, Alexandra dénonce les raisons profondes de cette interdiction, d'abord voulue par les Tibétains eux-mêmes, mais, maintenant, soigneusement entretenues par les Anglais qui veulent y préserver intacte leur influence. Convoité par les Anglais, les Chinois, les Russes, et même les Japonais qui y mènent « de mystérieuses intrigues », le Tibet semble une proie idéale pour ces « expansions coloniales ». Et de déplorer semblables convoitises qui ne manqueront pas de rendre le Tibet semblable aux autres pays de la planète :

> L'on peut regretter que le Tibet perde sa sérénité de terre vierge et s'ouvre aux entreprises financières prosaïques. Une humanité plus artistique ou plus mystique que la nôtre eût, peut-être, voulu conserver intacte cette terre silencieuse et étrange, [...] quelques milliers de solitudes impolluées, sorte de temple à la quiétude d'asile, à l'usage de ceux que n'a point enivrés le rêve fiévreux de l'activité ou qui s'en sont réveillés.

Répétons que ces lignes, aux sonorités tellement actuelles, datent de juin 1920. Un an plus tard, en juin 1921, Alexandra est en plein Tibet, avec ses hommes (Yongden, un homme de Lhassa, Sotar, son domestique depuis deux ans et demi, et deux novices de Kum-Bum qui voulaient voir du pays) et ses bêtes (sept mules). Elle est vêtue de son uniforme de dame-lama auquel elle a droit, passe pour une *Khandoma*, « une promeneuse à travers l'espace », une sorte de fée. Elle assure cette illusion en multipliant les bénédictions, les prédictions, soufflant sur le dos de l'un pour apaiser ses rhumatismes et dans l'oreille de l'autre pour guérir sa surdité. S'ils sont déçus par les effets du souffle magique, les rhumatisants et les sourds ne peuvent plus s'en plaindre à la fée qui a déjà disparu, sa mission accomplie, en bonne fée qui se respecte. Alexandra chemine, chemine et ne s'attarde pas.

Une fois, une seule en ces années de vagabondages, elle risquera de payer de sa vie son titre de *Khandoma*. Trois *yogis* qui pratiquaient leur ascèse dans la solitude des montagnes suivront pendant trois jours la fée infortunée afin d'en faire une fricassée. Manger de la fée donne des pouvoirs spéciaux et la Lampe de Sagesse ne devra son salut qu'à l'intervention d'une fermière, échappant ainsi aux *yogis* anthropophages... Simple incident d'un parcours qui a mal débuté : elle a manqué être escroquée par un pasteur anglais, M. Ripley, honte sur lui, qui plaide l'oubli, puis la perte due à la poste, « je suis désolé, Mme Néel, votre argent est perdu ». Il s'agit de 500 taels, l'équivalent de 10 000 francs, somme qu'Alexandra dépense en une année et qu'elle a confiée au pasteur. Après dix jours de pourparlers et d'enquêtes, Mme Néel récupère 490 taels, les dix autres ayant été dépensés en télégrammes divers pour faire rendre à M. Ripley la somme qu'il détenait indûment.

> Je te répète encore une fois ce que je t'ai souvent dit : je suis partie pour une aventureuse tournée. [...] Il n'y a vraiment pas à craindre pour sa vie, à moins de recevoir une balle égarée qui ne vous était pas destinée, ce qui s'évite assez facilement en s'écartant des endroits où l'on se bat. Les vrais risques sont les risques de vol et ceux-là sont sérieux, mais il faut se fier à sa bonne étoile.

Cette bonne étoile aura fort à faire pour protéger Alexandra des pasteurs indélicats, des brigands gentilshommes, des *yogis* cannibales, des fonctionnaires chinois trop zélés et des officiers tibétains trop intransigeants. Protection qui n'empêchera pas la Lampe de Sagesse de perdre son revolver à cinq coups qu'elle remplacera aussitôt par un pistolet automatique à sept coups. Deux précautions, bonne étoile et bon pistolet, valent mieux qu'une !

Inlassable, l'exploratrice va par les villages, les forêts, les montagnes, « pour celui qui sait regarder et sentir, chaque minute de cette vie libre et vagabonde, est un enchantement ».

L'enchantement cesse net le 21 juin 1921. Alexandra, comme Louis XVI à Varennes, est reconnue à neuf heures du matin, à Foupien, un village qu'elle traverse avec ses hommes, ses bêtes, passant devant des bureaux où un fonctionnaire chinois dit à l'un de ses collègues, « ce sont des Européens ». Alexandra entend cette phrase et espère un miracle qui se fait attendre. On demande les passeports, on fait ouvrir les bagages dont le contenu, robes de soie, imperméables, argent, excite la convoitise des fonctionnaires. Les pourparlers tournent mal, on parle de prison, Alexandra menace d'écrire à son consul et met sa menace à exécution. La Sévigné de Bruxelles, de Bénarès et de Kum-Bum se déchaîne et pond une telle quantité de feuillets que les fonctionnaires s'inclinent. Alexandra profite de son avantage pour exiger qu'un dîner soit servi. Le dîner est servi. Mais ce miracle n'en est pas un. La Lampe de Sagesse a compris qu'elle est prisonnière :

> J'étais prisonnière des circonstances, de mes domestiques bavards, de mes bêtes et de mes bagages. Les uns et les autres entravaient la liberté de mes mouvements, m'empêchaient de faire perdre ma trace, de me fondre dans la foule anonyme.

Elle a compris son erreur, elle ne recommencera plus.

A Foupien, elle ne peut pas congédier ses gens, ni vendre ses bêtes sans éveiller l'étonnement des villageois et la suspicion des autorités chinoises. Ce n'est pas encore aujourd'hui qu'Alexandra poussera le cri d'exultation qui, au Tibet, marque l'heureuse fin d'un voyage ou d'une entreprise difficile : « Victoire aux dieux, les démons sont vaincus. »

Le voyage reprend, entrecoupé par des rivières en crue, des jeûnes forcés, par l'insolite de certaines situations,

Alexandra se retrouve un soir en train de camper sur le toit-terrasse d'une maison... Dans le Kham, à Kantzé, exactement, elle tombe malade, victime d'une crise d'entéro-colite aiguë. Elle décide d'aller se faire soigner à Bathang. Le territoire entre Bathang et Kantzé, récemment reconquis par les troupes de Lhassa qui ont mis les troupes chinoises en déroute, est interdit aux étrangers. Pas d'exception, même pour une fée !

L'officier tibétain résidant au poste frontière demande à Alexandra si elle est munie de l'autorisation du Grand Homme de Tatsienlou, c'est-à-dire le vice-consul britannique. Elle ne l'a pas. L'officier se laisse attendrir, laisse passer l'exploratrice, mais, pris de remords, et ayant surtout consulté ses chefs, il envoie deux gardes à sa poursuite. Alexandra est rejointe sur la route de Lhassa. Elle refuse de faire marche arrière. « Si vous partez, notre maître ne nous le pardonnera pas, tuez-nous », disent les gardes. « Si vous ne me laissez pas partir, je vais me tuer », réplique Alexandra qui se croit revenue sur la scène du théâtre d'Hanoi. Il ne manque à ces répliques qu'un peu de musique de Verdi. Mais la vie au pays de Kham n'est pas un opéra et Alexandra à qui l'on refuse le passage vers Bathang, s'en va à Jackyendo. Voilà comment elle présentera cet épisode dans la conférence qu'elle prononcera le 3 décembre 1925 à la Société de géographie de Paris :

> Forcée de renoncer à me rendre à Bathang, je me dirigeai vers Jackyendo [...], un gros village, centre de commerce important et poste militaire chinois, situé sur la route des caravanes de Tatsienlou à Lhassa.
> Ce changement involontaire de mon itinéraire tourna tout à mon avantage. D'abord, il me permit d'étudier l'état d'esprit des populations tibétaines récemment arrachées à la Chine, et ensuite, il m'introduisit dans une partie du Tibet dont l'aspect diffère complètement des régions arides du sud ou du désert d'herbe au nord.
> [...] Je passai sept mois, tant à Jackyendo même qu'à parcourir le pays environnant. Une randonnée que j'entrepris en octobre, à l'ouest, faillit finir mal. Pris dans les neiges, manquant de vivres, ne rencontrant que des ours et des loups sur notre route, nous manquâmes de près d'être tous gelés, hommes et bêtes.

Cet hiver 1921-1922 est tellement rigoureux qu'Alexandra,

dans son logis de Jackyendo, ne peut se livrer à ses ablutions quotidiennes, ni laver convenablement son linge, et on imagine le supplice que cela représente pour cette femme obsédée de propreté.

> Mes gens ne savent pas comment laver notre linge maintenant que l'eau des rivières est glacée. On trempote de temps en temps mon unique chemise dans une cuvette minuscule prêtée par un voisin. Ainsi en est-il pour les serviettes, mouchoirs et torchons de cuisine. [...] ...Bref, notre saleté se joignant à celle de notre entourage, tout cela devient un peu écœurant à la longue et je me prends à rêver d'une maisonnette propre et de linge blanc, quelque part dans un endroit moins sauvage. Je pense toujours à Ceylan.

A quoi rêve une exploratrice égarée, arrêtée dans une sale bourgade de l'Asie centrale ? A du linge blanc et à Ceylan. Cette rêverie qui date du 14 janvier 1922 s'accompagne de la prophétie suivante :

> Tous ces nationalistes hindous ne s'entendent que sur un point : chasser l'Anglais. Cela fait, la mêlée deviendrait générale et les choses deviendraient pires qu'en Chine.

Rêverie, prophétie, on passe le temps comme on peut, en hiver, à Jackyendo. Alexandra profite de ses loisirs forcés pour changer le prénom de Yongden, Aphur, en Albert, « c'est un nom plus décent dans un monde civilisé ». On voisine avec d'autres hivernants comme sir Georges Pereira, général britannique, globe-trotter infatigable, géographe érudit, et, en plus, homme charmant. Il serait chargé par son gouvernement d'une mission secrète auprès du Dalaï-Lama. Il invite Alexandra à un thé et met à sa disposition des cartes et des notes relatives au Tibet. C'est à partir de ces cartes qu'Alexandra dressera celles qui la guideront pendant son voyage à Lhassa[1]. Sur l'une de ces cartes, sir Georges montre du doigt le cours supposé du Po Tsangpo : « Personne n'est jamais allé par là, ce serait une route intéressante pour atteindre Lhassa. »

Mots magiques pour Alexandra qui, effectivement, traversera ce mystérieux pays du Po sur lequel circulent tant d'inquiétantes légendes. Ses habitants, les Popas, seraient

---

1. On peut voir ces cartes dessinées par Alexandra aux archives de la Fondation de Digne.

cannibales. Mais pour celle qui a déjà failli être mangée par trois *yogis*, et qui a affronté tant de pillards et de brigands, quelques cannibales de plus ou de moins, qu'est-ce que cela représente ?

A la fin de l'hiver, Alexandra et sa suite quittent Jackyendo, et, comme elle l'a raconté dans sa conférence du 3 décembre 1925 :

> A ce moment, je projetais de descendre au sud, à travers le pays de Kham, jusqu'au bord de la Salouen. Je savais que j'étais épiée et que l'ordre avait été envoyé aux chefs tibétains de veiller à ce que je ne passe point la frontière du territoire interdit. [...] Nous étions près d'atteindre la Salouen lorsque nous fûmes arrêtés. Ce qui me valait cette mésaventure, c'est que je n'avais pu faire complètement abstraction de mes habitudes occidentales [...] des appareils photographiques, quelques instruments, du papier pour un herbier. Ces choses attirèrent l'attention du fonctionnaire résidant à la frontière. On empêcha ma petite caravane de continuer plus loin, [...] et ce fut la fin de l'aventure.
>
> La fin pour cette fois, mais j'étais loin de me considérer comme vaincue. J'ai pour principe de ne jamais accepter une défaite, de quelque nature qu'elle puisse être et de qui que ce soit qui me l'inflige.
>
> Plus que jamais l'on surveillait mes mouvements, il fallait donc paraître renoncer à tout nouveau voyage au Tibet interdit : me faire oublier.

Et pour se faire oublier, Alexandra remonte droit au nord, passe une partie de l'été dans les environs des lacs Tsaring et Oring, voit le Yaloung et le fleuve Jaune à leur naissance, retourne au Kansou d'où elle était partie, voilà dix-neuf mois, et s'avance jusqu'au désert de Gobi où elle passe l'hiver suivant, l'hiver 1922-1923.

Ainsi, pendant trois ans, de février 1921 à août 1923, Alexandra erre dans les déserts, désert d'herbes, désert de neige ou désert de Gobi. Elle affronte le froid, la chaleur, la faim, la soif, la fièvre, les maux de gorge, les diarrhées et, plus grands que jamais, les soucis financiers. Comment faire entrer des fonds dans des régions aussi lointaines, aussi barbares, et qui ignorent la banque et la poste ? La monnaie en cours change de région en région et Alexandra a rarement celle qui conviendrait ! Tout cela ne dégoûte pas la Lampe de

Sagesse du désert. Au contraire. Le 7 janvier 1923, elle écrit à Philippe :

> Tout ce que tu me dis sur la situation nouvelle créée à nous, comme à tant d'autres, par la cherté de la vie est profondément vrai [...]. Ce n'est pas une raison pour nous laisser écraser par ce monde nouveau et pour jouer le rôle de victime au milieu de fous qui fox-trottent de toutes manières au physique et au mental. Moi, je n'ai jamais aimé ce monde-là. J'ai toujours préféré le désert.

Le 11 avril, au même :

> Tu n'as pas idée des conditions de la vie à l'intérieur de la Chine, et plus encore, aux frontières, c'est la confusion, un chaos que balaient de soudaines tempêtes, des brigands partout, des autorités qui ne valent pas mieux [...]. Ah ! je t'assure que, pour qui aime l'aventure, il y en a dans toute cette partie de l'Orient[1].

Pour qui aime le désert et l'aventure, il y a de quoi être comblé. Et voilà pourquoi, pendant ces trois ans d'errance, Alexandra n'a pas rebroussé chemin, renoncé. Cette abeille vagabonde n'a pas cessé de faire son miel et d'engranger tout ce qui composera certains de ses livres comme *Au pays des brigands-gentilshommes* ou certains chapitres de *Mystiques et magiciens du Tibet*. Elle observe des événements extraordinaires, des morts qui dansent, des poignards enchantés qui volent dans les airs, et des types également extraordinaires, des mangeurs de souffles vitaux, des sorciers jonglant avec les maléfices et les astres.

Les instants de *samadhi* sont remplacés par les joies des découvertes ethnologiques. Elle scrute, comme au microscope, les populations locales, leurs coutumes, leurs vêtements, leur vocabulaire. Quand une paysanne dit « mon mari s'est blessé en allant cueillir des plantes médicinales », Alexandra doit comprendre que le mari s'est blessé pendant une opération de brigandage. Elle découvre le peuple tibétain qu'elle n'avait qu'entr'aperçu du fond de ses retraites, le vrai, paillard et profond, mystique et astucieux, intéressé et généreux. Elle apprend ses expressions populaires, elle apprend à mendier, à dormir sur les *khangs*, plates-formes *sous* lesquelles on fait du feu, et *sur* lesquelles on dort, tout

---

1. *Journal de voyage*, t. II, p. 219.

habillé. Que n'apprend-elle pas, Alexandra, pendant ces trois années de déserts multiples ?

Ces mois d'endurance et de parcours du combattant constituent une monotone, une interminable répétition générale de l'acte qui la rendra célèbre dans le monde entier, le voyage à Lhassa. Elle en est parfaitement consciente :

> Ah que de choses il me restait encore à apprendre et quelle transformation morale il me fallait subir pour devenir ce que je fus avec tant de joie [...] plus tard : un chemineau à travers le Tibet[1].

Transformation morale qui n'a pas été sans crise profonde et tellement aiguë qu'elle a fini par en parler à Philippe :

> [...] ou bien cette espèce de gouffre qui paraît s'élargir et vouloir m'engloutir est-il, comme le croirait un mystique oriental, l'indication qu'il est bien décidément temps pour moi de quitter ce monde que j'ai disséqué par mes réflexions, dont j'ai peut-être, avec trop de dilettantisme et pas assez de sérieuse conviction, sapé les bases au cours de mes méditations, durant ces dernières années vécues sous la robe orange des *sannyasis* hindous, simulacre de détachement et renonciations dans lequel entrait peut-être trop de sensualité spirituelle et intellectuelle qui réduisaient les vœux prononcés aux dimensions d'un jeu, d'un sport plus subtils que ceux auxquels s'amuse le commun des hommes. Dans l'Inde, l'idée quelque peu superstitieuse [...] qu'il ne faut pas jouer avec la robe des ascètes et avec « cela » dont elle est le symbole matériel, règne souveraine [...]. A force de témoigner du mépris aux choses, les choses doivent finir par se faire distantes, s'en aller comme des compagnons offensés[2].

Terrible aveu que cet aveu-là. La voltairienne, la sceptique, la rationnelle Alexandra a « joué » avec les choses, et plus particulièrement avec celles du mysticisme qui s'en sont vengées en multipliant les obstacles sous ses pas. La Lampe de Sagesse finit par se demander si ces sables du désert ne sont pas des sables mouvants où elle s'enfonce, inexorablement.

A ces gouffres mentaux dans lesquels Alexandra se débat, succèdent les gouffres où tombent les mules et où les arbres, suspendus à quelque rocher, semblent se nourrir de l'air des abîmes. Traversée des gouffres et des déserts rien n'est épargné à Alexandra, pas même une rencontre avec un pou, un

1. *Mystiques et magiciens du Tibet*, p. 94.
2. *Journal de voyage*, t. II, pp. 127-128.

seul, qui mérite d'entrer dans cette histoire, sous le nom de pou de Koutcheng. A travers les innommables saletés de l'Inde, du Népal, du Sikkim et de la Chine, l'exploratrice n'en avait jamais aperçu un seul et voilà que, à Koutcheng, en pliant ses draps, elle aperçoit une bête curieuse, « c'est un pou » dit tranquillement Yongden. Alexandra ne dit pas si, cédant à la compassion bouddhiste, elle a laissé le pou en vie. Il demeure, en tout cas, le seul exemplaire rencontré pendant ses voyages. Les poux, comme les tigres, auraient-ils peur de Mme David-Néel ?

Au hasard des haltes, Alexandra fait d'autres rencontres plus notables, avec, par exemple, le naturaliste-explorateur américain, le Dr Rock avec qui elle entretiendra une correspondance, ou un roitelet qui se dit descendant du légendaire roi Guésar de Ling dont elle traduit l'épopée qui paraîtra en 1931, avec une présentation de Silvain Lévi, *la Vie surhumaine de Guésar de Ling*. Sévigné impénitente, elle échangera, par porteur, comme au Moyen Age, quelques lettres, avec le « roitelet » qui y répond ainsi :

> A celle qui est savante dans les choses de la religion et de la politique, je dépose à ses pieds cette lettre, [...] moi aussi je suis en bonne santé et travaille beaucoup afin d'aider les êtres.

Et il aide Alexandra en joignant à sa lettre trois pièces chinoises d'argent. Pendant ces trois années d'épreuves et d'épines, Alexandra aura rencontré quelques consolations, quelques fleurs sur son chemin. Et de ses trois échecs successifs, à Foupien, sur la route de Lhassa et dans les gorges de la Salouen, elle tirera la grande leçon nécessaire à l'accomplissement du Grand Projet : c'est seule, ou plutôt, seulement accompagnée de Yongden, sans autre suite ni escorte, sans bêtes ni bagages, qu'elle devra pénétrer au pays interdit.

Le 18 juin 1923, Alexandra et Yongden arrivent à Tcheng-Tou (actuellement Chengdu), la capitale du Sechuan. La caravane partie de Kum-Bum s'est réduite à deux membres, les plus éminents, il est vrai. Au hasard de la nécessité, on a dû congédier les domestiques et vendre les mules. C'est en chaise à porteurs qu'Alexandra arrive à Tcheng-Tou. Elle est épuisée, exsangue. A traverser tant de déserts, Alexandra a perdu, ou croit avoir perdu, la santé. Il est urgent de consulter un médecin. Le 3 juillet, le Dr Gervais rend son diagnostic : Mme David-Néel souffre d'une sérieuse inflammation intestinale :

> Vous ne pouvez pas songer à partir dans l'état où vous êtes, il faut rester ici le temps nécessaire, suivre sérieusement un régime et prendre des médicaments.

En post-scriptum à cette ordonnance :

> Bien entendu, repos complet, lit ou chaise longue. Pas de bains froids le matin, ceinture de flanelle sur l'abdomen, nuit et jour.

« Bien entendu », Alexandra ne suivra aucune des prescriptions du Dr Gervais. Elle ne prendra aucun médicament, ni aucun repos. Fortifiée par ses trois échecs, elle juge le moment propice de mettre à exécution, pour une quatrième et dernière fois, son Grand Projet. A cette seule pensée, elle ressuscite et prend le chemin de Lhassa.

A Lhassa

> [...] cette vie pittoresque, je l'estime la plus déli-
> cieuse que l'on puisse rêver et tiens pour les plus
> heureux jours que j'ai jamais vécus, ceux où, mon
> misérable baluchon sur le dos, j'errais par monts
> et par vaux au merveilleux « Pays des Neiges ».
>
> Alexandra DAVID-NÉEL.
> (Voyage d'une Parisienne à Lhassa.)

> [...] mais l'on m'offrirait un million pour
> recommencer l'aventure dans les mêmes condi-
> tions que je crois bien que je refuserais.
>
> (Alexandra à Philippe, le 28 février 1924, à
> Lhassa.)

L e 28 septembre 1923, à Li-Kiang, la dernière ville chinoise
du nord-est du Yunnan, Alexandra écrit à Philippe ce
qu'elle pourrait considérer comme un ultime message si, en
route pour l'accomplissement de son Grand Projet, elle ren-
contrait la mort. Elle a tant de fois envisagé une telle éven-
tualité que cette missive peut étonner par son calme et son
enjouement :

> Je tente une nouvelle et dernière aventure... Où me conduira-t-elle ? C'est mystère pour moi [...] Mais certainement, tout ira bien. C'est une longue promenade à faire, voilà tout [1].

Alexandra s'en va à Tsédjrong, chez le Père Ouvrard, un prêtre vendéen. De là, le 23 octobre, elle trace encore quelques mots pour son époux et termine son billet par la recommandation suivante :

> Garde soigneusement pour moi la lettre du P. Ouvrard (elle pourra servir à attester mon passage ici) et sa date. Cela pourrait m'être très nécessaire [2].

Philippe ne recevra plus rien jusqu'au 28 février 1924, date à laquelle, et de Lhassa même, Alexandra annoncera que la « promenade » a réussi. (Cette lettre, pour d'évidentes raisons de sécurité, n'a pas été postée à Lhassa, mais plus tard à Gyantzé.)

Fin octobre 1923, Alexandra et Yongden quittent donc Tsédjrong et le Père Ouvrard qui ne semble pas dupe du but de leur promenade : le couple prétend s'en aller herboriser dans la montagne, sur les premiers versants du Kha Karpo.

Alexandra vient d'entrer dans sa cinquante-cinquième année, et Yongden, dans sa vingt-quatrième. Elle a le visage brûlé par le soleil et le vent. Pour accentuer son « bronzage » et avoir l'air d'une vraie Tibétaine, elle s'enduit la figure de suie prise aux parois de son chaudron. Avec de l'encre de Chine, elle noircit ses cheveux. Yongden n'a besoin d'aucun de ses apprêts. Il se contente de réciter une formule des plus populaires qui commence par « Je prends refuge dans tous les refuges purs » et que, pour sa part, Alexandra pense avoir psalmodiée, sur la route de Lhassa, « un million de fois » [3].

En plus de cet espoir de refuge, la Lampe de Sagesse et l'Océan de Compassion emportent une tente minuscule, des piquets de fer, des cordes, du cuir pour ressemeler les bottes, un carré de grosse toile pour s'y étendre et se protéger de l'humidité du sol, du beurre, du thé, de la *tsampa*, un

---

1. *Journal de voyage*, t. II, pp. 242-243.
2. *Ibid.*, p. 245.
3. *Mystiques et magiciens du Tibet*, p. 267.

peu de viande séchée. Dans leurs ceintures, de l'or et de l'argent auxquels on touchera le moins possible, et des cartes, des montres, une minuscule boussole qui ne doivent, à aucun prix, être aperçus.

La pleine lune illumine leur première nuit d'expédition et, sous cette clarté, le Kha Karpo luit d'une lumière « bienveillante ». Rassurée, reprise par ce sentiment de béatitude qui est le sien dès qu'elle se trouve dans des solitudes, Alexandra s'endort.

Au réveil, on reprend la route, joyeusement. L'euphorie d'Alexandra, dès qu'elle s'en va, et même pour une expédition aussi risquée, est inimaginable. Au sommet du col de Dokar, elle répète pieusement le souhait bouddhiste, « que tous les êtres soient heureux ». Elle croise ensuite des nuages et des léopards qui, en effet, semblent heureux.

Au bout de huit jours de solitude absolue et de béatitudes diverses, Alexandra et Yongden rencontrent leur premier groupe de pèlerins en route vers Lhassa. Alexandra en est toute saisie, et pour éviter les questions indiscrètes, entre en méditation. « La mère est avec les dieux », explique Yongden avec simplicité. Les pèlerins, impressionnés par de telles relations, offrent à Alexandra un morceau de viande séchée.

Sur les bords de la Salouen, l'amie des dieux aide un vieil homme à mourir. Elle assure cet humble anonyme qui meurt d'épuisement, comme tant d'autres, sur le chemin du pèlerinage, qu'il connaîtra une renaissance heureuse dans « le Paradis occidental de la Grande Béatitude ». Cette bonne action accomplie, la vagabonde et son compagnon flânent dans la vallée de la Salouen, s'efforçant d'en traverser les villages de nuit, ou juste avant le lever du jour. Ils approchent de Thana où se trouve un poste frontière qu'ils réussissent à passer sans être arrêtés... Ils franchissent des cols, traversent des forêts. Et dans ces endroits où personne ne peut pourtant les entendre, Alexandra et Yongden, prudemment, parlent en tibétain.

Du côté du monastère de Pedo, au fond d'un ravin, Alexandra trouve un vieux bonnet d'agneau comme en portent les femmes du pays de Kham. Il est tellement usé ce chapeau, il sent tellement mauvais que Yongden, du bout de son bâton, l'envoie en l'air. Le chapeau, comme un oiseau, se pose sur un tronc d'arbre renversé et reste là, comme un cadeau de l'arbre. Mue par un pressentiment, Alexandra emporte ce chapeau d'arbre, malgré les plaisanteries de Yongden visiblement écœuré.

Peu après, premier arrêt dans une ferme tibétaine. Dans ces trois années d'errance, Alexandra en a connu des fermes, mais elle n'y est jamais rentrée en mendiante. Cette fois, elle doit, pour se plier à son personnage, tendre la main et « sacrifier toutes ses répugnances ». Elle accepte de manger des déchets de viande tendus par une brave paysanne sur un pan de sa robe qui, depuis des années, sert de torchon et de mouchoir, pour n'évoquer que ces usages-là...

Plusieurs fois, au moindre regard qui s'attarde, au moindre bruit, au moindre galop entendu sur la route, Alexandra pense être découverte et encore reconduite à la frontière. Chaque fois que l'alerte est passée, elle absorbe de la *tsampa* avec un appétit qu'elle qualifie de « féroce » : « Les pires émotions, je l'avoue, n'ont jamais eu le pouvoir de m'empêcher de manger ou de dormir. » Aussi, elle ne s'émeut pas outre mesure quand elle reste suspendue au-dessus d'une profonde et tumultueuse rivière par une courroie qui se dénoue, et en compagnie d'une jeune fille qui, elle, s'affole et s'agite dangereusement. Toutes deux arrivent sur la rive, saines et sauves. La jeune fille se roule à terre en proie à une crise de nerfs. Alexandra s'assoit à l'écart et entre en méditation. Yongden profite de l'émotion générale pour mendier des aliments que sa pauvre mère absorbe dignement sous l'œil des badauds admiratifs et attendris. Loués soient les dieux.

Depuis qu'elle chemine, Alexandra n'a pas été sans remarquer que son turban « à la mode du Loutzé Kiang » attire les regards, les questions et des commentaires de plus en plus gênants. Ce maudit turban va-t-il compromettre le succès du Grand Projet ? C'est alors que le chapeau providentiel, offert par le hasard, par une déesse modiste ou par un arbre, le bonnet en peau d'agneau est tiré du sac et enfoncé sur la tête d'Alexandra. Du coup, les questions cessent. En plus, cela tient chaud et, pendant la traversée des cols enneigés, cela épargne à son heureuse propriétaire plus d'une congestion! Yongden cesse ses plaisanteries et rend hommage au protecteur, ou à la protectrice, occulte.

Tout n'est pas rose dans cette « promenade ». Une nuit, se déchaîne une tempête telle qu'il faut renoncer à dîner et à dresser la tente. Le seul abri qui s'offre est un maigre buisson contre lequel Alexandra et Yongden se tassent. Ce genre d'incidents se répète souvent. Cette absence de sommeil, de repas dignes de ce nom et parfois d'eau potable, finira par délabrer la santé de la Lampe de Sagesse et de l'Océan de Compassion.

Pendant cette « promenade », Alexandra se plie à tous les usages tibétains, sauf à celui de manger des viandes trop faisandées. Le « sacrifice de toutes ses répugnances » ne va pas jusqu'à accepter un bol de bouillon de charogne qu'elle refuse d'absorber en prétextant un malaise quelconque. « C'est toujours votre tour d'être malade quand un ennui arrive », grommelle Yongden entre ses dents. Lui doit se délecter de ce mélange nauséabond et se voit offrir un deuxième bol de cette infecte gélatine. La résistance humaine ayant des limites, il refuse et déclare à son tour qu'il ne se sent pas bien. Ce qui est vrai!

Après avoir dégusté des soupes dont les chiens de M. David n'auraient pas voulu, Alexandra et Yongden cheminent, avec, pour compagnons, le vent, la pluie, la neige, le froid, et, le plus souvent, les quatre à la fois qui se réunissent pour tremper, flageller, abattre les deux voyageurs qui glissent, se relèvent et recommencent à cheminer. Une fois, Alexandra doit pratiquer cet art du *toumo* qu'elle a appris sous la direction du Gomchen de Lachen, cet art de provoquer la chaleur interne pour braver les froids extérieurs.

Au prix de difficultés inouïes, Alexandra et Yongden franchissent le col d'Aigni et arrivent aux sources du Poulong Tsangpo encore inexplorées. Et soudain, c'est l'horreur, une subite tempête de neige qui empêche toute avance, toute possibilité de se ravitailler. Yongden se foule la cheville. Voilà le couple bloqué dans une caverne. Décidément, les cavernes, comme les arbres, auront tenu une grande place dans le destin d'Alexandra. Mais dans celle-là, la Lampe de Sagesse risque de laisser sa vie. La première nuit qu'elle y passe, elle connaît l'insomnie. Pas celle que l'on serait en droit d'attendre, provoquée par l'horreur de la situation, peu de vivres, pas de combustibles, et par la crainte du lendemain. Non :

> Longtemps — presque jusqu'à l'aube —, je demeurai assise, immobile, savourant les délices de mon isolement dans le calme parfait, le silence absolu de cette étrange contrée blanche ; l'esprit détaché de tout, plongée dans une sérénité indicible[1].

Imprévisible, étonnante, incroyable Alexandra, quel adjectif peut-on, à cet instant précis, accoler à cette femme ? Inqualifiable Alexandra qui, dans une situation désespérée, trouve la sérénité !

Pour comble de malheur, les bottes de Yongden perdent leurs semelles et celles d'Alexandra ne valent guère mieux. On répare, on fabrique une béquille, on quitte la caverne pour atterrir dans un refuge de pasteurs où l'on peut enfin allumer un feu grâce au combustible laissé par les *dopkas*, les gens des solitudes. On y savoure un bol d'eau chaude dans lequel on a jeté un peu de *tsampa*. On est le 22 décembre 1923. La terre entière s'apprête à réveillonner. Et le 24 décembre, le réveillon d'Alexandra et de Yongden ressemble à celui de Charlot dans *la Ruée vers l'or*. Charlot faisait cuire des chaussures entières. Moins dispendieux, les deux vagabonds se contentent de faire bouillir les morceaux de cuir restant des semelles qu'ils ont taillées pour remplacer celles usées par la neige. Ils se régalent de ce bouillon qui sera leur « petit Noël ». Ah, ils ne l'oublieront pas leur réveillon gastronomique au pays de Po ! Le 25 décembre, ils quittent le refuge, marchent autant qu'ils peuvent et rencontrent un homme, debout devant une cabane. Ce n'est pas le Père Noël, c'est un habitant du pays de Po, l'un de ces Popas que le général Pereira et les rumeurs présentent comme des cannibales.

Alexandra et Yongden, après leurs journées de jeûne ou de brouet au cuir, sont tellement amaigris et pitoyables qu'ils n'excitent guère l'appétit de ce Popa-là qui les invite à entrer dans la cabane où se tiennent treize autres ogres. Bienveillants et généreux, les ogres offrent à ces deux petits malheu-

1. *Voyage d'une Parisienne à Lhassa*, p. 194.

reux surgis de la neige un peu de thé brûlant. En échange de quoi, Yongden doit se livrer à des pratiques divinatoires et interroger le sort. Ses prédictions ont l'heur de plaire aux ogres qui dispensent encore quelques bols de thé et un petit morceau de beurre. Après quoi, à leur tour, ils disparaissent dans la tempête de neige. Mémorable Noël 1923.

La Lampe de Sagesse et l'Océan de Compassion parviennent au village de Tcholog. Quand les villageois apprennent que ces deux vagabonds ont franchi le col d'Aigni que l'on croyait définitivement fermé par les neiges de décembre, ils n'en croient ni leurs yeux ni leurs oreilles. Ils considèrent ces deux mendiants comme des miraculés, des protégés des dieux et redoublent d'aumônes. Alexandra et Yongden s'assurent ainsi deux jours de subsistance. Ils regarniront mieux leurs sacs au monastère de Soung dzong. Là, Yongden peut acheter quelques provisions sans éveiller l'attention des lamas qui offrent à leur misérable confrère des abricots séchés et du thé.

La « promenade » continue, émaillée de rencontres avec d'aimables pèlerins avec qui l'on chemine ensemble, gaiement, ou avec de farouches pillards que l'on met en déroute, en faisant, une fois n'est pas coutume, usage du pistolet. Mais à ce dernier et détonnant argument, Alexandra préfère les ressources de son Grand Art. Dans le rôle de la vieille mère outragée, elle est impayable ou plutôt, elle reçoit le juste prix de ses efforts : elle réussit à mettre en fuite les Popas les plus cruels et les plus superstitieux. Ils s'en vont, ces présumés cannibales, en abandonnant les deux roupies qu'ils ont volées à Yongden pendant que sa mère lance sur les fuyards de redoutables malédictions. A ce moment, coïncidence ou réussite de l'incantation, la nature se met à l'unisson, les nuages blêmissent, les arbres frémissent, la forêt s'assombrit. Les Popas repentants reviennent, supplient Yongden de reprendre les deux roupies, en rajoutent quelques-unes, à condition que sa mère reprenne ses malédictions. Grandiose ! Qui se frotte à Alexandra s'y pique !

La conférence faite à la Société de géographie de Paris, le 3 décembre 1925, se terminait par l'évocation de la fin du voyage à Lhassa qu'Alexandra résumait ainsi en un paragraphe :

[...] je passai au nord-ouest du Brahmapoutre par le col Temo, après avoir excursionné sur diverses montagnes des environs. Arrivée au confluent de la rivière de Giamda et du Brahmapoutre, je remontai la première jusqu'à la ville de Giamda et, de là, me rendis à Lhassa par la grand-route de Tchiamdo, l'unique route postale du Tibet [...]. Cette poste a été, autrefois, créée par les Chinois. Elle est maintenant jalonnée par de petits cubes en maçonnerie contenant, sur une sorte d'autel rustique, une pierre indiquant le nombre de milles depuis Lhassa. Les indigènes se méprennent assez souvent sur la signification de ce qu'ils imaginent être des chapelles et j'en ai vu tourner dévotieusement autour de ces constructions, leur chapelet à la main. Les recherches orientalistes ménagent bien des surprises. Après avoir étudié maints cultes bizarres, il m'était donné de découvrir celui des bornes kilométriques.

Un culte auquel Alexandra a peut-être sacrifié dans son désir éperdu, et la nécessité, de passer pour une authentique indigène... Et c'est l'ultime étape vers Lhassa. Comme chaque matin, Alexandra a croqué un granulé de digitaline, un autre d'acotinine, un autre de caféine, et, en cours de route, quelques granulés de strychnine, pour relever ses forces[1]. Au diable les prescriptions du Dr Gervais qui recommandait le repos complet et la ceinture de flanelle. Alexandra trottine par un beau matin froid, sec, lumineux à l'extrême et sa marche à la lumière se change bientôt en une ascension vers cette fabuleuse clarté qui émane des toits d'or du palais du Potala que l'on aperçoit au loin. La Lampe de Sagesse veut entonner un chant de triomphe que réprime l'Océan de Compassion. Que craint-il encore ? Ils arrivent, ils sont arrivés et, à peine sont-ils entrés dans Lhassa que les dieux tutélaires, et un peu théâtraux, déchaînent une magnifique tempête de sable. Un gigantesque rideau jaune s'étend devant le Potala, aveugle les passants. A la faveur de cette confusion, Alexandra erre à sa guise, en quête d'un logis. En ces temps de fête, tout est complet. Va-t-elle encore dormir à la belle étoile et à la belle poussière ? Les dieux inépuisablement protecteurs délèguent une secourable Tibétaine qui propose aux deux pèlerins visiblement exténués une pièce à louer, une minuscule cellule dans une masure perdue dans un quartier éloigné, mais d'où l'on a une vue parfaite sur ce Potala tant

1. La note concernant les stimulants qu'Alexandra prenait en allant à Lhassa se trouve dans son agenda à la date du 23 mars 1936.

désiré. Dès qu'ils sont seuls dans leur cellule, Alexandra et Yongden poussent un même cri de joie : « Nous sommes à Lhassa, victoire aux dieux, les démons sont vaincus. »

Et la petite Nini que l'imposante Alexandra n'a pas réussi complètement à étouffer prend sa part aux réjouissances. La petite fille que le nom de Lhassa sur les cartes des atlas faisait rêver et qui rêvait aussi de surpasser les exploits des héros de Jules Verne, peut se déclarer doublement satisfaite : elle est à Lhassa et elle a, en quelque quatre-vingts jours, à travers les cimes glaciales et les vallées chaudes du Tibet, largement surpassé les exploits de Philéas Fogg.

C'est bien d'être à Lhassa. C'est encore mieux d'y rester et d'éviter l'humiliation suprême d'être reconnue, reconduite à la frontière, sans pouvoir jouir des fruits de sa victoire. Alexandra, pendant son séjour, connaîtra trois chaudes alertes.

La première, à cause du fameux chapeau trouvé sur sa route. La Lampe de Sagesse, alors qu'elle pénètre dans le palais du Potala, est arrêtée par un gardien : elle ne porte pas la coiffure adéquate pour entrer dans le saint des saints. Les bonnets en peau d'agneau n'y sont pas admis. Elle doit l'enlever et découvrir sa chevelure qui a retrouvé sa teinte naturelle. Le pire est à craindre et n'arrive pas : on prend Alexandra pour une Ladaki, une femme du Ladak.

Deuxième alerte. Au marché, observée de trop près par un policier, Alexandra réussit à déjouer sa surveillance en jouant les vieilles *dopkas*, les vieilles des solitudes, en se mettant à marchander avec une telle âpreté ingénue qu'elle provoque les rires de la foule et ceux du policier qui s'éloigne.

Voilà les deux alertes qu'Alexandra connaîtra à Lhassa. Elle n'apprendra la troisième que plus tard, le 10 septembre 1927, dans une lettre de David Mac Donald, agent commercial britannique de Gyantsé, le premier Européen que verra Alexandra au retour de son expédition. David Mac Donald vient alors de rencontrer le gouverneur de Lhassa qui se souvient, que, en son temps, on lui avait signalé le comportement bizarre d'une femme qui se lavait chaque matin en s'essuyant ensuite avec un morceau d'étoffe. Comportement suspect à Lhassa où les dames ne se livrent point à ce genre d'exercices. Le gouverneur ne s'alarma pas outre mesure, pensant qu'il s'agissait là d'une excentricité d'étrangère : « Cela ne peut être qu'une Ladaki », estima-t-il. Il comprit, plus tard, que cette Ladaki n'était autre que cette Alexandra David-Néel qui avait pénétré à Lhassa et dont le monde entier célébrait l'exploit. Le Ladak peut s'enorgueillir d'avoir sauvé deux fois, involontairement, Alexandra qui, à plusieurs reprises d'ailleurs, sera prise pour une Ladaki et se gardera bien de dissiper cette méprise.

Lhassa, la Ville-Soleil, *Gnima-Lhassa,* Lhassa-Soleil disent les Tibétains, n'est pas une cité très étendue. En huit jours, la fausse Ladaki en a parcouru tous les quartiers, Loubou, Ramotché, Youtog, Lassacheu, Tengyailing, Tsecholing, Banadjong, Parkor et Norbouling. En compagnie de Yongden, elle s'est fait photographier par le photographe local devant le Potala. Sur cette photo, elle a l'air d'une *squaw* de *western,* d'une vieille reine déchue de la Prairie qui aurait emprunté à un *cow-boy* son chapeau de feutre. Car, depuis l'incident du Potala, Alexandra a abandonné son bonnet chéri et coiffé le feutre qui, avec des coiffes en forme de couronne ou en forme de cornes, est le seul couvre-chef féminin en usage à Lhassa.

Sur cette même photo, la reine de la Prairie et des Hymalayas a, aussi, l'air épuisé. Et elle l'est réellement. Elle n'a plus que la peau sur les os, « je suis arrivée à Lhassa réduite à l'état de squelette », écrit-elle à Philippe, le 28 janvier 1924.

Ces semaines de voyage, faites de privations extrêmes et d'intense tension nerveuse, ont réduit Alexandra, et Yongden, à l'état de loques humaines. Huit jours après leur arrivée dans la Ville-Soleil, ils attrapent « une sorte d'influenza ». Ils crachent le sang et croient être atteints par la peste pulmonaire. Il n'en est rien, heureusement. Mais ils ne sont pas dans des conditions de santé idéales pour découvrir la Rome des lamaïstes et en savourer les beautés.

Dans son *Voyage d'une Parisienne à Lhassa,* Alexandra déclare, le temps ayant accompli son œuvre d'oubli, que les jours passés à errer par monts et par vaux au Pays des Neiges comptent parmi les plus heureux de son existence.

Dans sa lettre du 28 février, écrite à Lhassa dans l'abattement et la fatigue du présent, elle avoue à son mari :

> L'on m'offrirait un million pour recommencer l'aventure dans les mêmes conditions que je crois bien que je refuserais[1].

1. *Journal de voyage,* t. II p. 245.

Un million, en 1924, est une somme considérable et Alexandra, quand elle écrit ces lignes, n'a plus un centime, plus une roupie :

> Tout est hors de prix à Lhassa et ce qui me reste d'argent est bien minime. J'aurai du mal à gagner Gyantzé avec une bourse aussi dégarnie[1].

Bref, la griserie de la victoire et le ravissement de la découverte passés, Alexandra est déçue par Lhassa, déçue par le Potala dont la décoration intérieure « est entièrement de style chinois, mais n'a rien de très particulier ». Et les autres palais ou monastères de la Ville-Soleil ? « Je suis rassasiée de visites aux lamaseries ; j'en ai tant vu. » Au fond, le souvenir de cette ville à laquelle elle a tant rêvé sera celui... d'une casserole en aluminium ! Car les marchés de Lhassa n'ont rien d'exotique ou de typiquement tibétain. Ils n'offrent qu'une « pacotille hideuse importée de l'Inde, de l'Angleterre, du Japon et de quelques pays européens ». Alexandra ne voit que cotonnades « horribles », faïences « vulgaires » et, s'amoncelant à chaque coin de rue, des casseroles en aluminium. Cela valait-il la peine de prendre tant de peine pour se retrouver face à une casserole ?

Sa déception porte même la Lampe de Sagesse à une exagération certaine :

> [...] je n'avais aucune curiosité au sujet de Lhassa. J'y suis allée parce que la ville se trouvait sur ma route et aussi parce que c'était une plaisanterie bien parisienne à faire à ceux qui en interdisent l'accès.

Cela ressemble à du dépit amoureux. « Aucune curiosité ? » Et le Grand Projet né de cette curiosité même ? « Sur ma route ? » Que de tours et de détours pour y arriver, et que d'attentes, dans les déserts, pendant trois ans !

On ne dira jamais assez que les amants d'Alexandra se nomment Madurai, Bénarès, Lachen et autres villes. Quand elle est déçue par l'une de ses bien-aimées, Alexandra réagit comme « quelqu'un du troupeau ». Elle est vexée, dépitée comme n'importe quelle femme trompée par son amant du moment. Sa déception même n'a rien d'original. Elle est commune à tous les chasseurs de mirage. Quand, après des

---

1. *Journal de voyage*, t. II, p. 250.

années d'efforts et de souffrances, René Caillié atteint Tombouctou, sa Tombouctou, il n'y voit qu'un « amas de maisons en terre mal construites ».

Alexandra a poursuivi un mirage, et, le mirage atteint, elle n'a plus entre ses mains qu'un peu de poussière, un peu de la lumière d'or tombée des toits du Potala. Il est temps de repartir vers d'autres chimères et d'autres paysages.

L'après-Lhassa
(mai 1924-avril 1925)

> *Il m'est impossible de rester en Orient comme tu me le conseilles. Je me suis renseignée, la vie est trop coûteuse.*
>
> (Alexandra à Philippe, le 21 mars 1925.)

> *On annonce qu'une Française, Mme Alexandra David-Néel qui quitta la France en 1911 pour l'Inde, est parvenue à entrer dans Lhassa, ville interdite aux étrangers.*
>
> (Agence Havas, 24 janvier 1925.)

Début avril 1924, Alexandra et Yongden quittent Lhassa. Ils espèrent gagner Gyantzé le plus rapidement possible, afin d'éviter les neiges printanières. Mais ils sont épuisés et vont lentement, à petites étapes.

Un soir de mai, ils parviennent à Gyantzé et se présentent, tels deux fantômes de la désolation, à l'agent britannique commercial, David Mac Donald qui, d'abord, croit à une plaisanterie. Il a neuf enfants, et c'est certainement l'un de ses fils et l'une de ses filles qui se sont déguisés en mendiants tibétains puisque, comme l'a dit le domestique chargé d'annoncer ces deux étranges visiteurs, « la dame s'exprime exactement comme une Européenne ». Et c'est à la faveur de cette méprise, et au mépris de toute convenance, qu'il fait introduire « la dame » dans sa chambre à coucher où il repose :

> A son approche, je fis semblant de dormir et ne me levai pas, écrira plus tard Mac Donald dans son livre, *Twenty years in Tibet*, qui paraîtra à Londres, en 1932, chez Seeley. Alors qu'elle était dans ma chambre depuis quelques instants, je dis, sans me retourner, que je savais qui elle était, qu'elle devait partir et ne pas faire la sotte. Imaginez ma confusion quand une voix inconnue m'informa que celle qui parlait était Mme Néel.

On quitte la chambre pour le salon où un thé est servi. Mme Néel raconte son odyssée devant la famille rassemblée et médusée. La confusion continue et augmente quand le gendre de Mac Donald, le capitaine Perry, juge bon d'arrêter Alexandra pour avoir pénétré au Tibet, clandestinement, et surtout sans l'autorisation des autorités anglaises que représente le capitaine. Celui qui sera capable d' « arrêter » vraiment Alexandra n'est pas encore né. Libérée peu après, Mme Néel emprunte 500 roupies à Mac Donald et écrit à Philippe : « J'ai un besoin absolu et immédiat d'argent. » En effet, elle n'a plus que la robe de pauvresse tibétaine qu'elle porte sur elle. Entrée en mendiante à Lhassa, elle ne peut tout de même pas retourner à ce monde que l'on dit civilisé en mendiante. Grâce au prêt de l'obligeant Mac Donald, elle se commande une robe en drap et achète à Yongden une paire de pantalons.

Le 29 mai, elle quitte Gyantzé pour Phari-Dzong où elle apprend la mort de Pereira, ce général britannique qu'elle avait rencontré à Jackyendo et qui lui avait indiqué un chemin pour Lhassa « où personne n'était jamais passé » et où elle, Alexandra, a réussi à passer.

A chaque étape, prévenus par Mac Donald, des Anglais charmants et compatissants hébergent Alexandra et Yongden qu'ils chargent de cadeaux : boîtes de confitures, de sardines, fruits secs, soupes en paquets, cacao. Tous deux mangent à leur faim et reprennent des forces. Ils arrivent à Chumbi où ils sont entièrement pris en charge par l'une des filles de Mac Donald qui prête à Alexandra quelques-unes de ses robes. On est généreux dans la famille Mac Donald et la Lampe de Sagesse, reconnaissante, n'oubliera jamais cette aide reçue quand elle était dénuée de tout.

A Chumbi, sa dernière halte en terre tibétaine, « me voilà aux portes de l'Inde, c'est pour moi comme un rêve », Alexandra s'aperçoit que, pendant ces errances au Pays des Neiges, le monde a tourné et, surtout, changé. Elle a quitté l'Europe en 1911, c'est-à-dire sous le règne du conformisme le plus absolu. Elle y revient en ces années qui, par leur anti-conformisme, se verront qualifier de « folles ».

A Chumbi, la Lampe de Sagesse a un avant-goût des folies qui l'attendent en Europe. Un lieutenant-colonel anglais ose se présenter devant elle en caleçon, enfin, un caleçon baptisé « short » et « qui découvre les cuisses de ce gentleman qui l'est si peu ». Pas de cravate non plus : un simple foulard autour du cou. Qu'est-ce que cela signifie ? Comment des messieurs osent-ils se présenter, en plein jour et en une pareille tenue, devant des dames ? Alexandra en verra bien d'autres, ses étonnements, et ses indignations, ne font que commencer. Elle quitte le Tibet pour le Sikkim où elle est invitée à Gangtok par le résident anglais, lord Bailey, grand voyageur qui ne cache pas son agacement devant l'exploit de la vagabonde. Elle ne s'attarde pas à Gangtok où trop de souvenirs l'assaillent, son arrivée triomphale d'autrefois avec le prince héritier venu en personne pour l'accueillir et la fêter... Impermanence des choses et des êtres.

Chez lord Bailey, Alexandra feuillette les magazines et apprend les dernières nouvelles. Elle est révoltée par le succès obtenu par le roman de Pierre Benoit, *l'Atlantide*, « cela prouve que le public est plus bête que jamais ». Or, c'est ce public qu'elle veut conquérir avec le récit de ses aventures qu'elle pense déjà à composer pendant la saison des pluies :

> J'occuperai mon temps à écrire la relation de mon dernier voyage, de façon que le manuscrit soit tout prêt à être présenté à un éditeur.

Ces lignes sont tracées par cette femme qui jetait son ultime soupir en arrivant à Gyantzé. Impossible de tenir le compte exact des résurrections d'Alexandra.

De juin à fin août 1924, Alexandra demeure à Padong chez un prêtre français, l'abbé Douénel, dont elle a accepté l'invitation. Elle déplore de devoir s'attarder là, faute d'argent pour continuer son voyage. Elle est bien décidée à ne pas s'endormir sur ses lauriers et à occuper la place qu'elle avait ambitionné de prendre, en 1911, parmi les orientalistes. Alexandra a de la suite dans les idées, on l'a déjà observé maintes fois. Que de projets s'agitent dans sa tête privée de l'indispensable chapeau. On a beau être dans les années folles, les dames, et Alexandra en est une, ne sortent pas sans chapeau. N'y tenant plus, Mme Néel charge Yongden d'acheter un morceau d'étoffe noire qu'elle « tortille » en « forme de toque ». Alexandra modiste. Impossible aussi de tenir un compte exact des métamorphoses alexandrines. Que n'aura-t-elle pas été ? Pareille à un tourbillon dévastateur, elle charge Philippe de mille commissions. Il *doit* alerter les journaux, le gouverneur de l'Algérie, le président de la République, de l'exploit accompli par son épouse. Il *doit* ensuite s'abonner à l'Argus de la Presse afin de recevoir les articles qui ne manqueront pas de relater ce même exploit. C'est urgent, et, comme s'il ne le savait pas, Alexandra informe Philippe que le nouveau président de la République est un certain M. Doumergue, « qui est calviniste », et que son Premier ministre est M. Herriot, « maire de Lyon ». Enfin, ce n'est pas seulement Philippe qui *doit* se mettre entièrement au service de l'impérieuse Alexandra, mais toute la famille Néel. Le frère de Philippe *doit* faire diligence « puisqu'il fréquente les gros bonnets du monde des réformés » et obtenir des lettres de recommandations pour sa belle-sœur.

Devant cette tempête d'obligations et de recommandations qui risque de ravager la tranquillité de la vie qu'il mène depuis treize ans, M. Néel *doit* lever les yeux au ciel, surtout quand il lit :

> Ne manque pas de m'obtenir aussitôt que possible les lettres d'introduction que je t'ai demandées. J'en réitère la liste. [...] Tout cela presse. Je ne puis pas gagner un sou dans le hameau montagnard où je suis et la vie n'y est pas bon marché, le cours du change la rend aussi chère qu'à Paris.

Philippe fait la sourde oreille. Et Alexandra tire des traites sur l'avenir :

> [...] qui dit que notre extraordinaire voyage ne pourra pas donner lieu à un film. Tu sais que sans sortir de Paris ou d'une autre cité, on obtient des alpinistes escaladant des sommets neigeux, des gens se noyant en mer, etc. Il y a des trucs pour cela et les photographes spéciaux pourraient très bien nous faire jouer « en chambre » nos camps dans les cavernes et autres aventures. Peut-être l'idée dirait-elle quelque chose à un imprésario de cinéma américain. Il est évident qu'il faut être sur les lieux et voir du monde.

Ce n'est pas dans ce trou perdu de Padong qu'Alexandra rencontrera des gens qui feraient un film avec ses récentes aventures. Le turban tortillé en bataille, Mme Néel pense qu'elle pourrait partir à la conquête de l'Amérique. Le président de la Société de géographie de Washington ne vient-il pas de lui demander cinquante photos et un texte de dix mille mots ? Macmillan, un grand éditeur de New York, réclame l'exclusivité du récit de son voyage à Lhassa. Exclusivité qui pourrait rapporter à Alexandra dans les 16 000 francs. En attendant, elle est sans le sou, elle vit d'emprunts et commence à s'inquiéter du silence de Philippe.

Sa vivacité d'épistolière retrouvée, la Sévigné de Padong envoie des lettres relatant son exploit aux quatre coins du monde. Elle écrit à Paris, à Rachilde, elle écrit à Pékin, au vicomte de Fleurian qui y représente la France et répond par des promesses de subsides. Elle écrit à son ancien professeur, Silvain Lévi, dont le fils, Daniel, est consul de France à Bombay. Le père assure qu'il se charge de transformer en triomphe le retour alexandrin à Paris. Le fils se déclare enchanté de recevoir l'héroïne à Bombay.

Et toujours rien de Philippe. Enfin, le 10 juillet 1924, Alexandra reçoit une lettre de son époux. La dernière qu'elle avait reçue, à Kanchow, en janvier 1923, était datée de... juillet 1922. Elle est restée tout ce temps sans nouvelles, sans s'en préoccuper outre mesure, prise qu'elle était par l'exécution de son Grand Projet.

Dans cette lettre de juillet 24, Philippe demande :

> Il faut que je sache où tu vas, que tu me dises tes besoins, l'endroit où je dois t'envoyer les prochaines provisions et combien tu désires recevoir.

A partir de là, le malentendu s'installe à nouveau entre Philippe et Alexandra.

Alexandra répond aux questions de Philippe qui, lui, ne répond plus à celles d'Alexandra. Le 15 août, elle commence une lettre par « Il y a aujourd'hui 3 mois et 9 jours que je vis de charité et d'emprunts [1] », et la termine par :

> Mon Dieu, mon pauvre Mouchy, ne montreras-tu pas un peu de joie à l'idée de mon retour, moi qui m'en faisais une fête. J'en parlais tout le temps au gamin [2].

Ce « gamin » qui a maintenant vingt-cinq ans, Philippe ne veut pas en entendre parler. Il veut bien partager sa maison avec Alexandra, mais sans ce Yongden dont la présence dans leur foyer serait une source de perturbations et dont l'insolite allure dans la bourgeoise Bône ne passerait pas inaperçue. Tout cela provoquerait Dieu sait quels commérages, et peut-être un scandale qui éclabousserait le nom des Néel. Si Philippe repousse Yongden, la Lampe de Sagesse refuse de se séparer de l'Océan de Compassion. Son insistance sur la nécessité absolue qu'elle a de garder le « petit » à ses côtés exaspère son époux insensible aux qualités de ce « fils adoptif » et à des arguments comme :

> Du reste, à un point de vue plus égoïste, Albert m'est tout aussi nécessaire pour mener les travaux à bonne fin qu'il l'était pour permettre la réussite de mes voyages au Tibet. J'ai besoin de sa collaboration pour mes travaux de traduction. Il est assez lettré et bien versé dans des tas « d'à-côtés » des questions que je veux traiter [...].

Associé aux épreuves, Albert Yongden doit l'être au succès, à ce succès qu'Alexandra pressent, imminent, à condition de sortir de Padong. Pendant ces deux mois de détresse, tant morale que financière qu'elle passe là, Alexandra voit réapparaître l'une de ses plus anciennes ennemies, la neurasthénie, que le silence de Philippe avive et augmente. Tel M. Seguin appelant sa chèvre enfuie dans les montagnes et criant « reviens, reviens », M. Néel a, pendant des années, demandé à son épouse de rentrer. Les loups des montagnes tibétaines n'ont pas dévoré Alexandra qui, toute à la joie des retrouvailles, crie, à son tour, « je reviens, je reviens », et n'entend rien en écho.

1. *Journal de voyage*, t. II, p. 272.
2. *Ibid.*, p. 274.

Le 31 août, Alexandra reçoit enfin une subvention annoncée par M. de Fleurian et accordée par Philippe Berthelot, ministre des Affaires étrangères : 1 500 dollars. Elle est sauvée, elle va pouvoir rembourser David Mac Donald et ses autres créanciers, s'acheter quelques objets de première nécessité. Sa joie ne dure guère. Le 11 septembre, Alexandra doit s'aliter :

> Depuis quelques jours, je ne tiens plus debout, la terre semble se mouvoir sous moi, le moindre bruit, la lumière me font mal. J'ai des douleurs dans la tête à me faire devenir folle. Ce matin, j'ai cru qu'une fièvre cérébrale se déclarait. J'avais la figure toute blanche et brûlante et des aiguilles semblaient s'enfoncer dans mon cerveau. J'ai appelé l'individu qui sert de docteur à l'hôpital local après m'être fait arroser la tête d'eau froide. Le semblant de médecin prononce *nervous breakdown* qui est un diagnostic exact que je n'avais eu besoin de lui pour trouver moi-même. Il faut un repos complet dans le calme, éviter tout travail de tête. Et cette fois, il n'y a pas à lutter, à réagir. Je le fais depuis que je suis ici : c'est fini, il faut me soigner.

C'est donc le *nervous breakdown*, la dépression nerveuse qui atteint Alexandra et arrête sa course vers la lumière. Ce que ni les hommes, comme un capitaine Perry, ni les éléments, et les événements, comme les neiges qui bloquaient le col de l'Aigni, n'avaient pu obtenir, une dépression l'obtient. Alexandra quitte Padong pour Calcutta où elle va « s'arrêter » pendant trois mois.

Dès son arrivée à Calcutta, début octobre, Alexandra qui veut bien se reposer, mais pas rester inactive pour autant, sollicite du gouvernement britannique la permission de rencontrer Gandhi et d'en faire l'interview. Elle reçoit une réponse affirmative : le vice-roi est d'accord, et même

> serait très heureux de penser que vous avez eu l'occasion pendant votre visite en Inde, d'avoir un échange de vues avec de tels leaders de la pensée politique.

Alexandra rencontre Gandhi qui est alors l'adversaire numéro un de l'Angleterre. Entre l'apôtre de la non-violence et la Lampe de Sagesse, l'amitié ne naît pas. Dans les années qui suivront, et jusqu'à la mort de Gandhi, ils se verront à plusieurs reprises, correspondront et Alexandra, dans *l'Inde où j'ai vécu*[1], évoquera son rouet, son ashram, son régime

1. Plon.

végétarien, tout ce qu'elle nomme « sa pauvreté coûteuse » due à certaines trop strictes habitudes. Par exemple, Gandhi, affectant de ne voyager qu'en troisième classe, faisait rajouter un wagon de troisième aux trains qui n'en comportaient pas, et cela, avec les frais qu'un tel changement-supplément supposait... Le vice-roi n'aura pas à regretter son autorisation de visite et Alexandra ne se laissera pas embrigader dans les Inconditionnels de Gandhi.

Quand elle ne se « repose » pas en faisant l'interview de Gandhi, Alexandra s'efforce de rassembler ses bagages, caisses et colis dispersés de par la vaste Asie. Elle a pris trop de peine à réunir ses collections de crânes humains ciselés, de poignards enchantés et de statues magiques pour ne pas emporter son musée personnel avec elle, quand elle rentrera en Europe. Elle finira bien par rentrer un jour.

Le 21 octobre, alors que tout semble s'arranger au mieux, Alexandra reçoit une lettre de Philippe qui débute par ces mots : « Cette lettre ne te procurera que des tourments. » Alexandra, stupéfaite, comprend enfin que Philippe a mis à profit ses treize années d'absence pour apprendre à vivre sans Alexandra. Il prétexte maintenant l'étroitesse de sa maison qui ne peut contenir deux autres personnes comme son épouse et le fils adoptif « d'icelle ». Il donne d'autres motifs matériels concernant l'impossibilité d'une telle installation. Ces « bonnes » raisons ne trompent pas Alexandra :

> Je ne suis pas sotte, mon bon ami, et je comprends. Je comprends que ma présence à Bône n'est pas désirée.

Elle n'en tient pas rigueur à Philippe :

> Ne crois pas que ta lettre changera quoi que ce soit à mes sentiments de profonde gratitude pour l'aide que tu m'as prêtée pendant mes voyages.

Elle se dit même vaguement saisie de pitié pour cet époux qui refuse « un regain de jeunesse » que la « forte vitalité » d'Alexandra et la présence de Yongden lui apporteraient. En fait, à soixante-trois ans, M. Néel n'aspire plus qu'à vivre, et à mourir, en paix. Pour éviter tout espoir superflu, il refuse même d'envoyer sa photo parce que... il n'en a pas.

> Tu peux bien, si tu n'en as pas, faire faire un bout de photo du genre passeport [...]. Mon bon ami, arrange-toi pour

m'envoyer ton image petite ou grande. Puisque tu as l'air de ne pas vouloir de moi pour le moment, je me consolerai en te regardant en effigie, en attendant des temps meilleurs,

réplique Alexandra qui ne veut pas se montrer dupe de cette ultime, et infime, dérobade.

Alexandra ne prie pas, ne supplie pas. Elle se révèle admirablement digne et maîtresse d'elle-même. A cinquante-six ans, elle se retrouve sans foyer. Elle s'en fera un, n'importe où, et elle ne tardera pas d'évoquer à Philippe la possibilité d'installer « un home » du côté de l'Esterel ou, au-dessus de Nice, « sur la route des Alpes [1] »... Si elle a perdu son foyer, elle est en train de trouver la gloire, « les journaux sont pleins de moi. Comme ils s'impriment en anglais ou en des langues de l'Inde, je ne t'en envoie qu'un article », annonce-t-elle à son époux.

Les Anglais de l'Inde ont sportivement pardonné à Mme Néel d'avoir pénétré au Tibet sans leur permission et la fêtent comme une héroïne nationale. Comme Mme de Staël, Alexandra pourrait dire que « la gloire n'est que le deuil éclatant du bonheur ». Ce bonheur qu'elle a connu autrefois à Bénarès où elle commence l'année 1925, ayant accepté l'invitation d'une dame américaine :

> [...] Ici, une excellente nourriture, une très agréable chambre, de presque quotidiennes promenades en auto, mais la maîtresse de maison a une conversation assommante. Les six domestiques se querellent entre eux quand ce n'est pas avec leur patronne et ce sont des cris à vous briser le tympan. On sert les repas à des heures qui me conviennent bien mal [...] de sorte qu'on jeûne le matin et mange trop le soir, se préparant une mauvaise nuit.

Alexandra supportera ce régime pendant un mois, puis s'en ira :

> Je suis moins sociable que jamais, j'ai la tête pleine du travail que je veux faire, tout ce qui m'en détourne m'ennuie. L'aversion que j'ai toujours eue pour la vie mondaine s'est accentuée d'une façon extrême. Je hais tout ce qui cause un embarras inutile : la toilette, le linge fin, la belle vaisselle, le luxe d'ameublement. N'avoir rien que le strict nécessaire, être libérée de tous soucis matériels est mon bonheur. Plus on pos-

_____
1. Intuition prémonitoire : c'est précisément sur la route des Alpes qu'Alexandra s'installera, à Digne.

sède d'objets divers, plus on éprouve le besoin d'en avoir davantage et plus on se crée d'ennuis.

En écrivant ces lignes, à Bénarès, Alexandra a sous les yeux ces renonçants des bords du Gange qui emportent avec eux tous leurs biens, un pagne et un bol, et qui, parfois même, rejettent ces deux superflus...

Début février, Alexandra arrive à Bombay où elle est reçue comme une célébrité et accorde des interviews aux journaux locaux. Il aura fallu exactement un an, on jugera de la lenteur des « médias » d'alors, pour que l'exploit d'Alexandra se répande dans le monde.

Le 24 janvier 1925, à Paris, l'Agence Havas a diffusé une dépêche annonçant qu' « une Française, Mme Alexandra David-Néel, qui quitta la France en 1911 pour l'Inde, est parvenue à entrer dans Lhassa, la ville interdite aux étrangers ». Suivait un *curriculum vitae* très précis et très détaillé où étaient même évoqués les travaux d'Alexandra sur la *Prajna paramita* et sa traduction de l'épopée du roi Guésar de Ling. Les grands journaux parisiens, du *Figaro* au *Matin*, s'en font largement l'écho, puis ceux de province, et enfin, ceux des colonies. Le quotidien, *Tunis socialiste*, clame sur deux colonnes son admiration. Par câble, *la Revue de Paris* réclame à Mme David-Néel ses « souvenirs tibétains ». Et la Lampe de Sagesse rêve sur le prix qu'a coûté ce télégramme, cent francs, et sur le prix qu'elle pourra, par conséquent, obtenir pour ses souvenirs... Du monde entier parviennent des demandes de copies et à des tarifs qui surprennent agréablement Mme David-Néel. Elle en profite pour s'indigner de ceux pratiqués par *le Mercure de France* et se trouve « vilainement exploitée ». La gloire est peut-être le deuil éclatant du bonheur mais permet d'augmenter ses honoraires. Que Rachilde et Valette se le tiennent pour dit.

Alexandra est toute disposée à écouter les sirènes du succès qui la rappellent en Europe. Fin février, elle fait un bref séjour à Ceylan où elle loge chez la mère de son ami Dharmapala. Elle pensait y trouver la solitude dont elle avait tant besoin avant d'affronter les foules européennes, mais la maison est pleine d'invités bavards et de bébés insupportables.

Et l'air de Ceylan, elle avait la nostalgie de sa douceur pendant les rudes hivers de Jackyendo ou d'ailleurs, voilà qu'elle le trouve maintenant « très chaud et très humide ». On aura reconnu, à ces divers symptômes, la fièvre de départ qui agite Alexandra, rythmée par le refrain, « ou partir, ou pourrir ». Et elle s'en va parce que, avoue-t-elle à son époux :

> Il m'est impossible de rester en Orient, comme tu me le conseilles. Je me suis renseignée, la vie est trop coûteuse partout.

Prétexte aussi fallacieux que l'étroitesse de la maison de Bône invoquée par Philippe... Où sont les désirs de vie simple, à Ceylan précisément, où elle engageait, il y a peu encore, ce même Philippe à venir la rejoindre ? C'est du passé. Et ce que réclame maintenant Alexandra, c'est l'avenir, l'Europe, Paris où elle fabriquera le soleil de sa gloire, elle en est persuadée. A la lumière des Hymalayas succédèrent les lueurs des réverbères au bord de la Seine, et les étoiles du ciel asiatique seront remplacées par les lustres des salons littéraires et les lampes des salles de rédaction.

Alexandra qui voulait être missionnaire à treize ans n'a pas changé depuis. Elle se croit toujours investie par quelque mission supérieure et sa mission de 1925 est de transmettre au monde les beautés du Tibet, les enseignements secrets viendront ensuite.

Dans cette fuite vers l'Europe, Alexandra éprouve peut-être ce phénomène de rejet commun à ceux et à celles qui séjournent trop longtemps en Extrême-Orient ou que l'on ressent à la fin de trop longs voyages. On a assez de la crasse, des temples et des grimaces des dieux. On aspire à l'équilibre grec, à la perfection romaine. Pendant onze ans, Alexandra a vécu la tête dans le ciel et les pieds dans la poussière. Cette dichotomie doit cesser, sinon elle vient d'en avoir une preuve récente avec sa dépression nerveuse, elle risquerait d'y perdre la raison et de ressembler à ces malheureuses qui errent sur les routes de l'Inde, drapées dans des haillons et déclamant à la fois des stances de Sully Prudhomme et des vers de la *Bhagavad-Gita*. Atroce vision.

Dans ce désir de retour vers l'Europe, il y a aussi l'invincible curiosité qui agite toujours Alexandra. A quoi ressemble cette Europe où les hommes se promènent en caleçon, en

« short », comme le lieutenant-colonel de Chumbi et où les femmes, paraît-il, se font couper les cheveux au ras de la nuque, comme des garçons ? Et ce Paris où elle venait en solliciteuse, où elle avait tant de mal à placer sa copie, et qui maintenant sollicite sa présence et le récit de ses exploits tibétains. Mettant à profit cette vogue, elle est certaine d'acquérir, grâce à sa plume, une indépendance financière complète, ou presque. Devant une telle possibilité, il n'y a plus une minute à perdre à Ceylan. Mme David-Néel quitte Dharmapala, sa mère, les bébés, avec cette brusquerie dans la décision qui déconcerte tant de ses proches.

Elle part début avril, tout est archi-plein sur les bateaux, elle accepte la seule place disponible, et au prix d'une « place de demi-luxe », sur un gros cargo qui ne comporte aucun luxe, ni médecin, ni femme de chambre. Départ et dépense parviennent à étonner Philippe qui se croyait pourtant blasé là-dessus. De Bône, il écrit :

> Ta dernière lettre m'annonçant que tu comptais t'embarquer le 6 avril à Colombo pour la France m'a causé quelque surprise. [...] Tu as pris là une décision subite qui t'a fait me demander d'adresser 15 000 francs à l'Agent des Messageries maritimes à Marseille. Je viens de faire le nécessaire [...]. Je t'ai, à maintes reprises, exposé la situation économique en France, rendant très difficiles les conditions de la vie. Tu vas commencer par dépenser une grosse somme pour la traversée, surtout si tu prends une cabine de demi-luxe. Oui, tu vas trouver des hôtels à 30 francs par jour, des tarifs de chemin de fer exorbitants, des habitations indénichables et puis après, je ne sais comment tu pourras t'en tirer, surtout si tu as persisté à te faire accompagner par ton garçon tibétain. Je ne suis pas bien-portant. Ma grippe a subi une rechute assez grave dont j'ai peine à me tirer et qui m'a beaucoup affaibli au point que je me demande si je pourrai continuer mes travaux et mes voyages.

Ce n'est pas là la lettre d'un époux grisé à la pensée de revoir sa chère épouse, après treize ans d'absence ! Cela tourne au bulletin de santé et aux comptes de ménage. Et, grippe diplomatique ou non, Philippe ne jugera pas nécessaire de quitter Bône pour accueillir Alexandra à son arrivée au Havre, le 10 mai. Ils ne se reverront qu'en janvier 1926. Et ces deux êtres qui n'avaient pas grand-chose en commun ne reprendront jamais plus leur vie commune.

Un triomphe

Mesdames, messieurs, je pense que je n'ai pas à vous présenter Mme David-Néel. Elle s'est chargée de ce soin par ses actes universellement connus.

(Professeur d'Arsonval, membre de l'Académie des sciences, au Collège de France, le 7 décembre 1925.)

C'est certainement en recevant la lettre du 21 mars 1925 dans laquelle Alexandra se dépeint comme une originale et expose le programme de sa vie future en trois points que Philippe Néel a dû renoncer, et définitivement, à tout espoir de vie commune :

> Quand on est ce que je suis et que l'on a fait ce que j'ai fait, on peut se permettre toutes sortes d'originalités en rapport avec le personnage que l'on est. Ma cabane dans les mon-

tagnes aura plus de « chic » qu'une chambre dans un hôtel médiocre. Il faut entretenir sa réclame quand on doit vivre de l'argent que l'on gagne. Tout cela te semblera bizarre, tu es passablement « bourgeois » dans tes goûts, mon bien cher. Tu as fort bien réussi dans ta sphère, mais la mienne est différente et mes moyens d'actions doivent être différents aussi. Pour le moment je fais abstraction de tout et mon programme se résume en :

    1) Réduire ma dépense au strict minimum.

    2) Produire le plus possible et le plus rapidement possible.

    3) Soigner la « façade » de ma vie de façon à continuer à attirer l'attention et à retenir l'intérêt.

Devant de telles perspectives, Philippe doit avoir des frissons qui surpassent, ô combien, les frissons de la grippe. Il connaît son Alexandra et sait qu'elle suivra irrévocablement le programme qu'elle s'est tracé et dans lequel il n'a aucune place. En effet, Mme David-Néel mettra à exécution ses trois points. Elle réduira sa dépense au strict minimum, et cela, jusqu'à la fin de ses jours. Elle produira le plus possible et le plus rapidement possible afin de profiter de la faveur d'un public dont elle connaît l'inconstance. Et son nouveau désir, une cabane dans les montagnes, se changera en une belle réalité. Ce sera sa maison de Digne qui deviendra la fondation Alexandra David-Néel que l'on peut voir aujourd'hui.

Sur le cargo qui la ramène en Europe, Alexandra exécute, déjà, son programme et pond la centaine de feuillets promis à la *Revue de Paris* qui en offre 2 000 francs. Elle pense qu'elle parviendra à en tirer, sans peine, 5 000. Elle lit, et relit, la lettre de Silvain Lévi qui est fermement décidé à jouer les bons anges du retour. Il a obtenu du président du Conseil une allocation de 4 000 francs destinée à réduire les frais de voyage d'Alexandra. Il a décidé le directeur général des Douanes à faire observer « la plus entière bienveillance » pour l'examen des colis ramenés d'Asie. Il a ajouté un post-scriptum qui laisse Alexandra vraiment songeuse : « J'ai eu l'occasion de signaler votre mérite au président de la République en personne. »

Aussi, quand elle arrive au Havre, le 10 mai 1924, Alexandra est reçue comme une héroïne nationale. Elle fait la « une » des journaux, la France entière se passionne pour cette femme que l'on présente comme « la conquérante de la ville interdite ». Son portrait, son visage rayonnant, s'étale dans tous les magazines.

A Paris, à la gare Saint-Lazare, elle affronte joyeusement la meute des reporters et des photographes, comme si elle avait fait cela sa vie durant. C'est une star qui débarque, en compagnie d'un Yongden radieux et armé d'une longue canne en bois ouvragé qui fait l'admiration de tous les journalistes et que l'on retrouve signalée dans tous les articles.

Alexandra distribue les sourires, les réponses, avec un à-propos qui ne dénote en rien qu'elle a été, et récemment encore, une femme des cavernes, une vagabonde, une mendiante. C'est une souveraine qui adresse des paroles aimables à ses sujets accourus. A Henry de Korab, l'envoyé du *Matin*, elle demande :

> — Un renseignement, monsieur, je vous prie. Que valent ces nouveaux petits billets qui n'existaient pas lorsque je suis partie ? Et ces jetons ?
> — C'est vrai, vous devez avoir l'impression d'avoir dormi d'un sommeil léthargique.

Dans son rôle de belle-au-bois-dormant asiatique s'éveillant à Paris, Alexandra est parfaite. Yongden joue fort bien les petits pages exotiques. Pendant les journées triomphales qui suivent son retour en France, Alexandra est bien près de tomber dans le « barnumisme » qu'elle dénonçait chez Lucie Delarue-Mardrus et consort. Elle a trop de bon sens pour y céder et ce n'est pas pour rien qu'elle est une Lampe de Sagesse. Tout cela, pour le moment, l'amuse. Cette Danaé de cinquante-sept ans reçoit, en médailles, une véritable pluie d'or : médailles de la Société royale belge de géographie, de la Société française de géographie, etc. En 1927, grand prix d'athlétisme décerné par l'Académie des sports féminins. En 1928, Légion d'honneur. Alexandra croule sous les distinctions, les lauriers, les rendez-vous, les invitations, les demandes de conférence, d'articles, de livres.

Les dieux de l'Hymalaya doivent sourire en contemplant la réussite de leurs protégés qui ne courent plus les vallées et les montagnes du Tibet et galopent à travers la France. Ils vont partout où on les réclame. Ils sont passés, avec une incroyable aisance, de Lhassa, Ville-Soleil, à Paris, Ville-

Lumière. Yongden a sa part des applaudissements. Après les conférences d'Alexandra, il improvise des poèmes où il est question « de montagnes rouges comme le corail et des montagnes bleues comme des turquoises, de palais blancs comme des conches et autres choses orientales ». Ovation pour Yongden qui explique son improvisation à Alexandra médusée : « Tagore fait cela en public, pourquoi ne le ferais-je pas ? » Admirable Yongden qui ne doute de rien et qui a raison puisque cela réussit...

C'est donc en 1925 que le lumineux destin d'Alexandra David-Néel commence à faire rêver les foules. « La femme sur le toit du monde », comme l'ont désignée les Américains, connaît à Paris trois triomphes : les 3 et 7 décembre 1925, et, l'année suivante, le 28 mars.

Le 3, Alexandra prononce une conférence à la Société de géographie, sur le thème, *En éclaireur à travers le Tibet*. Dès le début, elle se montre pleine d'une modestie qui déchaîne l'enthousiasme : « Je n'ai point la prétention d'avoir fait œuvre de géographe ; je ne suis qu'une humble orientaliste. » A partir de cette phrase, c'est pratiquement sous des applaudissements ininterrompus que « l'humble orientaliste » raconte ses prouesses au Tibet.

Le 7 décembre, c'est véritablement le jour de gloire d'Alexandra. Elle parle au Collège de France et avant même qu'elle ait ouvert la bouche, elle a droit à « une ovation prolongée ». Dans son allocution de présentation, le professeur d'Arsonval, membre de l'Académie des sciences, qui, dans son allocution déclare :

> Je pense que je n'ai pas à vous présenter Mme David-Néel. Elle s'est chargée de ce soin par ses actes universellement connus. Si l'on accuse les Français de ne pas savoir la géographie, Mme David-Néel, comme Parisienne, s'est chargée de le faire. [...] Nous sommes en présence d'un acte de solitaire. Les grandes choses sont presque toujours l'œuvre des solitaires.

Quand l'ovation saluant l'apparition de Mme David-Néel s'arrête, le professeur d'Arsonval prévient que « la solitaire », au retour des neiges du Tibet, a trouvé le moyen de s'enrhumer à Paris ! C'est enrhumée, et enrouée, qu'Alexandra prononcera sa conférence dont le texte est un modèle d'érudition et de drôlerie, provoquant des rires brefs et d'interminables applaudissements. A partir de là, Alexandra est lancée dans son rôle de conférencière à succès. Elle en fera en France, en Belgique, en Suisse où les membres de la Société vaudoise d'études psychiques s'extasient d'avoir pu voir et entendre la célèbre exploratrice et rendent hommage à « sa grande aisance » qui met « son grand savoir à portée de tous ».

Troisième et mémorable consécration à Paris, au musée Guimet, le 28 mars 1926. Quelle apothéose pour Alexandra qui a débuté là, étudiante inconnue... On s'écrase dans la salle et dans les couloirs attenants. On ne compte plus les ministres, les ambassadeurs... Les personnalités et les anonymes font du coude à coude. Simone Tery rend compte de cette séance dans *le Quotidien* du 31 mars 1926, donnant d'intéressants détails sur l'aspect physique de l'héroïne :

> Mme David a l'air d'une bonne dame très tranquille. Elle porte bien un haut bonnet de velours noir, étrange, enfoncé sur sa tête, et qui fait ressortir la pâleur de son visage — mais, à ce détail près, elle ressemble à toutes les mères de famille de France. Elle parle d'une voix paisible, un peu pointue, sans jamais élever la voix, comme si elle racontait à sa voisine les maladies de ses enfants ou les recettes de sa cuisinière. Mme David a horreur du « chiqué », du lyrisme et des succès faciles.

Quant à Yongden, toujours selon Simone Tery,

> il est en habit, petit et trapu, avec un visage impassible, un petit nez plat et des yeux bridés et alertes. Il vous raconte des choses en tibétain, en remuant avec la plus grande vélocité ses dix doigts pointus. Et puis il entonne des mélopées à vous faire donner la chair de poule, traversées de cris inhumains.

Le duo Alexandra-Yongden est tellement réussi que Simone Tery, avec une irrévérence qui a dû désoler les fanatiques de la Lampe de Sagesse, se demande si ce duo ne ferait pas une éblouissante carrière au music-hall...

Alexandra a commencé l'année 1926 en faisant ses comptes. En trois semaines de conférences, logeant dans des hôtels « aux tarifs excessifs », elle s'aperçoit qu'elle n'a gagné que 6 000 francs. Est-ce que cela vaut la peine de se démener, et de se fatiguer autant alors que l'Amérique paye cent dollars pour l'un de ses petits articles ? Et puis, la vagabonde a envie de s'installer quelque part, et de façon qu'elle espère définitive : « Je commence à en avoir assez de camper, ce n'est agréable qu'en Orient », confie Alexandra à son époux à qui elle reproche ensuite d'envoyer des colis de dattes à ses amis et d'oublier, dans ses largesses, celle qui reste sa légitime épouse. Implacable Alexandra qui ne laisse rien passer, pas même une poignée de dattes. Il faut dire que leurs retrouvailles, fin janvier 1926, à l'hôtel Terminus, à Marseille où Alexandra a prononcé, avec son habituel succès une conférence, ont très mal tourné. Leur face à face ne s'est pas changé en tête à tête, car Yongden est là que Philippe reçoit avec une courtoisie tellement glaciale qu'elle provoque l'indignation d'Alexandra. Elle ne comprend pas l'absence complète de reconnaissance de M. Néel envers celui qui a servi, secondé, sauvé sa femme. Décidément, dès qu'ils sont ensemble, et même après une longue absence, Philippe et Alexandra s'affrontent et s'opposent. L'incompréhension est leur royaume. Et cette première entrevue tourne d'autant plus court qu'Alexandra, maladroitement, évoque son projet d'adopter Yongden. Projet dont Philippe ne veut absolument pas entendre parler. Le séducteur de Tunis est devenu un monsieur qui porte haut et beau ses soixante-quatre ans. Il a l'air plus « gentleman » que jamais. Il a gardé sa prestance, son allure. N'étaient-ce ses cheveux et ses moustaches qui ont blanchi, il ressemble encore au fringant propriétaire de cette *Hirondelle* où Alexandra était montée pour « la première fois ». Comme au temps de l'*Hirondelle*, il est intraitable. Alexandra l'est aussi. Rien n'a changé. L'impermanence ne serait-elle donc pas la loi universelle ?

En ce printemps 1926, Alexandra a d'autres soucis que les humeurs de son époux et le ratage de leur soirée de retrouvailles — sans lendemain — à l'hôtel Terminus. Elle n'arrive pas à terminer ce livre qui sera le fameux *Voyage d'une Parisienne à Lhassa* et qui doit paraître simultanément en France et en Amérique. Le succès fait perdre beaucoup de temps, Alexandra s'en rend compte et ne parvient pas à mettre son travail à jour. En même temps qu'elle s'efforce de terminer ce *Voyage*, elle entreprend trois articles pour la revue *Asia* de New York, fignole des contes tibétains pour l'Amérique, reprend sa traduction de la *Prajna paramita*, revoit la traduction anglaise de son *Modernisme bouddhiste et le Bouddhisme du Bouddha*. En plus de ces tâches urgentes et exigeantes, Alexandra cherche la demeure idéale pour y arrêter ses vagabondages perpétuels,

> de tous les côtés, la chasse aux logements est aussi acharnée et aussi infructueuse. Sur la côte d'Azur comme dans les environs de Paris, on voit des affiches de « lotissements » partout. C'est hideux. [...] La mentalité qui doit se développer dans ces cabanons nous promet une jolie race [1].

Dès mars 1926, et le succès, là non plus, avec ses implacables obligations, n'arrange rien, Alexandra est reprise par ses indéracinables troubles neurasthéniques. Consulté, le professeur d'Arsonval diagnostique l'urgence de quitter Paris. Privée de silence et de solitude, la Lampe de Sagesse est en train de s'éteindre.

De mai 1925 à mai 1926, voilà exactement un an que dure le cirque de la gloire. Alexandra en a plus qu'assez de jouer les acrobates, et de multiplier ces exercices périlleux que sont les conférences avec projections de photos et déclamations de Yongden. Il est temps que cessent ces exhibitions. Mme David-Néel va faire halte aux Mazots, chemin de la Calade, Toulon, Var. Telle est sa nouvelle adresse à partir du 1er mai 1926. Cela ne correspond en rien à la demeure idéale qu'elle poursuivait :

> Les Mazots n'ont de bien que leur parc et les propriétaires, des gens extrêmement agréables, le logement lui-même est composé de pièces minuscules. Je n'ai pas de chambre de domestique, celle que l'on m'a donnée est remplie par mes caisses,

écrit-elle à Philippe avec qui elle a repris, puissantes sont les forces de l'habitude, sa correspondance.

Aux plaintes sur l'exiguïté du logement, succèdent les plaintes sur la nourriture. Le pain est « immangeable » et les restaurants servent « d'horribles ratatouilles ». Ce qui peut

---

1. *Journal de voyage*, Plon, II, p. 300.

prêter à sourire quand on songe aux infâmes ratatouilles tibétaines qu'Alexandra a absorbées... Elle participe ainsi, à sa façon, à la grogne générale :

> Tout le monde grogne, se plaint et au lieu de remédier au mal, ne s'intéresse qu'aux courses de bicyclettes, aux cinémas, etc. Du reste, personnellement, cela m'est égal, j'ai bien assez de m'occuper de mes affaires sans songer à celles des autres.

En juin, elle a enfin terminé le *Voyage d'une Parisienne à Lhassa,* mais le manuscrit de langue anglaise a été remanié à Londres, et mal. Tout est à reprendre. Ce supplément de travail inattendu « énerve » Alexandra qui doit ensuite réviser la version française : « Quelle misère de ne pas avoir trois ou quatre cerveaux et une demi-douzaine de mains pour tenir la plume. » Elle besogne « comme une bête », et, quand 1926 s'achève, elle en a enfin terminé avec les versions française et anglaise du *Voyage.* Ouf !

Aux Mazots, la Lampe de Sagesse est aussi recluse en son labeur qu'elle l'était dans sa caverne de Lachen. En février 1927, elle s'avoue

> horriblement fatiguée. [...] Je travaille trop, beaucoup trop. [...] Je ne sors jamais. [...] Il faudra pourtant que je prenne quelque repos cette année. Je doute qu'avec les nerfs tendus comme je les ai par cet incessant travail d'écrivain, je puisse supporter, ici, la chaleur et les nuages d'harcelants moustiques.

On ne peut qu'admirer la vaillance d'Alexandra qui approche de la soixantaine et qui, après avoir vaincu les Hymalayas, abat des montagnes de travail. A peine en a-t-elle terminé avec son *Voyage d'une Parisienne à Lhassa* qu'elle s'attaque à un autre ouvrage qui sera *Mystiques et magiciens du Tibet.* Elle écrit, et lit, en moyenne, seize heures par jour. C'est beaucoup, c'est trop, et, en mars, une inflammation des yeux rend Alexandra complètement aveugle pendant quelques jours, « cela m'a permis de faire l'expérience de la cécité et je t'assure que ce n'est pas drôle ». Inflammation et cécité passent, les yeux d'Alexandra s'ouvrent à nouveau à la lumière et au monde, un monde qu'elle déteste de plus en plus :

> Je croyais que mon dégoût du monde avait atteint le maximum mais il s'est encore accru. Je ne peux plus jeter un regard sur les journaux. La stupidité, la veulerie, la méchanceté qui

s'y étalent me font souhaiter un nouveau déluge pour engloutir tous ces médiocres coquins. Il n'y a de bon que les plantes sauvages, les montagnes, le ciel et les nuages.

Ce n'est plus Voltaire qui s'exprime par la bouche d'Alexandra, c'est Jean-Jacques Rousseau. A ce rejet du monde, s'ajoute une nouvelle crise avec Philippe. Elle accuse son époux d'avoir eu une phrase malheureuse, « tu ne peux rien faire sans ma permission », et cela, à propos de l'adoption de Yongden. Philippe soutient que, s'il a dit cette phrase, il aurait fini par céder, de guerre lasse, à l'exigence d'Alexandra et par ajouter : « Fais ce que tu veux, je te donnerai les autorisations nécessaires. » Malheureusement, Alexandra ne se souvient que d'avoir entendu ce « tu ne peux rien faire sans ma permission », qui l'a *aussi* empêchée d'acheter une propriété puisqu'elle avait besoin pour cela de l'autorisation maritale.

Philippe a beau jeu de démontrer qu'il a laissé à son épouse « une liberté absolue pour courir le monde ». L'orage s'apaise et, pas rancunier, M. Néel avance, sans hésiter, à Alexandra, momentanément gênée, les 6 000 francs dont elle a besoin. Elle s'en montre « extrêmement reconnaissante » et retourne paisiblement à sa table de travail que n'atteignent pas les phrases de son mari, les bruits du monde et la décadence de la France qui « deviendra la colonie de quelque autre pays ».

Dès le printemps 1927, Alexandra songe à un autre voyage. Elle veut aller en Russie. Elle note les adresses utiles, et parmi lesquelles figurent celles de la veuve, et de la sœur, de Lénine, et d'Alexandra Kollontai, « féministe et auteur d'un livre sur le féminisme, *les Abeilles diligentes* ».

Abeille diligente, voilà un surnom qui conviendrait à Alexandra autant que celui de Lampe de Sagesse : elle sait tirer le suc des choses et des êtres, de ses relations les plus nouvelles, ou les plus anciennes, comme Jean Haustont avec qui elle est restée en correspondance et à qui elle demande, en vue de cet éventuel voyage en Russie, des renseignements sur une personnalité de Bakou. En échange de quoi, elle envoie à Jean une note sur certains sons de la musique hindoue.

Seize heures de travail par jour suffisent à peine à Alexandra qui, stylo en main, accumule les chapitres, les articles, les lettres qui ne sont pas toutes destinées à obtenir des renseignements. Ainsi, fidèle à ceux et à celles qui l'ont secourue dans les moments d'épreuves, elle envoie de ses nouvelles, et de celles de Yongden, comblant ses destinataires comme le Père Ouvrard qui répond :

> Je suis confus des marques de gratitude que vous me témoignez. J'ai fait pour vous ce que me permettaient mes moyens et c'était bien peu.

Le Père reçoit son exemplaire, chaleureusement dédicacé, du *Voyage d'une Parisienne à Lhassa* où il figure à la première page, sous le nom de Père N... Afin qu'il ne soit pas reconnu et puni de l'aide apportée à l'errante, Alexandra a changé la première lettre de son nom. Quelqu'un à qui Mme David-Néel n'oublie pas d'offrir son *Voyage*, c'est la Rhani Chuni Dordji, demi-sœur de l'irremplaçable Sidkéong Tulkou.

> C'était très gentil à vous de m'envoyer un exemplaire et nous avons eu beaucoup de plaisir à le lire. Au sujet de votre voyage au Tibet, je crois que les Européens sont bien plus intéressés que les Tibétains eux-mêmes. Il ne semble pas que les Tibétains en parlent beaucoup, ils disent seulement que c'était courageux à vous de le faire,

écrit Chuni qui a reçu un exemplaire de l'édition en langue anglaise parue simultanément à Londres et à New York en mars 1927.

Si les Tibétains se contentent d'admirer le courage d'Alexandra, les Anglais et surtout les Américains font un triomphe au *Voyage d'une Parisienne à Lhassa* qui connaîtra un succès mondial et sera traduit en allemand, en néerlandais, en espagnol et en tchèque.

Du *Times* au *New York Times*, les plus grands quotidiens anglo-saxons saluent la performance de Mme David-Néel qu'ils déclarent « incomparable », ou, pouvant être seulement comparée à « la grande épopée des explorateurs polaires ».

Quand le livre paraît à Paris, un peu plus tard, en novembre, l'accueil des critiques est aussi délirant. De très larges extraits du *Voyage* ont déjà paru en feuilleton dans le *Matin* et le président de la République en personne, Gaston Doumergue, s'inquiète pour savoir si le livre contient des chapitres encore inédits. Heureuse époque où un président de la République ne semblait pas avoir d'autres soucis...

Cet accueil de la presse, ce succès font, certes, plaisir à Alexandra, mais elle est loin d'être en extase, comme elle était en *samadhi* au Sikkim. Elle peine à composer ses *Mystiques et magiciens du Tibet*, infiniment plus difficile à écrire qu'un simple récit de voyage. Elle sait maintenant que, jusqu'à la fin de ses jours, elle devra gagner sa vie en accumulant des mots, un à un, à la suite des autres. Elle en a pleinement conscience :

> Être obligée de se battre pour le pain quotidien est chose harassante quand on n'est plus jeune. J'en sais quelque chose. Tu ne connais pas cela toi qui as passé ta vie dans de grandes compagnies. Tu n'y gagnais pas des sommes énormes, mais tu savais exactement ce que tu toucherais chaque mois. Mais n'avoir pas la moindre certitude sur ce que le lendemain apportera est bien énervant. Travailler pour se nourrir, c'est, en somme, gâcher sa vie. Vivre, c'est avoir le loisir de faire ce qui vous plaît et pas autre chose.

Ce loisir, Alexandra l'a connu pendant treize ans, et, paradoxalement, elle vient de le perdre en accédant à son indépendance financière. Elle ne dépend plus de Philippe, elle doit en payer le prix. Belle joueuse, elle ne s'en plaint pas, ou à peine. Au fond, elle est dans la situation de ces vieilles actrices, de ses anciennes copines, qui continuent à s'exhiber sur la scène. Alexandra a choisi de se montrer dans ses livres et pense avoir fait le bon choix :

> Je m'émerveille de voir combien les gens de théâtre durent longtemps. Plusieurs de ceux et de celles avec qui j'ai joué et qui étaient plutôt mes aînés de quelques années tiennent toujours l'affiche. Certaines qui n'ont pu se maintenir sur des vraies scènes sont au music-hall comme Marguerite Carré, la femme de l'ex-directeur de l'Opéra-Comique. Est-ce le besoin d'argent qui les pousse ou le besoin de continuer à s'agiter, l'horreur de la retraite ? Cela doit être tout cela ensemble. La solitude pour un ermite n'est point le vide, il y vit sa vie, celle qui l'attire, mais l'isolement pour qui n'est ni un philosophe ni un mystique est horriblement pénible et je comprends bien ceux de mes ex-camarades qui s'obstinent.

Durer, cela s'apprend et Alexandra va apprendre. Aux Mazots, c'est ce double apprentissage, durer et écrire, qu'elle subit, comme le reflète, à partir de 1927, sa correspondance avec Philippe. Cet apprentissage ne l'empêche pas de se montrer, de loin, une épouse admirable, attentive et prodigue en conseils, du genre : « Ne t'avise point de te mettre en route tant que tu as de la fièvre. » Le 8 octobre, elle écrit à son mari :

> Nous nous sommes très peu vus depuis mon retour et si tu ne tiens pas beaucoup à ma compagnie, moi, je tiens à la tienne, alors en bonne égoïste que je suis, je te réclame.

Elle réclame aussi plus de nouvelles et multiplie les « envoie-moi un mot immédiatement », les « bien vite quelques lignes, n'est-ce pas ? » et les « que fais-tu ? » qui prouvent que Philippe écrit peu. Lassé de son rôle d'homme-muse, il réduit au minimum les séjours chez son épouse. Invité à venir un mois aux Mazots, il n'y reste que quelques jours et en remercie courtoisement Alexandra qui réplique aussitôt :

> Pour que je croie que, comme tu le dis dans ta lettre, tu n'as pas trouvé ton séjour aux Mazots trop maussade, il faudra revenir à ton prochain passage en France. D'ailleurs, c'est dit, j'y compte ferme.

On croit rêver : c'est Alexandra qui maintenant insiste pour profiter de la présence de Philippe, ou, à défaut, lire sa prose... Est-elle sincère ? Ou veut-elle, à tout prix, montrer à son époux qu'il n'a pas obligé une ingrate ? Mystère des intentions alexandrines...

Aux Mazots, la Lampe de Sagesse comprend la nécessité de trouver un vrai logis et d'en être la propriétaire. Il n'est plus question de jouer les locataires que l'on peut chasser du jour au lendemain ! Depuis deux ans qu'elle est rentrée en France, la majeure partie de ses bagages n'a pas encore été ouverte et sa précieuse bibliothèque dort encore dans des caisses. A Bône, dans la maison de Philippe, attendent également des statues, des tables, des horloges provenant de la villa de Tunis, la Mousmée. Pour son soixantième anniversaire, Alexandra voudrait être dans *sa* maison et dans *ses* meubles. Et ce que veut Alexandra... Sa toute-puissante volonté se heurte pourtant à celle des agences immobilières. La reine des Hymalayas a quitté les cimes pour tomber dans le marécage des officines. Elle s'y débat et, le 4 septembre, fait part de son désarroi à Philippe :

> Où vais-je aller ? Ce n'est pas commode de trouver à se loger quand on veut de l'air et un certain confort que l'on ne peut pas payer cher.
> Comme tu l'écris très justement, j'ai sans doute franchi le pas le plus difficile qu'un écrivain ait à franchir, mais cela ne veut pas dire que je n'ai plus qu'à me laisser vivre. Il s'en faut. Il me faut travailler d'arrache-pied encore au moins deux ans, avoir deux livres de plus, bien lancés. Et pour travailler, il faut être tranquille.

Quelques jours plus tard, le 12 septembre, lueur d'espoir à l'horizon (immobilier) d'Alexandra :

> On m'a signalé des appartements avec jardin — ce doit être des parties de maisons — à Digne. Je ne connais pas cette petite ville. Son altitude : 600 mètres, me conviendrait et l'on y jouit encore du ciel de Provence. J'irai peut-être y voir.

Elle ira, elle verra, elle s'y installera et y finira ses jours.

Digne 1928

[...] rues maintenant bordées de bâtisses neu-
ves, mais évoquant encore une cité de Moyen Age
dans cette petite ville autrefois seigneuriale,
aujourd'hui commerçante [...].

Jean LORRAIN.
(Ma Petite Ville.)

Le 21 mai 1928, Alexandra achète à Digne, sur la route de Nice, une belle propriété qui comprend un vaste terrain avec deux bâtisses, l'une parfaitement habitable après quelques réparations, l'autre, dont les murs sont solides et la toiture à refaire, pourrait devenir une maison pour gardiens ou pour louer aux estivants.

Ce que la vagabonde aime le plus dans sa nouvelle halte, c'est la terrasse-pergola de trois mètres soixante sur quatre mètres trente, qui est attenante à sa chambre. Elle y passe souvent la nuit à contempler les étoiles et leur silence, comme autrefois, au Tibet, sur d'autres terrasses, sans pergolas celles-là...

Alexandra est dans le ravissement des commencements. Elle trouve sa propriété « admirablement située » et le pays « très joli ». Chef-lieu du département des Basses-Alpes et station thermale, Digne-les-Bains, qui compte alors un peu plus de 6 000 habitants, suscite ses éloges :

> Mais Digne-les-Bains mérite l'attention. Il y a, ici, un passage considérable de touristes. [...] Je te raconte tout cela pour te faire comprendre qu'il peut y avoir de l'avenir pour mon terrain lorsque l'électricité passera devant la porte comme la chose est arrêtée pour 1930.

Juste trois mois après son installation à Samten Dzong, Alexandra y est aussi bien qu'une George Sand en son Nohant. Elle a trouvé là un refuge où elle écrira beaucoup et connaîtra la paix, meilleure pour elle, que le bonheur. Elle est vraiment satisfaite : « En fait, j'ai réussi la combinaison qui me tenait à cœur : me nourrir à peu près sur mon terrain. » Elle a déjà pour sa consommation personnelle des légumes, et elle en vendra bientôt, comme elle a déjà vendu de la luzerne et des poires. Cette vente-là représente « la consommation de pain de toute une année ».

Avec tous ses souvenirs de voyage, dont certains sont fort beaux, Alexandra peut faire de son « Samten Dzong » une succursale du musée Guimet ou l'équivalent de la célèbre demeure de Pierre Loti à Rochefort. Elle sait l'importance du décor dans la vie d'un écrivain à succès et va soigneusement composer le sien :

> [...] je te répète qu'il est nécessaire pour mon succès que mon logis puisse être vu par des gens, des journalistes, des étrangers ou autres qui me rendront visite et que ceux-ci en emportent une bonne impression. [...] Je n'ai pas besoin de te dire que notre époque exige la réclame, de l'apparence extérieure, que la manie sévit de photographier les auteurs dans leur intérieur, de les interviewer chez eux et décrire jusqu'à leur salle de bains,

écrit-elle à Philippe à qui elle a demandé le rapatriement des objets qui sont à Bône et dont certains ont valeur de relique, comme l'encrier en porcelaine de Chine avec lequel « j'ai écrit tous mes livres » ou la première pièce d'or reçue pour le paiement de son premier article. Ce déménagement prend vite les allures d'une affaire d'État. Philippe, que l'emballage de toutes ces choses ennuie, croit esquiver la corvée en écrivant « je t'ai adressé la totalité des objets que tu m'avais envoyés au cours de ton voyage ». C'est compter sans l'infaillible mémoire de la Lampe de Sagesse. Exaspéré, il renverra tout à son épouse indignée de recevoir « des choses inutiles, de vieilles fleurs de chapeaux, de vieilles chaussures, de vieux gants ».

L'envoi de ces vieilleries est une façon, comme une autre, pour Philippe de signifier qu'il ne veut absolument rien garder ! Il se croit quitte. Il ne l'est pas. L'irréductible Alexandra signale quelques objets manquants. Elle a reçu sa timbale en argent, d'accord, mais pas le couvert qui y était assorti. Manquent aussi

> une jupe à traîne, en velours grenat, un manteau en soie, couleur changeante, grenat et vert, une jupe courte, en satin rose garnie d'une belle dentelle noire. [...] Il est possible que ces vêtements soient tombés en loques, aient été mangés par les mites. Si tu en as retrouvé les débris, tout est bien.

On ne sait pas si Philippe a retrouvé ces débris de soie et de velours changeant, aussi changeants que le cœur des humains. Et s'il les a retrouvés, il a peut-être eu la vision charmante d'une Alexandra en jupe courte de satin rose garnie de dentelles noires. Comme ils étaient jeunes alors !

Cette bourrasque pour un déménagement s'apaise. Cette tempête dans un verre d'eau est quand même très significative des rapports d'Alexandra et de Philippe, et de leur impossibilité à s'entendre dans les grandes, comme dans les petites choses. Ni le temps ni l'âge n'ont changé ces deux vieux enfants terribles. Dans cette affaire, Philippe aura appris à emballer convenablement un Bouddha aux bras multiples sur les conseils de son épouse avisée :

> Ce que tu me dis du Bouddha aux bras multiples emballé dans une malle plate avec les instruments de musique m'effraie un peu. Tu sais, n'est-ce pas, que cette statuette est très fragile et doit être mise seule dans une solide petite boîte en bois qui, elle, peut être placée dans une malle.

Début janvier 1929, les dernières caisses venues de Bône arrivent à Digne, à Samten Dzong. Miracle : les dieux du déménagement ont veillé à ce que rien ne soit cassé. Tout est intact, le Bouddha aux bras multiples comme la glace d'un nécessaire de toilette ou les « fragiles » coquillages de Singapour. Au milieu de ce bazar, insolite et inattendue, une vieille bicyclette offerte par Philippe le Magnanime à Yongden. Alexandra remercie chaleureusement son mari pour ce don :

> Tu as été bien aimable d'envoyer ta vieille bicyclette. Je vais voir si on peut la remettre en état. Ce serait bien commode si Albert pouvait s'en servir pour aller faire des commissions en ville. [...] Je ne sais pas s'il apprendra facilement à monter. [...] Il ne semble pas avoir de grandes dispositions.

Qu'importe ? Albert Yongden apprendra à monter puisque Alexandra l'exige.

Les Bouddhas, les Kalis, les poignards enchantés, les grelots du mystère, les saris de méditation, tout cela artistiquement disposé forme un sublime bric-à-brac célébré par les journalistes qui ne tardent pas à défiler à Samten Dzong qu'ils considèrent comme une antichambre du palais du Potala, à Lhassa. Ils en repartent, enchantés par l'accueil, les anecdotes de l'exploratrice-orientaliste. Ils vantent son rire, « le plus joli rire du monde », ses yeux, « des yeux gris-vert fort perçants à vous faire mourir de timidité ». Quant à la Forteresse de la Méditation, elle remporte tous les suffrages. Dans un article de *Sud-Magazine*, Claire Charles-Géniaux en a bien décrit les aménagements :

> Mme David-Néel, qui s'est révélée comme un architecte audacieux, a fait construire une tour inspirée de celles des grands couvents de Lhassa et a aménagé une pièce à la façon des chambres des lamas avec, d'un côté, une petite estrade contenant le siège bas du religieux, de l'autre, un autel où trône un admirable Bouddha vieil or, dont le sourire semble encore plus mystérieux [...]. Dans cette salle sont rassemblés les accessoires nécessaires au culte : lampes, bols de cuivre pour l'eau [...].

Alexandra, on le voit, a calculé juste. Quand elle insistait tellement auprès de Philippe pour récupérer tous ses objets, elle savait combien ces mêmes objets seraient nécessaires à la célébration de *son* culte. Le décor installé, elle n'a plus qu'à tenir le rôle d'une déesse descendue des cimes des Hymalayas pour se poser sur les sommets des Basses-Alpes. Sa récompense, ce sont les innombrables articles qui font de Samten Dzong « une grandiose synthèse entre l'Orient et l'Occident ». Parfois perce une très légère déception : on aurait aimé voir Alexandra accomplir quelques-unes de ces étrangetés évoquées dans ses livres. A la place, la Lampe de Sagesse fait offrir par l'Océan de Compassion une tasse de thé que les reporters, transportés, dégustent en croyant boire « toute l'âme du Tibet ». Les voilà entrés en *samadhi*, le temps d'une tasse de thé, à Samten Dzong ! Devant un tel spectacle, on peut imaginer le sourire alexandrin...

Les belles années trente

Que signifient dans l'éternité le Putsch *de Hitler, les mutineries à bord des croiseurs anglais, la chute de la livre ? Tout est ailleurs. Rien n'est vrai que le balancement d'une branche dans le ciel.*

Julien GREEN.
(*Journal*, 15 octobre 1931.)

Pendant qu'Alexandra recueille, à Samten Dzong, le fruit de ses talents de décoratrice érudite et de joviale déesse, elle devient un personnage important de la République française et l'un des sujets de conversation au Palais de l'Élysée. Fanatique du *Voyage d'une Parisienne à Lhassa* dont il a fait son livre de chevet, le président Gaston Doumergue considère que, à Digne, son auteur préféré perd son temps. Pour avoir à lire d'autres récits de voyage, il est prêt à envoyer sa

Parisienne n'importe où, où elle voudra, même dans sa chère Asie si elle souhaite y retourner.

L'offre est tentante. Alexandra ne dit pas non, oh non ! Pour ses soixante printemps, la formule « partir ou pourrir » garde toutes ses vertus et tout son venin. Et l'Asie n'a rien perdu de ses attraits. Alexandra esquisse un projet d'exploration, comme en témoigne cette demande du chef du cabinet du président qui, dans une lettre du 5 janvier 1929, souhaite connaître les

> sommes approximatives auxquelles vous estimez que s'élèverait le coût de votre prochaine exploration, telle que vous la projetez. S'il vous était possible de m'adresser à ce sujet une sorte de petit devis sommaire, je vous en serais fort reconnaissant.

Ensuite, c'est le président de la République en personne qui souligne l'intérêt d'un nouveau voyage pour Alexandra, et de nouvelles explorations. Il a une phrase étrangement prémonitoire :

> Je crois que notre siècle sera le siècle de l'Asie et que ce grand continent dont l'histoire passée est si riche et si mal connue, malheureusement, causera de très grandes surprises aux générations qui vont venir après celle à laquelle j'appartiens.

Fataliste, Alexandra constate : « Il semble que les dieux tiennent absolument à me revoir en Asie. » Les dieux et le président de la République. Comment résister à cette double pression ? C'est compter sans l'opiniâtreté d'Alexandra qui veut bien retourner en Asie, à condition de passer par la Russie où elle étudierait volontiers le chamanisme en Sibérie comme elle a étudié la lamaïsme au Tibet.

Pendant l'un de ses séjours à Paris, Mme David-Néel a rencontré l'ambassadeur de Russie à qui elle a exprimé son souhait d'observer en quoi le nouveau régime avait modifié la mentalité, les façons de vivre et la situation sociale des Sibériennes. Demande qui n'est pas trop difficile à satisfaire, l'ambassadeur se montre approbateur, attentif et bienveillant. Encouragée, Alexandra se déclare aussi « fort curieuse » d'observer également « les réactions des bouriates bouddhistes lettrés, dans la région du Baïkal ». Lancée sur un tel sujet, Alexandra se révèle inépuisable et demande à son interlocuteur si l'on trouve :

chez les chamanistes sibériens ou mongols, des légendes, des croyances et des pratiques identiques, ou d'une proche parenté avec celles des adeptes du tantrisme hindou ?

A cette interrogation, la réponse de l'ambassadeur est des plus évasives. A-t-il cru que ces « bouddhistes bouriates » et ces « chamanistes sibériens » étaient des groupuscules contre-révolutionnaires ayant échappé aux purges et aux pelotons d'exécutions ? C'est fort possible. En tout cas, la cause est entendue : Alexandra n'obtiendra jamais son autorisation de séjourner en Sibérie, et cela, malgré d'autres visites à l'ambassade, de longs pourparlers, et des interventions de Silvain Lévi.

Interventions méritoires : Silvain Lévi n'encourage pas Alexandra à reprendre ses voyages. Il la presse plutôt d'étudier les documents qu'elle possède :

> [...] vous êtes une célébrité mondiale. Vos récits de voyage ont enchanté d'innombrables lecteurs. Mais la masse des documents que vous avez rapportés, qui donc les mettra en œuvre si vous les abandonnez ?

Suggestion qu'Alexandra commente ainsi :

> Il y a le fond du fond. S. Lévi désirait que j'envoyasse mes livres tibétains chez lui pour son usage et, ma foi, je les garde pour le mien.

La Lampe de Sagesse refuse catégoriquement de livrer quelques-uns des précieux textes découverts au prix de quelles souffrances et de quelles errances, au fond des monastères perdus dans les Hymalayas. La déception du professeur Lévi est telle que le professeur d'Arsonval juge bon d'en expliquer les motifs à Alexandra :

> [...] Lévi [...] m'a montré qu'il vous aimait beaucoup mais qu'il était un peu déçu que vous ne leur donniez pas à tous quelques vieux papyrus à ronger. Ces rats de bibliothèque manquent périodiquement de vitamines et en souffrent.

Visites aux ambassadeurs, discussions avec les professeurs, reprise des conférences, Alexandra, pendant ces années trente, se remue beaucoup et semble se livrer à cette « agitation de fourmis » qu'elle stigmatisait tant du fond de sa caverne de Lachen... Pour se consoler du refus des Russes qui l'empêchent d'aller se promener sur les bords du lac Baïkal en compagnie des bouddhistes bouriates, Alexandra est sur le point d'accepter l'invitation faite par Citroën de participer à sa fameuse Croisière jaune. Dîner chez Citroën, pourparlers et échec final. Alexandra n'accompagnera pas la Croisière jaune. Elle en donne les raisons à Philippe, le 23 octobre 1929 :

> Les Citroën continuent à être insupportables. Je m'étonne que des gens d'affaires soient si prolixes, écrivent tant de mots inutiles et surtout se contredisent d'un jour à l'autre. Ils ont accepté le principe de payer mes frais — accepté aussi l'un des paragraphes de mon devis — et demandé que je réduise le montant des deux autres. Dans une autre lettre, ils m'offrent 100 000 dans lesquels ils font entrer les 60 000 reçus. Je n'accepte pas bien entendu, car je dépenserai à peu près 100 000 francs pour leur travail et où seraient alors mes honoraires ?

Le conseil de José-Maria de Heredia, « ne donnez jamais rien pour rien », n'est pas tombé dans l'oreille d'une sourde. Ni sourde ni aveugle, le bref accès de cécité n'est plus qu'un mauvais souvenir, Alexandra jouit, à cette époque, d'une excellente santé. Elle prospère autant que les arbres qu'elle a plantés à Samten Dzong, « de beaux tilleuls, des marronniers, des acacias déjà forts ». Mais la force des acacias de Samten Dzong n'est rien comparée à la puissance de l'arbre Alexandra !

Véritable bourreau de travail, Mme David-Néel est constamment hantée par le livre à faire :

> Il faudrait que je puisse, avant trop longtemps, donner un nouveau livre à Plon. Il le désire... et j'ai besoin de gagner de l'argent. Quand on a du succès, il ne faut pas le laisser refroidir. A moins qu'on ait un nom tout à fait célèbre, on est vite oublié du public.

Alexandra ne court pas ce risque, et le public ne l'oubliera pas de si tôt. Années fastes que ces années trente dans la vie d'Alexandra. Elle baigne dans le succès : grand succès de ses livres et succès personnel comme l'adoption de Yongden qui a trouvé sa conclusion le 21 février 1929 devant le tribunal de première instance des Basses-Alpes et selon l'acte établi par Me Joseph Depieds, notaire à Digne :

> [...] Ceci exposé, Mme David, dûment autorisée par le sieur

Néel, son mari, déclare, par le présent adopter M. Albert Yongden [...]. M. Yongden prendra le nom de : David, en l'ajoutant
au sien propre, et aura désormais le nom de Yongden-David. Il
restera dans sa famille naturelle et y conservera tous ses
droits ; néanmoins Mme David, épouse Néel, sera seule investie relativement à M. Yongden, son fils adoptif, des droits à la
puissance paternelle.

Beau cadeau pour le trentième anniversaire de Yongden :
il cesse d'être un pauvre Sikkimais soumis aux despotes du
coin, taillable et corvéable à merci, pour devenir un citoyen
français à part entière.

Belle victoire pour Alexandra qui est venue à bout des réti-
cences de Philippe. M. Néel en obtient un regain d'amabilités
et Alexandra pousse le grand cri des épouses attentives et
attentionnées : « Es-tu bien couvert ? » ; Elle signale l'avantage des « bons dessous moelleux » qui

coûtent cher, c'est certain, mais tu peux te les permettre. Il
n'est pas mauvais d'être économe, mais quand on est dans ta
situation, assuré d'une retraite confortable de plus de
20 000 francs, et possédant des revenus d'autre part, [...] il est
très sage aussi de ne se laisser manquer de rien.

Si, après de telles recommandations, Philippe ne s'est pas
bien couvert et pourvu en « bons dessous moelleux », c'est à
désespérer, et à faire désespérer toutes les épouses style
Alexandra qui savent être à la fois très lointaines et très
proches...

Oui, les années trente sont, je le répète, pour Alexandra,
des années fastes. Son œuvre ne cesse pas de s'enrichir. En
1929, chez Plon, *Mystiques et magiciens du Tibet*. En 1930, les
Initiations lamaïques chez Adyar, et, toujours chez Adyar, en
1931, *l'Épopée de Guésar de Ling*. En 1933, chez Plon, *Au pays
des brigands-gentilshommes*.

Le *Voyage d'une Parisienne à Lhassa*, *Mystiques et magiciens du Tibet* et *Au pays des brigands-gentilshommes* forment une trilogie dont les *Initiations lamaïques* constitue-
raient la face cachée et subtile, transformant cette trilogie en
quatuor. Le quatuor d'Alexandra, ô Lawrence Durrell. On
verra d'ailleurs combien l'auteur du *Quatuor d'Alexandrie*
admirait les œuvres de Mme David-Néel. (Pour une première

lecture, il faut commencer par *Mystiques et magiciens du Tibet* qui rassemble des observations et des rencontres faites de 1912 à 1921, continuer par *Au pays des brigands-gentils-hommes* qui raconte les années d'errance à travers les déserts de 1921 à 1923 et terminer par le *Voyage d'une Parisienne à Lhassa* qui en est l'aboutissement. Ces trois ouvrages rendent bien compte des personnages et des prodiges rencontrés sur la route alexandrine. Le quatrième, les *Initiations lamaïques*, contient les recherches purement spirituelles faites de 1912 à 1924.)

Le premier lecteur de *Mystiques et magiciens du Tibet* est, évidemment, le président de la République. Gaston Doumergue se déclare enthousiasmé et la France suit, « comme un seul homme ». Les critiques qui ont porté aux nues le *Voyage* renouvellent leurs louanges pour les *Mystiques*. Dans la chronique littéraire du *Soir*, ces *Magiciens* se trouvent placés entre le *New York* de Paul Morand et les *Simples Contes de la montagne* de Rudyard Kipling. Entre le *New York* « l'ouvrage le plus complet qui existe sur cette ville » et les *Simples Contes de la montagne*, « œuvre de jeunesse brutale et cynique », les *Mystiques et magiciens du Tibet* ont droit à leur brassée d'hommages dont voici la conclusion :

> Son livre, en nous obligeant à revêtir pour un temps la robe du lama, nous procure ce dépaysement salutaire, cette évasion dans un monde poétique où le subjectif et l'invisible sont rois ; il élargit la brèche que certain art a faite dans notre rationalisme et nous fait rêver en songeant que nous sommes tributaires des moines crasseux du Tibet.

La presse, unanime, se prend à rêver à ces recettes pour vivre confortablement en enfer, à ces saints qui, par une parfaite concentration de la pensée, peuvent produire toutes les formes. Les *tulpas* ou créations magiques, ou fantômes illusoires, retiennent particulièrement l'attention, en cette période où l'on connaît déjà la crise des domestiques ! Chacun voudrait avoir un *tulpa* comme on a un valet de chambre ou une bonne à tout faire. On se demande comment on peut ne pas être tibétain quand cela a l'air tellement commode et que les lamas « remplacent la T.S.F par la télépathie, le chauffage central par la gymnastique psychique et le chloroforme par l'anesthésie spontanée ». Vus de cette façon-là, les croyances, les coutumes et les mythes rapportés par Alexandra prennent un air inoffensif et le hachoir destiné à exterminer les mangeurs de souffles vitaux fait figure de *gadget* ménager. Même équivoque avec les *Brigands-gentilshommes* qui, sous la plume de certains critiques, semblent sortis d'une féerie du Châtelet. Qu'importe ? Le public suit avidement, s'extasie et achète les ouvrages de celle que *le Figaro* baptise « la Révérende Dame-Lama » et que *l'Avenir* appelle « Madame Lama ». C'est le triomphe du pittoresque au Tibet.

D'accès moins facile, les *Initiations lamaïques* déconcertent, sans que personne n'ose l'avouer. Chacun emprunte, ou croit pouvoir emprunter, le Petit et le Grand Véhicule, discute des différentes significations d'*Aum Mani Padmé Houm* et se flatte de posséder l'enseignement des Mystiques tibétains en quelques chapitres, comme on apprend, en quelques leçons, le bridge ou le tennis. Plutôt mourir que d'avouer que l'on n'a rien compris, ou pas compris grand-chose aux révélations alexandrines :

> [...] Mme David-Néel n'avait le don charmant d'éclairer, comme en se jouant, les énigmes. Elle use même si habituellement et si délicatement de son pouvoir, elle a une façon si franche et si limpide de présenter les « initiations » en question que le lecteur sort de sa lecture, non seulement enchanté, mais convaincu de sa propre intelligence. On voit combien il faut à l'auteur de talent, car, à vrai dire, l'esprit occidental ne pénètre avec facilité un sujet aussi différent de ses propres dogmes, lit-on dans les *Nouvelles littéraires*.

Alexandra accompagne la sortie de ces livres de séances de signatures et de conférences. Les journaux rendent soigneusement compte de chacune de ses apparitions. A l'une de ses conférences, à la Société théosophique, elle annonce : « La haine des Blancs se répandra en Asie comme le feu dans l'herbe sèche. » Ce qui provoque chez l'un de ses commentateurs la réaction suivante : « Pauvres de nous ! Mais heureusement que veille à Genève la Société des Nations ».

Tant de gloire rejaillit jusqu'à Tunis où les journaux locaux assurent que

> on n'a pas oublié ici M. et Mme Néel ; lui ingénieur du Bône-Guelma ; elle qui ne se mêlait guère à la vie mondaine, bien qu'elle reçût admirablement ses amis dans le home délicieux qu'elle possédait dans la haute ville indigène où nous avions l'honneur d'être admis.

Bouffées du passé, un passé bien révolu quand Mme Néel défrayait la chronique tunisienne pour s'être jointe, sans son mari, à une caravane de botanistes distingués, dans le Sud.

Autre figure d'un passé plus proche qui resurgit, celle de Dharmapala qui a guidé les pas d'Alexandra à Ceylan et facilité certaines de ses rencontres en Inde. Il est venu à Bénarès pour y mourir. Il fait ses adieux à son amie, retraçant sa vie qui s'achève :

> Chère Madame et Sœur,
> [...] C'était en janvier 1884 que je suis devenu membre de la Société de théosophie et en décembre 1884 que feu Mme Blavatsky m'a emmené à Adyar Madras et m'a exhorté à apprendre le pali et de travailler pour le bien de l'Humanité, et d'éviter l'occulte. [...] Maintenant je suis au lieu saint d'Isipatana et suis heureux après quarante années d'activité incessante. [...] Je mourrai peut-être à la fin de cette année. Je vous félicite de votre œuvre unique et merveilleuse accomplie avec l'aide de votre fils le Lama. Que votre fils et vous-même viviez longtemps pour répandre le Dharma en France et en Italie,

écrit Dharmapala le 17 décembre 1931. Il mourra peu après. Cette allusion de Dharmapala à l'Italie n'est pas fortuite. Alexandra de Sévigné a dû raconter à son ami cinghalais qu'elle avait répondu à l'invitation d'un autre ami, italien celui-là, Benito Mussolini, qu'elle avait rencontré en 1905 ou en 1906 et qui, depuis, avait fait la carrière que l'on sait. Le dictateur avait personnellement invité Alexandra à assister, dans sa propre loge, à une fête fasciste donnée à la Villa Borghese. Il semble qu'Alexandra n'ait pas réussi à convaincre Mussolini sur la nécessité d'observer le Dharma, autrement dit l'enseignement du Bouddha. Et les relations du Duce et de la Dame-Lama en restèrent là.

Les voyages en Italie, les conférences en Suisse, les séjours à Paris n'empêchent pas Alexandra de s'occuper très activement de Samten Dzong où, au printemps 1930, elle fait planter de nouveaux arbres : 3 pêchers, 4 abricotiers, 5 poiriers, 8 tilleuls, 2 marronniers, 3 cerisiers et 1 poirier. Après avoir appris à monter à bicyclette, l'Océan de Compassion apprend à planter des arbres sous la direction de la Lampe de Sagesse.

Alexandra veut d'ailleurs faire agrandir sa demeure et veille attentivement aux devis qu'elle reçoit et envoie à Philippe à qui elle demande conseil :

Le prix demandé ne me paraît pas du tout en rapport avec le travail à faire [...]. L'immeuble avec les frais de notaire, taxe, constructions de citerne, plantations, etc., me coûte actuellement tout près de 90 000. Y ajouter 65 000, soit arriver à 155 000 me paraît fort cher. Tu me diras ce que tu en penses.

Philippe aura été mangé à toutes les sauces : il aura été, à la fois, le conseilleur et le payeur, ce qui est rare. De tous les placements qu'aura faits Alexandra, Philippe représente l'action la plus sûre. Les actions « Philippe Néel » auraient pu être rangées parmi celles que possède son épouse : la Rente française, la Ville de Paris, l'Indochine, l'Emprunt tunisien, l'Afrique occidentale, le Chemin de fer Victor-Emmanuel. Le tout constitue un joli portefeuille d'actions. Mme David-Néel « tond » soigneusement ses coupons et se plonge dans les chroniques de la Bourse. Pour Alexandra actionnaire, ces chroniques n'offrent pas plus de secrets que la *Prajna paramita* n'en avait pour Alexandra orientaliste. Elle place ses économies à 4 % et parfois à 9 %. Elle sait mesurer ses dépenses et note ses moindres achats, « pris aux Dames de France, 1 plat, 5,45 francs ». Elle a payé 255 francs une table achetée au Printemps, et mangé pour 3,20 francs de brioches.

Pendant ce temps, Digne grandit et « prend tournure de ville d'eau » :

> On va construire un Casino — un casino où l'on jouera —, cela pour attirer en hiver les hivernants riches de Nice qui viendront tenter leur chance ici. [...] En attendant les terrains augmentent de prix. [...] Décidément, Digne aura ses Champs-Élysées. Je crois que je ne suis pas mal placée du tout et que l'argent mis dans cette propriété ne sera pas perdu, au contraire.

Comme quoi, on peut avoir revêtu la robe des renonçants, et veiller sur la valeur de ses possessions... Alexandra a trop manqué d'argent pour le gaspiller. La cigale est devenue fourmi, métamorphose plus courante que l'on ne croit. Dans ses agendas des années trente, les soucis de bons placements alternent avec des commandes de thé Souchong supérieur, des recettes contre les rides (« trois grammes d'alun pulvérisé, cent grammes d'eau de roses et autant à 90 degrés »), des séances avec M. Pivot, photographe parisien, et des notes qui montrent bien qu'une partie d'elle-même est restée là-bas, en Asie. En avril 1930, elle découpe dans *le Petit Proven-*

çal un article relatif à une jeune Chinoise, Mlle Liu Man Chin « qui vient de rentrer des Indes à Nankin par mer après s'être rendue par voie de terre dans la capitale du Tibet, Lhassa ». Une émule d'Alexandra... Et cela ne fait que commencer. Le *Voyage d'une Parisienne à Lhassa* aura engendré bien des vocations et des départs...

Et pourtant le projet de retour en Extrême-Orient est momentanément abandonné. Alexandra a trop à faire à Samten Dzong et Gaston Doumergue se retirera de la présidence de la République en 1934, sans être parvenu à renvoyer sa Parisienne à Lhassa, ou ailleurs.

Dans les agendas alexandrins, à la date du 30 juin 1930, ne figure évidemment pas la naissance, en Algérie, ce jour-là, de celle qui deviendra sa « Tortue », l'ange gardien de la fin de sa vie, Marie-Madeleine Peyronnet.

Dans ces mêmes agendas, un nouveau nom fait son apparition : Violette Sidney qui traduit en anglais les livres d'Alexandra. Son entrée à Samten Dzong, et sa sortie, sont soigneusement enregistrées.

> 14 juillet 1931. Miss Sidney arrive à Digne.
> [...] 3 janvier 1935. Ce jour réglé tous comptes avec Violette Sidney. Elle a payé sa part de loyer à échoir, des factures lait et pain décembre, et du compte ménage. Reste à payer par elle : part de la facture du boucher avec les 70 francs de téléphone, (3, pour elle), facture du gaz, facture du charbon.

Au début, Violette réunit tous les suffrages d'Alexandra qui écrit à Philippe :

> Il est certain que cette collaboration anglaise (la dame écrit fort bien) me sera précieuse. Je ne puis prévoir combien cette association durera, l'esprit humain est capricieux, mais pour le moment elle pourra avoir des résultats intéressants.

A la fin, Alexandra ne trouve plus que des défauts à Violette, « elle est affreusement snob, elle croit que professer des idées révolutionnaires est très chic ».

Pendant quatre ans, Violette Sidney, Anglaise au visage rose et au tailleur bleu impeccable, aura partagé la vie de la Lampe de Sagesse à titre de traductrice, de secrétaire et d'amie, secondant l'Océan de Compassion dans ses multiples travaux. De ces quatre années de vie commune avec Alexandra, Miss Sidney tirera la conclusion suivante :

Cette femme est un génie, mais elle est impossible à vivre.

Ce génie devait exercer sur ses proches une attraction assez puissante pour que Miss Sidney s'y laisse prendre et revienne, un peu plus tard, en Chine, partager le destin d'Alexandra !

Mme David-Néel commence l'année 1935 qui voit le départ de Miss Sidney, en traduisant, le 1er janvier, 5 lignes de pali :

> Je ne salue pas les dieux. Celui qui est au-delà de tous les dieux ne salue pas un dieu. Après cette étape, l'on n'accomplit plus d'actes prescrits. Je me prosterne encore et encore devant mon propre moi qui est la base de tout effort.

Voilà qui doit combler Alexandra qui trouve en ces lignes un écho de la profession de foi de l'un des maîtres de sa jeunesse, Max Stirner. Comme elle change peu, cette orgueilleuse, comme elle est inébranlable dans ses positions, dans ses croyances, dans ses refus. Elle est, parfois, une véritable Notre-Dame du Non. Elle refuse d'admettre la supériorité des dieux, et, encore plus, celle des hommes. En quoi les hommes seraient-ils supérieurs aux femmes ? N'a-t-elle pas prouvé, et dans sa conduite, et dans ses écrits, qu'il n'en était rien ? Celle qui a pénétré dans la Cité interdite va accomplir un autre exploit : elle va passer son permis de conduire. Non par goût, mais parce que Yongden a réussi cette épreuve. Et il est impensable que l'Océan de Compassion puisse faire quelque chose que la Lampe de Sagesse ne sache faire. Il pourrait en tirer la tentation d'une supériorité quelconque. Donc, le 30 mars 1935, Alexandra obtient le permis de conduire numéro 84-565. Celui de Yongden porte le numéro 84-564. Après quoi, tous deux passent aux choses vraiment sérieuses, la publication d'un roman qu'ils ont écrit ensemble, *le Lama aux cinq sagesses* qui devait s'appeler d'abord *Tulkou*, puis *Réincarné*, puis *l'Incarné des sept vallées*, puis *l'Héritier spirituel*, il aurait porté en sous-titre *Mœurs tibétaines d'après les notes originales du Lama Yongden*. Commencé le 18 avril 1933, il a été terminé le 28 juillet 1934 :

> Durée du travail 1 an, 3 mois et 10 jours. Avec interruptions fréquentes [...] pendant lesquelles peu de travail a été fait. [...]

Articles et conférences ont pris environ deux mois. Soit environ 7 mois à déduire, reste 15 mois et dix jours.

On ne saurait être plus précis. Alexandra, dans sa production, fonctionne comme une usine et l'usine Alexandra admet difficilement les pertes de temps. Le temps, c'est de l'argent, et Alexandra ne gaspille ni l'un ni l'autre. Elle sait aussi la valeur des mots et va droit à l'essentiel. Son introduction au *Lama aux cinq sagesses* qui explique la genèse de l'ouvrage en est la preuve.

Un soir de halte, dans les montagnes tibétaines, la Lampe de Sagesse et l'Océan de Compassion, à partir d'un manuscrit timidement présenté par l'Océan, décident d'unir leurs efforts et d'écrire un roman qui montrera le vrai Tibet :

> Nous montrerons le vrai Tibet, des Tibétains et des Tibétains authentiques, des événements réels, mais nous combinerons notre histoire de telle sorte que bien que tout y soit véridique, aucun des personnages ne pourra s'y reconnaître et ce sera un roman, le premier roman qui ait jamais été écrit par un lama tibétain, à la gloire de son Haut Pays des Neiges, pour le monde du lointain Occident.
>
> Ainsi fut projeté, parmi les solitudes enchantées du Tibet, le livre qui paraît aujourd'hui.

Ce livre publié par Plon vaut à ses auteurs les compliments de Silvain Lévi :

> Vous avez donc réussi un nouveau tour de force : après la traversée du Tibet, vous aurez mis le Tibet en roman. [...] Et la collaboration est si parfaite qu'elle ne laisse entrevoir ni suture ni addition.

Mais ce que le professeur Lévi admire le plus, c'est « la prodigieuse activité » de son ancienne élève « qui ne connaît ni fatigue du corps ni fatigue de l'esprit ». Il termine sa lettre du 14 juillet 1935 par cette pointe légère :

> [...] je ne doute pas que le jour où vous vous mettrez à exploiter les matériaux d'informations scientifiques que vous avez rapportés, votre production nous vaudra les mêmes surprises.

Comme Alexandra, Silvain a de la suite dans les idées. Mais c'est seulement à la fin de sa vie, et M. Lévi ne sera plus là pour y assister, que Mme David-Néel se penchera sur les documents ramenés d'Asie.

Ce *Lama aux cinq sagesses* est également bien accueilli par les critiques, « un roman que je ne mets pas loin des romans chinois de Mme Pearl S. Buck », écrit André Bellesort dans *Je suis partout*. Mais Alexandra a d'autres ambitions que celle d'être une autre Pearl Buck. Et d'autres soucis, aussi, et cela depuis exactement un an. Le 22 mars 1934, Alexandra en faisait part à Philippe :

> Les journaux impriment couramment qu'il n'existe actuellement personne au monde qui connaisse la langue et la littérature tibétaines aussi bien que moi. C'est évidemment une réputation flatteuse, mais pas mal de professeurs d'universités se mettent, maintenant, à étudier le tibétain ; pour me maintenir à la place où l'opinion m'a juchée, il importe que je ne me laisse pas dépasser. Il faut que je travaille et que je produise, à bref délai, un ou deux ouvrages d'orientalisme. [...] Composer de pareils ouvrages exige beaucoup de temps ; ceux-ci ne rapportent rien, ou presque rien, mais ils consolident la réputation d'un auteur [1].

Entre cette lettre du 22 mars 1934 et celle de Silvain Lévi du 14 juillet 1935, le doute a fait son chemin dans l'esprit alexandrin. L'exploratrice-orientaliste croit sa position menacée, à la fois par des Mlles Liu Man Chin qui ont l'audace de pénétrer à Lhassa comme s'il s'agissait du dernier endroit à la mode, ou par des tibétologues comme l'Italien Giuseppe Tuci qui, lui aussi, parcourt le Pays des Neiges, séjourne dans des monastères et en ramène des documents qu'il traduit et livre au public. Silvain Lévi aurait-il raison ? Alexandra devrait-elle abandonner ces sources de profit que représentent ses récits de voyage ou ses romans pour d'arides traductions et d'austères essais ?

En 1935, Tuci a quarante et un ans, et Alexandra, soixante-sept. Il représente la nouvelle génération. Et pourtant, jamais Alexandra ne s'est sentie aussi pleine d'entrain. Elle se répète la phrase de Silvain Lévi « j'admire surtout, ma chère amie, votre prodigieuse activité qui ne connaît ni fatigue du corps ni fatigue de l'esprit ». Le professeur Lévi est quelqu'un de sérieux, avare de compliments. A cet avis autorisé, s'ajoutent de multiples articles où l'on célèbre la persistante jeunesse d'Alexandra, comme celui de Paule Hutzler dans la *Tribune des Nations* du 16 janvier 1936 :

> Alexandra David-Néel, petite, alerte et solide, montre une

1. *Journal de voyage*, t. II, p. 327.

physionomie souriante. [...] Elle n'est jamais fatiguée. Pourtant, elle n'a plus vingt ans, à l'âge du printemps a succédé l'été.

Lumineux été de sa belle, de son interminable soixantaine. Alors, Alexandra doit-elle céder la place à des Liu Man Chin et à des Tuci ? Il n'en est pas question. Pour le prouver, pour montrer que, comme le lama de son roman, elle possède les cinq sagesses (qui sont le don de soi, la perfection morale, la patience, l'énergie, la concentration suprême), Mme David-Néel va taper sur la table des explorateurs et sur le bureau des orientalistes. Elle va montrer qu'elle est toujours l'une des premières, sinon la première. Elle a joué le jeu de la gloire, tenu son rôle de Dame-Lama et transformé Samten Dzong en théâtre exotique. Finie la plaisanterie. Elle redevient la très sérieuse Alexandra qui découvrait le bouddhisme et ses textes sacrés, quand personne n'y songeait, au musée Guimet. Elle va frapper un grand coup en annonçant son retour en Chine et en publiant, en 1936, chez Plon, *le Bouddhisme, ses doctrines et ses méthodes*.

Alexandra 1936

Pensant et vivant en bouddhiste, ce qui n'empêche, bien au contraire, un esprit critique très développé et une bonne culture, Mme David-Néel nous montre surtout le bouddhisme comme méthode, comme art de vivre.

René DAUMAL.
(*Nouvelle Revue française,* août 1936.)

Jeudi 12 novembre 1936, Mouchy s'embarque à 10 h pour Bône, c'est la dernière fois que je l'ai vu.

Alexandra DAVID-NÉEL.
(*Agendas inédits.)*

L es années trente, pour Alexandra, se terminent en 1936, et en beauté, car cette année-là, si on la contemple comme un film au ralenti, offre un concentré de tout ce qui a constitué cette magnifique période de son destin.

Mme David-Néel consacre janvier et février à donner des conférences à Prague, Budapest, Vienne, Stuttgart, Zurich, Bâle, Lausanne, Genève, Paris (à la Sorbonne), et à Bruxelles. Partout, le même accueil délirant, les mêmes salles combles. Toutes les vieilles dames des sociétés spirites, tous les vieux messieurs des sociétés psychiques, tous les jeunes gens des sociétés occultistes sont là, extatiques, mêlés aux amis de l'Orient et aux théosophes. Pas un ne donnerait sa place pour un empire, fût-il du Soleil Levant. Chacun communie dans le culte asiatique et alexandrin. Cela ressemble à une messe, à un opéra, à l'un de ses *shows* comme l'on n'en voit plus guère maintenant qu'à la télévision. La vedette Alexandra s'avance, parle et se retire sous des acclamations ininterrompues. Elle est contente et remercie ses fanatiques.

A l'Alexandra conférencière succède l'Alexandra auteur. En mai, elle fait le service de presse de son *Bouddhisme, ses doctrines et ses méthodes*. Avec ce livre-là, elle revient à ses premières, à ses seules amours, le Bouddha.

Cet ouvrage est, en gros, son *Modernisme bouddhiste* de 1911, devenu introuvable, qui a été considérablement remanié, renouvelé et surtout enrichi par treize années d'expérience en terre bouddhiste. On le considère comme « un catéchisme du bouddhisme », ce qui ne doit pas sembler exagéré à son auteur, missionnaire dans l'âme et qui, depuis 1932, a été nommée « représentante de la Maha Bodhi Society et autorisée à parler en son nom ».

Au début de son catéchisme, la Lampe de Sagesse se demande :

> Les études orientalistes sont-elles d'actualité ? Est-il raisonnable, à notre époque, d'accorder notre attention aux théories professées par nos lointains devanciers dans ce monde, alors que tant de problèmes pressants la sollicitent ?

Parmi ces problèmes, l'Espagne où la guerre civile éclatera trois mois après la publication de ces lignes en forme d'interrogations. Ce prélude à une autre guerre infiniment plus sauvage, celle de 1940-1945, n'empêchera pas que *le Bouddhisme, ses doctrines et ses méthodes*, s'il ne fait pas partie de l'affreuse actualité, ou peut-être même à cause de cela, connaisse la consécration que l'on accorde, en ces temps troublés, aux valeurs-refuges. Son dossier de presse est considérable. Des plus petites revues aux plus grands quotidiens, les articles se succèdent et montrent bien à Alexandra qu'elle n'a à craindre aucune rivalité en ce domaine où elle est toujours la première.

Le livre qu'elle nous offre n'est ni un traité abstrus à l'usage des seuls spécialistes ni une composition fantaisiste, on peut l'assimiler à un reportage minutieux et attrayant,

clame la *Revue théosophique* qui annonce :

Mme Alexandra David-Néel a été appelée à faire partie du corps professoral de l'université bouddhiste de Sarnath (Inde), ce qui témoigne de la compétence que lui reconnaissent les bouddhistes orientaux.

Cette dernière information est largement diffusée par *le Figaro, l'Écho du Nord, l'Express du Midi, l'Agence coloniale française* et le *Bulletin de l'Alliance française* en Hollande...
Cette nomination, purement honorifique — Alexandra n'ira jamais enseigner à Sarnath —, arrive à point pour le lancement du *Bouddhisme.* De tous les horizons et de tous les côtés, tombent des appréciations, y compris de la *Nouvelle Revue française* qui, en août 1936, et sous la plume de René Daumal, ne ménage pas ses louanges :

Pensant et vivant en bouddhiste, ce qui n'empêche pas, bien au contraire, un esprit critique très développé et une bonne culture occidentale, Mme David-Néel nous montre surtout le bouddhisme comme méthode, comme art de vivre.

Pas une seule fausse note dans ce concert d'éloges variés. L'orientaliste Alexandra a gagné.
Dans les interviews qu'elle accorde alors, elle montre qu'elle est pleinement consciente de la gravité de cette époque qui entrera dans l'histoire comme « l'avant-guerre ».

... Et je pense que le monde est arrivé au moment de sa décadence. Par exemple, cet engouement subit pour les sports, chez les peuples dits civilisés, n'est-il pas un signe de dégénérescence, ou bien, si vous voulez, un grand retour en arrière ? Aussi quoi que fassent ou disent les hommes, ils ne peuvent rien changer au cours des événements,

répète-t-elle à plusieurs reprises aux journalistes.

Pour échapper à cette fatalité de l'histoire, Mme David-Néel s'accorde quelques escapades et voilà surgir, après la conférencière et l'auteur, une troisième Alexandra, la voyageuse qui s'en va, en juin 1936, en Afrique du Nord. Elle passe cinq jours à Tunis et deux à Bône. Cinq jours à chercher les fantômes de sa période tunisienne, deux jours pour réintégrer le domicile conjugal, c'est peu. C'est que l'infatigable Lampe de Sagesse veut visiter, et visite, Casablanca, Marrakech, Taroudant, Agadir, Fès, Oujda. Inutile de préciser qu'elle est suivie de son inséparable Océan de Compassion. Tous deux rentrent le 26 juin à Digne où Alexandra reprend son rôle de déesse. Le 30, la déesse descend de son piédestal pour accueillir son plus vieux et plus fidèle sujet, Philippe. M. Néel ne s'attarde pas, s'en va faire sa cure à Vichy et passe la fin de l'été et l'automne dans sa famille.

Le 11 novembre, très curieusement, comme si elle était poussée par quelque prémonition, Alexandra quitte Digne pour Marseille où Philippe doit embarquer le 12 pour Bône. Le couple passe ensemble la soirée du 11 et le début de la matinée du 12. Leur vie commune, qui le fut si peu, se termine. Ils se séparent, sans savoir qu'ils ne se verront plus.

Dans l'agenda de 1936, à la date du 12 novembre, la phrase « Mouchy s'embarque à 10 h pour Bône » est accompagnée d'une autre, tracée avec une encre différente, soulignée, et, visiblement écrite après la mort de Philippe en février 1941, « c'est la dernière fois que je l'ai vu ». Ils se séparent dans un port, sur un quai, comme deux héros de ces romans ou de ces films en vogue pendant les années trente.

Philippe a alors soixante-quinze ans, et Alexandra, soixante-huit. Il y a trente-six ans déjà qu'ils se connaissent et se déchirent. Le calme, un calme toujours précaire, les a réunis en cette ultime rencontre. Ils se promettent de s'écrire, comme d'habitude. A cette promesse, Alexandra ajoute celle de s'occuper particulièrement des rosiers offerts par Philippe, à l'un de ses passages à Samten Dzong. Et Alexandra dit les mots que prononcent toutes les épouses vigilantes en un pareil cas : « Couvre-toi bien pendant la traversée » et « Écris-moi dès que tu seras arrivé. » Recommandations que l'on trouve d'ailleurs reflétées dans la première lettre qu'Alexandra adresse à Philippe après leur séparation du 12 novembre. Entre ce bateau où vient de disparaître Philippe et ce voilier, l'*Hirondelle*, où montait, autrefois, Alexandra, toute une histoire s'est déroulée qui appartient définitivement à l'écume des songes, au royaume des souvenirs comme ces vers qui avaient marqué le début de leurs amours :

L'image d'un doux souvenir
Vient de s'offrir à ta pensée
Sur la trace qu'il a laissée
Pourquoi crains-tu de revenir ?

Mais on ne revient jamais sur le même navire, pas plus qu'on ne se baigne dans le même fleuve.

Conférencière, auteur, orientaliste, épouse, et voilà maintenant, en cette année 1936, Alexandra « femme pratique ». Elle a trouvé des gardiens pour Samten Dzong :

> C'est un ménage. L'homme est employé comme blanchisseur à l'hôtel de l'Ermitage. Il est d'origine italienne et naturalisé, la femme est des environs de Digne. Ils sont à Digne depuis plusieurs années et ont l'intention d'y rester. Ils demeureront dans la maison d'en haut du jardin et en occuperont le bas et la petite chambre de l'étage, ce qui leur fera un logement de trois pièces. Ils apporteront leurs meubles, comme d'usage. Quant à la maison que j'habite, celle du bas, je l'ai mise à louer, vide. Je remiserai le peu de meubles que j'ai, les caisses et les malles dans les deux plus grandes pièces et les greniers de la maison d'en haut. [...] Ma combinaison me laisse toujours la maison du haut disponible avec 3 chambres, salle à manger, cuisine et dépendances, ce qui peut suffire, temporairement, comme abri.

Pratique Alexandra. Elle dote Samten Dzong de gardiens. Elle plie le décor de ses années trente et s'assure, grâce aux locataires, de quelques revenus supplémentaires. En cette fin 1936, elle peut s'apprêter à partir tranquille. Mais où va-t-elle ? En Chine. En passant par la Russie, naturellement. Et pourquoi pas ? Le plus long chemin n'est-il pas la meilleure façon de voyager pour une Lampe de Sagesse ? Et n'avait-elle pas déclaré, en 1927, à l'ambassadeur de Russie, qu'elle voulait voir le lac Baïkal ? Elle le verra en 1937. Dix ans d'attente pour une future centenaire, qu'est-ce que c'est ?

De Bruxelles
à Wou Tai Chan
(janvier-juillet 1937)

> *Il est simplement où Dieu l'a placé et il en est*
> *satisfait.*
>
> Swâmi RÂMDAS.
> *(Carnet de pèlerinage.)*

Depuis son retour en Europe, Alexandra a donc mené une vie identique à celle de cette année 1936 qui s'achève : alternance de travaux littéraires et de travaux pratiques à Samten Dzong, petits voyages et grandes conférences, brèves visites de Philippe, publications de livres et livres de compte, et, « sévignite » oblige, incessante correspondance. (Par « sévignite », j'entends cette envie, ce besoin, ce prurit d'écrire, chaque jour, des lettres et dont le plus illustre, le plus sublime exemple demeure Marie de Rabutin-Chantal, marquise de Sévigné.)

Une telle monotonie ne peut que finir par exaspérer Alexandra qui a l'habitude en horreur. Il faut en terminer avec ces répétitions perpétuelles. Après tout, elle n'a que soixante-huit ans et il est temps de repartir vers l'aventure qui, de son propre aveu, est sa seule raison d'être. Si elle ne part pas, elle va pourrir sur place. Air alexandrin archiconnu.

Sa décision de retourner en Chine n'a pas été prise à la légère. Pour une personne qui dévore quotidiennement une imposante ration de journaux, Mme David-Néel n'est pas sans ignorer que la guerre civile continue à ravager la Chine où les nationalistes de Tchang Kaï-chek et les communistes de Mao Zedong s'affrontent de plus belle. Le Japon, qui, depuis 1931, a envahi la Mandchourie, compte les points et attend le moment opportun pour intervenir, s'emparer de cette proie, et créer un immense empire asiatique. La guerre civile peut se doubler d'un conflit sino-japonais que l'on sent imminent. Tout cela, Alexandra le sait. Mais, comme elle est allée étudier le bouddhisme à Ceylan, le shivaïsme en Inde, le lamaïsme au Tibet, l'orientaliste-exploratrice veut approfondir en Chine ses études sur l'ancien taoïsme. Et rien ne l'en empêchera. Chinois et Japonais n'ont qu'à bien se tenir : la Lampe de Sagesse arrive !

Le 5 janvier 1937, Alexandra quitte Paris pour Bruxelles où elle visite la tombe de son père et laisse cinquante francs pour son entretien. On ne sait pas si elle a accompli le même pèlerinage sur la tombe de sa mère. Suivie par Yongden comme par son ombre, elle erre dans cette ville devenue une ville de fantômes où ses parents, ses amis, comme Élisée Reclus, rôdent en compagnie d'autres ombres.

9 janvier. Bruxelles. Gare du Nord. Alexandra y est en avance. Son train n'est pas encore formé. Elle ne ressent pas l'excitation habituelle mais une angoisse indéfinissable qu'elle s'efforce de cacher à son fils adoptif :

— Albert, as-tu l'impression que nous sommes en route pour la Chine ?

— Je ne sais pas, c'est comme un rêve.

Un rêve qui se changera en cauchemar. Alexandra en avait peut-être le pressentiment, d'où cette angoisse irrépressible qui remplaçait les exaltations d'autrefois.

A Varsovie, l'accueil chaleureux de ses éditeurs polonais dissipe un peu ces pénibles impressions. Mme David-Néel est fêtée, photographiée :

> Je fus photographiée en divers endroits et en différentes postures. On prend l'habitude de ces manifestations d'intérêt ; elles sont si bien passées dans les mœurs et s'adressent à tant de gens, des souverains en voyage aux boxeurs et aux assassins, que l'on a, depuis longtemps, cessé d'en tirer vanité[1].

Vanité des vanités, Alexandra ne perd pas une occasion de rappeler la leçon de l'Ecclésiaste !

Alexandra continue son voyage, son Bruxelles-Varsovie-Moscou-Pékin. Au passage de la douane soviétique, elle comprend que, à l'affreuse Russie des tsars a succédé l'abominable Russie des bolcheviques, avec les mêmes horreurs qui n'ont fait que changer d'étiquettes... Son collier népalais excite visiblement la convoitise de l'inspectrice et un fonctionnaire manipule, puis « vaccine » les citrons que la Lampe de Sagesse avait emportés pour en faire une limonade. « Contre quelle maladie veut-on les prémunir, ou de quelle maladie veut-on détruire les germes en eux ? » Alexandra n'obtient pas de réponse à sa question et en déduit que, si les fruits sont ainsi surveillés, que doit-il en être alors des êtres humains et de leur liberté en un tel pays ?

A Moscou, Alexandra essaiera d'obtenir autre chose que la visite traditionnelle et de s'éloigner des chemins classiques qui conduisent du mausolée de Lénine aux couloirs en marbre du métro. Vainement. Elle se console en pensant qu'elle va enfin voir le lac Baïkal, et elle le verra, le Transsibérien longeant ce lac pendant cinq heures !

Dans les rues de Moscou, Alexandra note l'indifférence, la lassitude, l'accablement des passants, la pauvreté des magasins. A l'angoisse du départ a succédé la mauvaise humeur. Pendant cet interminable voyage dans le Transsibérien, l'économe Mme David-Néel s'aperçoit que ses coupons-repas de première classe donnent droit à des menus strictement

---

1. *Sous des nuées d'orage*, p. 25.

semblables à ceux des deuxièmes classes. Elle déplore l'inutilité de sa dépense et se lamente encore plus devant la dégradation de la nourriture qui, de jour en jour, devient franchement infecte. Certes, elle se délecte de caviar, mais du caviar, toujours du caviar, cela finit par lasser, surtout quand il est accompagné d'un immangeable pain noir et de beurre rance. Et puis, elle atteint le comble du dégoût quand elle trouve un mégot dans *son* caviar. Le voyage démarre vraiment sous de mauvais auspices. Ce n'est pas le rêve, oh non ! Et que dire de l'arrivée en Mandchourie, et du passage de la douane à une heure du matin ? Le buffet de la gare est désert. Alexandra meurt de froid et de faim. Elle subit un interrogatoire en règle sur les motifs de son voyage, la durée de son séjour à Pékin et ce n'est qu'à sept heures du matin qu'elle peut obtenir un peu de thé, des œufs au lard et de la marmelade d'orange de fabrication nippone. Les Japonais se sont déjà glissés partout, y compris dans la confiture !

Le 26 janvier 1937, après dix-sept jours de voyage, Alexandra arrive à Pékin. Le soleil, des amis chargés de fleurs sont là pour accueillir la Lampe de Sagesse et l'Océan de Compassion. Ils sont invités par Mme Rosen Hoa, femme de lettres polonaise et épouse d'un ingénieur chinois, à venir vivre dans sa « villa charmante, cachée au milieu des jardins, dans le quartier qui s'étend entre Ha-ta-men et Toung-ssu-Pei-lou ». Ils acceptent.

Pékin, après les mornes grisailles d'un Moscou morose, rutile. Alexandra y retrouve son âme de Jaune et son cœur d'Asiatique. Elle est disposée à s'enchanter de tout, même des changements survenus depuis son dernier séjour en 1917. Les chemins poussiéreux et traversés d'ornières se sont métamorphosés en de superbes avenues que sillonnent des autos et des tramways, les palais, les temples, les portiques ont été repeints, et les Chinoises, ah, les Chinoises ont des cheveux ondulés, sont maquillées et portent des robes « pudiques et indiscrètes à la fois » qui laissent voir leurs jambes fines moulées dans des bas de soie.

A peine arrivée, Alexandra se livre à ses deux occupations favorites : l'observation et l'étude. Elle regarde le spectacle de la rue et prend contact avec des professeurs d'université et des conservateurs de bibliothèques. Pékin est alors un véritable centre intellectuel où Alexandra pense pouvoir fructueusement poursuivre ses études sur l'ancien taoïsme. Elle décide de s'y installer et de ne pas abuser davantage de l'hospitalité de Mme Rosen Hoa. Elle se met à la recherche d'un logement et, devant les difficultés d'en trouver un à sa convenance, choisit d'aménager, à ses frais, une petite maison chinoise où elle installe une cuisine, une salle de bains et des w.-c.

La joie des retrouvailles avec Pékin ne dure guère. A peine installée, Alexandra doit faire face à un sentiment d'inexprimable tristesse, et sans cause aucune. Sa santé est excellente, et sa situation financière bonne. Elle est pourtant la proie d'étranges prémonitions. Au sentiment d'irréalité qui l'avait saisie à Bruxelles, gare du Nord, et s'était poursuivi pendant tout le voyage, a succédé une tristesse diffuse qu'augmentent des visions de fureur et de sang, comme si Alexandra contemplait l'ébauche de ces terribles scènes qui se matérialiseront à Pékin, dans un très proche avenir.

Pour dissiper ces visions et cette tristesse, un seul remède : le travail. Le 1er février, Mme David-Néel commence « le roman tibétain » qui sera *Magie d'amour et magie noire* et qu'elle appelle successivement *Bourrasque passionnelle et magie noire, Ouragan passionnel et magie noire, Passion et magie noire.*

Comme elle avait rencontré à Pékin, en 1917, son lama tibétain, le Khoubilgan Gourong Tsang, elle en rencontre d'autres, et non des moindres, qui y résident momentanément. Parmi eux, le confident du Tachi Lama, un *guéché* originaire de Bathang, autrement dit un savant docteur en philosophie du pays de Kham. On n'échappe pas au Tibet, même à Pékin, et, trois fois par semaine, Alexandra reçoit dans sa nouvelle maison le *guéché* qui ne tarde pas à amener d'autres amis, également tibétains et lettrés. On y discute ferme les textes sacrés. Ces réunions mystiques et innocentes finissent par être tellement bruyantes que la police du quartier s'en inquiète et enquête. On conclut à l'innocence de ces rencontres qui peuvent continuer, dans la paix et dans le bruit.

Les menaces de conflit sino-japonais se font de plus en plus précises. Alexandra a la conscience de vivre des événements véritablement historiques et entreprend, le 21 mai, d'en faire un livre dont elle trouve tout de suite le titre, *Sous des nuées d'orage*, et qui relatera les péripéties qu'elle a vécues, vit et vivra pendant sa période chinoise, et que complétera ensuite *A l'ouest barbare de la vaste Chine*.

Ces nuées d'orage éclatent le 7 juillet. Le 28 de ce même mois, les Japonais s'emparent de Pékin qu'Alexandra, loué soit le Bouddha, avait quitté le 30 juin.

Ce jour-là, en gare de Pékin, Alexandra a raté son train. Non pas qu'elle fût en retard, elle est toujours en avance. Mais des fonctionnaires trop zélés ont voulu ouvrir ses bagages, elle s'y est vigoureusement opposée, et pendant la discussion le train est parti. Elle n'a plus qu'à en prendre un autre. Et elle attend, entourée d'innombrables caisses, colis, valises, sacs, et soutenue par l'espoir de passer un été tranquille à Wou Tai Chan où elle se rend. Wou Tai Chan est l'une des montagnes sacrées de la Chine, vénérée par des milliers de pèlerins accourus des extrémités les plus lointaines de la Mongolie ou du Tibet. Alexandra se doit d'y aller et elle y va, elle part. Elle arrive d'abord à Taiyuan, avec une rapidité qu'elle déplore, regrettant la lenteur des voyages d'autrefois, quand elle avait fait ce même trajet avec le Khoubilgan et que des têtes coupées ornaient les murs, et que les balles sifflaient, voilà des voyages dignes de ce nom. Maintenant, tout est tellement tranquille que cela en devient ennuyeux! Alexandra ne sait pas qu'elle vit là ses derniers moments de calme et que la suite de son périple prendra des allures d'odyssée auprès de laquelle son équipée avec le Khoubilgan fera figure d'aimable promenade touristique.

Pendant sa halte à Taiyuan, Alexandra rencontre une Française qu'elle qualifie d'abord de « charmante compatriote » et qu'elle traitera ensuite d' « écervelée malfaisante ». On verra que Alexandra, confiant ses bagages à la « charmante compatriote », aura toutes les peines du monde à les récupérer. Entre-temps, bombardements, massacres, atrocités se seront succédé et il ne s'agira plus de sauver ses bagages, mais sa vie.

Donc, Alexandra confie à cette Madame X, il nous a été impossible de rétablir son identité, un certain nombre de ses caisses, de ses valises et de ses sacs. Elle se sent ainsi plus légère pour continuer sa course vers la montagne sacrée. Elle emprunte une voiture militaire, ce qui ne l'empêche pas d'être en butte aux excès des bureaucrates chinois pour qui les Blancs ne semblent plus être des dieux à qui tout est permis, mais des humains qui doivent exhiber leurs passeports et ouvrir leurs bagages. Alexandra s'y résigne. Elle quitte la voiture militaire pour d'autres moyens de locomotion : mules, puis litière, puis une charrette. Le 8 juillet, elle atteint Wou Tai Chan dans l'après-midi et loge au monastère de Pousating. Le soir même de son arrivée, elle note dans son agenda :

> Retrouvé avec émotion un logis tibétain, le *khang* avec ses carrés de tapis... l'odeur *sui generis* beurre et encens, entendu sonner les conches, frapper sur les tambours dans le Temple. Je pense. Voici peut-être la dernière fois que j'habite une *gompa.* Je suis comme une femme qui sait que son amant va la quitter et qui jouit goulûment et tristement des derniers jours de sa liaison.

En prosatrice économe, Alexandra glissera ce passage, en le transposant à peine, dans *Sous des nuées d'orage.* On peut lire, à la page 121 de l'édition Plon :

> Peut-être était-ce la dernière fois, dans ma vie présente, que je demeurais dans une *gompa* (monastère tibétain). Cette idée m'impressionnait. M'observant, vaguement railleuse, je me trouvais pareille à une femme jouissant gloutonnement et tristement des joies d'une liaison amoureuse près d'être rompue, alors que son âge lui interdit l'espoir d'en goûter encore de semblables.

Dans ce dernier texte, elle explique ce qu'est une *gompa,* développe le « je pense » initial en y ajoutant une notion de raillerie vis-à-vis d'elle-même et y introduit une notion d'âge et d'interdit visiblement destinée à son public, puisque, dans la vie, Alexandra ignorait l'âge et les interdits, faisant toujours ce que bon lui semblait et allant toujours de l'avant. En quoi, elle ne faisait qu'appliquer strictement sa devise : « Marche comme ton cœur te mène et selon le regard de tes yeux. »

Une petite odyssée

*Le phénomène des lumières mouvantes a aussi
été observé en Chine sur la montagne sacrée de
Wu Tai Shan...*

Lama Anagarika GOVINDA.
(Le Chemin des nuages blancs.)

A Wou Tai Chan, au monastère de Pousating, Alexandra
va rester du 8 juillet au 20 septembre 1937. Elle écoutera sonner les conches et battre le tambour pendant le
grand festival religieux annuel et se croira transportée, dix-
sept ans en arrière, au monastère de Kum-Bum. L'illusion
est renforcée par la venue, dès le lendemain de son arrivée,
d'une soixantaine de moines-pèlerins de Kum-Bum et dont la
marche a été « entravée par les différentes autorités qui

369

posent des questions, exigent des papiers ». Si les pèlerins ne peuvent plus circuler librement, c'est que les hommes ont vraiment changé en Asie ! Et pas seulement les hommes. A Pousating, le temple principal avait un toit miraculeux qui, par temps le plus sec, émettait une rosée que récoltaient pieusement les fidèles. Maintenant, il n'y a plus de miracle à Pousating et la discipline y est très relâchée. Ce sont des novices, des gamins qui accomplissent les deux processions quotidiennes, au galop, et sans mysticisme aucun. Et pourtant si le massif montagneux de Wou Tai Chan est sacré, ce n'est pas pour rien. De nombreuses légendes y sont attachées et on y observe encore, autour de ses cimes, de bizarres lueurs qu'Alexandra verra par deux fois. La première, des jets de lumière verdâtre, rouge et jaune. La deuxième, des langues de feu couleur d'or pâle. Ces inexplicables phénomènes n'impressionnent pas les novices qui continuent à galoper, sans s'émouvoir de ces lueurs produites, peut-être, par un sage, un disciple, une incarnation du Bouddha, Mandjouçri, venu s'établir autrefois, dit-on, à Wou Tai Chan.

Alexandra s'applique à recueillir toutes les légendes relatives à ce Mandjouçri. « C'était un premier pas de fait dans le champ de mes recherches », constate-t-elle avec satisfaction. Dur travail : les prodiges accomplis par Mandjouçri sont innombrables. En guise de récréations, la Lampe de Sagesse s'entretient souvent avec les pèlerins de Kum-Bum et apprend, avec stupéfaction, qu'elle aussi a accompli un prodige qui l'a rendue célèbre dans les alentours du Kou-Kou-Nor. Parce qu'elle a passé une fois, une nuit, dans le passage souterrain d'une montagne, les gens des solitudes racontent que la Dame-Lama est allée ainsi à Lhassa, par des souterrains. Alexandra mesure la fragilité des témoignages humains...

Toute à ses enchantements retrouvés, Mme David-Néel ignore superbement le reste du monde, et ce qui se passe en Chine où tout va de plus en plus mal. Des bruits alarmants commencent à circuler, Chinois et Japonais se battraient quelque part, Pékin aurait été bombardé. On dit que les trains ne circulent plus, que les ponts sont détruits, que ne dit-on pas ? Les conches et les tambours du festival religieux se sont tus pour laisser place aux rumeurs les plus confuses et les plus inquiétantes. Là-dessus arrive une lettre d'une amie américaine qui quitte la Chine, « forcée par les événements », et exprime le désir qu'Alexandra soit à l'écart des combats, sans préciser lesquels. Sans journaux, sans nouvelles dignes de foi, Mme David-Néel ne sait pas de quels combats il s'agit. Pour ajouter à tant de tristesse, il pleut. Alexandra se terre dans sa retraite. Elle étudie, écrit, et vit comme si de rien n'était puisque, selon l'un de ses principes, « s'affliger ne sert à rien ». Rien ne peut entraver la marche de la machine Alexandra qui termine le 14 août *Magie d'amour et magie noire*[1], roman qu'elle a composé en six mois et demi. C'est l'histoire d'un amour fou entre une Carmen tibétaine et un Don José brigand-paysan. Le chœur des moines y remplace celui des cigarières, et les herbes magiques, l'œillet fatal lancé par la gitane.

Le 18 août, Alexandra apprend enfin que les Japonais occupent Pékin depuis un mois. On se bat à Shanghai. Les religieux, dans leur montagne sacrée de Wou Tai Chan et dans leur monastère de Pousating, se croient hors d'atteinte, protégés. A tort. Des réfugiés arrivent, des soldats passent, leur défilé ne va plus cesser. Alexandra aperçoit des convois dans le soir et en ressent une « indicible angoisse » qui « planait sur les êtres et sur les choses qui semblaient dans l'attente de quelque inéluctable horreur ». Elle n'est pas la seule à ressentir cela, les dévots, pour conjurer le mauvais sort, se font de plus en plus nombreux, allument des gerbes de bâtonnets d'encens devant les statues du monastère, et espèrent un miracle de Mandjouçri.

Devant la foudroyante avance des Japonais, une grande partie des habitants de Taiyuan a été évacuée. Que sont devenus les bagages d'Alexandra ? A Taiyuan, comme à Pékin, elle a laissé des caisses pleines d'objets précieux et de livres irremplaçables. Tout cela sera-t-il perdu ? Des négociants tibétains qui voulaient regagner Pékin ont dû rebrousser chemin, on ne passe plus, les combats font rage. Alexandra comprend qu'elle est bloquée à Wou Tai Chan et s'en inquiète. L'aventure est, certes, sa raison d'être, mais l'aventure risque de tourner mal, très mal.

1. Qui paraîtra en 1938, chez Plon.

Le froid et la neige viennent tôt dans ces montagnes dont l'altitude dépasse les deux mille mètres. Le chauffage y est cher et Alexandra apprend que les billets de la banque de Chahar, occupée par les Japonais, n'ont plus aucune valeur. Elle perd ainsi l'équivalent de 245 dollars. Comment se procurer de l'argent ?

Les moines se contentent de célébrer des rites spéciaux destinés à chasser les démons japonais. Et il pleut, il pleut. Ce déluge favorise la réclusion et le travail. Ayant terminé *Magie d'amour et magie noire* le 14 août, exactement dix jours après, le 24, Alexandra commence un nouvel ouvrage, *Sous des nuées d'orage.*

Les nuées se font de plus en plus épaisses, et la guerre se rapproche de plus en plus, avec ses désastres dont Philippe se fait l'écho :

> Que deviens-tu, sinon au milieu, tout au moins, relativement à proximité de la conflagration générale sino-japonaise qui met à feu et à sang la région côtière de la Chine ? Les journaux nous rapportent, tous les jours, des détails sur les horreurs de cette guerre rendues plus grandes par les bombardements aériens qui font d'innombrables victimes, femmes et enfants, à Nankin, à Shanghai, à Canton et en maints autres points. Malgré l'armement très supérieur des Japonais, les Chinois résistent avec une farouche énergie, ce à quoi ne s'attendaient pas leurs adversaires qui ont, contre eux, le nombre et, peut-être aussi, un armement plus moderne et plus important qu'ils ne le supposaient, aidés en cela par des pays, Amérique ou autres, qui ont intérêt à ne pas laisser les fils de l'Empire du Soleil Levant japoniser la Chine.
>
> A quelle distance te trouves-tu dans ton monastère, du front des batailles ? [...] En tout cas, il semble bien que les communications entre ton monastère et la côte sont rendues très précaires du fait que je n'ai plus eu de tes nouvelles depuis fort longtemps. Les dernières reçues remontant à la date du 28 juillet, un peu avant le début des hostilités. Est-ce que celles que je t'ai écrites te sont parvenues, de Pékin, où je te les ai adressées ? Comme tu le vois, je suis dans la plus complète incertitude à ton sujet, ce qui ne laisse pas de m'inquiéter.

Philippe doit maudire l'humeur vagabonde de son épouse, et son amour du taoïsme ancien. Il ignore qu'Alexandra s'en trouve bien punie. A Pousating, elle est complètement isolée, perdue, perplexe sur la conduite qu'elle doit suivre et les chemins qu'elle doit prendre. Son sommeil qu'elle croyait inaltérable est traversé de cauchemars pendant lesquels elle erre sans fin dans la boue d'un chantier en construction dont elle cherche vainement la sortie. Pour combattre ces désagréables visions nocturnes, elle fait, le jour, de longues marches et s'étonne de sa résistance de presque septuagénaire (elle aura soixante-dix ans en 1938) :

> Je ne suis pas fatiguée. Je m'étonne qu'après tant de mois, tant d'années même, passés sans marcher, je sois encore capable de cela. Bon signe de santé malgré tous les accrocs.

Dans son agenda, alternent alors deux notes, toujours les mêmes : « promenade sur la montagne » et « pas de nouvelles de la guerre ».

Le 11 septembre, elle reçoit une lettre de Digne annonçant que sa maison a été louée pour deux ans, à 3 000 francs par an. Le 12, une lettre de Jean Haustont avec qui elle n'a jamais cessé de correspondre. Elle y répond le 14. Leur correspondance semble, hélas, perdue. Que pouvaient-ils bien se dire, ces deux anciens compagnons ?

Impassible en apparence, et malgré la tourmente qui s'approche, Alexandra continue à rédiger *Sous des nuées d'orage*, accompagnant sa rédaction de cette note sans illusion :

> Je ne crois pas que ce livre puisse en aucune façon enrayer la guerre, beaucoup d'autres ont été écrits depuis la grande guerre, sans aucun résultat. Ce monde est un enfer où les démons s'agitent, créant eux-mêmes les conditions infernales de leur habitat. Je raconte seulement pour « raconter ».

On se bat toujours à Shanghai, on se bat aux environs de Pékin, on se bat au nord de Wou Tai Chan. Alexandra ne perd pas espoir de parvenir à Taiyuan où elle récupérerait ses bagages et où elle trouverait surtout une banque pour escompter ses chèques. Pour éviter de trop dépenser, elle se nourrit de pissenlits sauvages et de riz, comme autrefois, en Corée. La faim justifiant les moyens, elle maraude dans les champs, ici, un épi de maïs, là, une poignée de fèves. Pas une fois, elle ne se plaint, mais cette situation ne peut se prolonger.

Bienveillants, les moines de Pousating offrent à Alexandra des vivres et du combustible qu'elle paiera plus tard, quand elle pourra. Elle refuse. A quoi servirait de se laisser emprisonner ici ? Elle s'efforce de poursuivre ses études sur le taoïsme ancien, mais ne parvient pas à concentrer ses pensées. Si le manuscrit de *Sous des nuées d'orage* s'augmente chaque jour de feuillets supplémentaires, ses études n'avancent pas.

Le 18 septembre, la neige commence à tomber. Alexandra décide de partir. « On m'a promis des mules pour après-demain. Où diable vais-je passer l'hiver ? » Elle n'en sait rien. Le 20, à sept heures du matin, elle quitte le monastère de Pousating et la montagne sacrée de Wou Tai Chan. Et la voilà, une fois de plus, jetée sur les routes de la Chine.

Sur la route, on croise des convois militaires. C'est dangereux. Si on évite les convois, on s'écarte de la route et on s'égare. Et quand on s'égare, on jeûne. On se résigne à jeûner. Puis on revient à la route, aux convois de soldats, de munitions, de camions et d'ânes qui se succèdent, sans arrêt. On devine que le front est proche. Alexandra se lance dans une fuite éperdue vers Taiyuan avec Yongden et leurs deux domestiques, deux inutiles, l'un ne songe qu'à boire, et l'autre à fumer de l'opium. Elle voyage entre une incarnation de l'alcoolisme et un symbole de la drogue. Où sont les domestiques chinois d'antan ? La Chine n'est plus ce qu'elle était...

Les pluies ont changé les routes en vastes ornières où chacun s'enfonce, patauge et glisse. On voyage de nuit pour éviter d'être la cible des avions japonais. A la pluie du ciel s'ajoute une pluie de déceptions parmi lesquelles une importante : les autobus qu'Alexandra comptait utiliser pour gagner Taiyuan sont réquisitionnés. L'argent s'épuise. Alexandra continue à ne pas se plaindre, elle voulait des aventures, elle en a. Elle songe même à se rendre seule, à pied, à Taiyuan. Indomptable Alexandra. En six jours d'odyssée, la Lampe de Sagesse a appris à se maintenir, tant bien que mal, dans une inconfortable charrette qui, traînée par des mules, roule et tangue comme une barque par grosse mer. Cette illusion maritime est accentuée par la pluie incessante et de plus en plus violente. On n'y voit pas à dix pas devant soi et c'est l'accident. Les mules glissent. La charrette se renverse. Alexandra sent que quelque chose de pesant laboure son crâne. Elle est blessée au front par une caisse de livres, tandis que l'un de ses genoux est coincé par une roue. Pendant qu'on la dégage, la stoïque Alexandra contemple les atomes tournoyant dans son cerveau. Elle pense, « comme il suffit de peu de chose pour changer le cours de nos perceptions habituelles ». Elle trouve un refuge dans la remise d'une ferme et peut faire le compte de ses coups et blessures, plaie à la tête et plaie aux genoux, mal aux côtes, elle espère n'avoir rien de cassé. Elle s'abandonne à « l'extériorisation » pratiquée par les yogis hindous et tibétains. Elle est « en dehors » de son corps et devient le spectateur de son « moi » en se répétant l'une des maximes des maîtres stoïciens de sa jeunesse : « Douleur, tu n'es qu'un mot. » N'importe qui, à sa place, se laisserait aller au désespoir. Alexandra se contente de se faire conduire à la gare la plus proche. L'odyssée persiste et s'intensifie. Un train a été annoncé pour le soir, et, déjà, en cette fin de matinée, une foule de réfugiés s'entasse sur les quais et dans les alentours de cette petite gare de campagne où échouent la Lampe de Sagesse, l'Océan de Compassion et leurs deux domestiques, l'alcoolique et l'opiomane, qui mettent à profit cette halte pour se livrer tranquillement à leurs plaisirs respectifs.

Des heures d'interminable attente commencent pendant que passent des convois militaires. Alexandra ne peut pas s'étendre tant la foule est compacte. Elle se replie sur elle-même, au propre comme au figuré, la tête sur les genoux. Un jour, une nuit, encore une journée. Un jeune soldat que l'on emmène à la boucherie demande à Alexandra : « Dites-moi quelques bonnes paroles, comme une mère. » Alexandra prononce les bons souhaits et donne sa carte de visite au jeune soldat qui disparaît. C'était un étudiant à l'école modèle de Taiyuan.

Vers cinq heures du matin, un train arrive, bondé. L'un des domestiques, abandonnant son flacon ou sa pipe, parvient à grimper sur une plate-forme, prend quelques colis tandis que le train démarre, sans prévenir, laissant Alexandra, Yongden, l'autre domestique, et ce qu'il reste de colis sur le quai.

Un autre jour. Une autre nuit. Une autre aurore. Un autre train qui arrive, aussi bondé de fugitifs que le précédent. Alexandra, sa suite et ses colis parviennent à s'y glisser. Quelques heures plus tard, ils arrivent à Taiyuan. Une semaine d'odyssée qui semble avoir duré un siècle se termine en ce 27 septembre 1937. Alexandra en tire la conclusion suivante :

> De ce voyage en somme coûteux et fatigant à Wou Tai Chan, il semble résulter que je suis blasée sur le charme des voyages dans « l'intérieur », la crasse des auberges chinoises, les criailleries de la plèbe, et même les *gompas*.

Pour qui connaît Alexandra et sait lire entre ses lignes, on peut déduire que son désappointement est immense. Mais ce reniement des « gompas », des monastères tibétains, n'est que passager et provoqué par son extrême lassitude. Elle y retournera à ses *gompas*, elle y retournera !

La fugitive

> Ensuite, je suis devenue une « fugitive »,
> comme il y en a présentement des millions en
> Chine.
>
> Alexandra DAVID-NÉEL.
> *(Sous des nuées d'orage.)*

> Chine : chaos, éclat de rire devant le droit de
> l'homme, mises à sac, rançons, viols. [...] Si vous
> désirez rajeunir, soyez satisfaits : nous retournons
> sept siècles en arrière.
>
> Albert LONDRES.
> *(Mourir pour Shanghai.)*

A Taiyuan, Alexandra est cordialement accueillie par le directeur de la mission baptiste anglaise qui l'invite à un lunch auquel elle fait honneur. Les émotions ne coupent jamais l'appétit de la Lampe de Sagesse, elles l'augmentent. Après le lunch, le Révérend offre un logis où la fugitive s'installe. Elle souffre de la tête et du genou. Elle songe un instant à se faire soigner à l'hôpital de la mission. Mais son horreur de possibles injections sous-cutanées la retient. Sa tête et son genou n'ont qu'à guérir seuls ! Ensuite, Alexandra fait ses comptes. Elle possède maintenant en tout et pour tout 4 dollars, environ 25 francs, au cours d'alors. Il est donc urgent de retrouver Mme X., la « charmante compatriote », chez qui elle a entreposé ses bagages, et surtout son mari, M. X., un Chinois qui compte parmi ses relations le directeur de la banque de Taiyuan, le seul qui pourrait aider Alexandra à négocier un chèque sur Pékin.

Mme David-Néel va chez les X. qui se sont enfuis par crainte d'avoir à subir les horreurs japonaises, ne laissant que deux domestiques qui refusent de livrer la nouvelle adresse de leurs patrons et, ce qui est pis, refusent également de rendre les bagages, prétextant qu'ils n'ont pas reçu d'ordre à ce sujet.

Pas de bagages, et pas d'argent non plus : les communications entre Taiyuan et Pékin viennent d'être coupées. Alexandra n'a plus qu'une dernière possibilité : essayer de faire transférer télégraphiquement de l'argent, de Shanghai à Taiyuan. Mais il faut se hâter, les Japonais qui déferlent sur la Chine sont sur le point de s'emparer de Shanghai et se rapprochent de Taiyuan. Maudits soient les X., et leur inutile, leur malfaisante amabilité. Devant la fureur d'Alexandra, la tête et le genou se font oublier et guérissent tout seuls.

Le directeur de la mission baptiste anglaise prête 20 dollars à Alexandra qui, après avoir payé ses domestiques et fait quelques achats, se retrouve avec 4 dollars en poche. Nouvel emprunt, à un propriétaire chinois, cette fois.

Les alertes, les raids, les bombardements se succèdent, quotidiennement, avec une implacable monotonie qui dérange, à peine, Alexandra de son bain, comme autrefois, en 1918, quand elle était en route vers Kum-Bum. Elle finit par ne plus descendre dans l'abri, au fond du jardin, craignant davantage les moustiques et les propos des concierges et des voisins que les bombes japonaises. Et, comme en 1918, pendant le voyage vers Kum-Bum, quatre têtes de soldats décapités ornent un mur.

A Taiyuan, les civils ont fui de telles horreurs et, dans les rues, il n'y a presque plus que des militaires, des gouvernementaux en kaki verdâtre et des communistes en gris-bleu. Ces deux ennemis d'hier ont pratiqué l'union sacrée devant l'ennemi commun d'aujourd'hui, le « Jap ».

Signe de la gravité de la situation, le pain disparaît des boulangeries. Le 3 octobre, Alexandra note :

> Le boulanger qui nous vendait de l'excellent pain carré, genre anglais, cesse d'en cuire. Il paraît que craignant que la monnaie papier du Shansi perde sa valeur, il préfère conserver sa farine qui aura toujours du prix.

Afin d'éviter d'être grugés par leurs domestiques et d'épargner leurs derniers sous, la Lampe de Sagesse et l'Océan de Compassion font eux-mêmes leur marché. Ils ne quittent pas la maison sans emporter une mallette qui contient les feuillets du manuscrit (terminé) de *Magie d'amour et magie noire* et les feuillets du manuscrit (commencé) de *Sous des nuées d'orage*. Si un bombardement survenait, Alexandra périrait avec ses manuscrits, mais n'aurait pas à en déplorer leur perte, ou à les rechercher, sous les décombres. Bon réflexe d'écrivain.

Enfin, un télégramme arrive : les fonds sont à la banque de Taiyuan qu'Alexandra va pouvoir quitter dès qu'elle aura touché son argent. Sa bourse regarnie, la fugitive règle scrupuleusement ses dettes et fait récupérer ses bagages : de bons pourboires ont vite raison de la résistance des domestiques des X.

Alexandra apprend que quelques trains circulent encore en direction de Shih Kia Chwang d'où il sera facile de gagner Hankéou. Vite, vite, à la gare, à travers la cohue des fuyards, avec, comme concert d'accompagnement, l'explosion des bombes et les pétarades des mitrailleuses. Le train, bondé, peut recevoir Alexandra, Yongden, les deux domestiques, mais pas leurs innombrables bagages que l'on place dans un fourgon. On quitte Taiyuan, sans regret, ce 8 octobre, date à laquelle Alexandra note dans son agenda :

> Cohue à la gare. Toutes les classes mêlées. Je suis dans une voiture de 2e avec des femmes et des enfants. Les Chinoises font faire pipi par terre à leurs enfants, pendant la nuit. Au matin, une femme arrive du compartiment voisin, portant un bébé qu'elle fait uriner dans le crachoir.

Toujours dans son agenda, le 9 octobre :

> [...] Je vois des blessés dans les wagons. A une station, un

mort étendu sur une civière, laissé seul en plein soleil, la figure couverte avec sa veste kaki retroussée. On dirait l'armée en retraite. Les villageois fuient en masse. Les uns vers Taiyuan, les autres dans la direction opposée.

A travers les désarrois et les désastres de la guerre, Alexandra finit par arriver à Shih Kia Chwang. Il s'agit maintenant d'attraper le dernier train pour Hankéou où elle monte de justesse, sous les détonations, le râle des blessés et le hurlement des fuyards affolés, hébétés, qui répètent : « C'est le dernier train, les Japonais sont là. »

Et le dernier train pour Hankéou quitte Shih Kia Chwang et sa gare où reste, livré à l'abandon et au pillage, le fourgon qui contient les caisses renfermant les objets précieux, les livres tibétains, les copies de manuscrits rares faites à Wou Tai Chan ou ailleurs. Coincée à la fenêtre d'un compartiment, impuissante, Alexandra sait qu'elle fait là une perte irréparable, et qu'elle évoquera encore à la fin de sa vie quand, cherchant quelque chose et ne le trouvant pas, elle disait : « Cela devait être dans le fourgon de Shih Kia Chwang. »

Fourgon, gare, ville disparaissent, le dernier train pour Hankéou roule. Alexandra ferme les yeux. Elle est prise d'un étouffement qu'elle attribue à la fatigue, à la chaleur, à l'entassement. Un peu plus tard, elle est heurtée à la bouche par le brancard d'une civière où agonise un Chinois, et elle s'évanouit.

Vaillante, Alexandra revient de son évanouissement et s'efforce de surmonter le chagrin causé par la perte du fourgon. Elle atteint Hankéou le 11 octobre. Les hôtels sont aussi bondés que les trains. Yongden, devant la perspective de passer une nuit dehors, est près de pleurer. Ses nerfs, et ceux d'Alexandra, viennent d'être mis à rude épreuve pendant cette fuite éperdue. Alexandra finit par trouver une chambre pour elle et « un cabinet habitable » pour son fils adoptif. Le 12, elle note :

> J'ai compris qu'il y a foule à Hankéou : je n'ai pas les renseignements pour aller à Yunnan ni ailleurs, le plus sage est de rester ici provisoirement.

Ce « provisoire » durera jusqu'au 10 janvier 1938. Pendant ces trois mois, et plus, à Hankéou, elle rencontrera des compatriotes, le Dr Martinie et sa femme (laquelle viendra, dans les années cinquante, passer quelque temps à Digne, à Samten Dzong). Leur (bonne) compagnie distrait un peu Alexandra qui s'efforce d'oublier les horreurs du présent en relisant le *Kim* de Kipling :

> Je lis ces descriptions et tout en moi s'envole vers ce pays contemplé avec extase pour trop peu de temps et que je ne reverrai sans doute jamais. Qu'est-ce que je fais, usant ce qui me reste de jours à vivre dans des villes. Oh! être là-bas, dans la solitude, le silence, cheminer parmi ses paysages démesurés, y vivre en ermite.

Son dégoût des monastères tibétains ressenti en arrivant à Taiyuan n'a guère duré. A la seule évocation, dans *Kim*, de ses Hymalayas bien-aimés, l'ancienne, l'éternelle Alexandra se réveille, renaît, plus indomptable que jamais. Comme pour se moquer de l'adversité, elle prend des leçons de chinois, fait recopier des chapitres de *Magie d'amour et magie noire*, dîne au consulat britannique et note les bruits qui courent :

> Un missionnaire raconte, à table, que dans un endroit nommé Changtefu au nord du fleuve Jaune, à la frontière du Chensi et du Honan, les derniers défenseurs du village ayant été tués, les Japs se sont trouvés en présence d'une cinquantaine de civils, femmes et enfants, et les ont tous éventrés.

Le 24 octobre, pour son soixante-neuvième anniversaire, elle a droit à deux bombardements dans l'après-midi. Le 14 novembre, elle note :

> Le gouvernement songe à quitter Nankin et à se transporter peut-être ici. Dans ce cas, ce serait le bombardement intensif. Je songe à m'en aller.

Mais pour aller où ? Toute la Chine est sur les chemins, fuyant les Japonais et leurs atrocités. Le 27 novembre :

> [...] la ville regorge de réfugiés. Tout ce qui peut émigre des environs de Nankin. Deux canonnières chinoises sont arrivées. Les navires de guerre étrangers déversent leurs nationaux réfugiés. Albert me dit : « Attendons qu'on nous évacue sur Chunking, cela nous économisera le prix du voyage. »

Brave Yongden qui a pris les habitudes d'économie

d'Alexandra et sa philosophie de la vie et des voyages, « se lamenter ne sert à rien ».

Le 5 décembre, la Lampe de Sagesse apprend

> par les journaux la mort du Tachi Lama à Jackyendo. Il était né en 1883, donc il avait cinquante-quatre ans. Voici le Tibet sans aucune de ses deux grandes incarnations.

Devant la situation qui s'aggrave, Alexandra envisage de se séparer de Yongden qu'elle voudrait voir regagner le Tibet où il serait en sécurité. L'Océan de Compassion refuse, pour une fois, de se plier à la volonté de la Lampe de Sagesse. Il reste. Philippe rend hommage à la fidélité d'Albert dans une lettre du 24 décembre :

> Bien chère Amie. Je viens de recevoir ta lettre — voie des airs — en date du 8 décembre. Elle m'a grandement touché : je sais que tu n'es pas inutilement sentimentale, et ce que tu me dis me prouve bien que les dangers qui t'entourent sont des plus sérieux. Simone[1] a connu cela, une fuite échevelée devant l'ennemi, elle en garde un sentiment d'effroi que rien n'efface. Et encore était-elle dans son pays, avec ses compatriotes. Bien pire est ta situation. [...] Mais j'ai tout de même confiance en ton courage, ton sang-froid et l'aide que peut te donner ton fidèle compagnon dont la défection que tu lui proposais, en l'invitant à se rendre au Tibet, en se joignant à une caravane de ses concitoyens, m'eût aussi surpris qu'affligé.

Où est le temps où Philippe ne voulait même pas entendre parler de Yongden ? M. Néel poursuit par un « Mon affectueuse et inquiète pensée te suit », dont il donne une preuve : il envoie, en cadeau de Noël, 10 000 francs au Comptoir de la Banque de l'Indochine à Yunnafu (Yunnan). Il termine sa missive avec une tendresse inaccoutumée, provoquée par la complète détresse dans laquelle se trouve alors Alexandra :

> Je t'embrasse, ma bonne amie, et forme les vœux les plus ardents pour que tu sortes indemne des périls qui t'entourent. Bon courage : je sais que tu n'en manques pas. En grande affect' 'n.

Les épreuves rapprochent toujours les époux Néel...

Le 20 décembre, Alexandra a écrit à Jean Haustont, à quel-

---

1. Une nièce de Philippe Néel.

ques autres de ses amis, et à Plon pour annoncer l'envoi du manuscrit de *Magie d'amour et magie noire*. Les bombardements ne parviennent pas à arrêter la plume de la Sévigné de Hankéou qui passe le dernier jour de l'an à la mission luthérienne. Triste journée avec un

> temps gris jaunâtre, comme pronostiquant de la neige, avec ce sentiment de guerre et de massacre à l'arrière-plan.

Alors, pour fuir cette guerre et ces massacres, pourquoi ne pas se réfugier au Tibet? Puisque Yongden ne veut pas y retourner seul, pourquoi ne pas l'accompagner? Et se rapprocher de cette terre bénie en se rendant, par exemple, à Tatsienlou, une ville frontière, capitale de la province du Sikang, à l'extrême ouest de la Chine, dans les marches tibétaines?

Alexandra a traversé autrefois Tatsienlou, pendant ses errances à travers les déserts. Elle sait qu'elle pourrait y loger dans un monastère lamaïste et y travailler, accumuler de nouveaux matériaux pour de nouveaux livres et, qui sait? renouer avec ses études sur l'ancien taoïsme qu'elle a interrompues depuis qu'elle a quitté Wou Tai Chan... A ces espoirs s'ajoute celui, primordial pour Alexandra, de pouvoir s'enfuir de Tatsienlou dès qu'elle le voudra. En effet, à une vingtaine de kilomètres de cette ville, située à 2 500 mètres d'altitude, se trouve un col qui conduit au pays des *dopkas*, ces gens des solitudes, un pays de pâturages, de forêts et de déserts propres à effrayer les Japonais. La Lampe de Sagesse veut garder cette possibilité de fuir, vitale en temps de guerre, et ne veut plus être bloquée, comme elle l'est, à Hankéou qu'elle parvient quand même à quitter le 10 janvier 1938. Elle a refusé de prendre le dernier train pour Hong Kong organisé par les consuls pour sauver leurs derniers ressortissants. Que ferait-elle à Hong Kong? Dans les marches tibétaines, elle aura le sentiment d'être sauvée, de pouvoir vivre en paix. Et s'il faut mourir, autant que ce soit dans cette terre toujours aimée. Et puis, de là, s'il le fallait, Alexandra se sent capable de s'enfuir jusqu'en Birmanie!

En signe d'encouragement pour ce projet, Alexandra reçoit une lettre de l'un de ses amis, Marco Pallis, écrivain et voyageur, qui lui écrit :

> Votre dernier livre sur le bouddhisme m'a été plus qu'utile.

> Je souhaite une fois de plus que vous vous rendiez encore au Tibet pour étudier les Bonpos, comme du reste vous me l'aviez à moitié promis. [...]

Par Marco Pallis également, elle a aussi des nouvelles du Gomchen :

> [...] j'ai visité votre vieil ami, le Gomchen de Lachen, à Thengo où il séjournait dans le petit ermitage. Il nous a pris en amitié, nous a causé de vous, nous a montré vos lettres, et enfin m'a prié de vous dire que si vous reveniez au Sikkim, cela lui serait une cause de réjouissance.

Les Bonpos, le Gomchen, comment résister à de tels appels ? Mais Alexandra ne retournera pas au Sikkim où le Gomchen mourra peu après cette rencontre avec Marco Pallis...

Fuir, fuir, fuir, Alexandra, comme des millions de Chinois et de Chinoises, ne pense qu'à fuir. La voilà maintenant, cette fugitive, sur un steamer qui remonte le Yan-Tseu-kiang pendant que, au loin, les avions japonais pilonnent l'aérodrome d'Hankéou. Adieu Hankéou...

Le bateau est bondé comme le train, ou comme l'hôtel. Alexandra quitte le steamer pour un autre, plus petit et encore plus bondé. Sur le pont, la nuit, des passagers crèvent de froid. Des troubles manquent éclater à bord :

> Les passagers de pont, à l'étroit, ont voulu envahir les premières classes et, de fait, beaucoup d'entre eux s'y étaient déjà glissés sans bruit. Le branle-bas a été déclenché par une fille qui est montée sur le pont supérieur avec une tasse et sa brosse à dents et a puisé de l'eau, avec cette tasse, dans les jarres alimentant notre salle à manger, puis s'est lavé les dents à côté de celle-ci. Un marin lui a fait des observations, a voulu la faire redescendre. « Pourquoi y a-t-il différentes classes ? », « Tout le monde devrait voyager ensemble », etc. « Qu'est-ce qu'étaient les étrangers et qu'est-ce qu'étaient les officiers du bord ? » et ainsi de suite. Le marin a failli être battu et s'en est allé, les officiers qui entendaient tout, de leurs cabines, y sont restés enfermés... Un Américain que j'ai rencontré, ici, vient de me raconter qu'il a vu inscrire, par des soldats, sur les murs : « Nous chasserons les Japonais d'abord, puis nous chasserons les étrangers. » Un jeune homme ayant fait ses études à Moscou a dit à Albert, sur le bateau : « Tous les missionnaires sont des espions »... la conclusion va de soi.

Quand Alexandra débarque à Chungking, elle entend les enfants crier à nouveau sur le passage des Blancs, « diables d'étrangers ». Elle forme, avec Yongden, un couple aux apparences suffisamment asiatiques pour ne pas s'attirer de telles injures. Mais les policiers chinois se montrent de plus en plus brutaux envers les étrangers qu'ils accablent de vexations semblables à celles dont ces derniers les abreuvaient. Le cycle infernal recommence.

Alexandra voudrait fuir cet enfer et ce Chungking qui est alors l'une des villes les plus sales de la Chine, « une succession de cloaques infects ». Elle y reste un mois. Un bombardement japonais y fait plus de dix mille victimes. Début mars, Alexandra parvient à s'échapper de Chungking, en auto, et à gagner Chengtu, la capitale du Sechouan où elle avait vécu, paisiblement, il y a une quinzaine d'années. Elle loge d'ailleurs dans le même pavillon qui fait partie des bâtiments du consulat de France. Elle se lie d'amitié avec le consul, le Dr Béchamp, « le Dr Béchamp n'est pas un consul de carrière, il a été placé là par feu Philippe Berthelot dont il était l'ami ». Alexandra a fréquenté aussi, autrefois, les Berthelot et les sujets de conversations entre la fugitive et le médecin-consul ne manquent pas.

A Chengtu, Alexandra respire un peu et fait des projets. Elle doit terminer *Sous des nuées d'orage* que Plon réclame. Elle a hâte de rejoindre Tatsienlou où elle pourrait travailler, et vivre, à peu de frais, « à la mode indigène ». Malheureusement la neige bloque encore les cols et les routes sont plus qu'incertaines. A six kilomètres de Chengtu, sur la grand-route du Nord, des soldats déserteurs ont arrêté et pillé un autobus. Le 26 mars 1938, elle écrit à Philippe :

> Ici, mon bon ami, la situation n'est rien moins que drôle. On vit dans un perpétuel état d'alerte qui irrite terriblement les nerfs. Il y a des brigands sur toutes les routes. [...] Je travaille beaucoup et, si une nouvelle guerre n'éclate pas en Europe, je puis espérer certaines rentrées. Tout de même il s'en faut de beaucoup que j'aie de quoi vivre et cela est un pénible souci à mon âge, alors qu'il peut arriver que la fatigue vienne et m'empêche de continuer mon travail littéraire ou le ralentisse beaucoup. Il faut vraiment trouver des sujets peu communs pour attirer les lecteurs et l'on n'en trouve pas toujours, ou bien lorsqu'ils doivent être tirés du voyage — comme c'est mon cas — il en coûte cher de se les procurer. Malgré mon courage,

tu sais que je n'en manque pas, il vient des moments où l'avenir m'inquiète. Je suis en bonne santé, robuste, et mon cerveau travaille bien, mais cela continuera-t-il jusqu'à la fin de ma vie si elle doit se prolonger longtemps, comme il est d'usage chez ceux dont je descends ?

Et cela continuera jusqu'à la fin de sa vie... Mais, en attendant, à Chengtu, Alexandra se trouve dans une situation des plus précaires. Son éditeur anglais a fait faillite, l'argent arrive mal, et le change est catastrophique. Elle compte beaucoup sur la vente de *Magie d'amour et magie noire* qui reçoit, à sa parution, en 1938, son lot de louanges habituelles et son flot de lecteurs fanatiques. Roman que Philippe aime et commente, très justement, ainsi :

> Livre assez étrange où tu as su mêler, de façon à le rendre très captivant, du roman et de la science : il est de nature à intéresser toutes les classes de lecteurs et je crois qu'il pourra avoir un beau succès de librairie : il n'est pas trop long, ce qui en rend la lecture plus aisée et mieux dans le goût du jour... où tout doit aller vite ! Je lui souhaite toute la réussite qu'il mérite et te félicite de l'avoir écrit.

Philippe ne s'est pas trompé, c'est un beau succès devant lequel Alexandra déplore d'avoir à perdre son temps en composant une peu rentable grammaire tibétaine, à la demande de notre ministère des Affaires étrangères qui vient de créer un concours de tibétain :

> Afin de justifier et les subsides qui m'ont été donnés autrefois et les facilités qui me sont données actuellement, il faut, aussi, que je produise un ouvrage d'érudition — qui, bien entendu, ne me rapportera pas de bénéfices. Ce sera une grammaire tibétaine à l'usage des Français. Heureusement qu'Albert a fait une partie du travail, malgré cela il me faudra une année pour faire cette besogne, la grammaire proprement dite et un vocabulaire suffisamment important. Et pendant cette année, je ne produirai pas de « littérature qui rapporte ». Cela aussi est ennuyeux, mais il n'y a guère moyen d'y échapper.

A cet ennui-là s'en ajoute un autre. Violette Sidney, sa traductrice anglaise, celle qui déclarait d'Alexandra, « cette femme est un génie, mais elle est impossible à vivre », manifeste le désir de rejoindre son auteur en Chine. Or Violette, pendant son séjour à Samten Dzong, a été à bonne école avec Alexandra et fait toujours, maintenant, ce qu'elle a décidé de faire. Il y a de quoi trembler devant cette arrivée intempestive... Fuir sa traductrice, fuir les Japonais, Alexandra, à Chengtu comme à Hankéou, ne pense plus qu'à fuir.

A Chengtu, comme à Chungking, les « diables d'étrangers » sont haïs, voire malmenés. L'évêque français, Mgr Ronchouse, a été blessé au visage. On a jeté de la chaux au visage d'une Anglaise qui, à la suite de cet incident, a perdu un œil.

Fuir ces horreurs de Chengtu, Alexandra y parvient fin juin. Après dix jours d'un très rude voyage à travers les montagnes, Alexandra arrive à Tatsienlou le 4 juillet :

> Il y avait deux cols à franchir d'altitude très moyenne dans cette région : environ 3 000 mètres seulement, mais au premier d'entre eux, après avoir marché pendant toute la journée sous une pluie diluvienne, nous avons été assaillis par une tempête. Le toit de ma chaise à porteurs a été emporté, les porteurs renversés. J'ai dû faire la descente à pied, trempée jusqu'aux os. Un voyageur est tombé mort devant moi, sans doute sa santé était-elle mauvaise, et l'ouragan, le froid, la pluie l'avaient achevé. Mes porteurs eux-mêmes près de trépasser, nous nous sommes abrités pour la nuit dans un hangar séparé par une cloison de l'étable aux cochons, dans une baraque rencontrée sur notre route. J'ai eu la chance, malgré tout, de ne pas attraper mal, pas même de m'enrhumer.

Incroyable, la résistance physique d'Alexandra qui, à soixante-neuf ans, affronte encore des cols qui comptent « seulement » trois mille mètres d'altitude... Elle n'est pas enrhumée, elle a évité les mauvaises rencontres avec les déserteurs et les brigands, elle est arrivée à Tatsienlou, enfin, et peut se répéter inlassablement, comme pour se le prouver, « me voici en pays de Kham, me voici en terre tibétaine[1] ».

---

1. C'est par cette affirmation que commence l'avant-propos de *A l'ouest barbare de la vaste Chine*, Plon.

La prisonnière de Tatsienlou
(1938-1944)

> *Plus qu'abondonnée*
> *Seule au monde*
> *Plus que seule au monde*
> *Exilée.*
>
> Marie LAURENCIN.
> *(Le Carnet des nuits.)*

T atsienlou n'est pas le paradis espéré par Alexandra : c'est un supportable purgatoire. La ville regorge de soldats et de réfugiés. Les soldats sont cantonnés dans ces monastères où la Lampe de Sagesse comptait séjourner. Les logements sont des plus rares et Alexandra doit accepter, en attendant mieux, l'hospitalité de la mission anglaise.

Tatsienlou où Alexandra va passer, bon gré, mal gré, six ans, « occupe une cuvette enserrée entre deux montagnes, situation passablement triste, aucune vue ». C'est un ancien bourg tibétain devenu ville chinoise et promu capitale du Sikang. Les incendies y sont fréquents qui, parfois, détruisent un quartier entier et anéantissent le seul cinéma de Tatsienlou. Les affiches des films faisaient rêver les populations. L'une d'entre elles représentait une femme nue, au bord d'une rivière, avec, pour compagnon, un tigre visiblement épris de la naïade. « Ce sont les coutumes des femmes étrangères », disaient les badauds qui ne pouvaient pas penser, un seul instant, que la digne Alexandra, vêtue de son sari de méditation, avait, à sa façon, subjugué un tigre, dans la jungle...

Les latrines publiques empuantissent la ville déjà empestée par de nombreux convois de yacks, de chevaux et de mules qui traversent ses rues et y laissent de nombreuses, et odorantes, traces de leur passage. A ces senteurs, se mêle celle du thé, puisque, depuis des siècles, c'est de Tatsienlou que partent les caravanes qui transportent le thé à Lhassa d'où il est ensuite distribué dans tout le Tibet. Grande a dû être la tentation pour Alexandra de suivre l'une de ces caravanes. A peine arrivée là, elle pense déjà à en repartir, « si je ne tenais pas à continuer certaines études, je ne m'attarderais pas en Chine », écrit-elle à Philippe, le 19 juillet 1938. (Vit-on jamais pareille persévérance dans les études ? Les étudiants devraient choisir pour patronne Alexandra David-Néel...)

> Mais où aller ? Quitter l'Orient et devoir supporter, de nouveau, le coût considérable d'un voyage pour y retourner paraît hors de question. Et c'est en Orient que je puis le mieux écrire des livres susceptibles de se vendre. La situation est difficile. Comme je te l'ai dit plusieurs fois, j'aime tout de même mieux être ici qu'au centre de la Chine. Pour le moment, j'y suis plus en sécurité[1],

poursuit-elle dans cette lettre du 19 juillet.

Ce sentiment de sécurité est renforcé par la présence de Yongden qui a su rapidement se faire de nombreux amis parmi les Tibétains résidant à Tatsienlou. A propos de Yongden, Alexandra fait cet aveu étonnant :

---

1. *Journal de voyage*, t. II, p. 342.

Évidemment, il n'est pas parfait. Qui donc l'est?.... Et, depuis plus d'un an (seize mois) que nous vivons une existence de fugitifs, d'un bout à l'autre de la Chine, il a quelque raison d'avoir les nerfs agacés. Je le considère toujours comme un gamin de quatorze ans que j'ai pris près de moi autrefois ; mais les années ont passé et le « gamin » aura trente-neuf ans à Noël. Heureusement il est resté enfant en bien des points, peut-être à cause de la manière dont je l'ai dirigé. Je me rends compte de mon égoïsme. J'ai voulu avoir quelqu'un qui me soit utile, en n'importe quelles circonstances, et qui se plie à ce que je désire. Cela a été au détriment du développement du garçon. J'aurais dû le mettre à même de suivre une carrière, une profession, j'ai préféré le tenir en dépendance. Ce n'est pas très beau de ma part. Enfin, la chose est faite[1].

En lisant ces lignes, Philippe a dû penser que Yongden n'était pas la seule victime du fabuleux égoïsme alexandrin et que lui aussi avait été sacrifié, comme l'avaient été M. et Mme David, comme l'était tout ce qui entravait la marche d'Alexandra vers la lumière.

Cette lumière des cimes, Alexandra va la retrouver, en cet été 1938, grâce à l'une de ses relations, un bonze chinois, Tai Hsou, qui a fait le tour du monde et donné des conférences au musée Guimet où Alexandra l'a connu. Comme le monde est petit et comme le musée Guimet aura eu de l'importance dans le destin d'Alexandra David-Néel !
Dès son arrivée à Tatsienlou, la Lampe de Sagesse renoue avec Tai Hsou. Par son intermédiaire, elle peut quitter la mission anglaise et avoir accès à un ermitage situé sur le plateau de Pomo San. Elle y fait retraite, loin des foules de soldats et de réfugiés, près de la lumière et de ces montagnes qui semblent des émanations de cette même lumière.
Dans cet ermitage, elle dispose de deux cellules et d'une cour bien clôturée. Dans l'une de ces cellules trône la statue de Tsong-Khapa, l'homme-arbre, le fondateur de Kum-Bum, le monastère des cent mille images. Ô souvenir... Passé et présent s'unissent en cet endroit autour d'une statue. Cela plaît, dès l'abord, à Alexandra qui s'y installe, avec, à proximité, Yongden qui loge dans un autre ermitage tout proche.
Les deux cellules sont agencées selon l'art de vivre alexan-

---

1. *Journal de voyage*, t. II, p. 347.

drin : l'une sert de chambre et de salle d'étude, l'autre de sommaire salle de bains puisqu'il a suffi d'y placer un grand baquet de bois promu au rang de baignoire. L'admiration de la Lampe de Sagesse pour les anachorètes tibétains ne va pas jusqu'à partager leur goût de la crasse. L'ermite-poète, Milarepa, avait dit à l'une de ses disciples, « maintenant, il ne faudra plus vous laver ». Consigne que ne suit pas la Dame-Lama. Les jours de soleil, elle s'offre même le luxe, et le plaisir, de transporter sa baignoire en bois dans la cour et d'y patauger à son aise.

Alexandra a l'habitude de voir ses ablutions troublées. A Pomo San, ce ne sont pas les balles qui interrompent son bain, mais des coups frappés à la porte. Ce sont deux Chinois qui veulent entrer pour voir ce que fait cette étrangère qui, paraît-il, se livre à trois étranges occupations : elle écrit, elle se baigne et elle regarde les montagnes avec des jumelles. En ces temps de guerre, l' « espionnite » sévit à Tatsienlou et cela suffit pour qu'Alexandra soit prise pour une espionne ! Des policiers viennent interroger Yongden. Bref, Mme David-Néel doit appeler à l'aide le consul de France à Chengtu, le Dr Georges Béchamp, qui intervient et arrange l'affaire. Des excuses sont officiellement faites à la Révérende Ermite et un banquet est offert en son honneur.

> Je ne gardai rancune à personne. Les Chinois savent être agaçants à souhait, [...] et, au demeurant, ils sont charmants.

Alexandra mène à Pomo San la vie qu'elle aime, elle lit, elle écrit, elle médite, elle se promène. Elle demeure là jusqu'à l'hiver. Chassée par de fortes chutes de neige, elle revient à Tatsienlou et ne trouve pour logement qu'une « baraque » qui jouxte le cimetière et qui sert d'entrepôt de céréales à la mission catholique. L'évêque, Mgr Valentin, et les religieuses se mettent d'accord pour louer, à un prix modique, cette « demeure » qu'Alexandra présente ainsi à Philippe :

> La baraque est indépendante, elle a une porte de sortie donnant directement sur la rue et une cour privée. Elle comprend deux chambres, une cuisine et des dépendances pour remiser le combustible et coucher le domestique.

Ce n'est pas un château, mais pour quelqu'un qui a vécu dans une caverne... Sachant tirer parti de tout, Alexandra profite du voisinage du cimetière pour observer les enterrements et leurs coutumes, les costumes, le cercueil, le cortège. On se distrait comme on peut en hiver, à Tatsienlou. D'autant que la société n'est pas des plus fournies. Une quinzaine d'étrangers parmi lesquels des Français : l'évêque catholique, les religieuses et deux prêtres. Deux Américains, un médecin et son épouse. Des pasteurs écossais. Voilà toute la compagnie européenne de Tatsienlou. Et puis, il y a des crimes que l'on commet dans le voisinage d'Alexandra, sans qu'elle s'en émeuve pour autant. Un homme tué à coups de bâtons et dépouillé de ses vêtements est trouvé presque devant sa porte. Ce meurtre, et les autres, semble être l'œuvre d'une sorte de mystérieuse maffia dénommée Fidji.

Fidji ou pas, Alexandra en a vu d'autres et ne va pas commencer à trembler aux veilles de son soixante-dixième anniversaire. Le 15 octobre, elle annonce aux éditions Plon qu'elle espère avoir terminé *Sous des nuées d'orage*,

> pour le Nouvel An, mais des incidents retardent la copie. L'autre jour, j'envoyais un chapitre à copier à la machine à Chengtu. Le courrier a été pillé en route. Parmi les papiers rejetés par les voleurs, on a trouvé des pages de ma copie qui ont été rapportées à Tatsienlou avec les débris du courrier. Le percepteur a cru reconnaître mon écriture. Cela arrive de temps en temps.

Dans l'histoire de la littérature, peu de manuscrits ont eu un sort aussi mouvementé que celui de *Sous des nuées d'orage*. Composé sous les bombes, tapé entre deux alertes, dédaigné par les pillards, il mettra huit mois pour parvenir aux éditions Plon.

Ces contretemps, ces incidents n'empêchent pas Alexandra de constater, philosophiquement,

> malgré tout, la vie à la frontière sino-tibétaine est intéressante, pleine de dessous curieux.

Parmi ces « dessous curieux » figurent les personnages pittoresques qui abondent en ce pays de Kham,

> foyer de magie, de la sorcellerie en même temps que celui des plus remarquables intellectuels tibétains.

Tatsienlou est régulièrement traversée par des charlatans en guenilles, des érudits à bonnets rouges, des errants, de saints hommes ou des fous. S'en distingue celui que l'on surnomme le *Doubtob*, le thaumaturge, et qui semble doué du don d'ubiquité. Il a coutume de faire irruption dans les maisons en réclamant du thé et du riz, en cassant la vaisselle et en déchirant des livres. Inutile de préciser que le *Doubtob* n'a jamais osé se livrer à ce genre d'excentricités chez Alexandra.

Autres bons sujets pour la collection alexandrine d'originaux et d'extravagants commencée dès sa jeunesse à Paris et à Londres et qui s'enrichit là considérablement ; avec, entre autres, un « minéralivore », un taoïste chinois qui se nourrit exclusivement de pierres à chaux et un *Mopa*, un devin de profession, porteur d'un trident d'où pendent des rubans multicolores.

Enfin, aubaine suprême pour la Lampe de Sagesse, surgissent des profondeurs des forêts du Kham quelques *yogis* qui se livrent à d'étranges pratiques. Alexandra engage avec ces errants, ces renonçants, les plus passionnantes conversations. Elle discute interminablement avec les Böns noirs qui sont restés fidèles au chamanisme primitif de leurs ancêtres et avec les Böns blancs qui ont emprunté une grande part des doctrines et des rituels du lamaïsme. Elle assiste aux conférences du Lama Nga Wang qui se déroulent dans des flots d'encens et à la lueur de petites lampes éclairant une statue de Tsong Khapa. Elle se croit revenue en plein Tibet et y entend des paroles qui semblent être prononcées uniquement pour elle :

> Être bienfaisant pour autrui ne consiste pas à faire des actions que l'on imagine devoir lui procurer du bien-être. Ce qu'il faut, c'est devenir soi-même une source de bien-être. Voyez le soleil : son activité ne se manifeste pas d'après un plan qu'il a arrêté. [...] Il *est* le soleil, [...] il ne peut pas s'empêcher de répandre de la chaleur et de la lumière et, par là, procurer du bien-être à tous les êtres. De la même manière, le Sage, qui est devenu un centre vivant d'intelligence et de bonté, émet naturellement des ondes d'énergie qui répandent des influences dans le monde [1].

Autrement dit, devenir lumière, permanente source de lumière, comme c'est tentant pour Alexandra qui ne saura jamais jusqu'à quel point elle aura été pour ses lecteurs et pour ses lectrices une inépuisable leçon de vie et de sagesse...

1. *A l'ouest barbare de la vaste Chine*, Plon, p. 226.

En sortant de ces brillantes conférences, on est plongé dans les ténèbres des rues et on rentre chez soi à la lueur des lanternes. Tatsienlou est dotée d'une centrale électrique, mais sa population ayant, avec les réfugiés et les soldats, triplé, la centrale ne dispose plus d'un courant assez puissant pour illuminer les rues. Et l'on y circule, la nuit venue, avec sa lanterne, comme au temps de l'ancienne Chine, ce qui enchante Alexandra. Ce qui l'amuse nettement moins, c'est la situation de l'actuelle Chine :

> Les choses vont de mal en pis. Le consul m'écrit de ne pas retourner à Chengtu. On creuse des tranchées-abris, en ce moment, à l'institut bactériologique où j'habite à Chengtu. Chungking, la ville voisine, a été sérieusement bombardée et Chengtu, qui a déjà connu des alertes, va l'être prochainement.

Et probablement aussi, Tatsienlou. Pendant les alertes, des gens se réfugient au cimetière, ce qui fournit à Alexandra, toujours curieuse de nouveautés, un spectacle supplémentaire.

> Ils s'y installaient par groupes entre les tombes ou s'asseyaient sur les tertres gazonnés des plus anciennes de celles-ci, bavardant, riant et paraissant jouir agréablement de ces moments de récréation en plein air,

écrit-elle dans *A l'ouest barbare de la vaste Chine*[1].

Comme les alertes se multiplient et que les stations au cimetière se prolongent, des marchands chinois viennent y vendre leurs fruits, leurs caramels, leurs cigarettes. Un cuisinier ambulant sert des soupes aux nouilles et des saucisses fumantes. C'est la kermesse au cimetière, et c'est une façon comme une autre d'oublier les rigueurs du temps. Canton et Hankow sont tombées aux mains des Japonais. « Jolie situation que la mienne. Où aller ? » s'interroge Alexandra qui n'a pas tardé à se rendre compte que, malgré ses prévisions, ses espoirs de fuite au Tibet, elle est prise au piège. Elle est prisonnière à Tatsienlou et dans des conditions que Philippe évoque dans sa lettre du 28 octobre 1938 :

> [...] ta situation est bien précaire d'après les nouvelles que tu m'en donnes. Sans cesse sur le qui-vive, dans un pays hostile, avec de maigres ressources, la vie devient difficile, quoique cette année ait été très lourde, pour moi, en dépenses de toutes

1. P. 170.

sortes, je veux t'aider en te faisant sous peu, par l'intermédiaire de la banque où tu as un compte, l'envoi de 5 000 francs. Cela te permettra sans doute de parer au plus pressé.

A ta dernière lettre, était joint un mot aimable d'Albert dont je le remercie vivement, ainsi que Simone. La présence, à tes côtés, de ce garçon qui t'est si profondément dévoué, est très précieuse. [...] Il en est de même pour moi, en ce qui concerne ma nièce Simone dont le dévouement, au cours de ma maladie qui m'a mis si près de la mort, et depuis, ne se dément pas un seul instant.

Yongden auprès d'Alexandra, Simone auprès de Philippe, voilà les deux époux pourvus chacun d'un ange gardien. Mais tout le dévouement de Simone n'empêche pas le déclin de son oncle dont la mauvaise santé inquiète Alexandra. Elle multiplie les recommandations, les « ne sors pas après le coucher du soleil ». C'est d'ailleurs ce que fait Alexandra à Tatsienlou. A l'obscurité des rues s'ajoute bientôt la neige qui tombe pendant cinquante heures d'affilée. Longues soirées dont les heures sont occupées, comme celles du jour, à écrire, à lire, à méditer. Longues nuits traversées de rêves qu'Alexandra note parfois, comme elle le fait, le 26 janvier 1939, à propos d'un songe qui a pour héros Jean Haustont avec qui elle est toujours en correspondance et qu'elle désigne, selon son habitude, par l'initiale de son nom, H :

La nuit dernière, j'ai rêvé qu'on me remettait un très petit morceau de papier déchiré. [...] Sur ce papier était griffonnée [...] une adresse que je ne pouvais pas lire [...] Il était entendu que H. était parti et que cela était sa nouvelle adresse. Ensuite, j'entrais dans une maison assez commune. [...] Il y avait là une chambre plutôt grande, très en désordre, comme dans un déménagement. C'étaient les affaires de H. qui les avait laissées en partant. [...] Je demandais à quelqu'un présent près de moi mais invisible, comme s'il avait été placé derrière moi, ce que H. allait faire, où il était allé [...] et je pensais : alors tout est bien, c'est un bon emploi pour H.

A quoi rêvent les jeunes filles, à quoi rêvent les septuagénaires...

Les jours, les nuits, les heures, les rêves passent et c'est le printemps 1939. Philippe quitte l'Algérie pour le sud de la France, il s'installe dans le Gard, à Saint-Laurent-d'Aigouze. Alexandra se résigne à revoir, et à recevoir, Violette Sidney qui, après un arrêt à Ceylan, est parvenue, les dieux du voyage seuls savent comment, à Chengtu où Yongden s'en va la chercher. Voilà une « invitée » dont la présence risque d'être une lourde charge pour la fugitive :

> La sécurité devient de plus en plus précaire en Chine. Les Japonais avancent considérablement et se montrent ouvertement anti-étrangers. Dans les villes qu'ils ont conquises, ils font placarder de grandes affiches dénonçant les étrangers comme des ennemis, les exploiteurs des Chinois. Un de ces jours, il y aura du vilain. Je compte acheter deux ou trois bêtes, afin d'avoir des moyens de transport à ma portée. [...] Je vois Sidney venir avec quelque plaisir, mais, en cas de troubles, elle deviendrait une grande gêne. Elle ne peut pas dissimuler sa qualité d'étrangère, elle ne parle pas les langues du pays, n'en connaît pas les coutumes... Enfin, espérons que le pire n'arrivera pas,

écrit Alexandra à Philippe, le 20 avril.

Ce « pire » ne sera pas celui que prévoit Alexandra. Ce sera un « pire » quotidien. Quatre mois après son arrivée à Tatsienlou, Violette ne s'y plaît plus, s'ennuie et ennuie Alexandra :

> Sidney ne se plaît guère ici. Elle trouve que cela manque de « société ». Elle s'était imaginé que les lamas agiraient à son égard comme les Hindous et autres prédicateurs de religions bizarres qui parcourent l'Amérique et l'Europe en faisant la chasse aux fidèles et se confondant en grâces devant les néophytes. Or, il n'en est rien. Les lamas locaux et ceux des environs sont de gros personnages cossus qui vivent chacun chez soi, et, pour le moment, ne s'intéressent qu'à la politique et aux profits qu'ils peuvent en tirer. [...] Alors elle est vexée de ce que les gens ne s'occupent pas d'elle et ne lui témoignent pas des égards particuliers quand ils viennent chez moi. Elle a beaucoup vieilli et son caractère s'en ressent. [...] La pauvre Sidney a soif de notoriété, mais n'a jamais pris le chemin qu'il faut pour l'obtenir. Évidemment, ce n'est pas très gai, ici, mais, en ce qui me concerne, je n'ai pas besoin de « gaieté » et je m'y plais à travailler,

écrit Alexandra à Philippe, le 2 septembre 1939. Lettre significative sur ce que devait être l'atmosphère régnant sur le trio Alexandra-Yongden-Violette dans cette baraque voisine du cimetière... En ce 2 septembre, Alexandra termine *Sous des nuées d'orage*, poursuit sa grammaire tibétaine et commence *A l'ouest barbare de la vaste Chine*. George Sand qui terminait un roman dans la nuit pour en commencer un autre, au matin, n'aurait pas mieux employé son temps !

Alexandra, quand elle écrit cette lettre à Philippe, ignore que la Seconde Guerre mondiale vient d'éclater. Elle ne l'apprendra que le 8 septembre, par l'évêque qui a huit missionnaires mobilisables et qui attend la dépêche du consul les convoquant sous les drapeaux.

Réaction d'Alexandra devant la situation générale :

> Les gens paraissent avoir oublié les massacres d'il y a vingt ans. Les voilà qui recommencent et la guerre sera, maintenant, mille fois plus meurtrière à cause des « progrès » de l'aviation. Ce que j'ai vu en Chine est terrifiant [1].

Réaction devant sa situation privée :

> En ce qui me concerne, je ne vais rien gagner. Plon ne songera guère à publier un livre touchant la guerre en Chine, quand la guerre, en France, retiendra toute l'attention. Il en sera de même pour sa traduction anglaise ; et quand la guerre sera finie, mon livre n'offrira plus aucun intérêt d'actualité. Perte sèche et terriblement sensible.

Alexandra se trompe. Plon publiera *Sous des nuées d'orage* en juin quarante, en pleine débâcle. La débâcle terminée, les fanatiques du *Voyage d'une Parisienne à Lhassa* retrouveront le chemin des librairies et achèteront ces *Nuées* contant des orages qui ne diffèrent guère de ceux qu'ils sont en train de vivre en France. Réfugiés, bombardements, tout cela, contrairement à ce que pensait Alexandra, a un son étrangement actuel...

Face à cette conflagration générale, que va faire Alexandra ? Se terrer, s'emprisonner, volontairement cette fois, à Tatsienlou :

> Je compte demeurer terrée à Tatsienlou, pour un temps indéfini. Je suis installée parmi des compatriotes. Jusqu'à présent, ils se sont toujours montrés aimables et ont accepté que je ne partage pas leurs idées religieuses. Ma maison-baraque est [...] très rustique, certes, mais je ne suis pas difficile. Je l'ai meublée de ce qui est strictement nécessaire, j'ai un bout de jardin potager où je cultive des salades, des radis, du cerfeuil et, de l'autre côté de la cabane, il y a une plate-bande avec quelques fleurs le long d'une petite cour. On peut s'accommoder de cela et j'espère que les avions japonais ne viendront pas détruire mon humble logis.

---

1. *Journal de voyage*, t. II, p. 352.

C'est la sagesse même et le Gomchen de Lachen, du haut des cieux hymalayens qu'il a regagnés depuis peu, doit se réjouir de n'avoir pas décerné en vain son surnom de Lampe de Sagesse à Alexandra. Cette Lampe passera les années de tourmente à cultiver son esprit et son jardin. Ce bon sens aura sa récompense, « je me porte bien, mange comme plusieurs loups et dors profondément ». Le monde s'arrête et se limite à sa table de travail qu'elle ne quitte pratiquement plus :

> Le temps est mauvais pour le moment : neige et tempête. Je travaille d'arrache-pied à ma grammaire tibétaine afin de pouvoir en exhiber le manuscrit aussi tôt que possible. Il faut, absolument, que j'obtienne encore un peu d'aide officielle, mes fonds sont terriblement bas et le coût de la vie ne cesse de monter. La situation est inquiétante,

écrit-elle à Philippe le 3 mars 1940. A ces inquiétudes s'ajoute un nouveau souci. Comme traductrice, Violette Sidney laisse maintenant beaucoup à désirer :

> J'ai dû donner par mal de temps à la traduction anglaise de *Sous les nuées d'orage* par Sidney. Elle a beaucoup « baissé » comme capacité pendant les années où nous avons été séparées. [...] Il m'a fallu voir sa traduction ligne par ligne pour éviter que le style n'en soit enfantin et plat. Gros travail !

Et comme si cette « baisse » ne suffisait pas, Violette se mêle d'avoir des visions :

> Elle devient un peu toquée et raconte des histoires invraisemblablement folles. Avant-hier, elle m'a communiqué une « vision » qu'elle avait eue. Elle avait vu le « protoplasme » *(sic)*. Elle ne sait naturellement pas ce que c'est. Ledit « protoplasme » se soulevait, formant des crêtes et s'abaissait, formant des vallées. Et en voyant cela, elle éprouvait « une joie indicible ». Cela relève de la maison d'aliénés ces histoires-là. Mais je suis convaincue que Violette Sidney n'a rien vu du tout et qu'elle invente ces histoires pour se donner l'air important. J'en dois entendre du même genre toute la journée. Les soucis d'argent la tourmentent, et aussi un autre : elle voudrait se marier.... Elle a passé soixante six ans !! Curieux !

Miss Sidney disparaît peu à peu des agendas, et de la vie d'Alexandra. Elle ne tarde pas à quitter Tatsienlou où elle ne trouve ni « société » ni mari dignes d'elle.

Dès le printemps 1940, Alexandra prévoit les privations et la durée de la guerre :

> La guerre peut durer trois ans, quatre ans et le rationnement devenir de plus en plus strict, prémunis-toi autant qu'il est encore possible de le faire ; autrement tu le regretteras amèrement quand ta santé et celle de Simone souffriront de votre imprévoyance,

écrit-elle le 4 avril à Philippe à qui elle conseille l'achat de café, sucre, riz, semoule, cacao, toute une petite épicerie à domicile, y compris du lait en boîte. Et comble de précaution : « au besoin, on peut enterrer les caisses dans lesquelles les boîtes sont placées ». Beaucoup de Français auront ce réflexe, à l'époque, et enterreront boîtes de conserve et pièces d'or...

En ce printemps, les bombardements japonais reprennent :

> Chungking et Chengtu ont de nouveau été mis à mal par les Japs. Plusieurs autres localités de la région ont subi le même sort. L'évêque est venu me conseiller d'envoyer à la campagne ce qui pourrait encore me rester de manuscrits et d'autres objets auxquels je tiens [...]. Il n'y a pas à compter que les bâtiments de la Mission seraient épargnés à cause du drapeau français. Les Japs se moquent des étrangers quels qu'ils soient et les missions de tous cultes et de toutes nationalités flambent comme le reste.

C'est la débâcle partout, en France comme en Chine, à Paris comme à Pékin. Le 13 mai, à Tatsienlou, Alexandra, imperturbable, sème des poireaux, des tomates, de la salade romaine et de l'oseille. En juin, elle fait des confitures, se lave les cheveux, assiste à un violent incendie qui ravage une partie de Tatsienlou, esquisse un projet de livre qu'elle intitule d'abord *l'Homme est-il un être intelligent ?*, puis après réflexion, *l'Homme, cet imbécile*.

Elle écrit à Philippe :

> Il est bien probable que si j'étais un homme en âge de le faire, je m'engagerais... Mais une femme... qui n'est pas électeur se trouve dans une tout autre condition.

Elle apprend, peu après cette déclaration d'intention, que l'armistice a été signé.

Le 21 août, Alexandra connaît une expérience analogue à celle, célèbre, décrite par Marcel Proust dans *A la recherche du temps perdu*, quand le narrateur perçoit, à travers le goût d'une petite madeleine, toute la saveur d'un certain passé :

> Ce soir, après avoir bu le bouillon qui compose tout mon repas du soir, ces temps-ci, j'ai envie de changer le goût graisseux qui me reste dans la bouche. Je demande une tasse de thé avec du lait, et en la buvant, je croque un petit morceau de sucre candi. Une saveur particulière me vient. Cette saveur est celle d'une prune confite qui se trouvait dans une boîte de fruits confits que Mme Bertrand m'avait donnée à Ixelles [...] quand j'avais sept ou huit ans. Soudain, je vois la prune vert foncé, glacée de sucre, la boîte ovale, la chambre et tout son ameublement, et je *goûte* la prune. Jamais je n'avais pensé à ce menu fait. Comment s'est-il, ainsi, présenté ?

Mais Alexandra David-Néel ne s'attarde pas, comme Marcel Proust, à analyser plus longuement de telles sensations. Et ce même 21 août, elle demande à Plon d'envoyer son nouveau livre, *Sous des nuées d'orage*, à quelques-uns de ses intimes parmi lesquels figurent Jean Haustont, le professeur d'Arsonval et Philippe Néel. C'est la dernière fois que le professeur et Philippe recevront un livre d'Alexandra. D'Arsonval meurt en janvier 1941, et Philippe un mois après, en février, à Saint-Laurent-d'Aigouze, dans le Gard, où il s'était, on s'en souvient, retiré. Né un 18 février 1861, il était aux veilles de son quatre-vingtième anniversaire.

Le mercredi 19, Alexandra note dans son agenda :

> Au début de l'après-midi (2 h environ) j'ai appris la mort de Mouchy par un câblogramme envoyé, par Simone, de Saint-Laurent-d'Aigouze, [...].

Alexandra tient longuement entre ses mains ce télégramme ainsi conçu : « Oncle décédé tristement Simone Néel. » Puis elle dit : « J'ai perdu le meilleur des maris et mon seul ami. » Elle refoule ses larmes comme elle a appris à le faire et écrit immédiatement aux trois nièces de Philippe, Simone, Lucy et Fanny qui aimaient beaucoup leur oncle et que leur oncle aimait beaucoup. Elle évoque « la triste nouvelle » et se dit « désolée ». Et ce n'est pas un terme de convenance ou de courtoisie. Désolée, Alexandra l'est vraiment, profondément. Elle a perdu son meilleur ami, son prince lointain, son protecteur. Philippe était conscient de ses rôles puisque le 1er octobre 1940, sentant sa fin prochaine, il avait écrit à Alexandra :

> Bien chère amie,
> Ces lignes sont les dernières que tu liras, écrites de ma main.
> Elles sont destinées à te faire connaître ce que je te laisse,
> après ma mort, en ta qualité de « légataire universelle », ainsi
> qu'il est stipulé dans notre contrat de mariage, et rappelé à
> mon testament.
> Tout d'abord, je te rappellerai que tu as droit au tiers de ma
> pension de retraite de la compagnie Bône-Guelma. [...] Ce
> serait donc, sauf nouveaux changements, à 8 750 francs que se
> monterait à peu près la part qui te reviendrait. [...]
> En second lieu, voici l'énumération approximative des biens
> que je te laisse composés, exclusivement, de valeurs diverses et
> d'argent liquide.

Et Philippe énumère les différents dépôts faits à la banque de la Compagnie algérienne à Tunis, au Crédit Lyonnais, agence de Bône et agence de Tunis, en diverses banques et ses dispositions « en ce qui concerne la vieille maison familiale de Saint-Laurent » qui devient la propriété de Simone. Il termine sa lettre d'adieu par ces lignes :

> Ayant, ainsi, assuré, dans la mesure du possible, et vu les circonstances actuelles, l'avenir des seules personnes qui m'intéressent, toi-même et Simone, je m'en irai, quand l'heure du dernier départ sonnera, l'esprit en repos, vers l'au-delà inconnu.
> La vie est brève, bien que je l'aie vécue au-delà de sa moyenne normale. Je la quitterai avec la satisfaction de croire qu'elle a été bien et utilement remplie.
> Un dernier adieu, ma bien chère amie.

Philippe Néel.

Alexandra n'avait pas cru à l'imminence de cet adieu. L'indomptable pensait que la bronchite, la faiblesse de son époux ne dureraient pas et qu'il se rétablirait. On croit toujours que les gens qu'on aime sont immortels. Un télégramme vient de prouver le contraire à Alexandra qui cesse d'être inaccessible et qui, atteinte, mesure sa désolation.

Ce qui unissait Alexandra et Philippe, ce n'était peut-être pas de l'amour fou, mais la plus amoureuse des amitiés qui puissent unir deux êtres aussi dissemblables. Narcisse féminin, Alexandra venait de perdre son Écho masculin, celui à qui elle parlait comme à un écho et à qui elle écrivait comme à un double lointain. Trente ans de correspondance, d'août

1911 à février 1941, s'achevaient. Comme Colette, après la mort de sa mère Sido, gardait le réflexe d'écrire une lettre à Sido, Alexandra, sans doute, garda ce réflexe d'écrire, de raconter, de dire sa vie à un Philippe qui n'était plus là pour lire, écouter, commenter, conseiller...

Ensuite, le chagrin d'Alexandra cède la place, ou cohabite, avec les habituelles formalités administratives que la mort engendre et que la distance et la guerre vont augmenter considérablement. Mme David-Néel multiplie les télégrammes, les lettres aux banques, aux notaires, aux consuls. Elle parvient à mettre un ordre — provisoire — dans cette affaire qui ne sera définitivement réglée qu'à son retour en Europe, en 1946. Mais cet héritage ne change en rien sa situation financière, très précaire, à Tatsienlou : les transferts de fonds sont toujours difficiles, voire impossibles. En mai 1941, Alexandra reçoit une aide providentielle de l'État français, une subvention de 30 000 francs accordée pour la grammaire tibétaine qui se révèle ainsi plus rentable que prévu...

La mort de Philippe affecte Alexandra en profondeur, déclenchant une série de malaises physiques. Elle observe, avec indifférence et parfois, humour, leurs manifestations :

> Août 1941. Depuis trois semaines, je souffre de violentes douleurs dans les reins et le bas-ventre du côté gauche. La doctoresse chinoise dit qu'il s'agit d'une inflammation des nerfs. Ce jour, 17 août, j'éprouve à mon réveil un point très douloureux au côté gauche. Pour une raison inutile à mentionner, je me lève brusquement, bats l'une des servantes puis Albert. Merveille ! l'exercice fait disparaître la douleur... mais elle revient lentement, maintenant environ 2 heures après l'action. Amusant le remède !
> Mais j'en conclus que tout exercice mettant le sang en mouvement serait bon, je vais en essayer de plus bénins. On pourrait bâtir une histoire sur un monsieur qui, pour combattre ses douleurs, doit battre quelqu'un tous les matins...

Curieux remède. Mais, avec la Lampe de Sagesse, il ne faut s'étonner de rien. Et les conséquences de la mort de Philippe continuent, inflammations, douleurs imprévisibles, vomissements, et surtout, amaigrissement inquiétant. Alexandra ne pèse plus que 55,5 kg, alors que, en arrivant en Asie, elle avait atteint les 80 kg. Elle descendra jusqu'à 52. Elle ne s'en alarme pas pour autant et combat tous ses maux par un seul remède : l'étude. Elle étudie le chinois dans une petite plaquette anglaise, *The Hundred Best Characters*, de Herbert A. Giles, professeur de chinois à l'université de Cambridge. Les premiers mots qu'elle apprend sont « s'il vous plaît », « merci » et « étudier ». Ce dernier mot est vital pour cette immuable étudiante. Et puisqu'elle est en Chine pour étudier le taoïsme, elle se penche sur l'un de ses classiques, le *Tao te king* et sur des ouvrages d'inspiration taoïste comme *le Secret de la fleur d'or*. Certains chapitres d'*Immortalité et réincarnation* qui paraîtra plus tard, chez Plon, en 1961, sont directement inspirés des recherches de ces moments-là, et certains paragraphes ont peut-être été écrits à l'intention de Violette Sidney et de ses prétendues visions :

> Rien n'est plus aisé et plus courant que de se duper dans la recherche de l'union spirituelle, et de croire, orgueilleusement, que l'on a accédé à des plans supra-normaux alors que l'on s'enlise en des divagations et des sensations relevant de la pathologie.
> « Rechercher » l'union avec le Tao, avec le Tout, avec l'Un, dénote un manque complet de compréhension. Cette union n'a pas à être produite : elle existe, elle a toujours existé[1].

Quand elle n'observe plus ses propres souffrances, Alexandra observe celle des autres, et notamment les tortures que l'on inflige à Tatsienlou comme :

> On attache les pieds et les mains du torturé ensemble. De cette façon il est suspendu à une poutre. Pour l'alourdir on lui attache des pierres sur le ventre et sur le dos. On peut de plus lui brûler les fesses ou le dos avec des faisceaux et des bâtons d'encens. Cela a été fait à une femme enceinte accusée d'avoir tué sa mère pour la voler ; pendant la torture, elle accoucha.

Parmi ses projets, elle songe à écrire un livre qui s'appellerait *Quatre Ans de séjour d'une païenne dans un couvent*. Projet qui n'aura pas plus de suite que *l'Homme, cet imbécile*. Le récit de ces quatre ans de séjour d'Alexandra, locataire de l'évêque et des religieuses, n'aurait pas manqué d'être intéressant si l'on en juge par cette brève note du 9 février 1942 :

> Le temps, cette année, est beaucoup plus froid que les années précédentes. Tatsienlou qui n'a rien du Tibet pittoresque que j'aimais me devient insupportable. Ma bicoque et le voisinage des nonnes me deviennent insupportables.

---

1. *Immortalité et réincarnation*, éd. du Rocher, p. 47, rééd. 1980.

Et pourtant elle devra supporter, pendant encore quelques interminables saisons, Tatsienlou et ses nonnes ! Voilà plus de trois ans qu'elle est là. Elle ne peut mettre à exécution son « ou pourrir, ou partir ». Elle ne peut pas s'en aller. La Chine, le monde sont à feu et à sang. Il vaut mieux pourrir sur place que périr. Tel est le prodigieux instinct vital d'Alexandra qui termine l'année 1942 par un festin de poulet et d'oranges, et aussi, par une crise de cystite.

En 1943, la subvention de 30 000 francs offerte par l'État français est renouvelée. Il était temps. Alexandra devait des mois de loyer à la mission catholique, comme en témoigne la reconnaissance de dettes suivante :

> D'après accord avec Mgr Valentin, Mme Alexandra David-Néel est autorisée à différer le paiement du loyer de la maison de la mission catholique qu'elle occupe jusqu'à ce qu'elle puisse recevoir de l'argent de l'extérieur.

Deux signatures y sont apposées, celle de Mgr Valentin et celle d'Alexandra. Dès qu'elle reçoit ses subsides officiels, Alexandra règle ses dettes et reçoit de Mgr Valentin ce reçu :

> Le soussigné déclare que Mme Alexandra David-Néel est libre de toute charge — loyer ou dette — envers la mission catholique de Tatsienlou Sikang Chine. Fait à Tatsienlou le 10 septembre 1943.

Ces dettes expliquent, peut-être, l'exaspération d'Alexandra envers les nonnes avec qui, jusque-là, elle s'était plutôt bien entendue, et en particulier, avec leur supérieure, Mère Marie Saint-Marc, dont elle fera l'éloge dans une lettre à son éditeur, le 5 août 1951 :

> [...] d'elle, je n'ai qu'un mot à dire, c'est un délicieux petit ange, une douce sainte à qui sa douceur et sa sainteté même attiraient bien des ennuis parmi certaines gens de son entourage dont son humilité encourageait la malice. « Je manque de poigne », disait-elle d'elle-même, et on le lui reprochait.

De toute façon, Alexandra se devait de rester en bons termes avec ses saintes compatriotes. Les ressources intellectuelles de Tatsienlou étant des plus minces, elle en était réduite à emprunter des livres à la bibliothèque de la mission catholique. Elle se met à lire les œuvres des Pères de l'Église. Jésus et Bouddha sont face à face et discutent, s'affrontent sur un ring nommé Alexandra. De cet affrontement naît l'idée d'un livre dont le titre serait *Jésus l'Asiatique* et qui

> pourrait être une étude psychologique et physiologique comparant les extases, etc., des divers mystiques, soufis, vaishnavas, bouddhistes et catholiques.

Ces livres dont elle se contente de noter les titres et les thèmes, sans en composer aucun, montrent bien le désarroi profond dans lequel vit Alexandra depuis la mort de Philippe. Et cette guerre qui n'en finit pas, et ce Tatsienlou-prison où elle croupit, enfermée. Et comme si tout cela ne suffisait pas, voilà que Yongden devient, à son tour, « insupportable ». En octobre 1943, Alexandra note :

> Ce jour, j'ai résolu de me séparer d'Albert. Le garçon prend de l'âge, approche de la cinquantaine, devient insupportable. Je suis moi-même d'un caractère difficile. Ma mère l'était aussi. Triste chose d'être vieux !
> J'agirai aussi généreusement que possible. La guerre finie, mes affaires réglées, j'aviserai à assurer une pension à Albert qui lui permettra de vivre seul. A ma mort, il aura mon héritage tout entier, ou seulement la part à laquelle son adoption lui donne droit. Cela selon qu'il se comportera.
> Il n'aura pas perdu à m'aider à aller à Lhassa ! Que serait-il sans moi, ce misérable Sikkimais. Moi, je m'arrangerai seule. Pas toujours commode quand on est vieux et si l'on devient malade. Comment tenir un « chez-soi » si l'on est livré à des domestiques ? L'hôtel ne convient qu'à des bohèmes bien portants. Enfin, ce sera une nouvelle aventure. Je la vois venir avec une certaine ironie. Ce sort que l'on a, on se l'est fait. J'aurais dû mourir dans ma tente au milieu des solitudes tibétaines... Je me suis trop attardée...

Moment d'humeur comme il en existe dans tous les couples, y compris celui formé par une « mère » et son « fils adoptif ». Moment d'orage vite oublié : la Lampe de Sagesse ne se séparera pas de son Océan de Compassion.

La guerre, les disputes avec Albert qui doit en avoir assez d'être traité en gamin de cinquante ans, le carcéral ennui de Tatsienlou, Alexandra les oublie en compagnie des Pères de l'Église, du Bouddha, ou de ces saints hommes qui passent, frappent à sa porte et la surprennent parfois dans la confection de confitures ou de pickles « à l'anglaise » :

J'ai mis les tomates coupées mince avec oignon et sel à tremper pendant une nuit, j'ai versé le liquide qui s'est produit. J'ai mis du sucre dans le vinaigre, fait bouillir pendant un moment, ai ajouté quelques clous de girofle, de la cannelle en écorce, des piments rouges et fait bouillir jusqu'à ce que les tomates soient molles. Excellent condiment.

La dureté des temps aidant, la Lampe de Sagesse apprend à faire de la salade sans huile et à bâtir « une champignonnière pratique » dont elle ne nous a pas livré le secret de fabrication...

Pendant sa captivité à Tatsienlou, Alexandra n'a pas cessé de se comporter comme une véritable Lampe de Sagesse. Le bruit de ses vertus s'est répandu dans la ville et dans la contrée. Elle finit par en être importunée :

Comme Dame-Lama [...], des morceaux de ma robe ou même seulement quelques fils d'étoffe arrachés aux coutures me sont souvent demandés. Tandis que d'autres me prient de frotter un morceau d'étoffe ou de papier sur ma figure et de les leur donner comme talisman [1].

A ce train-là, il ne restera bientôt plus rien de la belle robe de Dame-Lama offerte par Sidkéong Tulkou et ses confrères ! Il est vraiment temps de quitter Tatsienlou. En 1944, les Japonais ont cessé d'être des conquérants invincibles : ils ont perdu leurs derniers espoirs de s'emparer de la Chine et abandonnent leurs dernières bases aériennes. Ils ne reviendront plus bombarder Chengtu où Alexandra peut réintégrer son pavillon. Mais le docteur son ami, le Dr Georges Béchamp, n'est plus là pour la recevoir. Il a répondu à l'appel du général de Gaulle et est allé représenter la France combattante à Hong Kong jusqu'à l'arrivée des Japonais. Il est mort dans les geôles d'Hanoi. Son remplaçant à Chengtu est aussi accueillant et reçoit Alexandra avec empressement.

Alexandra sera donc restée à Tatsienlou beaucoup plus longtemps qu'elle ne l'aurait souhaité, de juillet 1938 à mars 1944. Pendant cette période elle aura appris à survivre aux désastres de la guerre en écrivant des livres, des projets

1. *Sous des nuées d'orage*, p. 237.

de livres et de multiples notes. Elle aura aussi appris à confectionner d'excellents pickles à l'anglaise.

Chacune de ses journées a été une leçon de courage et de dignité. Ne pas déchoir, ne pas perdre l'espoir que la guerre finira et que les portes de sa prison de Tatsienlou s'ouvriront. Elle a regardé passer les caravanes emportant le thé vers Lhassa, la Ville-Soleil, elle a lu, elle a médité, elle a écouté les propos des saints hommes échappés des solitudes de la lumière. Une lumière qui n'a pas cessé de briller, et même aux pires moments, au fond du cœur alexandrin, un cœur qui bat maintenant depuis soixante-quinze ans...

L'adieu à l'Asie
(printemps 1945-
printemps 1946)

Adieu l'insouciante vie de voyage!

Ella MAILLART.
(Oasis interdites.)

Si Alexandra n'aime que la solitude, il n'en est pas de même pour Yongden qui, en quittant son Sikkim natal, a découvert au Japon l'existence des villes et de ces petits paradis quasiment permanents que sont, entre autres, les cinémas et les restaurants.

Chengtu est une vraie ville alors que Tatsienlou, en dépit de son titre de capitale du Sikang, n'est qu'une grosse bourgade perdue dans les montagnes, avec un seul cinéma qui a brûlé et que l'on n'a pas reconstruit, et des « restaurants » qui s'improvisent en plein air autour des marchands de nourriture ambulants.

A cinquante ans, Yongden affirme ses goûts, timidement, et court les cinémas de Chengtu pendant qu'Alexandra retrouve le monde civilisé à la radio. Elle peut capter Radio-Saigon. Le 2 janvier 1944, elle note et résume ainsi un discours de Hitler :

> Si les Alliés avaient la victoire, les Anglais n'en retireraient aucun profit, tous les avantages seraient pour les Russes et les Américains. Le monde deviendrait la proie du bolchevisme. [...] Hitler a terminé en proclamant qu'il ne demande pas de cadeau à Dieu, il le prie seulement d'examiner avec justice le courage du peuple allemand et de prendre en considération tout ce que supporte le peuple allemand pour sauver l'humanité de la catastrophe. Si Dieu est juste, l'Allemagne aura forcément la victoire.

Dieu, grâce au ciel, n'a pas été juste et n'a pas donné la victoire à l'Allemagne de Hitler. Et le 6 juin, toujours à l'écoute de Radio-Saigon, Alexandra note :

> Les Anglo-Américains ont débarqué sur les côtes de France vers Calais, Cherbourg... On dit que 9 000 navires et 5 000 avions ont participé à l'attaque ainsi qu'un grand nombre de parachutistes. Rome a été prise le 4 et épargnée. Saint-Pierre est intact. Pacelli a rendu grâce au ciel de ce que Alliés et Allemands ont évité de détruire Rome !!...

Points d'exclamation et de suspension révélateurs : les sentiments antipapistes d'Alexandra n'ont pas varié depuis un demi-siècle, depuis qu'elle débutait dans le journalisme et faisait du pape et des évêques les descendants des sorciers africains primitifs. Ses années de voisinage avec l'évêque et les religieuses de Tatsienlou n'ont modifié en rien, à ce sujet, ses façons de voir et de penser...

A Chengtu, comme à Tatsienlou, Alexandra lit, écrit, médite, note des projets de livres et d'articles et passe des pensées des Pères de l'Église aux poèmes de ce Mao Zedong qui s'apprête à régner sur la Chine. Elle remarque que, dans l'un de ses poèmes, Mao cite une pensée de Koung Tseu, autrement dit, Confucius : « Comme un fleuve, la nature coule perpétuellement, de jour et de nuit. » Elle fait l'intéressant commentaire suivant :

Ce n'est point à cause de la pensée qu'elle exprime, qu'elle attire notre attention, c'est à cause des mots par lesquels Mao l'a fait précéder dans son poème : *le Maître dit.* C'est à cause de ce titre de Maître donné comme allant de soi par Mao à Confucius.

Qu'ils le veuillent ou non, qu'ils en soient conscients ou non, les Chinois lettrés sont imbus de la pensée de Koung Tseu ; *imprégnés* de ses sensations. Ils les ont absorbées dans leurs études. Il y a plus. Ces modes de penser, ces façons de sentir, doivent exister dans l'ambiance particulière de la Chine. C'est elle qui doit avoir inspiré le Maître chinois, il y a 2 500 ans, et qui continue à agir comme guide du comportement d'Extrême-Orient.

Les années de captivité à Tatsienlou n'ont pas atténué sa vigueur de penser. Comme disait Philippe, « tu n'es qu'un cerveau ». Ce cerveau fonctionne admirablement et se rit des atteintes de l'âge. Pour bien montrer qu'elle est restée l'Alexandra de toujours, elle fait à Chengtu une conférence sur le thème des relations sino-tibétaines qui se termine par :

Je regrette infiniment que l'amitié ne règne pas entre le Tibet et la Chine. Les deux pays perdent beaucoup à se considérer en ennemis. [...] Les Tibétains et, particulièrement vos voisins les habitants du pays de Kham, sont des montagnards très robustes et très braves. Ils méritent votre estime. Il leur serait profitable de vous avoir non plus comme adversaires ou comme maîtres hautains, mais comme conseillers et comme amis, et il vous serait profitable, à vous, Chinois, de les avoir pour amis et associés.

Qu'une franche et sympathique entente se fasse donc entre deux peuples que j'aime : les Chinois et les Tibétains. C'est par ce souhait que je terminerai.

Souhait qui n'a toujours pas été entendu et dans lequel on peut voir une application moderne du philosophe chinois Meh-Ti qu'Alexandra avait découvert au début de ses études d'orientaliste, et dont le credo était : « Agissez envers votre prochain comme si vous l'aimiez. Faites cela pour votre mutuel avantage. »

Alexandra commence l'année 1945 à Chengtu, en faisant ses comptes. Elle a pu recevoir quelque argent de son éditeur américain. Et, miracle de la bureaucratie française qui traverse, intacte, les guerres et les changements de régime, la subvention annuelle de 30 000 francs accordée par le ministère des Affaires étrangères a été augmentée et s'élève à 40 000 francs. Un bon encouragement pour en finir avec l'interminable grammaire tibétaine.

Le 8 mai, Alexandra note « l'acte de reddition de toutes les forces terrestres, navales et aériennes de l'Allemagne ». Cette nouvelle est complétée par une autre qui montre la permanence de certaines obsessions alexandrines :

> Louis de Brouckère, sans doute l'ancien élève de H., écrit un article de tendance très « gauche ».

H., autrement dit Jean Haustont, est aussi présent dans l'esprit d'Alexandra que la date anniversaire de la mort de Philippe qu'elle n'oublie jamais de souligner dans ses agendas, ou que son amour pour la Chine, le Tibet ou le Bouddha. Elle réagit vivement à une attaque contre les bonzes trouvée dans un livre, dans cette phrase :

> C'est grâce à Bouddha qu'ils s'habillent, grâce à Bouddha qu'ils ont de quoi manger. Les gourmands se font commerçants, les paresseux, bonzes.

Son indignation sur cette façon de présenter les bonzes passée, elle accorde toute son attention à la mort de Hitler annoncée le 2 mai 1945 par la radio allemande et par la radio de New York qu'elle a réussi à capter et dont elle note le communiqué :

> La radio de New York annonce la mort de Hitler comme suit : « [...] Il est mort comme un chien enragé, comme Mussolini. Il n'aboie plus, il ne mordra plus. Il était enragé, il avait transmis sa rage à tous les Allemands. Il voulait contaminer le monde entier. Il voulait être chef, empereur, dieu. Sa mort est la résurrection de la liberté, etc. »

On parle beaucoup de liberté en ce printemps 1945. Liberté, avec lumière, compte parmi les mots qu'Alexandra préfère. Liberté de quitter Chengtu et de retourner enfin en Europe pour y régler, entre autres, la succession de Philippe. L'un des amis d'Alexandra, Christian Fouchet, consul de France à Calcutta et futur ministre de De Gaulle, va s'employer à faciliter ce retour. Le 26 juillet, le consul de France à Chengtu signe l'ordre de mission suivant :

> Madame Alexandra David-Néel, exploratrice et femme de

lettres, se rend en France, accompagnée de son fils, le lama Albert Yongden. Conformément aux instructions de la direction générale des Relations culturelles du département parvenues à Monsieur l'Attaché culturel près de l'ambassade de France en Chine, Madame A. David-Néel et Monsieur Yongden sont rapatriés aux frais de l'État.

Les bagages contenant les collections de Madame David-Néel seront transportés dans les mêmes conditions. Les intéressés auront droit aux indemnités ordinaires de séjour et rentreront en France par la voie la plus courte ; via les Indes, Le Caire.

Cette voie « la plus courte » ne va pas se révéler la plus rapide. C'est seulement le 1er juillet 1946 qu'Alexandra et Yongden arriveront à Paris...

Alexandra quitte, par avion, Chengtu le 27 juillet 1945. Ce même jour, elle tire la conclusion des mois passés en cette ville :

> Remarque à retenir. Ne pas habiter un pays pluvieux. Ne pas habiter un appartement en ville. Il me faut un jardin pour sortir des chambres. Et il me faut des promenades à la campagne à proximité. Digne satisfait pas mal à ces conditions.

Digne est encore loin, très loin. L'avion et Alexandra font, et principalement à Kunming, des haltes plus longues que prévu. Et ce n'est que le 23 septembre, à sept heures du soir, que la Lampe de Sagesse atterrit à Calcutta où elle espère retrouver son Inde, la patrie de Bashkaranda et des shadous. Une pluie tropicale tombe. Personne n'attend Alexandra à l'aéroport. Le télégramme envoyé de Kunming pour annoncer son arrivée au consulat de France de Calcutta n'est vraisemblablement pas parvenu à destination. Cela n'a rien d'étonnant. La Chine vit les ultimes soubresauts de sa guerre civile. Les Japonais partis, l'union sacrée entre les communistes de Mao Zedong et les nationalistes de Tchang Kaïchek a cessé. Les hostilités entre les deux partis ont repris de plus belle. Qu'est-ce qu'un télégramme dans une pareille tourmente ? C'est déjà un miracle qu'Alexandra soit arrivée, même si son voyage en avion, de Chengtu à Calcutta, a duré presque deux mois ! « Il ne sert à rien de se lamenter. » Sous une pluie battante, la Lampe de Sagesse et l'Océan de Compassion finissent par échouer dans un hôtel indien où il ne pleut pas, c'est l'essentiel. Alexandra s'installe dans sa chambre, boit une tasse de thé brûlant, s'étend sur son lit et s'endort immédiatement. A son réveil, elle pousse les volets et ses étonnements commencent. Elle contemple l'Inde nouvelle personnifiée par des femmes en sari, des femmes honnêtes et respectables qui se montrent aux balcons, comme autrefois, seulement, les prostituées osaient le faire... De sa fenêtre aussi, Alexandra verra

> se dérouler les manifestations du nationalisme et celles, plus inquiétantes, d'un sectarisme farouche, qui devaient aboutir à d'épouvantables massacres[1].

Elle n'a quitté la guerre civile en Chine que pour retrouver les émeutes dans cette Inde qui lutte pour acquérir son indépendance.

Calcutta est en ébullition. A la chaleur du ciel s'ajoute celle des incendies de boutiques dus aux affrontements entre musulmans et hindouistes. C'est intenable. Alexandra tiendra un mois, puis quittera Calcutta à la mi-novembre pour Kurséong où, le 4 décembre, elle est terrassée par une crise de coliques hépatiques d'une violence telle qu'elle doit avoir recours à un médecin et, exceptionnellement, à une piqûre de morphine.

Cette crise de coliques hépatiques succède à une jaunisse dont Alexandra se remet à peine. Sa santé est vraiment délabrée par des années de privations et d'angoisses diverses, et maintenant, par cette question qu'elle s'est posée, dès son arrivée à Calcutta, et qu'elle va mettre neuf mois à résoudre : doit-elle, ou non, rentrer en Europe? Elle bénit les lenteurs administratives qui retardent son rapatriement et permettent un délai, un supplément de réflexion. Pourquoi ne finirait-elle pas ses jours en Asie? Rentrer en Europe, oui ou non? Il est à craindre que ce soit oui. Alexandra doit absolument achever de régler la succession de Philippe et toucher cette retraite dont elle a besoin pour vivre. En Europe, elle pourrait aussi rétablir sa santé. Elle pèse le pour, elle pèse le contre. Et elle mange, elle mange, surprise par sa propre boulimie, « appétit énorme, jamais rassasiée ».

Le 19 décembre 1945, Yongden apprend qu'il est reconnu *Lama Tulkou, Lama Réincarné* par le gouvernement central

---

1. *L'Inde où j'ai vécu*, p. 309.

chinois. Il reçoit le titre de *Fu Chiai Tang Chiao Ch'an Sih*, ce qui veut dire « Tulkou pénétré de l'illumination et se dévouant à la propagation de la religion ». Devant cette reconnaissance tardive, on ignore la réaction d'Alexandra. Yongden n'utilisera jamais ce titre et restera simple lama, et, surtout, Océan de Compassion.

Alexandra quitte Kurséong le 16 janvier 1946 pour Darjeeling d'où l'on aperçoit les montagnes du Sikkim, et particulièrement le massif du Kangchenjunga, où elle a erré du temps du Gomchen de Lachen. Elle songe à ses précédents séjours à Darjeeling, en 1912, en 1916. Voilà trente ans qu'elle était là, près d'un autel de Shiva. Y officiait un shadou dont elle avait reçu, en cadeau, une fleur :

> Quelle obscure impulsion a poussé cet homme à me donner, inconsciemment, cette fleur ? Il n'y a accordé aucune importance, ... moi, je rêve,

avait-elle noté alors.

Trente ans plus tard, elle rêve encore à cette fleur de Shiva, à la fleur des cimes, à la fleur de la lumière. Retournera-t-elle au Sikkim tout proche et escaladera-t-elle encore une fois le Kangchenjunga ? Et pourquoi, comme elle en a tant de fois menacé Philippe, pourquoi ne pas se retirer là dans une grotte pour y finir sa vie ? Au bout de trois jours de réflexions, de rêveries, et, qui sait, de *samadhi*, Alexandra, le 21 janvier, quitte Darjeeling, avec son habituelle brusquerie. Elle prend le train de nuit à Siliguri, dans un brouillard complet :

> Au départ de Darjeeling, brouillard, les neiges se sont tout de même un peu découvertes dans la matinée. Le brouillard augmente à mesure que le train descend, nous sommes dans les nuages. Brouillard tout le long du chemin jusqu'à Calcutta.

Elle suit ce chemin de brouillard et de nuages qui a — presque — valeur de symbole. Elle aussi ressemble à ces nuages et à ces brouillards qui se font et se défont. Elle sait maintenant qu'elle retournera en Europe. Elle a pris sa décision à Darjeeling. Elle a compris que le Sikkim n'avait jamais été aussi proche, ni aussi inaccessible. De quoi vivrait-elle au Sikkim ? Même pour y mourir décemment, il faut un peu d'argent. L'argent, toujours l'argent. Et la situation financière d'Alexandra ne peut trouver de solution qu'en Europe. Elle y retournera donc. Pour se consoler de sa décision, elle note, dans le train qui l'emmène vers Calcutta :

On ne m'enlèvera jamais le Tibet de l'esprit...

Oui, elle retournera en Europe. Au Sikkim, le Gomchen de Lachen n'est plus. Elle doit transmettre ses enseignements les plus secrets. Au sein de ces nuages et de ce brouillard, elle comprend qu'elle doit être, à son tour, un flambeau, une lumière. De cela, elle se souvient d'en avoir eu conscience en 1925. Mais à cette époque, elle savait qu'elle reviendrait en Asie. Maintenant, c'est fini. Elle a soixante-dix-sept ans et il est temps de dire adieu à l'Asie. Et d'apporter, dans ses livres, l'Asie à l'Europe qui en a le plus grand besoin.

A Calcutta, Alexandra, lassée du pittoresque des hôtels indiens, parvient à obtenir une chambre dans un établissement international, le Grand Hôtel, situé en face du parc Maidan. Dès son arrivée, elle reprend à la fenêtre son poste d'observation. Et là, la pudique Alexandra est témoin d'étranges scènes de débauche « présentées par les troupiers étrangers ». Elle quitte précipitamment son observatoire pour le hall de l'hôtel qui, le soir, se transforme en un *dancing* envahi par des hordes de soldats anglais et de prostituées locales. Ce n'est vraiment plus l'Inde de la jeunesse d'Alexandra, à la fin du siècle dernier. Pour comble, au Grand Hôtel, le personnel indigène se met en grève. De mémoire de Britannique, cela ne s'était jamais vu. « Les Anglais savaient que leur départ était décidé et le désordre régnait », écrit-elle en racontant cet épisode dans *l'Inde où j'ai vécu*.

A la grève du personnel indigène dans les hôtels internationaux succèdent celles des employés de bureaux municipaux, des ouvriers, des balayeurs des rues. La rue appartient aux émeutiers qui finissent par envahir les beaux quartiers, brisant les vitres des magasins et osant même matraquer un Américain, ce qui plonge Alexandra dans la stupéfaction. Automobiles et tramways renversés flambent sur les places.

Émeutes, incendies, matraquages, combien de fois Alexan-

dra aura-t-elle assisté à ce genre de scènes ? Elle ne s'y habi-
tue pas. De sa fenêtre du Grand Hôtel, elle note : « Émeutes
à Calcutta les 10, 11 et 12 février. » Plus tard, elle se souviendra de ces tueries :

> La même racaille que j'avais vue précédemment à l'œuvre se
> répandit à nouveau dans Calcutta. Aux musulmans exaltés
> s'étaient joints un grand nombre d'individus sans aveu, allé-
> chés par la perspective du pillage. Ces bandes composites pillè-
> rent, en effet, mais, surtout, elles assassinèrent. Le massacre
> durait depuis quatre jours quand des tanks firent enfin leur
> apparition, mitraillèrent les forcenés, mirent fin au carnage.
> [...] Les hindous ne tardèrent pas à répliquer. Ils le firent avec
> une férocité égale à celle des musulmans [1].

Au Grand Hôtel, les Européens dansent et festoient, igno-
rant volontairement les massacres de la rue. Le 19 avril 1946,
pour le Vendredi saint, Alexandra ne cache pas son écœure-
ment devant une telle attitude :

> En ont-ils assez parlé dans les journaux, dans leurs discours
> pendant la guerre. Ils *défendaient* la « civilisation chrétienne »
> contre Hitler, contre les Japonais. Ils sont grotesques, sinistre-
> ment grotesques.
>
> Je suis à Calcutta au Grand Hôtel, on dîne, la grande salle à
> manger est pleine : kaki des uniformes et femmes qui exhibent
> leurs jambes, quand ce n'est pas leurs cuisses. Le dîner est
> bon ; dîner gras, bien entendu. Il y a des catholiques parmi les
> dîneurs, des officiers français, ils se sont octroyé, ou fait
> octroyer, la dispense du maigre [...]. Et Jésus n'a pu prévoir
> l'abus que l'on ferait de son nom dans les Églises et les sectes
> dites « chrétiennes ».

Alexandra est immuable, dans ses indignations comme
dans ses exaltations. Elle ne change pas, elle ne vieillit pas.
Ces lignes qu'elle vient de tracer, à soixante-dix-sept ans, en
ce Vendredi saint de 1946, pourraient l'avoir été en 1888,
quand elle avait vingt ans. Et c'est là l'un des miracles
alexandrins : elle a toujours vingt ans. Mais elle doit préserver cette éternelle jeunesse en fuyant les horreurs de l'hôtel
et de la rue. Elle en a assez d'être au balcon de l'Asie depuis
maintenant neuf ans. Il est temps d'en descendre et d'atterrir en Europe pour s'enfermer à Digne, dans sa maison dont
elle fera une vraie forteresse de la méditation.

---

1. *L'Inde où j'ai vécu*, p. 314.

Alexandra quitte Calcutta par un pluvieux matin de juin. Ce matin-là, elle dit adieu à l'Asie et à sa lumière, sa belle lumière qui n'est pas là, il fait gris et triste. La veille, la Lampe de Sagesse a pris congé de ses amis hindous et européens. Elle a particulièrement remercié Christian Fouchet pour ses bons offices. Fouchet s'envole lui aussi, ce jour-là, pour l'Indochine.

Plus tard, dans les années cinquante, Alexandra confiera à l'un de ses agendas son adieu à l'Asie :

> Un matin pluvieux de juin à Calcutta. Le champ d'aviation gris et morne, de-ci, de-là, des avions au repos... très laids, très monstrueux. Un autre va partir ; à l'une de ces étroites fenêtres une main me fait signe, un visage me sourit... Au revoir... ou adieu... un jeune consul de mes amis s'envole pour l'Indochine. Mon tour vient, me voici dans l'avion qui va vers l'Europe. Où est donc ma place... Ah ! celle-là... Comme c'est simple... attente... puis les moteurs vrombissent et c'est la course à plat sur les voies de l'aérodrome... à peine une secousse, un léger balancement, nous ne touchons plus le sol, nous montons vers les nuages... Comme c'est simple... Je m'en vais. Au revoir Inde... Inde de ma jeunesse. Inde où tant de ma vie s'est écoulé. Au revoir Inde... ou n'est-ce pas un adieu ?... Les nuages gris nous enveloppent, nous filons sans heurts à travers cette ouate. Suis-je vivante ou déjà morte bien qu'ayant encore un corps de chair, comme l'imaginent les Tibétains ? Suis-je en voyage dans les limbes du Bardo ? Je suis partie, est-ce vrai. Asie... Inde, comment ai-je pu vous quitter.

Ce n'est pas une interrogation que pose Alexandra, il n'y a d'ailleurs pas de point d'interrogation mais un simple point. C'est une irréfutable constatation. Et la question reste posée : Asie, Chine, Tibet, Inde, comment Alexandra a pu vous quitter ?

Le grand retour
(1946-1949)

> *Je retournai à Paris. Je déambulai dans les rues,*
> *comme je l'avais toujours fait, pendant des*
> *heures.*
>
> Anaïs NIN.
> *(Journal 1947-1955.)*

L e 1er juillet 1946, Alexandra et Yongden arrivent à Paris.
Ils vont y passer les mois d'été et ne rentreront à Digne
que le 10 octobre. Il faut terminer de régler la succession de
Philippe, voir les éditeurs et, surtout, recevoir les journalistes. Dans ce dernier exercice, Alexandra montre son esprit
d'organisation et son inépuisable vitalité. Pendant la quinzaine qui suit son retour, elle accorde, méthodiquement,
deux interviews par jour, le matin à dix heures et le soir à six

heures. *Le Figaro, France-Soir, le Parisien libéré, les Nouvelles littéraires* défilent, suivis de tous les petits journaux nés aux lendemains de la Libération comme *Forces françaises, Inter* ou *Combat.* Comme en 1926, l'arrivée d'Alexandra à Paris tourne à l'événement et fait les gros titres de la presse. C'est le grand retour. Cela va de « La première femme blanche qui franchit les portes de Lhassa a retrouvé Paris » à « La grande voyageuse exploratrice Alexandra David-Néel nous parle de ses voyages et de ses impressions de France »...

Tous les journalistes s'accordent à célébrer sa gentillesse, la séduction de son regard et de son rire. Le mot de « magicienne » revient dans tous les articles. La « magicienne » reçoit en tailleur sombre orné du ruban rouge de la Légion d'honneur, et corsage clair avec cravate. Elle ne cache pas ses étonnements de Parisienne revenue dans un Paris qui a tellement changé depuis 1936 :

> Pourquoi les gens sont-ils si mornes, demande-t-elle. Je ne rencontre, ici, autour de moi, ou dans la rue, que visages fermés, maussades, le regard scrutateur fouillant dans les pensées et dans les cœurs. N'y aurait-il plus d'idéal, de flamme intérieure, de désirs ? Partout la même expression résignée... Il est vrai que les gens ont faim. Le peuple français souffre du manque de nourriture substantielle.

La boulimique Alexandra découvre le rationnement et ses cartes, et les contraintes que cela engendre et qui la font s'exclamer, à peine arrivée :

> Partir, partir ! Là-bas, en Asie, on est libre ! Ici, les gens sont devenus fous. Tickets pour ceci, cartes pour cela, contrôle pour tout ! Non, non, je veux vivre parmi des hommes qui soient des hommes, et non des moutons. La France est devenue le pays des hommes tristes.

Alexandra partage la vedette avec Yongden qui, lui aussi, a droit aux grands titres de la presse, de « Le Lama Yongden ne croit pas à la conférence de Paris » à « Au onzième siècle, j'ai vécu ma première vie, m'a dit Yongden, le Bouddha vivant, qui accompagne à Paris sa mère adoptive. » Comme la Lampe de Sagesse, l'Océan de Compassion souffre des privations et veut repartir :

— On mange mal. Je voudrais retourner au Tibet.

Il stigmatise les femmes « coiffées de chapeaux extravagants qui ressemblent aux coiffures des sauvages » et prophétise :

> Cette conférence de la Paix où se prépare une nouvelle guerre n'aboutira à rien. Les hommes sont fous et ne pensent qu'à se détruire. Vous êtes condamnés à périr. Quand tous les peuples de ce côté du monde se seront détruits entre eux, les peuples du Tibet et de l'Asie centrale, qui ont su conserver la vraie sagesse, viendront peupler la terre que vous aurez laissée libre.

Yongden frappe autant par ses propos que par son aspect physique : très petit, figure toute ronde « couleur vieil or », et derrière les lunettes, des yeux bridés où luit une bonté profonde, enfantine. Le regard d'un Océan de Compassion. Il comprend le français mais le parle difficilement. Alexandra l'appelle « mon fils » et il répond par un « Révérende mère ». Il rit beaucoup, et, à un journaliste qui exprime sa crainte d'être la victime des sortilèges tibétains, il répond, joyeusement, « moi, je suis l'ami de tout le monde ».

Comme en 1926, au temps des conférences au Collège de France et au musée Guimet, la Révérende mère et son lama font recette. On se presse à l'hôtel Lutétia où ils sont descendus, pour recevoir leurs impressions, leurs bénédictions, comme on se presse aux cinémas des Champs-Élysées qui affichent ces films américains dont les Parisiens ont tellement été privés pendant l'Occupation, *l'Odyssée du docteur Wassel, Citizen Kane, le Magicien d'Oz* et *Laura*. On ne sait pas si Alexandra a permis à Yongden d'aller au cinéma... Il y a tant de choses à faire dans ce Paris reconquis. Alexandra renoue avec ses amis de la Société théosophique, renouvelle son abonnement à l'Argus, découvre, rue La Fayette, un magasin où l'on vend « une espèce de *tsampa* à manger telle quelle, sans cuire ». Elle participe au dîner du club des Explorateurs dont elle fait partie, consulte un oculiste, puis un cartographe. Elle multiplie les rencontres avec le présent, comme avec le passé. En août 1946, entre un achat de livres et un achat de papier, figurent ces trois petits mots : « *Aller rue Nicolo.* » De quoi rêver, épiloguer sans fin. Qu'est allée faire Alexandra au 3, rue Nicolo où elle a vécu avec Jean Haustont ? Y chanter, comme elle l'a fait, autrefois dans *la Traviata*, « l'Adieu au passé » ? Il est temps, grand temps de revenir à Digne où Alexandra occupe la fin de l'année à écrire un scénario pour un film de dessins animés. Imprévisible Alexandra.

Le plus surprenant dans ce scénario qui se déroule dans un Olympe quelconque et qui a pour personnages de petits dieux qui s'ennuient, c'est que l'actualité y est présente dans ce qu'elle a de plus terrible : la bombe atomique qui a réduit à néant Hiroshima et que les Français viennent d'expérimenter à Bikini. Les petits dieux jouent à la bombe atomique et se bousculent pour mieux voir « le spectacle d'anihilation ».

Alexandra s'est réfugiée dans cet Olympe pour y oublier un peu les contrariétés qui l'attendaient à son retour à Digne. Samten Dzong n'a pas échappé aux désastres de la guerre dont, un an plus tard, Alexandra se fait l'écho, dans une lettre du 11 novembre 1947, adressée à l'une de ses amies de Calcutta, Christine Bossennec, qui dirigeait l'Alliance française et le centre culturel de cette ville :

> Je vous ai dit que j'ai été pillée à Digne. Je me suis installée sur les débris qui restent et j'ai fait effectuer quelques réparations sommaires aux deux immeubles. Dans l'un d'eux que la gendarmerie a réquisitionné sous les apparences de m'imposer un bail, j'héberge un gendarme et sa famille, sa femme et une jeune fille, des gens paisibles, heureusement, qui ne causent pas d'ennuis, sauf que pour tenir la maison en bon état, je dépense beaucoup plus que l'indemnité que la gendarmerie me verse.

Dans cette même lettre, Alexandra énumère, sans s'en plaindre, les difficultés de la vie quotidienne :

> La plus grosse difficulté est de procurer du combustible pour alimenter le chauffage central et de la *vraie* farine de blé. Le pain que l'on vend chez les boulangers n'est pas mangeable. Aussi, à part les galettes que je fais chez moi, je n'ai pas mangé de pain depuis mon retour. Les pommes de terre le remplacent.

Et puis, peu à peu, les choses rentrent dans l'ordre et la vie reprend à Samten Dzong, comme dans les années trente. Alexandra et Yongden lisent, écrivent, méditent, jardinent.

Au printemps 1947, Alexandra vient à Paris pour prononcer à la Sorbonne une conférence sur « quelques aspects du Bouddhisme tibétain ». Elle répète cette même conférence à Bruxelles, Liège, Charleroi, Anvers et Gand. Infatigable Alexandra : les journaux belges saluent son « extraordinaire endurance ». Comme dans les années trente, même public d'étudiants, de curieux, de fanatiques. Les générations se succèdent et gardent le même intérêt pour les paysages, les croyances, la philosophie, les habitants du Pays des Neiges, tels que les présente la conférencière.

A l'automne 1947, la parution de *A l'ouest barbare de la vaste Chine*, chez Plon, permet à Alexandra de montrer à ses amis qu'elle ne les oublie pas. Elle dédicace des exemplaires aux nièces de Philippe Néel, à Christian Fouchet, à Daniel Levi. Manque dans cette liste des intimes Jean Haustont. A-t-il disparu dans la tourmente ? Quand elle est allée, pendant l'été 1946, rue Nicolo, Alexandra aurait-elle appris alors la mort de son ancien compagnon et aurait-elle accompli un pèlerinage, se recueillant là comme sur une tombe imaginaire ? Impossible de répondre à ces questions, actuellement [1].

Comme *Sous des nuées d'orage* dont il constitue la suite, *A l'ouest barbare de la vaste Chine* est un mélange d'histoires personnelles et d'histoire générale. Alexandra y raconte les années passées à Tatsienlou, mais aussi y parle comme personne de la Chine, lançant dans l'avant-dernier paragraphe, cet appel :

> Nous avons beaucoup de choses à apprendre aux Chinois ; ils en ont tout autant à nous apprendre. Nous pouvons leur être utiles ; ils peuvent nous l'être également. C'est en nous pénétrant de ce fait qu'il nous sera possible d'établir avec eux des relations culturelles, diplomatiques et commerciales « pour notre mutuel avantage », comme le prêcha, il y a quelque vingt-cinq siècles, le philosophe chinois Mo-tsé [2].

De la Chine, Alexandra passe au Népal et, en 1948, écrit *Au cœur des Hymalayas, le Népal* qui paraîtra en 1949 aux éditions Dessart et qu'a réimprimé, récemment, Pygmalion. Mme David-Néel avait promis à son mari qu'elle emploierait sa vieillesse à faire des livres avec les matériaux accumulés

---

1. En dépit de recherches et d'appels, je ne suis pas parvenu à élucider le mystère Haustont et je ne possède même pas la date de sa mort. Si un lecteur de ces lignes pouvait m'aider à faire la lumière là-dessus, qu'il soit déjà assuré de ma vive reconnaissance.
2. Ou Meh-ti, Alexandra emploie indifféremment ces deux appellations pour désigner le philosophe chinois.

pendant ses errances. Elle tient scrupuleusement sa promesse. *Au cœur des Hymalayas* en offre un bel exemple, qui réunit le récit de son voyage au pays natal du Bouddha et de ses rencontres et observations quand, en précurseur, la Lampe de Sagesse vagabondait sur les chemins de Katmandou.

Ce livre se termine par la description d'une crémation dans le Térai népalais, et par cette évocation de l'Inde :

> C'est là l'Inde terrible, l'Inde sinistre qui souvent nous masque l'autre Inde : l'Inde aux pensées secrètes qui se meuvent en des régions étrangères à l'Occident[1].

C'est précisément cette Inde secrète qu'Alexandra s'apprête à évoquer dans *l'Inde. Hier-aujourd'hui-demain*, une Inde qui, depuis le 15 août 1947, a accédé à l'indépendance.

A Digne, la Forteresse de la Méditation, en ces années cinquante, est en train de devenir une Citadelle de la Création. Alexandra n'arrête pas d'écrire, ou de traduire. Parfois, elle s'offre le luxe d'un arrêt, l'illusion d'un vagabondage, comme autrefois. Pour fêter son quatre-vingtième anniversaire, elle s'en va camper avec Yongden, à plus de deux mille mètres d'altitude, au bord du lac d'Allos. Face aux neiges des Basses-Alpes, elle pense à d'autres neiges, et peut murmurer, comme elle vient de l'écrire dans *Au cœur des Hymalayas* :

> Oh! Tibet! Comment ce pays si différent du mien a-t-il pu me conquérir ainsi, me possédant cœur et esprit, par toutes mes sensations et par toutes mes pensées?

Entre une poignée de neige tibétaine et une poignée de neige provençale, quel dieu verrait la différence? Alexandra, elle, la voit... et regagne Samten Dzong et sa table de travail, et le livre à écrire, et le courrier à faire. Plus que jamais Sévigné, Alexandra répond. Il faudra d'ailleurs songer un jour à l'édition de sa *Correspondance générale* car certaines de ses lettres, et pas seulement celles adressées à Philippe, sont très belles et l'élèvent à la hauteur d'une méditation, comme ces pages qu'elle envoie généreusement à une inconnue qui vient de perdre un être cher qu'elle voudrait retrouver par n'importe quel moyen :

---

1. *Au cœur des Hymalayas, le Népal,* Pygmalion, p. 226.

Votre lettre m'a vivement touchée, je comprends votre douleur et j'y compatis, mais que pourrais-je faire pour vous ?... Vous souhaitez l'impossible. Vous voulez que ce qui est ne soit pas. C'est, du reste, ce que font la plupart des gens. Sous le couvert de diverses religions, ils ont inventé des fables destinées à les leurrer. Vous en avez essayé et, sans profit, dites-vous. [...] Ce n'est pas une seule fois que nous subissons des circonstances pénibles, celles-ci se représentent encore et encore au cours de notre existence sous des formes différentes durant un pèlerinage qui s'étend sur de nombreux siècles. Ce qui est vrai pour les circonstances douloureuses, l'est également pour les circonstances heureuses...

Les correspondants d'Alexandra en Europe, en Asie et en Amérique, sont innombrables. Parmi les privilégiés, Mira Alfassa, la Mère de l'Ashram d'Aurobindo. Elles se traitent mutuellement de « chère amie de toujours ». Et à Alexandra qui s'inquiète du sort du monde, la Mère répond :

Soyez sans inquiétude, tout va bien. Au-dessus des forces de destructions, il y a la grâce divine qui protège et qui répare.

Autre correspondant privilégié, Joseph Francis Charles Rock, Américain, explorateur, botaniste, qui, entre autres, a réussi des recherches, en Inde et en Birmanie, sur l'arbre Kalaw dont le fruit produit une huile servant au traitement de la lèpre. Bienfaits des arbres qui n'étonnent pas Alexandra...

Joseph Francis Charles a rencontré la vagabonde en 1923, à Li-Kiang, dans le nord-est du Yunnan. Il est né en 1884 et mourra en 1962. Jusqu'à sa mort, il constituera pour Alexandra une gazette de la Chine et du Tibet. Par Rock, Mme David-Néel a des nouvelles des Mac Donald qui l'avaient accueillie à son retour de Lhassa, ils vont tous bien, merci. Le fils du Khoubilgan, Darong Tsang, s'est marié. Mgr Valentin, l'évêque de Tatsienlou, est en prison et les sœurs de la mission catholique de cette ville ont été molestées, puis expulsées. La demi-sœur de Sidkéong Tulkou vit au Bouthan. Etc.

Le 15 décembre 1951, J.F.C. Rock annonce à Alexandra :

A propos du Tibet, Reginald Fox, l'opérateur de radio du Dalaï-Lama, maintenant à Kalimpong, m'écrit que pas un seul coup de feu n'a été tiré pour la « Libération du Tibet ». Un des frères du Dalaï-Lama est toujours à Formose, un enseigne à l'université de Gale U.S.A., l'abbé de Kum-Bum, un autre frère du Dalaï-Lama, est aussi aux États-Unis.

L'abbé de Kum-Bum aux États-Unis ! Les temps ont bien changé ! Alexandra est confortée dans sa croyance en l'impermanence des choses. Elle rêve sur les timbres et les cachets postaux des lettres envoyées par Rock, et dont plusieurs viennent de ce Kalimpong où elle rencontra le Dalaï-Lama...

Jean Cocteau disait à Anna de Noailles : « Vous voulez être de votre vivant un buste, mais avec des jambes pour courir partout. » Alexandra a été ce buste avec des jambes. Elle a couru partout. Elle ne court plus. Elle se déplace, et, à cause de ses rhumatismes et de ses arthroses, de plus en plus lentement. Elle va à Paris, à Bruxelles, à Genève. Piètres excursions pour celle que les immensités asiatiques contentaient à peine. C'est pendant l'un de ses séjours à Paris qu'Alexandra David-Néel croise dans les couloirs de Plon un auteur qui, comme elle, est de la maison : Julien Green. Ils se parlent. Enfin, Alexandra parle et Julien écoute. Il gardera de cette unique rencontre un souvenir à la fois amusé et ébloui : « C'était un gros meuble qui racontait des choses passionnantes », m'a-t-il dit.

A Digne, dans les années cinquante, Alexandra se transforme donc en gros meuble, ou en buste sans jambes. Mais avec des mains. Des mains petites, parfaites, des mains dignes du cerveau qui les dirigent. Des mains de femme, en apparence fragiles, et qui ont giflé des conducteurs chinois, des domestiques tibétains qui en tombaient à la renverse. Des mains qui se sont agrippées aux rochers, aux glaces, à la lumière. Des mains de lumière. Ces mains habituées aux sommets ne dédaignent pas d'en descendre pour se livrer à des tâches moins élevées. Ainsi, le 21 mai 1950, de sa plus belle écriture, et à propos du contrat qu'elle vient de recevoir pour son livre sur l'Inde, Alexandra écrit à son éditeur :

> Au sujet du contrat que vous m'avez envoyé, j'ai une petite observation à vous faire. Il me sera agréable qu'il reproduise les conditions du contrat de 1925 qui nous a servi de base jusqu'ici — sauf en ce qui a concerné le montant des avances. [...] Vous savez par une expérience de plus de vingt ans que je ne suis pas un auteur contrariant.

En effet, garder, pendant exactement un quart de siècle, de 1925 à 1950, le même contrat avec son éditeur, voilà un

exemple à offrir aux auteurs vétilleux et changeants...
Alexandra insiste sur cette permanence dans cette même lettre :

> Je vous prierai aussi de mentionner, comme sur l'ancien
> contrat, que les droits d'auteur, les sommes en provenant et la
> jouissance des autres droits qui me sont attribués seront en
> cas de mon absence ou de ma mort transférés à M. Albert
> Yongden.

En 1925, comme en 1950, Yongden demeure le seul, l'unique héritier d'Alexandra David-Néel, comme cela figure dans les contrats du *Voyage d'une Parisienne à Lhassa* (qui devait s'appeler *Souvenirs d'un voyage au Tibet*) et de *l'Inde. Hier-aujourd'hui-demain.*

Dix jours plus tard, Alexandra écrit à nouveau à son éditeur pour régler le montant de son pourcentage sur les droits de traduction de ses livres et annoncer ses projets littéraires :

> D'ailleurs, il est peu probable qu'à l'avenir, je traite souvent
> moi-même pour des traductions. J'ai de plus en plus d'aversion
> pour m'occuper de ce genre d'affaires et je n'en ai pas le
> temps, étant surchargée de travail.
> J'ai plusieurs ouvrages d'orientalisme sur le métier et une
> importante correspondance avec des pays d'Orient.
> Je termine un manuscrit qui va paraître aux éditions Adyar
> avant la fin de cette année.
> Vous m'avez un jour reproché de vous faire des infidélités.
> Je tiens à ne plus encourir ce reproche. J'ai donc songé à un
> nouveau manuscrit pour vous. Je crois que je pourrais vous le
> donner dans les premiers mois de 1951 — disons environ dans
> le premier semestre.
> Le sujet me paraît bon et tout à fait d'actualité. « Ceux que
> guette la Chine communiste », bien entendu, nous chercherons
> un titre convenable, je ne vous donne que l'idée du livre. Il
> serait consacré à l'élément laïque du Tibet. On a beaucoup
> parlé des lamas, mais guère de la population civile ; hommes et
> femmes des diverses classes de la société. Le livre serait amusant, destiné au grand public et consisterait en des tableaux
> pris sur le vif, des Tibétains qui sont d'humeur joviale, gros
> mangeurs et surtout grands buveurs et qui se plaisent à conter
> des histoires grivoises, à les vivre en action, aussi. On pourrait,
> n'est-ce pas, inclure ces histoires à la Boccace ?
> Cela vous dit-il quelque chose ? Faites-moi part de votre opinion afin que je puisse réserver du temps pour écrire ce
> manuscrit entre deux autres de caractère érudit et grave.

Lettre révélatrice et dans laquelle on apprend que son auteur, l'usine Alexandra, fonctionne à plein rendement, entretient une « importante correspondance », et, peut, entre deux manuscrits en préparation, en fournir un troisième à son éditeur.

Du haut de ses quatre-vingt-deux printemps, Alexandra n'est que projets, avenir, livres à faire. Elle a la conscience d'être, et pour longtemps, la providence des libraires, la déesse des orientalistes, la Notre-Dame du Tibet.

Notre-Dame du Tibet

Alexandra David-Néel, qui ne se départit jamais
de sa robuste lucidité [...].

André VELTER et Marie-José LAMOTHE.
(Peuples du toit du monde.)

A vec *l'Inde. Hier-aujourd'hui-demain* qui paraît chez Plon
en 1951, Notre-Dame du Tibet publie également, en cette
même année, aux éditions Adyar, *l'Astavakra Gita* qu'elle a
traduit du sanskrit, et *les Enseignements secrets des boud-*
dhistes tibétains. Puis, en 1952, *Textes tibétains inédits* (La
Colombe). Enfin, en 1953, chez Plon, *le Vieux Tibet face à la*
Chine nouvelle.

Cinq livres en trois ans. Les deux premiers inspirés par

l'Inde. Les trois derniers, par le Pays des Neiges, justifient amplement sa béatification en Notre-Dame du Tibet. Car il faut être véritablement une Lampe de Sagesse, et avoir le feu sacré, pour se livrer à de telles austérités, exaltantes pour l'esprit, mais peu rentables pour l'économe Alexandra. Elle a fait le sacrifice de cette rentabilité au profit de valeurs plus sûres représentées par l'ombre du Gomchen de Lachen qui a dicté ces *Enseignements secrets.* Au fond, ces trois livres d'inspiration tibétaine, c'est un peu d'encens brûlé sur les autels des dieux de l'Hymalaya, et une façon comme une autre de retourner dans ce Pays des Neiges qu'elle n'a jamais quitté. Oui, elle est installée à Digne, cette Tibétaine de Saint-Mandé, mais, par la toute-puissance de son esprit, elle retourne, quand elle veut, à Jigatzé ou à Lhassa...

Avec *l'Inde. Hier-aujourd'hui-demain,* qui deviendra en 1969, remanié et augmenté, *l'Inde où j'ai vécu,* Mme David-Néel reprend avec succès la recette de son cocktail Alexandra qui a déjà fait ses preuves avec *Sous des nuées d'orage* et *A l'ouest barbare de la vaste Chine* et qui consiste, on le sait, en un savoureux mélange d'histoires personnelles et d'histoire générale. Elle y est parfaitement à son aise et le lecteur profite de cette aisance communicative pour grimper, en sa compagnie, aux sommets des arbres sacrés, ou descendre explorer les profondeurs des mythes. Les dieux, les hommes, Gandhi, Nehru, les saints professionnels et les charlatans, les gourous et leurs dévots, la peste et le choléra, la mère créatrice et universelle et la créatrice des mondes s'y mêlent comme sur les fresques d'un temple qui saurait unir l'ancien et le moderne. On y retrouve l'un des maîtres de la jeunesse alexandrine, Bashkarananda, l'ascète de Bénarès qui vivait nu au milieu des roses. Cet ouvrage est d'ailleurs dédié « à la mémoire révérée de Bashkarananda Swami ». Il est regrettable que, au gré des réimpressions, cette dédicace, témoignage de la fidélité et de la vénération de l'auteur, ait disparu.

L'Astavakra Gita, discours sur le Vedanta Advaita se présente sous la forme d'une petite plaquette vert-bleu pâle, semblable à ces plaquettes qu'Alexandra publiait à la fin du siècle dernier. On y retrouve le même souci de précision et d'érudition, joint à un peu de pédanterie qui se manifeste dès les premières lignes de l'introduction :

> Depuis quelques années des prédicateurs, tant orientaux qu'occidentaux, tentent de propager, en Europe et en Amérique, sous le nom de Vedanta, un mélange de Vedanta édulcoré et de doctrines diverses parmi lesquelles se rencontraient la *bhakti* émotive des Vaishnavas, des théories et des pratiques empruntées au Tantrisme et au Yoga tardif et divers autres éléments hétérogènes. [...] J'ai donc pensé qu'il pourrait être utile d'offrir au public lettré français non spécialiste des études de philosophie indienne, un texte qui présente sous une forme très brève et dans toute sa rigoureuse pureté la véritable Advaita Vedanta [1].

Qu'on se le dise, la seule, la bonne *Astavakra Gita* est celle qu'Alexandra a traduite du sanskrit. Et, comme on dit, dans les textes publicitaires, « méfiez-vous des contrefaçons ». Alexandra n'a pas tort d'en vanter les mérites. Sa traduction continue à faire autorité et les notes qui l'accompagnent sont pleines d'enseignements divers. Par exemple, dans le verset : « Pour moi qui ne vois aucune dualité, il est une forêt, même au milieu de la foule. A quoi m'attacherais-je ? » Le mot « forêt » cher à Alexandra est accompagné du commentaire suivant : « Une forêt symbolise l'isolement que l'on peut trouver même parmi la foule. »

Si l'on en croit cette explication, la Lampe de Sagesse a toujours vécu dans une forêt !

Ces mêmes forêts emplissent de toutes leurs branches et de toutes leurs paroles les *Textes inédits tibétains* qui comprennent, entre autres, le *Roman du bosquet des lotus* et des extraits de la biographie de Tsong-Khapa, l'homme-arbre, le fondateur de Kum-Bum, « à l'endroit où je suis né, un sandalier a poussé, il faut le considérer comme un arbre du ciel ».

Si Alexandra n'a pas dédié ses *Enseignements secrets des bouddhistes tibétains* au Gomchen de Lachen, comme elle a dédié son *Inde* à Bashkarananda, c'est que le Gomchen y figure dès les premières pages et ne cesse d'y faire entendre sa voix, sans être nommé, et simplement appelé « Le Maître », le sien, celui pour lequel elle aurait marché sur les eaux

---

1. P. 5 de l'édition Adyar de 1951.

ou volé dans les airs, comme les paysans de Lachen assuraient que le Gomchen le faisait...

Secrets qui n'ont rien de secret pour leur auteur, mais sont seulement cachés aux esprits obtus ou paresseux, comme la lumière l'est à un aveugle. Secrets pour franchir les miroirs de l'illusion, et, comme disait le Gomchen, « après, il n'y a plus rien ».

Enfin, dans le Vieux Tibet face à la Chine nouvelle, Alexandra, comme elle l'avait promis à son éditeur, ne consacre qu'un chapitre au clergé, et les autres aux paysans, aux marchands, aux pasteurs, aux hobereaux et aux roitelets. En plus, elle y étudie les rapports très longs et très mouvementés entre le Tibet et la Chine qui, en 1953, lors de la parution de ce livre, connaissent un regain d'actualité. L'accord du 23 mai 1951 a intégré le Tibet dans la République chinoise, avec tous les troubles qui s'ensuivirent et qui sont encore dans toutes les mémoires. Événements qui portent Alexandra à prophétiser :

> Après que se sera apaisée la curiosité suscitée par le retour des Chinois au Tibet, le rideau tombera, sans doute, sur la pièce qui se joue dans le décor immense du toit du monde et le silence se refera sur ses solitudes enchanteresses qui n'intéressent que très incidemment les Grandes Puissances de notre époque.

La publication de ces livres, cinq en trois ans, provoque son flot d'articles habituels et attire à Digne de nombreux journalistes de France, de Navarre et de Belgique. Dans la Lanterne de Bruxelles du 2 mars 1951, Alexandra aura appris, avec étonnement, qu'elle est la seule femme-lama à vivre au milieu de 1 200 cercueils miniatures. A la fin de l'article, on précise qu'il s'agit là de « 1 200 manuscrits en forme de cercueil ».

Marianne Monestier, dans la Femme et la vie de février 1952, puis dans la Veillée des chaumières d'août de cette même année, raconte, avec beaucoup de verve, sa visite à Notre-Dame du Tibet, avec accompagnement de thé et de confiture de prunes servis par Yongden.

L'octogénaire Alexandra, comme l'Alexandra de vingt ans, continue à manifester le même mépris pour les choses de

l'amour. Cela frappe Marianne Monestier qui, très justement, écrit :

> Ce qui choque son esprit bouddhique évolué, ce sont les
> manifestations quotidiennes de la vie. Celles-ci lui inspirent
> une sorte de dégoût. L'amour même n'échappe pas au mépris
> de cette vieille dame charmante qui, dans sa répulsion, a telle-
> ment l'air de connaître ce dont elle parle.

En écho, Fred Lomont, dans *France-Soir*, rapporte cet
aveu alexandrin : « L'amour n'a jamais joué aucun rôle dans
ma vie. » Déclaration qui doit être replacée dans son
contexte :

> Vous savez, moi, je ne suis pas, je n'ai jamais été une émo-
> tive. L'amour n'a jamais joué aucun rôle dans ma vie. D'ail-
> leurs, le bouddhisme le dit, les émotions n'existent pas. Nous
> non plus. Nous ne sommes que des « moments ». Moments
> reliés les uns aux autres par la méditation.

Ultime coquetterie d'octogénaire qui veut oublier qu'elle a
aimé et qui, comme le souligne Marianne Monestier, a l'air
de connaître parfaitement ce sujet ? Désir de se mettre, une
fois de plus, hors du troupeau des femmes bêlant à l'amour ?
On songe à un autre aveu, exactement son contraire, celui
d'Olivia que Natalie Barney se plaisait à citer parce qu'elle
aurait pu le faire sien : « L'amour a toujours été la grande
affaire de ma vie. » Entre ces deux excès, la discussion reste
ouverte et n'est pas prête de se clore !

Ce rôle de « femme sans cœur », Alexandra ne manque pas
une occasion de le jouer. On en trouve des traces partout, y
compris dans une lettre à son éditeur, le 5 juin 1952, qui se
termine par un pastiche des vers célèbres de Verlaine dans
Romances sans paroles :

> *Voici des fruits, des fleurs, des feuilles et des branches*
> *Et puis voici mon cœur qui ne bat que pour vous.*

Voilà ce que cela devient chez Alexandra :

> Pour le moment, je jouis de mon grand jardin. Il est à l'état
> de jungle, mais on y cueille d'excellents petits pois, des
> pommes de terre nouvelles et des roses :
>
> > *Voici des petits pois, des pommes et des roses*
> > *Et puis voici mon cœur, qui ne bat que pour moi.*
> > *Si tant est que j'en ai un.*

Pour consoler son éditeur d'avoir un auteur sans cœur, elle annonce, dans cette lettre du 5 juin, son prochain ouvrage :

> Quand je serai, de nouveau, sortie de l' « orientalisme » — une grammaire tibétaine que j'achève —, je pourrai penser à vous. Qu'aimeriez-vous avoir l'année prochaine ? Mon fils, le lama Yongden, a un roman tibétain en réserve, mais il faudrait naturellement que je l'écrive en français. C'est une histoire tragico-philosophique — histoire vraie, d'ailleurs —, que nous présenterions sous une forme romancée. Nous avons connu l'un des héros de cette dramatique aventure. L'idée d'un titre nous est venue l'automne dernier à Aix-les-Bains, « Autour du Vide des Fantoches s'agitent ». Mais cela me semble faire, un peu trop, roman genre Sartre. Qu'en dites-vous ?

Cela deviendra *la Puissance du néant* qui paraîtra chez Plon en 1954. On aura noté, au passage, que la grammaire tibétaine commencée à Tatsienlou n'est toujours pas terminée. Et pourtant, Alexandra y travaille. Mais elle est le monument le plus visité de Digne et on ne cesse pas de la déranger. Des journalistes, des amis, un prince, une reine. Cela n'arrête pas. A l'automne 1952, elle reçoit les visites de la reine Élisabeth de Belgique, de la princesse Marie Bonaparte et du prince Pierre de Grèce :

> J'ai presque provoqué chez les bons Dignois autant d'émotion que le crime de Lurs, l'assassinat de la famille Drummond, mais l'origine de cette émotion est d'essence moins macabre. La reine Élisabeth de Belgique, la grand-mère du jeune roi Baudoin, est venue me rendre visite, arrivant dans une superbe Cadillac. Il y avait quatre ans que nous ne nous étions vues, elle a passé deux journées avec moi. Les Dignois disaient : « Depuis Napoléon, aucun souverain n'est passé à Digne », et ils ont publié le « fait » jusque dans certains journaux de Marseille. Bien amusante la mentalité de la province...

On ignore si Alexandra a exécuté sa grande révérence de cour qu'elle avait faite, jeune fille, lors de sa présentation aux souverains belges et dont elle avait gratifié, plus tard, le Dalaï-Lama.

Il ne faut pas s'étonner si Mme David-Néel mentionne « la superbe Cadillac » de la reine. Elle est, depuis le printemps 1951, propriétaire d'une auto infiniment plus modeste et qu'elle a payée, après maintes recherches, hésitations, comparaisons de prix, 380 000 francs. C'est Yongden qui conduit et ses démarrages font la joie des voisins de Samten Dzong. Quand la voiture tombe en panne, l'Océan de Compassion va chez le garagiste en disant :

— Mon auto est malade, elle a froid d'un côté et elle a chaud de l'autre.

Avec son béret basque, sa chemise à rayures, son pantalon bleu, Yongden est populaire à Digne où l'on désigne ce Sikkimais sous le surnom de « le Chinois ». Il accepte parfois, rarement, de ses voisins un verre de bière, une cigarette. Ce qui provoque la colère de la Lampe de Sagesse et ses cris, « tu pues l'alcool et le tabac ». Yongden commente ces colères d'un « Maman, des fois, très méchante avec moi ». Mais ces « méchancetés » ne durent guère. La Révérende mère et le Lama ne tardent pas à se réconcilier autour d'une tasse de thé et d'un texte à traduire.

Yongden est, plus que jamais, indispensable à Alexandra. Il est son secrétaire, son chauffeur, son compagnon, et surtout, il se révèle des plus efficaces pour éloigner les importuns comme cette Américaine qui voulait fonder un ashram qu'Alexandra aurait dirigé. Ce qu'elle refuse d'un « je n'abuserai jamais de la crédulité humaine ». L'Américaine revient à la charge. L'Océan de Compassion empêche poliment, mais fermement, une autre rencontre avec la Lampe de Sagesse.

A Digne, Alexandra et Yongden vivent à l'écart, comme des marginaux de luxe, ne fréquentant pratiquement personne. Leurs horaires sont incompatibles avec ceux de la bonne société : ils se lèvent aux aurores et se couchent tôt. A Digne, comme à Kum-Bum, ils mènent une existence entièrement vouée aux livres, ceux qu'ils écrivent et ceux qu'ils étudient. Ils acceptent, comme un bonheur, cette discipline acquise dans les lamaseries, ces habitudes, ces répétitions des mêmes gestes aux mêmes heures qui donnent l'illusion d'arrêter le temps.

En 1954, paraît donc, chez Plon, sous le seul nom de Yongden, *la Puissance du néant,* un roman dont le héros, Munpa, disciple et serviteur d'un saint ermite, trouve son maître assassiné. Fou de chagrin, il se lance à la poursuite du meurtrier et, dans sa quête, c'est tout le Tibet qu'il rencontre avec ses *Tchang thangs,* sa *tsampa,* ses *trapas,* autrement dit, ses solitudes herbeuses, sa farine d'orge grillée, ses moines. On ne saurait rêver meilleure introduction au Pays des Neiges. Yongden peut être fier de son premier roman. Et Alexandra, de sa traduction qu'elle a émaillée des notes les plus savantes. Yongden, auteur d'un livre, voilà qui fera du bruit au Sikkim où sa famille demeure, attendant le retour de l'enfant prodigue qui donne régulièrement de ses nouvelles.

Une seule ombre à ce contentement : la couverture de *la Puissance du néant* ne plaît pas à son auteur. Ni à sa traductrice qui, le 2 juillet, ne s'en cache pas à l'éditeur :

> Je viens de recevoir la couverture du roman de Yongden. Mon fils et moi nous n'en sommes pas enchantés, elle nous paraît ressembler à celle des romans populaires. Qu'est-ce que ce Mongol à bonnet de fourrure tient sur sa poitrine ?... Est-ce une image de la couronne du soleil pendant une éclipse ?... Enfin, si la couverture vous plaît ainsi, nous n'y contredirons pas. Vous savez ce qui convient au public et l'important pour vous comme pour Yongden est d'avoir une bonne vente.

Yongden, à l'exemple d'Alexandra, aura appris à être un auteur peu contrariant. Et à se réjouir du succès de *la Puissance du néant* qui connaît, effectivement, une « bonne vente ».

En 1954, à quatre-vingt-six ans, Alexandra continue à n'être que projets. Elle envisage d'écrire ses *Souvenirs coréens*, ce qu'elle ne fera pas, hélas, et *le Sortilège du mystère* :

> J'ai autre chose en tête sous le titre de « le Sortilège du mystère ». Ce titre vous paraît-il suffisamment attractif ? Le sujet est le monde singulier des adeptes des doctrines ésotériques. Ce n'est pas un roman mais une sorte de promenade en divers pays au cours de laquelle je rencontre des personnages de caractères divers, les uns approchant au sublime, les autres infiniment grotesques ou pitoyables. Le livre est basé sur des faits réels.

Voilà parfaitement défini ce *Sortilège du mystère* qui paraîtra chez Plon, en 1972, peu après la mort de son auteur. Sa composition a été interrompue par la mort subite de Yongden. Une catastrophe que rien ne laissait prévoir. Dans l'agenda d'Alexandra, en octobre 1955, Yongden revient par deux fois. La première : il a écrit à son frère Passang « par avion ». La deuxième : « Le 7, à huit heures du matin, Albert est mort. »

Alexandra ne peut en écrire davantage. Elle qui déclarait volontiers aux journalistes qu'elle était peu émotive est terrassée par la brutalité de cette disparition. Dans les mois qui suivent, elle cesse d'écrire, comme en signe de deuil. Car elle porte le deuil de ces années de vagabondages qu'incarnait Yongden, son compagnon de l'épopée de Lhassa, celui qui a subi le froid, la faim, les rebuffades, sans jamais se plaindre. Des années après, Marie-Madeleine Peyronnet surprendra une Alexandra inconsolable, tournée vers la lumière du soleil levant et appelant « Albert, Albert »...

Alexandra, qui considérait la maternité comme une aberration, pleure comme une mère. Elle qui se vantait de ne jamais verser une larme, en verse des torrents pour son quatre-vingt-septième anniversaire, le 24 octobre 1955. Larmes et poussière. Larmes et cendres. Yongden a été incinéré. Il n'en reste plus que quelques poignées de cendres dans une urne ramenée à Samten Dzong et quelques larmes dans les yeux d'Alexandra. Ce n'est que cinq ans plus tard, en novembre 1960, qu'elle trouvera la force de relater dans son agenda, les circonstances de la mort de son fils adoptif :

> [...] c'était un samedi. Ce fut la dernière fois qu'Albert est sorti en auto faire des provisions. Il est entré, nous avons mangé une côtelette de veau. Il a insisté pour m'en faire manger la plus grosse partie. Nous avons écouté la radio. Il s'endormait toujours pendant l'émission, la tête et le dos appuyés contre le mur où passait la cheminée.
> Il est allé se coucher. Dans la nuit, il est tombé malade. Il a sonné, la servante a frappé à ma porte pour me réveiller. Depuis quelque temps, j'entendais *des coups* pendant la nuit, et suivant la superstition tibétaine, c'est l'appel de la mort et il ne faut pas répondre. Après plusieurs coups, j'ai répondu. La servante a dit : « Monsieur est très malade. » [...] Je le croyais malade, mais n'avais aucune idée qu'il pourrait mourir.

Le docteur accouru n'a pu que diagnostiquer une foudroyante crise d'urémie.

En apprenant la mort de Philippe, Alexandra avait dit : « Je perds mon seul ami. » Phrase qu'elle aurait pu répéter à la mort de Yongden. Perdre, par deux fois, dans une vie, son seul, et son meilleur ami, c'est beaucoup. Et l'indestructible Alexandra se montre atteinte. Ou plutôt, non. Avec son habituelle dignité, elle ne montre pas combien elle est atteinte, blessée, anéantie. Dans une lettre à l'une des nièces de Philippe, Fanny, elle emploie l'adjectif « désolée » qu'elle avait déjà employé pour la mort de son mari :

> Je n'ai pas besoin d'ajouter que je suis désolée, plus que désolée, d'avoir perdu mon compagnon de quarante ans de voyages. Il vaut mieux ne pas parler de ces choses.

Et elle s'efforce de ne pas en parler. A une autre nièce de Philippe, Lucy, elle écrit, le 10 décembre 1955, une lettre qui laisse discrètement percevoir l'horreur de son désarroi et de son isolement :

> Ma chère Lucy,
> J'ai été très touchée de votre bon souvenir et du témoignage de sympathie que vous me donnez dans l'affliction où m'a plongée la mort de mon fils adoptif [...]. Je ne crois pas que je lui survivrai longtemps et je ne le désire pas. J'ai seulement à cœur de voir paraître la grammaire tibétaine — actuellement en voie d'impression — que nous avons composée ensemble et d'achever un dictionnaire tibétain qu'il avait préparé.
> Je vais aller dans quelques jours à Monte-Carlo où je passerai la fin de l'hiver chez une de mes amies. [...] Je cherche, en ce moment, une dame ayant une bonne éducation, veuve ou célibataire, sans attaches — âge : une quarantaine d'années — ayant l'habitude de conduire une auto. Sa besogne consisterait à me donner les soins que réclament mes jambes rhumatisantes, à s'occuper, d'une façon générale, de ce qui me concerne et à sortir en auto avec moi. Bien entendu, il ne s'agit pas d'une servante.

Elle précise qu'elle a déjà une « servante-cuisinière » à demeure, et une femme à la journée. La dame de compagnie-secrétaire « serait donc suffisamment servie ». Mais devant les difficultés à trouver cette oiselle rare, elle envisage, début 1956, de retourner en Inde, comme en témoigne cette réponse de la Maha Bodhi Society de Calcutta, datée du 8 mars :

> [...] Je note votre désir de venir en Inde. Avec votre connaissance du Dharma et après avoir vécu pratiquement comme un Bikhu, c'est compréhensible que vous souhaitiez passer vos derniers jours en Inde.
> Vous êtes la bienvenue et pourrez construire un petit bungalow à Sarnath et y vivre d'une façon permanente à condition que ce bungalow revienne à la Société après votre mort.

En Inde, Alexandra pourrait accomplir un pieux devoir : jeter les cendres de Yongden dans le Gange. Mais elle ne marche plus qu'avec une extrême difficulté, « je marche avec mes bras », dira-t-elle plus tard à Marie-Madeleine Peyronnet, c'est-à-dire en s'appuyant sur des cannes. Ce n'est pas ainsi qu'elle peut revenir en Inde, comme elle l'a follement espéré. Elle ne retournera pas à Sarnath où elle a prêché, où elle a connu des heures de gloire, pour s'y traîner, misérable. Elle restera à Digne, attendant que la mort qui a pris Yongden vienne la prendre à son tour. Elle attendra. Puis, ne voyant rien venir, elle redeviendra lentement, inexorablement, jour après jour, nuit après nuit, l'éternelle Alexandra. N'a-t-elle pas appris dans le *Dhammapada* à être à elle-même son propre refuge et sa propre lumière ? Phénix, elle va entreprendre son ultime, et sa plus dure, renaissance.

L'après-Yongden

(1955-1959)

> *Rédiger un testament, le surcharger de codicilles est une saine occupation [...].*
>
> Philippe JULLIAN.
> *(La Brocante.)*

Sur ce que furent les heures, les jours, les mois qui suivirent la mort de Yongden, les agendas d'Alexandra restent muets. Les grandes douleurs sont muettes, dit-on. Si l'on en juge par son mutisme, cette douleur-là est immense. Alexandra a perdu son ombre, ou plutôt sa part de soleil. Tous les Tibétains sont gais, et les gens de Digne qui l'ont connu témoignent encore de la bonne humeur de Yongden.

Alexandra, avare d'éloges, a maintes fois célébré le joyeux

caractère de son compagnon. Il riait et il la faisait rire. Elle n'a plus pour sourire, et de quel sourire de déesse outragée, que le titre, cruellement prémonitoire, du premier roman de Yongden, *la Puissance du néant.*

A quatre-vingt-sept ans, Alexandra fait le plus terrible apprentissage qui soit, celui de la solitude. Et le Bouddha sait combien elle a vanté les charmes, les vertus de la solitude quand elle était dans sa caverne ou dans les déserts. Il s'agissait alors d'une solitude partagée. Seule dans sa caverne ou sous sa tente, seule, autant qu'elle le désirait, avec, à portée de voix, Yongden, ce Yongden qu'elle a créé, façonné, égoïstement certes, elle l'a reconnu, mais dont elle a changé le destin...

En 1956 et 1957, une amie rencontrée autrefois en Chine, Mme Martinie, qui a perdu son mari, vient tenir compagnie à Alexandra. Elle s'en ira, pouvant répéter comme Violette Sidney, « cette femme est un génie, mais elle est impossible à vivre ». Il faut être un Océan de Compassion pour supporter pendant quarante et un ans les éclats de la Lampe de Sagesse !

Au printemps 1956, Alexandra donne un signe de résurrection. Elle écrit un message qu'elle envoie aux « Amis du Bouddhisme », pour commémorer le *Wesak*, l'anniversaire de la naissance du Bouddha historique, du sage indien Sidharta, universellement connu sous le nom de Bouddha, c'est-à-dire celui qui possède la *Bodhi*, la Connaissance. Elle y évoque surtout, et de façon bouleversante, Yongden :

> Quarante fois, pendant quarante années successives et en différents pays de l'Asie et de l'Europe, j'ai célébré l'anniversaire de Wesak avec un érudit bouddhiste, mon fils adoptif, le lama Yongden.
>
> Je me souviens de certains de ces Wesak passés en lisant des textes bouddhistes dans les grandes solitudes du Tibet septentrional, en des monastères chinois, une fois à Bodh Gaya le site où, suivant la tradition, Sidharta Gautama atteignit l'illumination spirituelle qui fit de lui un Bouddha. De nombreuses fois aussi, Wesak nous trouva dans ma demeure, sur une pente des Alpes françaises.
>
> Cette année, je suis seule dans mon cabinet de travail, en face des bibliothèques contenant ma collection de livres tibétains amassée avec l'aide de mon fils dévoué. Il y a six mois, il m'a quittée, partant pour la rive inconnue d'un autre monde.
>
> De ses cendres — tout ce qui me reste de sa forme terrestre

— un message surgit que je désire transmettre à tous ceux qui sont à ma portée.

Ce message dit :

— Tout est vain, mes amis, sauf une chose : la bonté.

Oui, c'est véritablement Yongden, l'Océan de Compassion, qui parle par la bouche d'Alexandra : « Tout est vain, mes amis, sauf la bonté. » En disant, en écrivant cela, regrette-t-elle de n'avoir pas été avec son fils adoptif aussi bonne qu'elle aurait dû l'être? Jusqu'en 1969, année de sa mort, Alexandra enverra ponctuellement ses messages de Wesak.

Autre signe de résurrection, elle consent à participer à une émission radiophonique et en pose les conditions dans une lettre du 16 mai 1956 :

> L'émission concernant le « cannibalisme religieux dans l'Inde » serait avant tout basée sur des faits récents. La justice indienne vient d'arrêter des yogis qui enlevaient de jeunes garçons pour les manger. Une enquête est ouverte et des poursuites sont intentées contre des individus se livrant aux mêmes pratiques.
> Il y a quelque temps, d'autres faits de cannibalisme ont donné lieu à l'intervention de la police.
> Je me proposais, dans l'émission, de donner des détails historiques concernant les « meurtres religieux » et de montrer, ainsi, que les « cannibales » contemporains appartiennent à une lignée qui n'a jamais cessé d'exister en Inde.

Et Alexandra qui a failli, quand elle errait dans les déserts tibétains, être dévorée par trois yogis cannibales, sait de quoi elle parle!

Peu à peu, elle reprend goût à la vie, à la parole, et veut, par la parole, rendre vie à Yongden, pendant quelques instants, pour le premier anniversaire de sa mort. Elle vient alors à Paris prononcer aux « Amis du Bouddhisme » une causerie, « Réflexions sur la discipline spirituelle bouddhique », qui commence ainsi :

> L'objet pour lequel vous avez été invités à vous réunir ici est tout à fait inusité. Il s'agit d'entendre une causerie posthume : celle qui aurait pu vous être faite par mon fils, le lama Yongden, s'il n'avait pas quitté notre monde voici un an.
> Je dis qu'elle aurait pu être faite par lui, mais il est douteux qu'il vous aurait communiqué lui-même le résultat de ses méditations. Comme tous les penseurs de son pays, il était secret et silencieux, et, comme eux, il mettait sur l'activité de sa vie spirituelle le masque d'occupations banales qui l'iso-

laient des curiosités qui auraient pu se manifester autour de lui quant à ses croyances ou au but qu'il poursuivait. Il cultivait des rosiers dans notre propriété des Alpes, lisait des ouvrages philosophiques tibétains que nous avions amassés et, surtout, il réfléchissait. Aussi, souvent, notait-il ses réflexions pour comparer celles qui avaient surgi en lui en différentes circonstances, ou à des époques différentes de sa vie. Ainsi pratiquait-il ce principe essentiel de la discipline bouddhique : l'attention vigilante, cette continuelle présence d'esprit, cette lucidité dont il est dit dans le *Dhammapada* : « L'attention est le chemin qui conduit à l'affranchissement de la mort ; l'inattention, l'irréflexion est le chemin qui mène à la mort. Ceux qui sont attentifs ne meurent pas, les inattentifs sont déjà morts. »

On aura noté dans ce bref et beau portrait posthume qu'Alexandra trace de Yongden, qu'il partageait, comme Bashkarananda, l'amour des roses...

Roses du passé dont Alexandra ne va pas s'attarder à respirer le parfum. Elle est vivante, donc attentive au présent. Elle s'inquiète à nouveau du sort de ses amis les arbres :

> J'ai médité dans les forêts jadis habitées par les Rishis des *Upanishads* et aux places où le Bouddha a conçu sa doctrine. [...] Les forêts disparaissent, livrées à l'exploitation. Les camions roulent sur les routes coupées dans leur profondeur.

Dès le 20 janvier 1957, Alexandra va se livrer au plaisir favori des vieilles dames : faire son testament. Yongden son héritier ayant disparu, elle institue le musée Guimet, où est née sa vocation d'orientaliste, son légataire universel. De nombreuses, et précises, conditions accompagnent, et réduisent, l'universalité de ce legs.

Le musée Guimet devrait assurer le transfert des urnes contenant les cendres d'Alexandra et de Yongden en Inde, à Sarnath, près de Bénarès, à l'emplacement offert par la Maha Bodhi Society. Et si cela n'était pas possible, ces urnes seraient entreposées dans un monument construit sur un terrain acheté en concession à perpétuité au cimetière de l'Est à Nice, ce terrain « devant être situé sur l'allée centrale, bien en vue ». Ne laissant rien au hasard, la Lampe de Sagesse rédige l'inscription que devra porter le monument :

> Ici reposent les cendres d'Alexandra David-Néel exploratrice du Tibet, née à Saint-Mandé (Seine) décédée... et de son fils adoptif, le Lama Yongden, fidèle compagnon de ses voyages, né au Sikkim (Hymalaya) décédé à Digne. [...]

Inscription qui sera suivie des dernières paroles du Bouddha mourant : « Tout ce qui a commencé doit finir.» Ce qui est révélateur dans cette inscription, c'est que, aux titres d'écrivain ou d'orientaliste, Alexandra a préféré celui d'exploratrice...

Dans ce testament, le premier, d'autres suivront, est prévue la création d'un « prix Alexandra David-Néel et Lama Yongden », d'un montant de 2 000 000, ce qui, pour l'époque, est une somme importante, la plupart des prix littéraires accordés alors dépassant rarement le million. Et Alexandra connaît la valeur de l'argent. Ne vient-elle pas d'écrire à son éditeur, le 29 octobre 1957 :

> J'ai reçu votre chèque, merci. A propos de ce chèque, je vous fais remarquer que son montant était de 201 712 francs, tandis que votre lettre du 5 septembre m'avait annoncé 202 116 francs. Voulez-vous bien voir à cette petite différence?

Tant d'âpreté peut surprendre. Mais il faut se rappeler que, pour Alexandra, l'argent, c'est la liberté. Elle a très chèrement acquis l'un et l'autre. Il n'est pas question d'en perdre une miette, ni un centime.

Faire son testament, faire ses comptes, voilà des signes qui ne trompent pas. Alexandra est en train de ressusciter. Elle se remet à l'écoute du monde et suit de très près le conflit sino-tibétain :

> Je viens de recevoir du Tibet des dessins faits par des indigènes, qui représentent des incidents de la révolte des lamas de Kham. Ils ont massacré par surprise 500 soldats chinois. Le bombardement des monastères dont les moines s'étaient armés contre les Chinois a suivi. Ce sont ces bombardements que des artistes locaux ont voulu dépeindre. Ils l'ont fait à la manière de bambins de cinq ans. On voit les bombes descendre du ciel, on voit des régiments de petits soldats montant à l'attaque. Je suis certainement seule à posséder ces curieux documents.

Elle propose donc à son éditeur d'inclure ces dessins dans une réimpression de *A l'ouest barbare de la vaste Chine*. Elle propose aussi de faire un article sur le thème suivant :

> J'ai des renseignements tout récents [...] du schisme qui se prépare en Chine où une faction importante des catholiques chinois veut rompre avec le Vatican. Motifs : désaccord entre les chefs des communautés catholiques et le Vatican quant à

des nominations d'évêques, etc. Il y a longtemps, bien avant la révolution communiste, qu'une scission de ce genre se préparait. Les Chinois sont avant tout Chinois et, au fond, xénophobes.

Documents tibétains, article sur le schisme chinois, l'usine Alexandra, momentanément fermée pour cause de deuil, recommence à fonctionner. Elle revoit sa traduction de *l'Avadhuta Gita* qui paraîtra en 1958 aux éditions Adyar. Et, peut-être, puise-t-elle un certain réconfort à traduire certaines strophes comme :

> En moi, il n'y a ni crainte de la mort ni distinction de caste. Je n'ai ni père ni mère, je ne suis jamais né. Je n'ai ni parents, ni amis, ni maître, ni disciple. Je suis Çiva, rien que Çiva, l'éternelle consciente béatitude[1].

Elle termine *la Connaissance transcendante* qui paraîtra également en 1959, et toujours chez Adyar. Elle pense que ce sera son dernier livre, et l'avoue dès les premières lignes de la présentation :

> Le présent livre — probablement le dernier que j'écrirai — est un document destiné, peut-être, à devenir unique, concernant un pays auquel les épithètes *mystérieux* et *secret* ont été libéralement prodiguées au cours de plusieurs siècles et qui, bientôt, va sombrer dans le domaine de la légende.
> Il s'agit du Tibet[2].

Ce ne sera pas son dernier ouvrage, mais cela peut être considéré dans son œuvre comme quelque chose d'unique, comme son testament spirituel puisqu'elle y révèle tout ce qu'elle sait sur ce maître-livre qui domine toute la littérature philosophique et religieuse du Tibet, la *Prajna paramita*, qu'elle n'a pratiquement pas cessé de traduire, d'annoter, de commenter, d'interpréter. Et c'est une façon comme une autre d'être encore avec Yongden puisqu'ils ont étudié ensemble cette *Prajna paramita* à Kum-Bum...

Dans les « ténèbres de l'ignorance », la *Prajna paramita* « se présente comme une lampe ». A sa lueur, Alexandra quitte les ténèbres de l'affliction et prend l'habitude de vivre sereinement dans un cimetière où son père, son mari, son fils adoptif sont enterrés. Au cimetière réel de Tatsienlou

1. P. 148, dans l'édition du Rocher de 1979.
2. Adyar, p. 7.

succède celui-là, imaginaire, où ces trois ombres chères viennent rejoindre celles de Sidkéong Tulkou ou du Gomchen de Lachen. Alexandra n'est plus seule.

Ce problème réglé, il en reste d'autres, pratiques, causés par le départ de Mme Martinie et surtout par cette ankylose des jambes due à des rhumatismes articulaires qui réduisent cette grande marcheuse que fut Alexandra à une immobilité quasi complète. Le 27 juin 1958, elle s'en plaint à son éditeur :

> Je me demande si vous ne pourriez pas me venir en aide dans la situation pénible, angoissante dans laquelle je me trouve. Il m'est arrivé à peu près ce qui est arrivé à Colette et à Sacha Guitry — c'est peut-être une maladie particulière aux gens de lettres —, mes jambes se sont raidies. Il s'agit, je le crois, de rhumatismes articulaires ; d'autre part, je me porte parfaitement bien.
> Je vivais avec mon fils adoptif dans ma propriété de Digne. [...] Depuis sa mort, [...] une dame de mes amies, veuve aussi, et sans ressources, a vécu pendant deux ans avec moi. Elle est maladive et est partie, allant dans sa famille en Lorraine. Impossible de trouver des domestiques logeant à la maison. J'ai deux femmes qui me servent depuis plusieurs années mais ont leur ménage et me quittent chaque soir vers 4 heures.
> Comment pourrais-je demeurer seule pendant la nuit dans une villa isolée, sans possibilité d'avoir de l'aide s'il m'arrivait d'en avoir besoin. Il me faut donc trouver une personne honorablement connue qui vienne vivre avec moi. [...] Comment faire pour trouver cette personne ? Où m'adresser ? Pouvez-vous me le dire ? Je tiens surtout à ce que la personne vivant chez moi sache conduire afin que je puisse sortir en auto avec elle. [...] Il serait urgent que je mette un terme à mes difficultés domestiques. Je compte revenir à la Côte en novembre et y passer tout l'hiver.

Alexandra connaît l'affreuse détresse des personnes âgées, à l'abandon, ou livrées aux soins de mains mercenaires. Elle doit songer, et avec quelle ironie, à ce *tulpa*, à cette création magique qu'elle avait réussi, quand elle errait dans les déserts, à matérialiser sous la forme d'un lama courtaud et corpulent. Ce fantôme serviteur n'était pas très stylé et venait quand on ne l'appelait pas. En plus, il se permettait de toucher l'épaule de sa maîtresse ou de frôler sa robe. Tant d'inadmissibles familiarités exaspérèrent Alexandra qui voulut se débarrasser de son encombrante créature et mit six mois à y parvenir, comme elle l'a raconté dans *Mystiques et magiciens du Tibet*. Le temps des *tulpas* est fini. « Il ne sert à rien de se lamenter. » Comme elle l'a annoncé à son éditeur, Alexandra prend le chemin de la Côte d'Azur et s'en va rejoindre, à Monaco, sa vieille amie, Mrs. Lloyd, qui dactylographie ses manuscrits et avec qui elle passe l'hiver 1958-1959. Au printemps 1959, les dieux bienfaisants du voyage guident la Lampe de Sagesse à Aix-en-Provence. Elle s'installe à l'hôtel Sextius. Là, cette nonagénaire s'apprête à faire son ultime grande rencontre avec celle qui illuminera sa fin de vie : Marie-Madeleine Peyronnet.

Le Hérisson et la Tortue

J'allais suggérer que, comme Prospero, Mme David-Néel possédait peut-être une Miranda [...]. La jeune fille qui nous ouvrit était bien une sorte de Miranda... Grande et mince, elle portait des pantalons et un chandail de couleur vive. Après nous avoir demandé nos noms, elle nous invita, avec un sourire désarmant, à pénétrer dans le sombre vestibule.

Lawrence DURRELL.
(*Elle*, 17 juillet 1964.)

On ne répétera jamais assez que l'une des chances d'Alexandra est de toujours rencontrer la personne dont elle a besoin, et cela, au moment précis où elle en a besoin. Elle quitte Philippe en 1911 pour trouver Yongden en 1914. Elle est quittée par Yongden en 1955 et croise sur son chemin Marie-Madeleine Peyronnet en 1959.

Dans sa longue vie, Alexandra n'aura connu que deux fois, et pour une même période de trois ans environ, l'isolement, celui des bouddhistes qui, comme le Gomchen de Lachen, font vœu de se retirer pendant trois ans, trois mois, trois jours. Étrange coïncidence. Comme si le Bouddha imposait à sa dévote une involontaire retraite...

Dans les agendas d'Alexandra, le nom de Marie-Madeleine Peyronnet apparaît une première fois le 4 juin 1959, suivi de son adresse, Hôtel Ariane, 5, rue Duperrier, Aix. Puis, le 17 juin, « entrée de Marie-Madeleine Peyronnet ».

Marie-Madeleine Peyronnet est née le 30 juin 1930 à Réchaiga, département de Médéa, en Algérie. Depuis quatre générations, sa famille est installée là, pour le meilleur et pour le pire. Le père de Marie-Madeleine a été militaire, l'un des héros de Verdun, puis fonctionnaire. La mère de Marie-Madeleine manifeste envers sa fille une rigueur, un autoritarisme qui n'est pas sans rappeler celui d'Alexandrine avec Alexandra :

— J'en ai souffert, reconnaîtra Mlle Peyronnet, mais heureusement que ma mère ne m'a pas élevée en « enfant gâtée », sinon, je n'aurais jamais pu faire face à Alexandra David-Néel.

Enfance et adolescence très bourgeoises, Marie-Madeleine acquiert les indispensables bonnes manières, l'art de servir le thé et d'assister, sans ennui, à la messe du dimanche. Comme Yongden, elle ne rêve que de partir. Et, contrairement aux jeunes filles de son milieu et de son âge qui considèrent alors le mariage comme l'unique possibilité de quitter la sainte famille, Marie-Madeleine, elle, refuse les prétendants qui pourraient, à jamais, entraver ses possibilités de voyages. Chez les Peyronnet, on ne divorce pas. Un mari, et il est rare de tomber sur un Philippe Néel, n'est pas la meilleure façon d'accéder aux vagabondages à travers le monde.

A ce désir de « voir du pays », s'ajoute celui de se dévouer au service de quelque belle cause ou de quelque personne en qui « l'intelligence » se serait incarnée.

Marie-Madeleine voudrait s'engager comme ambulancière-brancardière en Indochine où la guerre commence. Elle voudrait partir à Lambaréné soigner les lépreux avec le Dr Schweitzer. Ses parents s'opposent à la réalisation de ces souhaits-là et consentent enfin à laisser partir leur fille en Angleterre, puis en France, où elle s'occupera d'enfants « difficiles ». Ce qui peut être considéré comme un apprentissage pour affronter cette vieille enfant très difficile qu'est Alexandra.

Au commencement de l'été 1959, Marie-Madeleine vient à Aix-en-Provence afin de seconder, pour la saison d'été, sa sœur qui y possède un hôtel. Elle s'y lie d'amitié avec Eileen Pittet, une assistante sociale venue de Suisse passer son mois de congé auprès d'un auteur dont elle admire profondément les livres : Alexandra David-Néel. C'est Eileen qui présente Marie-Madeleine à Alexandra. On a l'impression d'assister à la présentation du Petit Poucet à l'ogresse. A la différence que Marie-Madeleine n'a rien d'un Petit Poucet. Elle est grande, mince, elle a de beaux cheveux noirs, de l'allure. Elle respire la franchise, l'honnêteté, la jeunesse, et, qualité suprême pour Alexandra qui n'aime que les êtres de lumière, elle irradie. Dans sa simple jupe de cotonnade et son corsage blanc, elle étincelle de bonne humeur. A peine les présentations faites, Alexandra déclare :

— Je sens que je m'entendrais très bien avec cette jeune fille.

Et de proposer peu après à la jeune fille de venir à Digne, à Samten Dzong, où elle n'aura rien d'autre à faire qu'à offrir un peu de thé et de sympathie à cette pauvre vieille dame qui en a tellement besoin. Sagement, Marie-Madeleine demande quelques jours de réflexion et se retire. C'est le 17 juin et il est 14 heures. A 18 heures, Marie-Madeleine est appelée en toute hâte, à l'hôtel Sextius. Alexandra, avec les ressources infinies de son Grand Art, y joue les mourantes et supplie : « Ne me quittez pas, mon enfant. Je vais mourir d'un instant à l'autre, je me sens très mal, je n'en ai peut-être que pour deux heures. »

Ces « deux heures » vont durer dix ans que Marie-Madeleine Peyronnet a su raconter, avec autant d'humour que d'émotion, dans son livre, *Dix ans avec Alexandra David-Néel*[1]. Pendant cette décennie, Marie-Madeleine sera au féminin ce que Yongden a été au masculin : une amie, une secrétaire, un chauffeur, une cuisinière, une infirmière. Elle sera

1. Plon.

les bras et les jambes d'Alexandra. Elle qui voulait se dévouer à « l'intelligence » se dévoue tout entière à celle que son mari surnommait « le cerveau ». Elle sera enfin la Tortue d'Alexandra, comme elle l'a raconté dans son livre de souvenirs :

> Un soir, alors qu'elle se dirigeait vers cet escalier, dans le hall très sombre, j'entends Alexandra qui se met à crier :
> — Madeleine, viens vite. Viens vite. Il y a une tortue dans le hall. [...] Et, effectivement, en descendant dans le hall très mal éclairé, je distingue aux pieds d'Alexandra une tortue... Mais combien grande fut ma surprise lorsque, arrivant près d'elle et voulant la prendre par la carapace... elle s'est étirée en un long et gros bas d'Alexandra. Celui-ci était tombé [...] pour former, véritable sculpture, une tortue. [...] Inutile de vous dire combien nous avons ri de l'aventure. [...] Il faut croire que, très souvent, lorsque Alexandra posait sur moi son regard, elle se souvenait de cette inénarrable tortue et c'est comme cela, tout bêtement [...] qu'elle ne m'a plus appelée que « Tortue[1] ».

Comme Alexandra s'est baptisée elle-même, et avec quelle justesse d'appréciation, le Hérisson, les dix dernières années de sa vie vont prendre l'allure d'une fable qui pourrait avoir pour titre *le Hérisson et la Tortue*...

A Samten Dzong, dans cette Forteresse de la Méditation, dans cet univers qu'elle découvre avec le même étonnement qu'Alexandra abordant des terres inconnues, la Tortue doit tout apprendre, y compris que les pieds du Bouddha ne reposent pas sur des artichauts, comme elle le croyait, mais sur des lotus. Cette confusion a réussi à faire rire Notre-Dame du Tibet qui, pour la première fois, tutoie Marie-Madeleine et prophétise : « Toi, tu seras ma consolation et ma joie. »

En attendant, Marie-Madeleine affronte l'incroyable désordre qui règne à Samten Dzong et dont les Fernande ne viennent pas à bout. Les deux femmes de ménage, la tante et la nièce, portent le même prénom. Elle ont trop à faire dans la maison pour s'occuper du jardin qui, privé des soins de Yongden, est retourné à l'état de jungle. Quant aux arbres, ils font ce qu'ils peuvent pour se rapprocher de leur amie qui

---

1. *Dix ans avec Alexandra David-Néel*, pp. 74-75.

ne quitte plus guère sa chambre et encerclent la demeure. Étrange décor qui pourrait être considéré comme une étrange version de *la Belle au bois dormant.* Mais Alexandra ne dort jamais, ou très peu, quatre ou cinq heures, passant de son fauteuil de jour à son fauteuil de nuit. Il y a longtemps qu'elle a perdu l'habitude de reposer dans un lit et seul un fauteuil semble répondre à ses exigences... Marie-Madeleine ne regagne sa chambre, et son lit, qu'après minuit pour y dormir six petites heures d'un repos bien mérité.

Elle a décrit dans ses *Dix ans avec Alexandra David-Néel* l'une de ces « quelque trois mille huit cents journées », toutes identiques, toutes exténuantes, toutes passées à assumer les multiples fonctions d'un Yongden et d'une Mrs. Lloyd. La Tortue apprendra à taper à la machine et dactylographiera bientôt les manuscrits alexandrins. Et tout cela, dans les cris, les gronderies, les coups de sonnette de Notre-Dame du Tibet qui, parfois effrayée par ses exigences, s'inquiète de savoir ce que sa Tortue racontera à la postérité :

> [...] je dirai que vous étiez une intelligence extraordinaire, parce que cela est vrai. Et j'ajouterai sans doute que vous aviez un esprit aussi vaste que toutes les galaxies réunies. [...] Eh bien, je dirai encore qu'Alexandra David-Néel était un « océan » d'égoïsme et un « Hymalaya » de despotisme[1]...

S'étant assurée du dévouement de Marie-Madeleine Peyronnet, Alexandra se remet tranquillement au travail. Après *le Modernisme bouddhiste et le Bouddhisme du Bouddha* paru en 1911 et *le Bouddhisme du Bouddha. Ses doctrines, ses méthodes* publié en 1936, elle prépare une refonte de son « Grand Œuvre » qui sera *le Bouddhisme du Bouddha, ses doctrines, ses méthodes et ses développements mahayanistes et tantriques au Tibet* qui paraîtra en 1960, chez Plon. En prévision de cet événement, c'est le branle-bas de combat à Samten Dzong, comme en témoigne cette lettre d'Alexandra à son éditeur, le 9 décembre 1959 :

> La maison Plon veut ma mort.
> Il y a quelque temps après avoir reçu les « bonnes pages » ou la « mise en pages » comme il vous plaira de dire, de mon *Bouddhisme* augmenté, je vous ai écrit, vous signalant

---

1. *Dix ans avec Alexandra David-Néel,* pp. 224-225.

l'affreux mélange que l'imprimeur m'avait fait de mon manuscrit et joignant à ma lettre une note très détaillée des rectificatifs à faire.

Ce matin, une dame m'appelle au téléphone. Elle m'annonce aimable que le *Tableau de la doctrine bouddhique* que l'imprimeur a fâcheusement intercalé entre les pages du chapitre III, où il n'avait que faire, ne pourra pas, pour des raisons techniques, être reporté au chapitre II comme il le devrait. Elle me dit qu'il ne pourra pas non plus être placé après la fin du chapitre II avant la fin du chapitre III où il serait en rapport avec le sujet du texte. Comme je saisissais mal ce qu'elle disait, j'ai demandé à ma secrétaire de prendre l'écouteur. Elle a cru comprendre que l'on voulait placer ce tableau dans le chapitre I où il serait tout à fait hors de propos. J'ai donc écrit, immédiatement, à cette dame dont j'ignore le nom et lui ai répété les indications nécessaires. J'espère cette fois que je me suis bien fait comprendre. Voulez-vous bien [...] vous en assurer.

On a beau être un auteur conciliant, on ne saurait tolérer de semblables confusions! La bouillante Alexandra, elle vient d'avoir quatre-vingt-onze ans, termine sa missive en demandant des nouvelles de son manuscrit, *Immortalité et réincarnation*.

Le 25 mars 1960, Alexandra apprend l'acceptation d'*Immortalité et réincarnation* qui paraîtra, l'année suivante, chez Plon. Elle écrit aussitôt à son éditeur une lettre qui montre bien que l'âge n'a pas entamé son souci de perfection, son soin du détail, ni son besoin — et son pouvoir — de création :

Cher ami,
J'attendais précisément votre réponse au sujet de *Immortalité et réincarnation* pour vous dire que je comptais apporter quelques modifications à mon manuscrit :
1) l'augmenter d'un certain nombre de pages en y ajoutant des détails,
2) ramener une partie de la matière contenue dans l'appendice, dans le cadre des chapitres.
Je mettrai une liste des noms étrangers, sanskrits ou tibétains, avec leur traduction. Il faut se garder de vouloir faire ce travail pour moi, on commettrait des erreurs. Renvoyez-moi simplement le manuscrit et dites-moi quand vous désirez qu'il vous soit retourné.
Je crois vous avoir dit que j'ai, en préparation, un livre qui me paraît devoir avoir une certaine importance. Il s'agira d'un historique des conflits millénaires sino-tibétains et, autour d'eux, d'autres conflits, nés de ceux-ci, ou engendrant ceux-ci.

En somme, la lutte, à la frontière du nord-ouest de la Chine entre les populations barbares et la civilisation représentée par les Chinois sédentaires. Bien entendu les côtés croyances religieuses, magiques, ésotériques, etc., des légendes figurent dans le livre.

Naturellement, ce travail demandera un certain temps. Le sujet plaira-t-il chez Plon? Voulez-vous m'en informer? Je préfère ne pas travailler dans le vide.

Cependant, il m'est bon de continuer à écrire. Je n'arrive pas à surmonter le sentiment de pénible solitude que m'a laissé la mort de mon fils. [...] Des rhumatismes paralysent mes jambes, je suis confinée chez moi. Écrire m'est une distraction salutaire. Entre des travaux de quelque importance, comme le sont les livres, il me serait bon d'écrire, de temps en temps, quelques articles. [...] Autrefois, je collaborais à *la Revue de Paris* et au *Mercure de France*. Depuis mon retour en France, j'ai vécu complètement isolée. J'aurais besoin d'avoir, à Paris, un agent qui s'occuperait de mes affaires. Pouvez-vous m'aider à le trouver?

Telle est Alexandra nonagénaire, soudée à son fauteuil de jour et à son fauteuil de nuit. Immobile, elle donne pourtant le spectacle de l'activité la plus intense, parvenant, par le travail, à vaincre son isolement. Elle a récemment reçu de l'ashram d'Aurobindo un billet signé par son amie Mira Alfassa, la Mère, un feuillet où ne se trouve que cette phrase : « Connaître est bien, vivre est mieux, être voilà la perfection. » Alexandra a atteint, et depuis longtemps, cette perfection-là. Elle est, simplement. Elle aussi une admirable vieille dame semblable à celles que l'on rencontre dans les comédies d'Oscar Wilde, les romans de Louis Bromfield ou certains films suédois. Elle en a le langage, la distinction, le goût des tenues originales. A Samten Dzong, après s'être livrée à ses pratiques quotidiennes de rigoureuse hydrothérapie, Mme David-Néel revêt l'une de ses robes chinoises. Elle en affectionne particulièrement deux, une grenat et une bleu-gris qui, le temps passant, s'effilochent et que la Tortue raccommode inlassablement. Elle raccommode aussi une robe tibétaine d'hiver, une robe fourrée de mouton qui tombe en loque et qu'il n'est pas question de jeter. Alexandra est trop attachée à ses costumes liés aux plus beaux moments de son lumineux destin...

A la différence des dames d'Oscar Wilde ou de Louis Bromfield, Mme David-Néel ne se parfume pas. Elle ne supporte aucun parfum. Elle n'aime que l'odeur des roses que Marie-Madeleine dispose dans un vase sur son bureau, les roses de Philippe et de Bashkarananda, roses de Tunis et de Bénarès...

Le 22 février 1960, Alexandra commence à écrire *les Origines occultes millénaires des conflits sino-tibétains* qu'elle a offert, on l'a vu, à Plon dans sa lettre du 25 mars et qui sera publié en 1964 sous le titre, *Quarante siècles d'expansion chinoise.*

Le 19 mai, elle envoie à son éditeur le manuscrit terminé, retouché, augmenté d'*Immortalité et réincarnation.* Après quoi, en juillet, elle envisage de commencer, au cinéma, une carrière d'auteur de scénarios :

> J'ai imaginé un sujet de film court métrage, qui me paraît original. J'en ai communiqué le scénario à un de mes amis actuellement ambassadeur de France à Copenhague qui m'a fortement appuyée à montrer mon projet de scénario au directeur du département des Relations culturelles à New York en vue de me mettre en rapport avec un producteur qui confierait, à un cinéaste de métier, le soin de construire le film, dialogues, etc. Mon film ne met en scène ni gangsters ni histoire d'adultère. Mes personnages sont des dieux, dieux modernes, réunis pour une garden-party dans un Olympe également moderne.

Il s'agit là du scénario écrit à la fin de 1946, lors de son retour à Digne, et que, quatorze ans plus tard, Alexandra, tenace, vient d'exhumer de ses tiroirs. Avec l'ardeur des débutants, elle espère voir promptement son scénario se changer en film. Ce projet n'a pas eu de suite, et ce n'est certainement pas la faute d'Alexandra ! Pour se consoler de cet échec, elle commande « soixante pieds de fraisiers chez Vilmorin ».

Parfois, le Hérisson sait rentrer ses piquants et donne à la Tortue un échantillon de sa suavité et de sa générosité. Quand Alexandra apprend que, aux veilles de l'indépendance de l'Algérie, les choses vont mal pour les Français restés là-bas, elle écrit aussitôt à Mme Peyronnet :

> Chère Madame,
> J'entends à la radio que les choses ont l'air d'être un peu bouleversées dans vos parages.

Rappelez-vous que si vous désiriez avec Monsieur Peyronnet quitter temporairement votre maison, vous pourrez trouver une chambre chez moi près de votre fille.

Les Peyronnet, touchés par cette offre, viendront effectivement à Digne s'installer tout près de Samten Dzong. Et Alexandra sera toujours attentive à leur état de santé, à leur bien-être. Moralité : les hérissons, en compagnie d'une tortue, peuvent changer leurs piquants en patte de velours. Métamorphose que n'avait pas prévue Ovide...

L'oracle de Digne

La liste de ses voyages est stupéfiante, justifiant à elle seule le titre enthousiaste de « Française la plus remarquable de notre temps » que je lui avais décerné. C'était elle qui nous avait ouvert tout le monde caché du bouddhisme tibétain à une époque où nos connaissances en ce domaine étaient aussi limitées qu'inexactes.

Lawrence DURRELL.
(Elle, 17 juillet 1964.*)*

En février 1961 paraît chez Plon *Immortalité et réincarnation*. La liste des intimes à qui Alexandra envoie ce livre s'est considérablement réduite. En ont disparu les Philippe Néel, les Jean Haustont, les d'Arsonval. Y figurent encore Mira Alfassa et Christian Fouchet.

Six ans après la mort de Yongden, lama réincarné, ce titre, *Immortalité et réincarnation,* sonne comme un défi à la puissance, et aux ténèbres, du néant. Après avoir étudié les thèmes de l'immortalité et de la réincarnation en Chine, au Tibet et en Inde, Alexandra clôt son essai par cette ultime phrase qui, elle aussi, sonne comme un autre défi : « Ce qui est ne peut pas cesser d'être. »

Pour ceux, et pour celles, que ces questions passionnent, cet ouvrage offre des sujets de méditation à l'infini. Alexandra y livre tout ce qu'elle a appris là-dessus dans le taoïsme, le lamaïsme, le Vedanta. On y entend résonner, une dernière fois, la voix du Gomchen de Lachen et le mot de *samadhi* tant utilisé par la Vagabonde quand elle errait à travers le Sikkim, y fait aussi une dernière apparition sous la forme de la définition suivante :

> Un état de parfaite concentration d'esprit pendant lequel la sensibilité physique est abolie et la respiration singulièrement ralentie. Elle est l'aboutissement des divers degrés de méditation contemplative dans presque toutes les sectes mystiques.

On sait l'importance des agendas dans la vie d'Alexandra. Ces petits carnets sont des confidents, son aide-mémoire, tout y figure, du prix du livre acheté à la tension artérielle (14-8 1/2). Depuis que Marie-Madeleine Peyronnet est entrée à Samten Dzong, ils portent la mention « offert par ma Tortue ». Petit cadeau qui entretient une amitié qui ne cesse de croître entre ces deux femmes pour qui la différence d'âge, ou de culture, ne compte pas et qui s'affrontent parfois, sans jamais cesser de s'estimer.

Le 8 février 1962, Alexandra note :

> Il y a vingt et un ans, le 8 février 1941 : Mouchy.

Eh oui, il y a vingt et un ans, comme le temps passe, que mourait Philippe Néel...

De plus en plus, Alexandra se change en un buste, sans les jambes. Toujours dans ses agendas, elle constate ses difficultés à monter, et à descendre, les escaliers de Samten Dzong. Cela devient aussi dur que ses prouesses sur la route de Lhassa. Elle s'en plaint à Marie-Madeleine Peyronnet, « ah ma pauvre Tortue, c'est ma faute... j'ai vécu trop longtemps ». Elle termine l'année 1962 en accordant à Pierre Brive une série d'entretiens pour Radio-Monte-Carlo.

On vient à Digne consulter la Lampe de Sagesse, comme un oracle, sur les affaires d'Asie, par exemple, sur ce conflit sino-indien qui vient d'éclater sur leurs frontières communes dans les Hymalayas. A ce propos, l'oracle déclare :

> Les Chinois et les Indiens ont besoin de terres. Ils se battront, sans nul doute, pour les obtenir, et cela personne au monde ne pourra les en empêcher.

La Chine n'a jamais inquiété Alexandra. Elle se moque du péril jaune qui effraye tant de ses contemporains, et met à profit le printemps 1963 pour établir son dernier testament, celui qu'elle signe le 20 mars et qui commence par : « J'institue la ville de Digne, mon héritier universel. »

Connaissant l'impermanence des choses et des êtres, la Lampe de Sagesse a choisi ce qui offrait le plus, à ses yeux, de garantie de durée, une petite ville tranquille à l'abri des montagnes et de possibles invasions. Son exécuteur testamentaire est le professeur Monod-Herzen.

Modèle d'originalité et de précision, ce testament ne laisse rien en suspens, ni le sort de Marie-Madeleine Peyronnet qui, sa vie durant, devra être logée à Samten Dzong, ni celui de la sempiternelle grammaire tibétaine :

> Parmi les quelques bijoux, sans grande valeur, que l'on trouvera chez moi, l'on trouvera une collection d'anciennes pièces d'or du Népal et une de la Tunisie. Elles sont montées en façon de collier. S'il en était besoin, l'on pourrait utiliser le produit de leur vente comme contribution aux frais de la grammaire tibétaine...

Après quoi, Alexandra s'occupe à nouveau de la Chine et publie, en 1964, aux éditions de la Palatine, *Quarante siècles d'expansion chinoise*. Dans ce livre dédié « à la mémoire de mon fils adoptif et fidèle collaborateur le lama Yongden », l'oracle de Digne explique tranquillement que la Chine est « naturellement expansionniste » et qu'il faut la laisser « s'expansionner ».

Lucie Delarue-Mardrus prétendait que son amie Colette était incapable d'écrire un livre dans lequel il ne fût pas question, à un moment donné, de sa mère ou de ses chats. Alexandra, elle, est incapable d'écrire un ouvrage où il ne soit pas question du Tibet. Elle complète donc ses *Quarante siècles d'expansion chinoise* par un appendice qui constitue une évocation, pleine d'humour, de Lachen où se pratiquait, quand elle y vivait en ermite, un socialisme des plus primitifs :

> C'était surtout lorsqu'il s'agissait de provisions à fournir que devenait extravagante la bizarre conception de l'*Égalité* que les Latchenpas s'étaient forgée. Je devais acheter mon beurre à des pasteurs habitant de l'autre côté de la frontière pour éviter que les quatre-vingts familles qui composaient la commune ne m'apportassent chacune leur quote-part que j'aurais dû accepter fraîche ou rance, sans avoir le droit de la refuser[1].

Toujours au nom de cette absurde Égalité, la Lampe de Sagesse évita, de justesse, d'être ensevelie sous un amoncellement de pommes de terre, puisqu'elle avait acheté à *un seul* villageois les kilos de pommes de terre que, en vertu du socialisme selon les Latchenpas, elle aurait dû acheter *à chaque* villageois. Les 99 p. 100 de vendeurs s'estimaient lésés et voulaient obtenir réparation en fournissant à Alexandra la même quantité qu'elle avait osé acheter à un seul... Elle manqua aussi être pourvue d'une meute alors qu'elle ne souhaitait qu'un unique chien.

La presse est, une fois de plus, unanime à célébrer « le courage et la verdeur d'un écrivain qui a conservé une pareille jeunesse d'esprit ». Abondent les grands titres reproduisant l'essentiel des affirmations d'Alexandra comme « La Chine est un énorme ventre qui digère tout, il y aura un marxisme chinois qui ne sera pas celui de Marx ».

L'hebdomadaire *Elle* envoie à Digne l'écrivain Lawrence Durrell qui, après les publications de *Justine, Baltazar, Mountolive* et *Cléa,* est en pleine gloire. Le face-à-face de l'auteur du *Voyage d'une Parisienne à Lhassa* avec l'auteur du *Quatuor d'Alexandrie* occupe cinq pleines pages du numéro du 17 juillet 1964. Article qui, dès le début, tourne au vibrant hommage :

> La liste de ses voyages est stupéfiante, justifiant à elle seule le titre enthousiaste de « Française la plus remarquable de notre temps » que je lui avais décerné. C'était elle qui nous avait ouvert tout le monde caché du bouddhisme tibétain à une époque où nos connaissances en ce domaine étaient aussi limitées qu'inexactes.

1. La Palatine, pp. 200-201.

Durrell est reçu par la Tortue qu'il trouve « gaie et bavarde comme un merle ». Introduit par le Merle-Tortue dans le saint des saints, le bureau de travail, il est frappé par la jeunesse de la maîtresse des lieux « qui ne paraissait pas avoir plus de soixante ans ». Elle en aura bientôt quatre-vingt-seize... Il célèbre « ses yeux magnifiques », ses cheveux qui ne sont pas encore tout à fait blancs, « son simple chignon », ses oreilles « petites et belles », son nez et sa bouche « délicatement dessinés ». On sent Lawrence Durrell ému, heureux, séduit, comme un collégien face à son idole. A Samten Dzong, il croit retrouver le Darjeeling de son enfance, ce Darjeeling où il est allé en classe. Il comprend ainsi qu'Alexandra ait choisi « le seul endroit de France » où elle puisse retrouver l'illusion des Hymalayas. Pour compléter cette illusion, le Merle-Tortue sert un thé exquis, « un thé pareil ne pouvait venir que du Planter's Club de Darjeeling », précise Durrell avant de sombrer en *samadhi*...

La parution de *Quarante siècles d'expansion chinoise* s'accompagne, pour son auteur, d'une distinction : Alexandra est élevée à la dignité de commandeur de la Légion d'honneur. A cette occasion, Samten Dzong est envahi par une foule de notables, ministres, préfets, maires, inspecteurs d'académie. La Lampe de Sagesse donne joyeusement rendez-vous à ce beau monde pour son centenaire, dans quatre ans.

Quand le calme et le silence sont revenus à Samten Dzong, Alexandra ôte le ruban et la croix de commandeur qu'elle fait ranger dans l'armoire aux colifichets, en compagnie d'autres babioles comme le Nicham-Iftikar de Tunisie ou l'Étoile brillante de Chine. Et puis, comme un bon artisan que rien ne trouble dans l'accomplissement de ses occupations, elle retourne à son établi terminer un article pour *les Nouvelles littéraires*, « Pourquoi les Chinois n'aiment que les Chinois ».

Le 1er janvier 1965, Alexandra note dans son agenda que son passeport expire le 13 mars 1966. Elle veillera à son renouvellement, qui sera fait le 12 mars 1969, à la stupéfaction de la Tortue et des services administratifs. Ce qui prouve que, à cent ans, Notre-Dame du Tibet gardait encore l'espoir secret de franchir les frontières[1]...

Le 3 février, elle recopie la traduction faite par M. Kuo Yu-Shu des inscriptions chinoises suspendues à l'entrée de Samten Dzong :

> En hommage à Madame Néel, grande philosophe.
> Cette élite a acquis des connaissances profondes sur la philosophie.
> Elle a introduit les religions et les rites en Europe.

Être une élite comporte pas mal d'obligations, comme la production de ce texte annuel qu'elle compose, chaque année, pour le Wesak, l'anniversaire de la naissance du Bouddha. Celui de 1965 se teinte d'actualité et se fait l'écho des réformes qui agitent le monde religieux :

> Alors que nous voyons les anciennes religions occidentales multiplier les efforts pour se moderniser, certains se sont demandé quelle pourrait être l'attitude des Bouddhistes dans les circonstances actuelles ?
> Ces circonstances sont, pour ces religions, leur rencontre avec les découvertes de la science et les réflexions que celles-ci peuvent engendrer dans les esprits de leurs fidèles. Des préoccupations de ce genre ne peuvent atteindre des bouddhistes. Mais d'abord, le bouddhisme est-il une religion ?
> A cette question nous pouvons sans hésitation répondre : Non.

Si l'ankylose des jambes se poursuit, inexorable, accompagnée d'affreuses démangeaisons, « je me gratte jusqu'au sang », l'esprit d'Alexandra reste intact et s'intéresse à tout, et particulièrement aux livres qui paraissent, traitant des questions religieuses ou politiques. C'est ainsi que Mme David-Néel commande à la librairie Vega de Paris un *Mao Tse-tung*, un *Lénine*, un *Hitler*, un *Gengis Khan*, un *Karl Marx*, puis un *Moïse*, un *Saint Benoît*, un *Saint Ignace de Loyola*, un *Isaïe*, un *Luther*, un *Bérulle* et un *Épictète*. Sur chaque facture, 47,20 francs pour le premier achat, 39,80 francs pour le second, elle note, de sa propre main et de son écriture inchangée, « payé par chèque ». Elle note aussi, le 30 juin 1965, « mon nom au lycée », sans autre commentaire. Elle vient d'apprendre que le lycée de jeunes filles

---

1. « Partons, et j'aviserai », disait-elle à Marie-Madeleine Peyronnet.

que l'on est en train de construire, à Digne, entre le boulevard Victor-Hugo et l'avenue du Général-Leclerc, s'appellera « Lycée Alexandra David-Néel ».

Nul, mieux que cette grande dame des lettres, faite récemment commandeur de la Légion d'honneur, exploratrice intrépide, ne pouvait servir de marraine à cet établissement scolaire. Nul mieux qu'elle ne pouvait servir d'exemple à proposer aux jeunes lycéennes, approuve la presse locale.

L'agenda de 1965 se termine sur de pessimistes bulletins de santé. Le 16 décembre, « état nerveux pénible, vue de près presque nulle, [...] insomnie, démangeaisons ». Nuit blanche pour Alexandra, ce qui veut dire aussi nuit blanche pour Marie-Madeleine qui prodigue les tisanes, les massages, les pommades, les promesses d'espoir de voir finir le mal. Ce qui provoque cette réflexion d'Alexandra :
— Je ne sais pas comment tu peux me supporter, moi qui ne me supporte pas moi-même.

Le 7 janvier 1966 :

Allée à Aix voir oculiste, monté et descendu l'escalier [...] résultat pessimiste. Deviendrai pas aveugle mais vue sera mauvaise — pourrai plus lire.

Le 24 octobre :

Mon anniversaire. Suis subitement très mal. Ne peux plus marcher ni lire. [...] Le vent souffle et j'en entends le bruit. Nul ne sait d'où il vient.

« Ne peux plus marcher ni lire », quel supplice cela doit être pour Alexandra qui a tant marché et tant lu, de faire une semblable constatation, en ce quatre-vingt-dix huitième anniversaire et en compagnie du vent qui souffle à ses amis les arbres d'incompréhensibles paroles... Pourquoi n'est-elle pas morte ? Elle s'en plaint à Marie-Madeleine Peyronnet qui rapporte ses propos :

C'est là-bas que j'aurais dû mourir, dans les Tchant-tang, les immenses solitudes herbeuses, près des grands lacs tibétains. [...] Cela aurait été une belle mort. Cela aurait été grand. Mais les dieux en ont décidé autrement. [...] Et je vais avoir ce que je ne voulais absolument pas, une mort sale et bête. Une mort « indigne », quoi[1] !

1. *Dix ans avec Alexandra David-Néel*, p. 79.

Et puis, les inépuisables forces vitales d'Alexandra surmontent cette passagère faiblesse et reprennent le dessus. Le 17 novembre, la Lampe de Sagesse ressuscite pour demander des comptes à son éditeur :

> J'ai reçu le relevé de compte et le chèque que vous m'avez envoyé. Je vous en remercie.
> Je désire savoir
> 1º Combien il vous reste en stock de mes anciens livres.
> 2º Avez-vous l'intention de réimprimer certains de ceux-ci, soit, selon leur texte primitif, soit plus ou moins révisés ?
> 3º Je désire recevoir quelques exemplaires de certains de mes anciens livres.
> Quant à mes derniers livres, *Quarante siècles d'expansion chinoise* édité par la Palatine et *Voyage d'une Parisienne à Lhassa* édité en petit format aux éditions Gonthier par l'entremise de Monsieur de Clermont-Tonnerre, je n'ai point reçu de relevé de compte. Est-ce vous qui vous chargez de me les faire tenir ? Il y a eu tant de changements dans la maison Plon que je ne sais vraiment plus à qui m'adresser lorsque j'ai besoin de renseignements de ce genre.

Alexandra n'est pas aussi ignorante qu'elle le prétend : elle a suivi de près ces changements puisque, le 28 avril, elle avait noté que Sven Nielsen était devenu le nouveau patron de Plon, et des autres maisons d'éditions du 8, rue Garancière. Et cet auteur modèle se remet au travail pour faire de son *Inde. Hier-aujourd'hui-demain* cette *Inde où j'ai vécu. Avant et après l'Indépendance* qui paraîtra en 1969, l'année même de sa mort. Alexandra aura donc écrit, et publié, jusqu'à son dernier soupir. Oui, auteur vraiment exemplaire !

Elle continue à recevoir les journalistes, avec une vigueur qui surprend les représentants de la presse, en ce printemps 1967 :

> Vous n'êtes pas venus pour me parler de magie, au moins ? Je suis lasse de toutes ces balivernes et de la légende qu'on a créée autour de moi. Tenez, je viens juste de recevoir une lettre d'un monsieur. Le cher homme me demande comment il pourrait bien faire pour se dédoubler. Que voulez-vous que je lui réponde ? Et les journalistes ? Ah... les journalistes ! L'autre jour, il y en a un, un Anglais qui débarque par avion à Marseille, qui loue une voiture et qui arrive ici tout essoufflé : « C'est vous la centenaire qui *fait* de la magie ? » me lâche-t-il, avant même de me dire bonjour. Je lui ai répondu que j'étais désolée de le décevoir mais que *primo*, je n'étais pas encore centenaire, et, *secundo*, je ne faisais pas de magie. Il est reparti

sur-le-champ en bredouillant qu'il s'excusait, mais que je ne faisais vraiment pas son affaire.

A un envoyé du *Figaro*, elle déclare : « Alors, vous travaillez dans un journal bonapartiste ? » C'est à la même époque que Natalie Barney me demandait : « Mais enfin, ce Picasso dont on parle tant en ce moment, c'est bien le protégé de Gertrude ? » Pour Alexandra, *le Figaro* était resté le journal « bonapartiste » du temps de sa jeunesse, comme pour Natalie, Picasso était resté le « protégé » de son amie Gertrude Stein. Pour ces nonagénaires, les époques, l'âge, les inventions de l'état civil, les chronologies de l'histoire, ne comptent plus... Elles sont déjà dans une éternité où elles vont et viennent à leur guise, sans avoir de comptes à rendre à personne, si tant est qu'elles n'aient jamais rendu de comptes, ces déesses au-dessus des lois humaines !

En 1967, Alexandra, du haut de ses quatre-vingt-dix-neuf printemps et toujours tournée vers l'avenir, songe à composer son autobiographie et hésite entre deux titres, aussi révélateurs l'un que l'autre, *l'Inadaptée* et *J'ai vécu parmi les dieux*. Comme on regrette qu'elle n'ait pas écrit ces « pages autobiographiques d'une centenaire » ! Son centenaire, le 24 octobre 1968, approche et fait déjà un bruit qui exaspère la Lampe de Sagesse qui n'aime que le silence.

Alexandra 1968

« L'imagination au pouvoir », lisait-on sur les
murs de Mai 68...

L'agenda de 1968, celui de la centième année d'Alexandra,
s'ouvre sur un plan de travail concernant la mise à jour
de son livre sur l'Inde. Puis, dans les jours qui suivent,
Mme David-Néel note des titres de livres ou d'articles *à faire*
comme *Un yoga tantrique nordique, Jésus patriote juif ou
mythe grec,* et *Prédestination.*
Alexandra avait un principe qu'elle exposait souvent à
Marie-Madeleine Peyronnet : ne pas laisser passer une jour-

469

née, une seule, sans faire ce qu'elle appelait « un travail constructif ». Aux veilles de son centième anniversaire, et en vertu de ce principe, Notre-Dame du Tibet construit, activement. Le 26 avril, elle écrit le message pour l'anniversaire du Bouddha, le Wesak, et, comme si elle pressentait que ce message serait le dernier, elle y précise ce qu'elle considère comme l'essentiel de la doctrine :

> Le Bouddha avait découvert le fait qui allait devenir la base sur laquelle toute sa doctrine allait s'édifier. *Anatta* (le *non moi*).
> Avons-nous fait cette constatation ? Avons-nous vu, que *cela* que nous tenions pour un *Moi* homogène est, en réalité, un groupe, formé d'éléments divers ? — Groupe dont la constitution varie d'instant en instant, certains de ses membres en s'éloignant, d'autres venant s'y joindre ? Chacun de nous perçoit-il qu'il n'est plus tout à fait le même que celui qui est entré tout à l'heure dans cette salle ? [...] Des perceptions plus affinées nous amèneront-elles à voir qu'il n'y a ni naissance ni mort, mais seulement perpétuelle transformation, perpétuelle union et séparation d'éléments physiques et mentaux ? Si nous atteignons à cette perception, [...] nous aurons atteint la compréhension qui procure l'inaltérable paix, la quiétude bienheureuse de l'observateur détaché. [...] S'il en est ainsi, n'éprouvant ni penchants ni aversions, et suivant le conseil de Bouddha, portant nous-mêmes le flambeau qui éclaire nos pas, nous aurons conquis la véritable libération.

Voilà les derniers mots du dernier message d'Alexandra, brandissant, une ultime fois encore, le flambeau-refuge, la lumière qui n'a pas cessé de l'accompagner depuis qu'elle a découvert le bouddhisme. C'était hier, à la fin du siècle dernier, au musée Guimet. Elle était alors l'une des rares bouddhistes de Paris. Depuis, elle a engendré une innombrable descendance qui se presse à Samten Dzong ou qui, par lettres, prie, supplie, demande des conseils.

Aux approches du centenaire qui a déjà été annoncé dans les journaux, à la fureur d'Alexandra qui ne veut pas être « dérangée » pour si peu, d'innombrables lettres arrivent du monde entier, de Tombouctou comme de Carpentras.

Alexandra et Marie-Madeleine ont beau se partager la besogne, elles ne parviennent pas à épuiser, en un seul jour, le lot quotidien de missives. Toutes, ou presque, contiennent une demande. Voulez-vous être mon gourou ? Pouvez-vous m'enseigner la télépathie ? Pouvez-vous m'aider à retrouver l'affection de mon mari ? Pouvez-vous m'envoyer de l'argent ? Des vêtements ? Des renseignements sur le Tibet ? Chaque lettre contient une forêt de points d'interrogations... La Sévigné de Digne ne répond presque plus. Elle écrit encore à ses éditeurs, à ses traducteurs, à quelques rares amis. Seule, la grève des Postes, en mai 1968, réussira à tarir ce flot épistolaire. Car, Mai 1968 est là qui éclate, avec ses pavés, ses barricades et ses graffiti dont certains, comme « il est interdit d'interdire » ou « l'obéissance, c'est la mort », pourraient avoir été écrits en 1888, par cette anarchiste de vingt ans qu'était Mlle David.

Quatre-vingts ans se sont exactement écoulés depuis, et Alexandra voit, avec une satisfaction non dissimulée, des légions de petites Alexandra qui crient tout haut ce qu'elle écrivait tout bas. A la fin de sa préface à *Pour la vie*, Élisée Reclus n'avait-il pas annoncé cet événement : « Mais les temps viendront où le chant de triomphe de notre amie sera entendu... » L'oreille collée à sa radio, l'amie d'Élisée écoute les chants de triomphe et les explosions des bombes lacrymogènes. Elle suit, rue par rue, les émeutes de ce Quartier latin où elle aussi a été étudiante, logeant alors boulevard Saint-Michel, chez les théosophes. Alexandra 1968 a l'impression que ce mois de mai est une immense fête donnée en l'honneur d'Alexandra 1888 ! Et sur ces événements, elle dicte à la Tortue le commentaire suivant :

> Dans les reportages concernant les manifestations qui se sont produites à Paris pendant les troubles causés par la révolte des étudiants, j'ai noté avec surprise que des drapeaux noirs avaient été déployés à côté des drapeaux rouges des socialistes. Le drapeau noir était celui des anarchistes. Je croyais que les groupes d'anarchistes appartenaient comme les nihilistes russes à un passé vieux de plus d'un demi-siècle et avaient cessé d'exister.

A Samten Dzong, elle reçoit un groupe de jeunes anarchistes qu'elle accueille d'un ironique : « Vous venez me voir pour me donner des leçons d'anarchie, ou pour en prendre ? » Et elle s'élève, violemment, contre leurs projets de destruction : « Ne démolissez pas ce qu'ont fait vos aïeux qui ont bâti des cathédrales. Vous, vous ne savez faire que des élévations en béton armé qui déparent la nature. » Par « élévations en béton armé », Alexandra entend ces immeubles, ces monstres qui commencent à envahir la campagne où ils prennent la place de ses arbres bien-aimés. Elle cite alors une formule qu'elle a entendue un jour et qui, depuis, ne cesse de la mettre en joie, chaque fois qu'elle la répète, « partout où la main de l'homme met le pied, la nature est détruite ». A ce trait, les anarchistes daignent enfin joindre leurs rires au rire éclatant de la centenaire.

Après quoi, voyant resurgir, dans les rues et dans les magazines, les idées de ses vingt ans, la Lampe de Sagesse pense qu'il est grand temps de se livrer à « un travail constructif » et à faire réimprimer ses premiers ouvrages, parus sous forme de plaquettes, qui sont complètement épuisés et introuvables depuis longtemps.

Armée d'une énorme loupe — sa vue baisse de plus en plus — Mme David-Néel relit, annote, corrige *Pour la vie, le Philosophe Meh-ti (ou Mo-Tse)* et *l'Idée de solidarité, les Théories individualistes dans la philosophie chinoise* qui seront réunis en un seul volume sous le titre commun *En Chine* [1]. Elle ne perd pas une minute et voit, sans plaisir aucun, approcher la journée de son centième anniversaire qu'il faudra gaspiller en festivités diverses. Elle rage, elle enrage, et, le matin du 24 octobre, elle dit à Marie-Madeleine qu'elle ne veut voir personne aujourd'hui et ne recevra personne. Au même moment, dans la cour du lycée Alexandra-David-Néel, la directrice, Mme Bottino, exhorte ses élèves à se montrer dignes de celle qui a donné son nom au lycée, et à suivre son exemple...

Et puis, par l'un de ces retournements dont elle est coutumière, Alexandra, qui avait menacé de faire un esclandre si elle voyait un seul visiteur, reçoit une première délégation de journalistes avec une amabilité, un brio dont ils se feront amplement l'écho.

Marie-Madeleine Peyronnet se demande si elle n'est pas le jouet d'une illusion et si cette enjôleuse, soucieuse de plaire, et qui plaît, est la même harpie qui tonnait et menaçait. Impermanence des choses et des sentiments, répondrait Alexandra.

A la délégation des journalistes succède celle du conseil municipal conduite par le maire de Digne, le Dr Romieu, qui soigne Alexandra et qui compte parmi ses amis.

---

1. Paru chez Plon en 1970.

Je ne vois pas pourquoi vous tenez tant à célébrer une centenaire. Ce n'est pourtant pas bien gai d'avoir cent ans, c'est plutôt triste, on approche de la fin,

lance la Lampe de Sagesse. Un silence des plus profonds suit
cette déclaration.

Eh bien, messieurs, j'espère tout de même que lorsque le
conseil municipal se réunit, vous êtes un peu plus bavards...
Ou bien alors que faites-vous? Est-ce que vous dansez par
hasard?

interroge joyeusement la centenaire.

Au silence succèdent les rires. Celle qui fut Carmen,
Manon, Thaïs — s'en souvient-elle en ce jour? —, « tient » son
public et ne le lâchera plus. Comme au premier acte de *la
Traviata*, Alexandra-Violetta demande que l'on ouvre des
bouteilles de vin de Champagne. On trinque. Et Mme David-
Néel, qui ne boit jamais de vin, consent à lever une coupe, et
dit au Dr Romieu :

A votre santé, puissiez-vous vivre cent ans et ne pas souffrir
de rhumatismes articulaires... Quel mérite ai-je, dites-moi? Ma
chance, c'est d'avoir conservé ma tête, je ne suis pas gâteuse.
Allez, docteur, allez, dites-le que je suis à toute extrémité!

Les rires reprennent de plus belle. Alexandra montre une
lettre de Christian Fouchet qui commence par : « J'apprends
que vous fêtez votre premier centenaire. » Et désignant les
piles de lettres et de télégrammes qui, d'heure en heure, augmentent, envoyés par Pierre de Grèce, Denis de Rougemont,
le président des éditions Plon, la présidente de la Société
théosophique, et tant d'autres encore, elle s'exclame :

Vous savez, j'ai reçu ce matin, avec toutes ces lettres, quelque chose de bien plus important, ma feuille de contribuable,
un hommage du percepteur dont je me serais bien passée.

Quand, craignant de fatiguer la centenaire, les invités
manifestent l'intention de partir, Alexandra les retient d'un :
« Mais vous ne me fatiguez nullement... Restez encore un
peu. » Devant le spectacle d'une telle suavité, la Tortue croit
rêver !
Les journalistes et le conseil municipal laissent pourtant
la place à la troisième et dernière délégation de la journée,

celle formée par la directrice du lycée de Digne et quelques élèves de la classe de philosophie. Ces dernières sont porteuses de compliments et d'une superbe corbeille de roses rouges, les roses de Bashkarananda. Elles sont — presque — aussi nues que l'ascète de Bénarès. Leurs mini-jupes étonnent Alexandra qui feint de s'inquiéter :

— Vous n'avez pas peur de prendre froid en découvrant si haut vos jambes ?

Alexandra n'aura pas perdu sa journée autant qu'elle le craignait : elle vient de découvrir la mini-jupe dont la mode commence, comme elle avait découvert, en revenant de Lhassa, la mode des « shorts » avec ce lieutenant-colonel anglais qui osait montrer ses cuisses et à qui elle aurait pu dire aussi : « Vous n'avez pas peur de prendre froid en découvrant si haut vos jambes ? » Mais c'était à Chumbi, au printemps 1925, et il faisait chaud, comme il faisait chaud...

Le soir tombe sur Samten Dzong. Les derniers invités sont partis. Alexandra ne donne pas le moindre signe de fatigue. Elle a repris sa loupe et se livre à « un travail constructif ».

Dans les jours et les mois qui suivront, Alexandra, toujours courtoise, s'appliquera à remercier ceux et celles qui ont pensé à fêter son centième anniversaire. Voici la lettre que, le 6 novembre, Alexandra dicte à Marie-Madeleine pour son éditeur :

> Tous mes remerciements pour le télégramme et la splendide gerbe de fleurs que vous m'avez envoyés. J'ai eu l'agréable surprise de trouver parmi elles une plante que je pourrai conserver[1]. [...] Du point de vue de l'Éditeur, ne croyez-vous pas que nous devrions nous hâter de publier les rééditions de quelques autres de mes livres ? La publicité qui s'est faite autour de mon nom à l'occasion de mon centième anniversaire est propre à leur attirer des acheteurs. [...] En plus de nombreux articles de journaux qui m'ont été consacrés, j'ai aussi reçu plus de 200 lettres et télégrammes dont beaucoup venaient de personnes [...] qui toutes avaient lu l'un ou l'autre de mes livres. Le *Voyage d'une Parisienne à Lhassa* était mentionné avec enthousiasme et aussi un roman, *le Lama aux Cinq Sagesses*. Beaucoup de gens me demandent comment se procurer ce dernier, les libraires leur disant que les éditions sont épuisées.

1. Un philodendron qui est toujours à Samten Dzong où il a envahi un coin de la salle de séjour.

Vit-on jamais centenaire plus apte à tirer profit de son centième anniversaire ? Rien n'échappe à son attention, et surtout pas le roman de Yongden, *le Lama aux Cinq Sagesses* qui est épuisé. Yongden qui aurait pu, qui aurait dû assister à la fête ! Ah, quel mauvais tour il a joué à sa mère adoptive en s'en allant, le premier, vers ces terres inconnues qu'elle s'apprête à explorer bientôt. En attendant, elle commande à Marie-Madeleine de faire agrandir des portraits de Philippe Néel qu'elle veut suspendre dans son bureau. En vieillissant — et si on ne vieillit pas à cent ans, quand le fera-t-on ? —, Alexandra deviendrait-elle sentimentale ?

Si elle n'oublie pas Philippe, ni Yongden, Mme David-Néel n'oublie pas non plus qu'elle est journaliste, comme elle le rappelle à Joël Bernard qui rapporte ses propos dans *Nice-Matin* du 28 octobre :

> Je ne vois pas en quoi le fait que j'ai cent ans peut vous intéresser, jeune homme. Les raisons de votre interview me paraissent peu valables. Donnez-moi rapidement la liste de vos questions. J'ai été journaliste, moi aussi. Un article digne de ce nom se prépare comme une conférence, comme une sorte de petit livre. Prendrez-vous un peu de thé ?

Et la centenaire termine « son » année en envoyant au journal *le Monde* trois feuillets dactylographiés. Le premier de ces feuillets commence par :

> Le très intéressant article de M. R. Guillain, paru dans *le Monde* du 4 novembre 1968, au sujet de Liou-Chao-Chi, m'a rappelé un incident qui s'est produit tandis que j'habitais Chengtu au Sechuan. Je le crois de nature à amuser vos abonnés...

Les derniers jours
d'Alexandra

Lumière, n'est-ce pas qu'Antigone, en mourant,
Regrettait moins l'amour que votre doux torrent ?

ANNA DE NOAILLES.
(Les Éblouissements.)

R ares, très rares sont les notes que l'on trouve dans l'agenda 1969 d'Alexandra, et pourtant combien révélatrices puisque exactement semblables à celles prises depuis qu'elle utilise les agendas. Projets de travail ou de voyages, pensées y alternent avec les noms de correspondants, de livres lus, d'endroits aimés. A la page du 1er janvier, figurent, entre autres, « R.P. Jésuite Lissan, fouilles dans le bassin du fleuve Jaune — musée à Pékin ».

Emprisonnée dans son fauteuil, la Vagabonde, immobile, commence sa dernière année en pensant à cette Chine dont elle regardait la carte, enfant, dans son atlas, accomplissant un voyage imaginaire sur les bords du fleuve Jaune où elle a campé et à Pékin où elle a vécu.

Au hasard des autres pages, apparaissent les noms de maîtres chinois, d'amis d'autrefois comme les MacDonald et d'un lieu cher entre tous, le musée Guimet. Ces noms voisinent avec le paiement du tiers provisionnel, un article paru dans *le Figaro littéraire* et une lettre de la comtesse Karolyi (de Budapest). La correspondance aura vraiment tenu une grande place dans le destin d'Alexandra David-Néel. Mais celle qui fut la Sévigné de Bruxelles, de Bénarès, de Kum-Bum et d'autres lieux délègue maintenant ses pouvoirs à Marie-Madeleine Peyronnet chargée de répondre aux lettres les plus urgentes ou les plus pressantes. A une admiratrice qui veut « en savoir plus » sur son idole, Marie-Madeleine répond le 19 février 1969 :

> Vous voulez, Madame, savoir qui est Alexandra dans la vie courante ? Vous m'imposez là une tâche bien difficile... mais comment pourrais-je refuser de satisfaire votre « curiosité » ! Curiosité qu'en effet vous partagez avec quelques milliers d'admirateurs qui, depuis dix ans, attendent toujours une réponse. [...] A cent ans et quatre mois bientôt, elle est toujours égale à elle-même. Toutes ses facultés demeurent intactes, et son esprit, toujours aussi vaste, se passionne pour toutes choses — que ce soit la politique, les découvertes scientifiques, le voyage des cosmonautes autour de la Lune — absolument tout... l'intéresse. Elle assimile tout ! Elle comprend tout. Elle prévoit tout avec une précision surprenante très souvent, avec un humour sans égal, quelquefois — mais toujours dans la plus complète indifférence. Comment expliquer cela ? Elle vit dans le monde, et pourtant, elle est au-dehors, ou plutôt au-dessus, je ne sais pas [...] je ne peux dire que c'est un phénomène... fait de fer et d'acier... qui n'est absolument que « cerveau »... mais qui est, malgré tout, ou peut-être à cause de cela, infiniment attachante — et en plus de l'admiration, on ne peut qu'avoir pour elle beaucoup d'affection.

Précieux témoignage sur l'Alexandra de cent ans et quatre mois et magnifique définition que donne Marie-Madeleine Peyronnet : « Elle vit dans le monde, et pourtant elle en est au-dehors, ou plutôt au-dessus. » Alexandra, en réalité, a toujours été ainsi, en retrait du monde et le dominant par sa pensée. Oui, elle a toujours été ainsi dans ses profondeurs les plus secrètes et les plus lumineuses. Bel exemple de fidélité à soi-même.

Le printemps 1969 est celui des visites. D'abord celle du maître-graveur Roger B. Baron envoyé par l'administration nationale des Monnaies et des Médailles pour couler Alexandra dans le bronze. L'Insaisissable s'y refuse obstinément, et cela depuis des années, et d'un péremptoire : « Quand on est vieux, on ne se montre pas. » Un ami, Gaétan Fouquet, parvient à forcer la main d'Alexandra en annonçant l'arrivée impromptue, à Digne, du sculpteur-médailleur. Devant cette volonté qui se veut plus forte que la sienne, Alexandra ne plie pas et dit à Marie-Madeleine :

> Que ce monsieur vienne à Digne, s'il le désire, je ne peux évidemment pas l'en empêcher... Tu feras même ce qu'il faut pour bien le recevoir. Mais moi, je ne poserai pas.

Et elle ne posera pas, comme elle l'a décidé. Roger B. Baron sera, certes, reçu par son modèle, mais devra travailler comme il pourra. Le résultat en est cette médaille que l'on peut trouver maintenant à l'Hôtel de la Monnaie de Paris et qui m'a tenu compagnie pendant que j'écrivais les pages de cette biographie.

Face, on y voit le profil alexandrin, un aigu de roc, de cime, de montagne. Un visage d'Hymalaya autour duquel tournent les mots « Alexandra-David-Néel-écrivain-explorateur ».

Pile, ce sont, dans le lointain, les Hymalayas, les vrais, avec, en leur centre, Lhassa et son palais du Potala, et, au premier rang, des arbres, « les arbres ont été les seuls compagnons de ma vie », et, entourant le tout, sa devise : « Marche comme ton cœur te mène et selon le regard de tes yeux. »

De cette médaille, Alexandra ne verra que l'ébauche, la cire et le plâtre envoyés par Roger B. Baron à Marie-Madeleine Peyronnet qui ne dissimule pas son contentement :

— Regardez, madame, comme vous êtes bien.
— C'est moi, ça ? C'est bien lourd ce machin-là.
— Je suis tellement heureuse pour vous.
— Eh bien, ma pauvre Tortue... Il t'en faut vraiment peu pour te satisfaire[1].

1. *Dix ans avec Alexandra David-Néel*, p. 220.

Deuxième visite, le 4 avril, un Vendredi saint triste et maussade, mais éclairé pour Alexandra par l'arrivée de ses amis, Christian Fouchet, ancien ministre de l'Éducation nationale, et de son épouse. Ils resteront trois heures à évoquer le passé, l'Inde, la Chine, les rencontres avec Teilhard de Chardin qui disait à Alexandra : « Alors, madame, il paraît que vous ne croyez pas aux miracles. » Et celle-ci de répondre : « Les miracles, moi, j'en fais, alors, vous comprenez. » On évoque d'autres reparties d'Alexandra à qui Christian Fouchet avait dit : « Vous êtes la dernière survivante des grandes dames du XVIIIᵉ siècle. » Et la grande dame s'était exclamée : « Mais je ne suis pas si âgée que cela. » Elle n'avait alors que quatre-vingt-quinze ans...

A peine l'ancien ministre et son épouse ont-ils quitté Samten Dzong que le téléphone sonne. Il est 21 heures. C'est Bertrand Flornoy, président des explorateurs français, qui se trouve dans les parages et qui aimerait rendre visite à son amie, le lendemain matin. « Qu'il vienne maintenant », décrète Alexandra que les trois heures de discussion intense n'ont pas fatiguée mais revigorée. Il n'est pas question de ne pas obéir à un ordre de la centenaire. Bertrand Flornoy qui dîne dans un restaurant de Digne termine à la hâte une omelette et, vingt minutes plus tard, arrive à Samten Dzong qu'il ne quittera qu'à minuit. Alexandra l'écoute parler, parle. Elle est, visiblement, dans l'enchantement. La Tortue s'inquiète de tant d'excitation. Après avoir raccompagné Bertrand Flornoy, elle se précipite, craignant le pire, chez Alexandra qui n'est plus enchantée, mais effondrée. « Évidemment, madame, deux longues visites, le même jour, vous ont épuisée. » Pas du tout. Ce qui a provoqué l'effondrement d'Alexandra, c'est que ses deux amis, Christian Fouchet et Bertrand Flornoy, ont, physiquement, changé, vieilli, ils ne sont plus les jeunes gens qu'elle a connus. « Oh! ma pauvre Tortue! Mon Dieu, ce qu'ils ont vieilli tous les deux », ne cesse de murmurer la plus verte des centenaires.

Les journaux régionaux se font l'écho de la prouesse alexandrine : « Notre illustre centenaire aura eu décidément vendredi une journée chargée », et recueillent l'opinion des visiteurs.

J'ai été stupéfait par sa vivacité d'esprit, son goût pour les problèmes actuels, pour sa volonté et son incroyable vitalité, déclare Bertrand Flornoy. C'est une femme remarquable et je ne connais pas d'octogénaire qui puisse supporter ainsi, dans une seule journée, deux conversations durant chacune près de trois heures. Mme David-Néel est une femme de notre temps, non pas une centenaire, une ancêtre, elle a des idées que je peux qualifier d'avancées dans tous les domaines.

Le 24 juin, Alexandra note dans son agenda : « Prix des Vikings, 1 000 francs. » Ce sera sa dernière note. Le prix des Vikings vient d'être attribué à son *Inde où j'ai vécu*, que Plon a réimprimé. Aux journalistes accourus, l'oracle de Digne répond :

> Pour qu'il y ait joie, il faut qu'elle puisse être partagée. Or, je n'ai plus personne. J'ai bien une filleule en Norvège et j'ai été fort étonnée d'apprendre qu'elle était devenue grand-mère.

Et puis, désignant d'un mouvement de menton Marie-Madeleine Peyronnet, elle dit : « C'est elle qui est contente. » En dépit de ses déclarations aux journalistes et de son « je n'ai plus personne », Alexandra sait parfaitement qu'elle a la Tortue, sa Tortue, avec qui elle partage, quoi qu'elle en dise, sa joie de lauréate de cent ans et huit mois... Comme ce n'est pas tous les jours que l'on couronne une lauréate de cet âge-là, Alexandra redevient l'une des reines de l'actualité, et partage la vedette avec un Eddy Merckx qui triomphe au Tour de France cycliste, et les cosmonautes qui se posent sur la Lune.

Cette fin de vie ressemble un peu à celle de Voltaire et à son apothéose, quand le Tout-Paris vint défiler autour du patriarche de Ferney en mai 1778. Au commencement de l'été 1969, c'est le Tout-Paris de la presse qui défile à Digne. Comme on connaît l'aversion d'Alexandra pour les hommes, « ils sentent la bête, le fauve », on a délégué trois jeunes femmes, Anne-Marie Cazalis pour *Elle*, Josane Duranteau pour *le Monde* et Élisabeth Schemla pour *le Fait public*. Grâce à leurs trois interviews on peut connaître les pensées, les projets d'Alexandra à cent ans et huit mois.

La Lampe de Sagesse accueille Anne-Marie Cazalis en parlant de l'une de ses obsessions du moment, l'apparition des hommes sur la Lune. Elle répète :

Ils n'ont pas véritablement exploré la Lune. Empaquetés comme ils l'étaient... Explorer un pays, c'est marcher pieds nus, c'est poser ses paumes sur les pierres, c'est vivre avec ses habitants.

Et Alexandra, elle, si elle avait été sur la Lune, aurait certainement rencontré ses habitants et partagé avec eux une *tsampa* d'étoiles...

Toujours à Anne-Marie Cazalis, Alexandra déclare :

> Vous me demandez pourquoi je n'écris pas mon autobiographie? Vous ne pouvez pas parler de vous sans inventer. Il n'y a pas d'autobiographie honnête. Peut-être, *dans quelques années*, je raconterai quelques épisodes de mon existence.

C'est moi qui souligne ce « dans quelques années »... Et puis, Mme David-Néel donne cette définition de l'élégance :

> L'élégance, pour une femme, c'est de savoir ce qui vous va. Moi, lorsqu'une robe m'allait bien, j'en commandais une douzaine de couleurs et de tissus différents, mais de forme semblable[1].

A Josane Duranteau, Alexandra montre les trois livres qu'elle a en chantier, trois manuscrits qu'elle étale sur son bureau, l'un sur Jésus, l'autre sur le yoga et le troisième sur *l'Impossible Communisme*. Et quand ces trois-là seront terminés, elle a, pendant cette interview, l'idée d'un quatrième ouvrage :

> L'Inde était une création des Anglais qui avaient soudé ensemble des petits États très différents les uns des autres. Cette Inde-là est en train de se démembrer. [...] Le même éclatement est en train de s'esquisser en France : les provinces veulent défaire l'œuvre voulue par Louis XI, cette unification, d'abord très artificielle, puis bien cimentée et qui perd maintenant sa solidité. J'envisage d'écrire un essai sur ce sujet, quand les trois précédents seront publiés[2].

A Élisabeth Schemla, elle fait cet aveu capital : « Je ne me suis pas à vrai dire convertie au bouddhisme : il m'habitait dès ma naissance. » Elle apporte aussi des précisions sur sa conception du yoga :

> Le second livre que je prépare traitera du yoga authentique. L'Occident ne comprend pas l'Orient et dénature tout ce qui y

1. *Elle*, 29 septembre 1969.
2. *Le Monde* du 2 août 1969.

touche de près ou de loin. Ainsi, le yoga, ce n'est pas ces exercices physiques pour femmes du monde dont on nous parle sans cesse. C'est faire ce que j'appellerai des cogitations mentales pour entrer en vrai rapport avec les objets par le contact de nos sens. Si nous avions d'autres sens, nous verrions autrement. Pour vous, pour moi, un arbre, c'est la même chose. Pour une fourmi, un arbre, c'est différent de ce qu'il présente pour l'homme, car, elle le voit et l'appréhende avec d'autres sens. Alors, qu'est-ce qui est vrai ? Qu'est-ce qui est l'arbre ? Celui que nous regardons nous-même, ou celui que regarde la fourmi ? Voilà le yoga authentique [1].

Cet arbre, l'arbre du yoga, sera l'un des derniers à avoir été évoqué par leur amoureuse...

Quand elle n'accorde pas des interviews, Alexandra mène sa vie habituelle et son art de se livrer quotidiennement à un « travail constructif ». Elle fait acheter par Marie-Madeleine des crayons noirs et vérifie si leur mine « est bien noire » en traçant cette phrase qui en dit long sur l'un de ses secrets désirs du moment : « Je vais aller me promener. » Le 23 juin, toujours au crayon, elle exprime cette envie sous une autre forme : « Le plus important dans la vie, c'est aller se promener, manger et boire. »

> Je mange bien, j'ai bon appétit, je mange de tout. Non, je ne suis pas végétarienne ; pourquoi ? Jamais je n'ordonnerai que l'on tue une bête pour me nourrir. Mais si la bête est tuée, sans que je l'aie demandé, eh bien je la mangerai volontiers,

a-t-elle dit à Anne-Marie Cazalis.

L'estomac et le cerveau donc fonctionnent admirablement. Ce sont les jambes, ces jambes qui ont parcouru l'Asie entière, qui refusent maintenant de faire un pas. Alexandra est paralysée. Peut-on imaginer pire châtiment pour celle qui ne tenait pas en place, ce vif-argent, ce feu-follet, cette fée, cette *Kandhoma*... La fée pense d'ailleurs qu'elle ne va pas tarder à rejoindre le lutin Yongden : « Je sais bien que je n'en ai plus pour longtemps, mon père avait raison, cela se sent », confie-t-elle à Marie-Madeleine. Est-ce à cause de cette proximité ? L'irascible, l'insupportable Alexandra devient tellement aimable que sa Tortue s'en étonne :

1. *Le Fait public*, octobre 1969.

Madame, permettez-moi de vous dire combien je vous trouve changée depuis quelque temps. Vous devenez de plus en plus aimable, même gentille... C'est à peine croyable.

— Alors, il va falloir que je m'observe... C'est que je suis en train de devenir « gâteuse ».

Et pour bien montrer qu'elle ne l'est pas, elle dicte à Marie-Madeleine, début août, des notes sur le yoga authentique qui commencent par :

La plupart des grandes doctrines philosophiques de l'Inde se définissent en quelques mots : *Anni Anicca — Dukha — Anatta* (Impermanence — souffrance — absence de soi).

Mais il faut interrompre ce travail. Alexandra a accepté de participer à une émission de télévision programmée pour le 2 novembre prochain, « L'invité du dimanche ». Arrivent à Digne Arnaud Desjardins, producteur, Jacques Delrieux, réalisateur, et toute une équipe de techniciens. Celle qui a affronté les tigres, les seigneurs de la guerre et les Hymalayas ne manifeste aucun trouble devant cette invasion. En plus, elle sait qu'elle a, en Arnaud Desjardins qui est aussi écrivain, un admirateur qui ne cache pas l'influence profonde qu'ont eue les livres d'Alexandra sur son évolution et l'orientation de ses propres recherches.

Le tournage terminé, l'équipe partie, Alexandra consent à montrer la fatigue engendrée par les questions, les lumières, ah! ces lumières des projecteurs qui l'éblouissaient et qui n'étaient pas *sa* lumière... Elle en vient même à croire que les journalistes ne sont pas partis, qu'ils sont encore là, et elle répète, inlassablement, en français, en anglais, en tibétain afin qu'ils comprennent bien que leur présence n'est plus désirée : « Ne croyez-vous pas, messieurs, que cela est indécent de venir filmer la mort d'une vieille femme ? »

Et pourtant, Alexandra n'abandonne pas la partie. Pas encore. Elle continue à tracer des mots sur des feuillets. Sur l'un d'entre eux, on lit :

Mes fugues d'enfant — celle du bois de Vincennes. Celle en Italie.
Ceylan.
Études de philosophie indienne.
Départ pour l'Inde.
Le Dalaï-Lama exilé au Sikkim.

Fugue, Ceylan, Inde, Dalaï-Lama, Sikkim, tout Alexandra est là, dans ces dernières notes. Et face à *Italie* et à *Ceylan* une énorme initiale, H, ce H qui, tant de fois, dans ces agendas, a désigné Jean Haustont, Jean le Mystérieux...

Son écriture devient de moins en moins lisible. On parvient à déchiffrer :

> La vie politique des hommes est pareille à nos plages que de hautes vagues balaient et recommencent par moments. Les vagues redescendent. La plage est telle qu'auparavant.

Les dieux, les hommes, l'Asie auront occupé Alexandra jusqu'à ses ultimes moments de lucidité. Une agonie commence aussi interminable que celle de son père, M. David.

22 août[1]. Alexandra est assise à son bureau. En face, Marie-Madeleine, crayon et carnet de notes en main, attend la dictée. Alexandra regarde par la fenêtre et ne dicte rien. Après un très long silence, elle dit :

> — Eh oui, Tortue, nous sommes revenues à Samten Dzong, il y a plus de dix ans, pour y travailler et y mettre de l'ordre... et puis... j'ai été paresseuse... toi aussi... nous n'avons presque rien fait... et voilà, maintenant, c'est la fin, je vais mourir.

Marie-Madeleine proteste. Elles ont beaucoup travaillé en ces dix ans. Elles vont encore beaucoup travailler. Alexandra n'est pas malade, alors, pourquoi parle-t-elle de sa fin prochaine ? La Lampe de Sagesse sait qu'elle ne se trompe pas et répète ce qu'elle a déjà dit à sa Tortue :

> — Si, si, je sais que je vais mourir, mon père le disait, « cela se sent ». Et pourtant j'ai encore plusieurs livres à écrire... Ne serait-ce que la correspondance, tu sais, les trois valises remplies de lettres que tu as rangées dans ma salle de bains, il y a quelques années de cela, eh bien, rien qu'avec cela, je pourrais encore faire deux livres. Et maintenant, c'est trop tard.

« Il n'est jamais trop tard », affirme Marie-Madeleine, avec une telle conviction qu'elle va obtenir l'autorisation de publier cette *Correspondance* et d'en faire ces deux livres qui deviendront les deux joyaux de l'œuvre alexandrine, les deux

---

1. A partir de là, et jusqu'à la fin de ce chapitre, les pages qui vont suivre ont été composées à partir de notes prises au jour le jour par Marie-Madeleine Peyronnet.

volumes du *Journal de voyage* composé à partir de lettres adressées à Philippe. Alexandra accompagne sa permission d'un « je te fais confiance, fais-en le meilleur usage », qui illumine Marie-Madeleine.

Le dimanche 24 août, Alexandra est la proie de visions et de cauchemars.

Le mardi 26, pendant un quart d'heure, Alexandra répète à Marie-Madeleine dont elle tient la main : « Tu es ma Tortue, donc tu m'appartiens. » Dehors, le soleil, et le mistral qui souffle et les arbres qui balaient de leurs branches la toiture et les murs de Samten Dzong comme s'ils voulaient rappeler leur présence à leur amie moribonde...

Mercredi 27, Alexandra s'exprime de plus en plus difficilement. Marie-Madeleine saisit des bribes de phrases comme : « Je meurs de tristesse » et « Tortue ne me laisse pas mourir. »

Vendredi 29, Marie-Madeleine montre deux chèques envoyés par les éditeurs à Alexandra qui murmure : « Toi aussi, tu auras des droits d'auteur. » Elle aura exercé son don de prophétie jusqu'au bout...

Samedi 30. Alexandra n'appelle plus, ne crie plus, ne sonne plus.

Elle semble la proie d'un abattement profond. Elle absorbe quelques cuillerées de café au lait et quand elle s'aperçoit que c'est Marie-Madeleine qui la fait boire, l'impérieuse Alexandra renaît un instant pour affirmer, fièrement :

— Généralement, je ne bois pas comme cela.

Au soir de cette journée, et cela fait maintenant huit jours qu'Alexandra est « malade », Marie-Madeleine, épuisée de fatigue et de tristesse, éclate en sanglots. Alexandra s'en rend compte, et, par trois fois, sans dire un mot, embrasse sa Tortue qui reprend espoir.

31 août. Alexandra parle seule :

— Par le golfe Persique... quand je suis allée au Japon... Golfe du Bengale... Et j'y suis allée, à Lhassa.

Et, au Dr Romieu qui est à son chevet :

— Je vais m'embarquer à Marseille pour le Japon.

Tout ce 31 août est voué aux voyages qu'elle a faits et qui défilent dans sa tête. Certains itinéraires la tourmentent. Elle répète : « Je suis à Marseille et je veux aller à Pékin. Albert ne veut pas aller à Pékin. » Et voilà Albert Yongden qui ressurgit pour s'opposer aux désirs d'Alexandra. Dans quel affreux délire se débat-elle, celle qui a su imposer à tous, et en particulier à Yongden, sa volonté ?

Ses yeux brillent encore en prononçant l'un de ses derniers mots, « voyage ». Après quoi suivront huit jours, huit interminables jours de mutisme et d'agonie.

Le dimanche 7 septembre, Marie-Madeleine Peyronnet note :

> Deux plaintes au cours de la nuit, sa respiration est toujours très irrégulière.
> 14 heures. Le tonnerre gronde, il pleut. Dieu qu'il fait triste...
> 16 heures. Le docteur arrive, Alexandra ne le voit pas ! Ne l'entend pas ! Il me dit : « On ne peut plus rien pour elle. »
> Depuis sept jours et demi, Alexandra n'a plus dit un seul mot et depuis trois jours, je sais que la mort a une odeur [...].
> 23 heures. Sa respiration change de rythme, elle est plus saccadée, plus courte semble-t-il.
> 23 h 10, respiration de plus en plus irrégulière. Je suis assise tout contre elle. Ses joues sont terriblement creusées.
> Minuit, respiration de plus en plus courte.
> Lundi 8 septembre, 3 h 15 du matin, dernier soupir.

Alexandra vient d'entrer dans les terres inconnues de l'autre lumière...

L'après-Alexandra

Halte pèlerin mon voyage
Allait de danger en danger
Il est juste qu'on m'envisage
Après m'avoir dévisagé.

Jean COCTEAU
(Le Requiem.)

L e lundi 8 septembre, à 9 heures du matin, le Dr Romieu et son épouse sont les premiers à venir présenter leurs condoléances à Marie-Madeleine Peyronnet. Ensuite, les visites, les téléphones, les télégrammes ne cesseront pratiquement plus. La nouvelle de la mort d'Alexandra David-Néel se répand dans Digne, puis dans tout le pays et dans le monde entier, puisque le *New York Herald Tribune* consacrera à l'événement un article sur trois colonnes, et une photo où l'on voit Alexandra chevauchant un yack, qualifiée de « woman on top of the world ».

La « femme qui a été sur le toit du monde » repose à Samten Dzong. Le lundi après-midi, un orage éclate. Un orage à sa naissance, un autre à sa mort, Alexandra, entre les deux, aura vécu de nombreux orages. Elle repose. En apparence. C'est seulement son apparence qui est là. Elle, la vagabonde, est ailleurs, accomplissant son dernier voyage.

Radio, télévision, journaux rendent hommage à la défunte avec une remarquable justesse de ton. Certains articles frappent même par leur gravité comme celui, paru dans *le Méridional* du 11 septembre :

> Après un siècle de féconde existence terrestre aux multiples et laborieuses activités, Alexandra David-Néel est entrée dans la paix et la sérénité du Nirvana, dont sa vie durant elle s'est efforcée de découvrir la mystérieuse et troublante aspiration. Elle est incinérée ce matin au colombarium de Marseille.

C'est en effet le jeudi 11, au matin, que le corps d'Alexandra est livré aux flammes, selon le souhait exprimé dans son testament. Assistent à la cérémonie Marie-Madeleine Peyronnet, le Dr Romieu, Bertrand Flornoy, Gaétan Fouquet et divers notables. Sont également présents une nièce de Philippe Néel, Fanny Néel, et un de ses neveux, le Dr Besson. Deux fidèles n'ont pas pu venir et s'en sont excusés : Christian Fouchet et M. Monod-Herzen, professeur à la faculté de Berne et exécuteur testamentaire d'Alexandra.

Après l'incinération, Marie-Madeleine Peyronnet revient à Digne, à Samten Dzong où elle dépose la petite caisse contenant les cendres d'Alexandra à côté de l'urne contenant les cendres de Yongden. Elle est maintenant seule dans la maison. Seule en compagnie du Jamais Plus. Jamais plus Alexandra ne criera, tempêtera, sonnera et dira : « Ma Tortue. »

Marie-Madeleine a beaucoup appris en compagnie de cette femme incomparable, sauf à ne pas pleurer. Ce n'est pas faute d'avoir entendu Alexandra dire : « A quoi cela te sert-il de te laver la figure avec des larmes ? » Et maintenant que l'Indomptable a déposé les armes et s'est laissé vaincre par la mort, Marie-Madeleine, au soir de ce 11 septembre, pleure, enfin. Elle se souvient alors que la Lampe de Sagesse disait volontiers à ses visiteurs, en guise de cadeau d'adieu : « Choisissez une étoile, ne la quittez pas des yeux. Elle vous fera avancer loin, sans fatigue et sans peine. » Marie-Madeleine a choisi l'étoile Alexandra. Et depuis, la Tortue possède la foi qui soulève les montagnes. Elle a veillé aux réimpressions des livres d'Alexandra David-Néel, elle a fait publier ce monument qu'est le *Journal de voyage* et transformer Samten Dzong en un centre de rencontres et de méditations.

Il faut reconnaître qu'Alexandra a toujours su admirablement choisir les personnes qui ont accompagné sa vie : Philippe, Yongden, Marie-Madeleine qui ont, chacun à leur façon, contribué à l'éclat de cette étoile qui n'a rien d'une étoile filante. D'année en année, l'influence de cet astre augmente. Sans avoir connu aucun purgatoire, son œuvre et son personnage ne cessent de rayonner. Ses fanatiques ne se comptent plus et se retrouvent dans cette éternelle étudiante dont ils essaient d'imiter la sagesse.

Le 28 février 1973, Marie-Madeleine Peyronnet est à Bénarès. Elle jette dans le Gange les cendres d'Alexandra et de Yongden. Cendres mêlées à l'eau du fleuve sacré et qui, peut-être, en ce moment même renaissent quelque part en un lotus de lumière.

Postface et remerciements

Après avoir raconté dans *Portrait d'une séductrice*, l'histoire de mon amie Natalie Barney, morte en 1972 à l'âge de quatre-vingt-seize ans, je m'étais juré de n'écrire plus que sur des personnes ayant eu une courte vie, une Isabelle Eberhardt ou un François Augiéras. Il ne faut jamais jurer de rien. Alexandra David-Néel dont je viens de terminer la biographie l'emporte sur Natalie Barney de quelques années : elle est morte en 1969, aux veilles de son cent-unième anniversaire !

Femme fascinante s'il en fut que cette Alexandra et je n'ai bientôt plus vu qu'elle. Elle m'a envahi, comme elle a envahi ce livre où l'on ne trouvera point de savantes analyses sur les situations politiques ou religieuses des pays où cette Vagabonde fait halte. Que ceux et celles qui veulent en savoir davantage là-dessus s'adressent aux spécialistes de ces questions-là. J'ai voulu surtout respecter le rythme de ce destin galopant. C'est justement l'un des secrets de cette vitalité qui tient du prodige : Alexandra ne s'est jamais arrêtée. Bondissant sans cesse en avant, sans cesse en mouvement, même quand on la croit immobilisée à sa table de travail, celle qui, centenaire, faisait renouveler son passeport, n'a consenti à se reposer qu'en consentant à mourir. Et encore, rien ne prouve que la mort, pour Alexandra, soit un repos éternel...

Toujours pour éviter de couper ce rythme par des digressions et des explications, j'ai renoncé à employer des termes « exotiques », appelant monastère un monastère, et non, par exemple, *gompa.* Exception faite pour le Gomchen de Lachen puisque Alexandra le nomme obstinément ainsi et non « le Supérieur de Lachen ». Je me suis appliqué à suivre, le plus possible, l'orthographe des noms propres telle que l'employait l'auteur du *Journal de voyage* afin que les lecteurs de son œuvre, s'ils lisent mon ouvrage, puissent s'y retrouver. Comment pourraient-ils deviner maintenant que le Kum-Bum, cher à notre Lampe de Sagesse, est connu aujourd'hui sous le nom de Ta'er ? C'est à s'y perdre. Pour éviter de tels égarements, un seul remède : des notes qui interrompent, et gâtent, la lecture. Remède pire que le mal, et que j'ai renoncé, aussi, à employer. Je me suis donc contenté de raconter uniquement l'histoire d'une femme exceptionnelle par la puissance de ses dons, et surtout par la multiplicité des personnages qu'elle a incarnés pendant sa longue vie : anarchiste, cantatrice, bouddhiste, exploratrice, orientaliste, journaliste, écrivain, et j'en passe. Pour rendre plausibles de tels changements, j'ai, autant que faire se peut, cédé la parole à cette Notre-Dame des Métamorphoses, et cela, grâce aux innombrables inédits recueillis à Digne, à la Fondation Alexandra-David-Néel.

J'aurais pu baptiser cette biographie *Portrait d'une Indomptable.* Car c'est la grande leçon qui se dégage de ce destin : ne jamais se laisser abattre par aucune adversité, ni par aucun bonheur. Pour acquérir une telle force, Alexandra n'a commencé véritablement à vivre qu'à quarante-trois ans.

A ce compte-là, elle est morte relativement jeune, aux alentours de sa cinquante-huitième année !

Alexandra n'aime pas les hommes, sans pour autant, comme Natalie Barney, aimer les femmes. Comme Natalie, c'est une buveuse d'eau et, comme aurait dit Jean Lorrain, « une buveuse d'âmes ». Buveuse d'eau et d'âmes, Alexandra ne se grise pourtant que de lumières, celles des Hymalayas tibétains, ou de ses Hymalayas intérieurs...

La lumière, on le sait, n'existe que par contraste avec sa noire sœur jumelle, l'ombre. Bien des abîmes demeurent encore cachés dans l'ombre alexandrine que d'autres exploreront encore, certainement. Le premier à nous en avoir montré le chemin, c'est Jacques Brosse qui, en 1978, a publié aux éditions Retz un *Alexandra David-Néel* qui portait le plus révélateur des sous-titres, « L'aventure et la spiritualité ». Jacques Brosse, et par son livre et par son amicale bénédiction, m'a encouragé dans mon entreprise. Je l'en remercie. Je remercie également ceux et celles qui, à des titres très divers, m'ont aidé dans cette tâche, et dont voici les noms, par ordre alphabétique : Carlos de Angulo, Denise Basset, François Chapon, Alain Daniélou, Lucy Gut-Néel, Guésché Ngawang Khienrab, Sylvie Linné, Franck Tréguier, Olenka de Veer et André Velter.

Un particulier remerciement à Irène Stecyck et à ses confrères belges qui m'ont ouvert les colonnes de leurs journaux respectifs dans mes (vaines) recherches pour retrouver Jean Haustont.

Enfin, je ne sais comment manifester ma reconnaissance au Dr Francis Lemuc qui m'a généreusement prêté sa maison de campagne afin que je puisse y écrire en paix cette biographie. Et je n'oublie pas non plus ce que je dois à ma sœur aînée, Juliette, qui m'a fait lire, quand j'avais dix ou onze ans, le *Voyage d'une Parisienne à Lhassa,* puis d'autres livres d'Alexandra David-Néel. Mon enthousiasme d'enfant n'a pas varié, ou plutôt, avec les ans, s'est changé en vénération pour ces pages qui ont véritablement illuminé ma vie.

> *Paris, le 24 octobre 1984, jour anniversaire de la naissance d'Alexandra David-Néel et fête de saint Raphaël, patron des voyageurs.*

Table des matières

Aubin Imprimeur
LIGUGÉ, POITIERS

Achevé d'imprimer en juin 1987
N° d'édition 687 / N° d'impression L 24650
Dépôt légal septembre 1985 / Imprimé en France